진보적 일본 지식인의
오만과 편견

개정증보판

진보적 일본 지식인의
오만과 편견

〈세카이〉80년과 한반도

한상일

기파랑

일러두기

1. 〈세카이世界〉의 내용을 분석하고 있기 때문에 특별한 경우를 제외하고는 각주에 제호를 표기하지 않고 다만 출판된 연월만 표시했다.
2. 〈세카이〉는 '남조선', '북조선', '한국', '조선', '남한', '북한', '대한민국', '조선민주주의인민공화국' 등을 혼용하고 있으나 이 책에서는 대한민국을 '한국'으로, 그리고 조선민주주의인민공화국을 '북한'으로 표기하는 것을 원칙으로 하고 필요에 따라 병기했다. 그러나 인용문은 원문대로 표기했다.
3. 인용문은 본래의 뜻을 훼손하지 않는 범위에서 우리나라 표기법에 맞게 고쳐 썼다.
4. 인명 및 지명 외의 고유명사는 현행 외래어표기법에 따르는 것을 원칙으로 했으나, 우리에게 익숙한 한자는 우리말 한자음으로 표기했다. 예컨대 〈每日新聞〉은 〈마이니치신붕〉으로 표기해야 하나 이 책에서는 〈마이니치신문〉으로 표기했다.
5. 단행본은 『 』, 논문과 평론은 「 」, 월간지, 주간지, 신문은 〈 〉로 표기했다.
6. 일본식 연도는 서력으로 바꾸어 표기했다(昭和 20년→1945년).

증보판을 내면서

일본의 종합잡지 〈세카이世界〉가 올해 2025로 창간 80주년을 맞이한다. 1945년 패전 직후 이와나미 서점岩波書店의 창업자 이와나미 시게오岩波茂雄의 제의로 탄생한 〈세카이〉는 1946년 1월 창간호를 냈다.

〈세카이〉는 종합잡지의 대명사라 할 수 있는 〈쥬오코론中央公論〉1887이나 〈분게이슌쥬文藝春秋〉1923와 달리 전후에 시작한 잡지다. 하지만 〈쥬오코론〉이나 〈분게이슌쥬〉가 중도에 잠시 중단되거나 사주가 바뀐 것과 달리 〈세카이〉는 이와나미 서점에서 지난 80년간 중단없이 꾸려왔다.

널리 알려진 바와 같이 이와나미 서점이 일본 사회와 문화에 미친 영향은 심대하다. 1913년 창업한 이와나미 서점은 그동안 단행본, 사전, 아동서적, 자연 과학책 등 다양한 책을 출간했다. 특히 오랜 역사를 이어오는 이와나미문고岩波文庫와 이와나미신서岩波新書는 일본인의 문화와 지적 수준 향상에 크게 이바지했다.

창업자는 '잡지'에도 관심이 많았다. 1921년부터 인문사회를 중심으로 한 〈시소思想〉, 1931년부터 자연과학의 지식 향상과 보급을 위해서 〈가가쿠科學〉를 창간하여 지금까지 계속하고 있다. 그리고 1971년부터 계간지 〈간쿄토고가이環境と公害〉를 내고 있다. 지금은 폐간됐지만, 그동안 문학, 문화, 교육에 관한 잡지도 출간했다.

잡지 〈세카이〉는 이와나미 서점의 간판 역할을 하고 있다. 1978년부터 2021년까지 약 반세기 가까이 〈세카이〉 편집장을 역임한 사람이 이어가면서 이와나미 서점 사장직을 맡았다는 그 하나만으로도 이와나미 서점에서 〈세카이〉가 차지하는 위상을 알 수 있다.

〈세카이〉는 1950년대 이후 최근까지 한반도 문제를 가장 집중적으로 그리고 장기간 취급한 잡지다. 하지만 그 논조는 공정하지 못했다.

2008년 〈세카이〉의 한반도 관계 내용을 분석한 『지식인의 오만과 편견: 〈세카이〉와 한반도』를 출간했다. 그동안 몇 차례 인쇄를 거듭할 정도로 독자의 관심이 이어졌다. 이번에 제6장을 추가하고 내용 일부를 수정 보완해서 증보판을 내기로 했다.

증보판이 나올 수 있었던 것은 초판 출간 당시부터 보여준 안병훈 대표의 특별한 관심과 격려의 덕이다. 또한, 17년 전의 인쇄원고를 다시 찾아 인내심을 가지고 수정, 보완, 추가의 과정을 맡아주신 박은혜 님의 정성과 세밀함이 있었기 때문이다. 두 분께 감사와 존경의 마음을 전한다.

2025년 봄

책을 내면서

내가 일본의 종합잡지 〈세카이世界〉를 처음 접한 것이 1960년대 중반이었으니 벌써 40여 년이 지났다. 지금은 그 힘이 크게 쇠락했지만 1990년대까지만 해도 〈세카이〉는 전후戰後 일본 문화계의 지적 경향이나 담론 형성, 또는 여론의 향방에 상당한 영향력을 행사했다. 비슷한 시기에 일본을 연구하기 시작한 나도 일본의 정치·사회·문화 현상을 이해하는 데 〈세카이〉의 도움이 컸다.

언제부터인가 정확한 시점은 기억나지 않지만 〈세카이〉가 전하는 한반도에 대한 논조가 잘못된 것이 아닌가 하는 느낌을 받았다. 널리 알려진 바와 같이 〈세카이〉에 참여한 '진보적 지식인'들은 전전戰前의 현상에 대하여 비판적 입장을 취하면서, 전후 국가 진로에 대해서도 이상주의적 경향이 없는 것은 아니었지만, 논리와 이성을 바탕으로 한 평화주의 노선을 추구했다. 같은 맥락에서 일본이 조선에서 시행한 식민정책에 대해서도 솔직하게 잘못을 인정하고, 또한 '재일'의 문제에 관해서도 관심을 보였다. 이러한 점에서 보수 지식인이나 기성 정치인과는 확연히 다른 입장을 보였다. 그래서 한국에서는 그들을 '양심적 지식인'이라고 이름하고 있다.

한반도가 남과 북으로 갈려 각자 다른 길을 가기 시작한 1950년대 이후 〈세카이〉는 한반도에 남다른 관심을 보였고, 시간이 흐르면서 그 관심은 더욱 높아졌다. 그러나 〈세카이〉의 진보적 지식인들이 한반도의 현상을 객관적으로 독자에게 전달하려 했고, 그 시각이 논리적이고 이성적이었냐고 묻는다면 대답은 부정적일 수밖에 없다. 물론 의도는 그렇지 않았겠지만, 〈세카이〉의 '편향된' 논조는 결과적으로 한일 두 민족의 화해에 조금도 도움이 되지 않았다는 것이 나의 판단이다.

한국과 일본은 지리적으로 가장 가까운 이웃이다. 문화적으로도 근사성이 많다. 또한, 부단한 교류를 가져왔다. 하지만 지난 한 세기 반의 한일 관계사를 되돌아보면 아름다운 추억보다 기억하고 싶지 않은 '일그러진 과거'로 얼룩져 있다. 그 '일그러진 과거'를 딛고 '가깝고도 가까운' 관계를 만들기 위해서는 북한을 포함한 한국과 일본 사이의 진정한 민족 화해가 필요하다. 이는 한반도와 일본 열도의 지식인들이 앞장서 담당해야 할 사명이다.

일본의 '국민 작가' 시바 료타로司馬遼太郞는 한국과 일본은 '한 지붕' 아래에서 함께 어울려 때로는 서로 다투고, 때로는 서로 도우면서 살아가는 '같은 동아리長屋同士'로 보았다. 양국이 함께 살아갈 수밖에 없는 숙명적 관계임을 암시한 것이다. 그는 한 지붕 아래에서 살아가는 이 숙명적 관계를 좀 더 '사이좋게伸が良く' 이어가기 위해서는 그 어떤 이론이나 논리보다도 서로를 배려하면서 이해하려는 노력이 필요하다는 점을 강조했다. 역사 공부와 경험을 통하여 터득한 시바의 통찰은 모두에게 많은 깨우침을 준다.

〈세카이〉를 통한 진보적 지식인의 한국상韓國像에 대해 관심을 가지고 추적한 것은 꽤 오래전부터이지만, 처음부터 책을 구상하고 시작하지 않았다. 한두 편의 논문을 생각하고 출발했으나 논문을 준비하면서 생각이 바뀌었다. 책으로 펴내기 위하여 그동안 발표했던 부분을 포함하여 거의 모두 새로 작업했다. 그러나 도서출판 기파랑의 임왕준 주간과 남도현 학형의 치밀한 편집과 정리와 교정이 없었다면 이 책은 빛을 보지 못했을 것이다. 두 분께 진심으로 감사드린다. 또한, 사진을 정리해 준 김영태 군에게도 고마움을 전한다.

2008년 봄

차례

증보판을 내면서 5
책을 내면서 7
프롤로그 14

오만과 편견:〈세카이〉의 남·북한관, 1946~1989

1장
1. 〈세카이〉와 남·북한 기사 … 26
2. 1940년대-긍정적 식민통치관 … 36
3. 1950년대-'어두운 한국' … 45
4. 1960년대-반한친북反韓親北 … 66
5. 1970년대 -'한국 타도' … 110
6. 1980년대-한국의 반체제 세력과 연대 … 134
7. 오만과 편견의 회로 … 155

북한 방문기

2장
1. 방문기의 의도 … 164
2. 「조선 평화의 여행」 … 166
3. '극락정토極樂淨土' … 176
4. '위대한 수령' 김일성 … 190
5. 풍요와 자유 … 213
6. 허상의 지상낙원 … 225

김일성 회견기

3장
1. 김일성과 〈세카이〉 … 230
2. 미노베 료키치 회견기 … 236
3. 미도리카와 도루, 니시카와 준 회견기 … 258
4. 기도 마타이치, 우쓰노미야 도쿠마 회견기 … 266
5. 야스에 료스케 회견기 … 274
6. 〈세카이〉: 북한의 대변지 … 309

「한국으로부터의 통신」과 TK생

4장
1. 〈세카이〉와 「한국으로부터의 통신」 … 318
2. '광인'과 '광인 국가' … 323
3. '부패 집단'과 '겨울공화국' … 328
4. 반공反共과 반일反日 … 334
5. 데마고기Demagogy … 344
6. 박정희 시대의 재평가 … 352
7. 「한국으로부터의 통신」과 이와나미신서岩波新書 … 358

진실과 책임-「조선 문제 보도에 관하여」

5장
1. 사고社告 ··· 364
2. 새로운 내셔널리즘의 태동 ··· 366
3. 북한의 일본인 납치 ··· 371
4. 〈세카이〉에 대한 비판과 입장 ··· 376
5. 「한국으로부터의 통신」 ··· 380
6. '반한친북' 논조 ··· 383
7. 〈세카이〉의 책임 ··· 387

〈세카이〉 리뉴얼

6장
1. 북한의 핵과 〈세카이〉 ··· 398
2. 파주 국제출판포럼 ··· 420
3. 〈세카이〉 리뉴얼 ··· 432

에필로그 439
참고문헌 443

프롤로그

나와 〈세카이〉

I. 〈세카이〉와 만남

나는 일본 진보 진영을 대변해 온 종합잡지 〈세카이〉의 애독자이다. 이 잡지는 일본 관계를 공부하면서 매달 빼놓지 않고 구독한 잡지 중 하나이다. 나는 〈세카이〉를 통하여 수준 높은 논문을 접할 수 있었던 것을 항상 다행스럽게 생각한다.

내가 처음 〈세카이〉를 접하게 된 것은 1968년이니 벌써 40년이 됐다. 스탠퍼드 대학의 후버Hoover 동양학 도서관이었던 것으로 기억한다. 당시 나는 10주간의 일본어 집중 코스를 밟기 위하여 스탠퍼드 대학에 머무르면서 틈틈이 후버 도서관을 드나들었고, 그곳에서 한국의 신문과 일본의 일간지, 주간지, 월간지 등을 보게 됐다. 후버 도서관에는 일본 각 대학의 논문집은 물론, 〈분게이슌쥬文藝春秋〉, 〈쥬오코론中央公論〉, 〈시소思想〉, 〈니혼레키시日本歷史〉 등 다양한 학술 및 교양 잡지가 갖춰져 있었다.

그중에서도 〈세카이〉에 더 많은 관심을 가지게 된 데에는 세 가지 이유가 있었다. 우선, 한국을 주제로 한 기사가 늘 게재됐다는 사실이다. 한국의 현상을 설명하는 논평이나 소식, 또는 한반도를 중심으로 한 동아시아의 변화를 그때그때 빠트리지 않고 전했다. 한국에서 멀리 떨어져 있던 까닭에 정치·사회적인 변화를 쉽게 접할 수 없었던 내게 〈세카이〉는 대단히 편리한 정보 제공자였다.

둘째는 아베 요시시게安倍能成, 오우치 효大內兵衛, 시미즈 이쿠타로清水幾太郎와 같이 전후 정신사를 이끈 인물들이나 마루야마 마사오丸山眞男, 다케우치 요시미竹內好와 같이 일본을 연구하는 사람들에게는 비교적 잘 알려진 역사학자나 동아시아 관계 국제정치학자들의 논문과 시론이 많이 실렸기 때문이다. 전후 일본 정치사상사 연구에 크게 영향을 끼친 마루야마 마사오나 메이지 유신 해석에 새로운 시각을 제시한 E.H. 노먼의 논문도 이곳을 통해서 발표됐다.[01] 이런 글을 통하여 일본 학계의 동향이나 담론의 주제를 가늠할 수 있었을 뿐만 아니라 일본 사회를 지배하는 시대정신이나 사상을 어렴풋하게나마 감지할 수 있었다.

셋째는 나의 일본어 독해력 향상을 위해서였다. 매달 한두 편의 일본 역사나 시사 논문을 선정하여 단어를 찾아가면서 열심히 읽고 이해하려고 노력했다. 이는 나의 일본어 능력을 향상시키는 데 큰 도움이 됐다.

그 후 클레어몬트Claremont에서 일본 정치사를 공부하는 동안에도 줄곧 〈세카이〉를 놓지 않았다. 1972년 6월 학위 논문을 쓰기 위하여 일본으로 떠날 때까지 한 달도 거르지 않고 〈세카이〉에 실리는 논문과 기사를 열심히 읽었다. 물론 상당 부분은 한국 관련 내용이었다.

요즘은 조기 유학을 보낼 정도로 외국 유학이 보편화됐다. 인터넷과 휴대전화가 상징하듯 1990년대를 지나면서 통신수단은 경천동지

---

01 丸山眞男, 「超國家主義の論理と心理」, 1946.5.; E. Herbert Norman, 「維新前後における下士·浪人の役割-その組織と近代日本への影響」, 1947.4.

의 지각변동을 경험하고 있다. 인터넷을 통하여 세계 곳곳에서 일어나는 수많은 일을 동시에 알 수 있고, 세계의 모든 신문을 같은 시간에 볼 수 있게 됐다. 그야말로 시공간時空間의 개념을 뛰어넘어 정보를 공유하고, 세계 그 어느 곳과도 대화가 가능한 시대로 발전하고 있다. 대한민국의 국제적 위상과 경제력도 크게 성장했다. 대한민국은 빈곤에서 탈피했을 뿐만 아니라 세계 10위권의 경제 대국으로 성장했다. 제2차 세계대전 후 출범한 신생국으로서는 유일하게 경제 발전과 민주화를 이룬 국가로 성장했다.

그러나 내가 미국에서 공부하던 1960년대 후반과 1970년대 초반은 전혀 그렇지 않았다. 오늘날처럼 방학을 활용해 잠시 귀국한다는 것은 꿈도 꾸지 못했다. 목표한 공부가 끝나야 귀국하는 것을 당연하게 생각했다. 국제전화도 이용이 쉽지 않았는데, 교환원을 통해서만 가능했으며 고작 일 년에 한두 번 통화할 수 있었.

한국의 현실과 상황의 변화에서 동떨어진 것은 어쩌면 당연했다. 당시만 해도 한국의 국제적 위상은 높지 않았고, 외국에서 한국의 신문이나 잡지를 쉽게 구할 수 없었다. 클레어몬트 동양학 도서관에도 일본의 주요 일간지는 매일, 종합잡지는 매달 어김없이 공급됐지만, 한국의 매체들은 사정이 달랐다. 일주일 정도 늦게 전달되는 한국 신문이 유일한 소식통이었다. 당연히 한국 소식에 어두울 수밖에 없었다. 한국에 관한 단편적인 소식은 미국의 미디어나 일본의 신문과 잡지를 통하여 알게 되는 경우가 많았다. 특히 〈세카이〉는 매달 한국의 현상을 종합적으로 전달해 주었다. 〈세카이〉는 논문, 좌담, 세계의 흐름, 일본의 흐름 등과 같은 칼럼을 통하여 거의 매호 빠지지 않고 한국의 소식을 전해 주었다. 물론 내용은 대부분 어둡고 부정적이었다.

한국을 떠나 있던 1966년부터 1974년 사이에 형성된 나의 한국관도 상당히 부정적이었다. 그것은 한국에 대한 나의 이미지 형성에 〈세카이〉의 시각이 깊이 관여했기 때문이다.

그러나 1974년 귀국하여 한국 사회에 적응하면서 깨달은 것이 있었다. 그것은 한국이 〈세카이〉가 전달했던 것처럼 절망적인 사회가 아니라는 점이다. 그리고 북한보다 더 통제되고 부자유스러우며 인권이 없는 사회는 더더욱 아니라는 것이다. 물론 당시는 유신維新 시대였기 때문에 여러 가지 제약이 있었다. 언론과 집회의 자유가 통제됐으며, 인권이 충분히 보장되지 않았다. 대학에서는 늘 반정부 데모가 이어졌다. 그러나 그것만이 전부는 아니었다. 다른 한편에서는 빈곤에서 탈출하기 위한 조국 근대화 프로젝트가 진행됐고, 수출입국輸出立國을 위한 계획과 실천이 진행되고 있었다. 체제에 저항하는 세력도 있었지만, 동시에 체제를 지지하면서 자신에게 주어진 일에 열중하는 침묵의 다수도 있었다. 권력은 억압과 통제의 수단이기도 했지만, 자립 경제와 자주 안보, 조국 근대화를 위한 역동적인 힘의 근원이기도 했다.

II. 〈세카이〉 내용 분석

한국에 있는 동안은 〈세카이〉를 접할 수 없었다. 1970년대에만 해도 〈세카이〉는 '금서'로 분류돼 있었기 때문에 한국에서는 구독할 수 없었다. 그러나 회의에 참석하거나 여행길에 일본이나 미국을 방문할 경우에는 어김없이 〈세카이〉를 구해서 한국에 관한 기사들을 살펴보았다. 그러면서 한국 사회는 〈세카이〉의 '반한친북' 좌파 진보적 지식인들이나 TK생生의 「한국으로부터의 통신」이 전하는 상황과 상당한 거리가 있다는 것을 재확인할 수 있었다. 아울러 〈세카이〉가 주장하는 '북한-선', '남한-악'의 단순 논리가 실체나 경험에 근거한 평가가 아니고, 이성적 판단에 의한 것이 아니라는 점도 확인할 수 있었다. 이런 대칭적 남·북한관은 허버트 리드Sir Herbert Read 경이 지식인의 허위의식을 경고하면서 지적한 것과 같이 "자신의 감정을 만족시키기 위한 감정적 선입감sentimental prejudice"에 지나지 않았다.[02] 이는 지식인의 오만이고 편견일 뿐이다.

이러한 현실의 확인과 함께 생긴 의문은 〈세카이〉로 상징되는 일본의 진보적 지식인들이 지닌 한국 역사 인식의 근본 무엇일까, 한국 사회를 평가한 기준은 무엇일까, 민주주의, 인권, 양심이라는 가치를 내세우면서 사실보다 훨씬 더 부정적으로 한국의 정치권력과 삶의 모습을 왜곡한 이유는 무엇일까, 소련이나 중국의 정치 상황이나 인권, 휴머니즘에 대해서는 침묵하면서 한국에 대해서만 부정적 시각에 집착하는 이유는 무엇일까, 북한을 한국보다 훨씬 자유롭고 풍요로우며 자주적 평화통일을 지향하는 체제로 판단한 근거는 무엇이었을까 하는 점이었다.

그러나 학교에 매달린 일상생활 탓에 한동안 〈세카이〉를 잊고 지냈다. 그러다 1983년 스탠퍼드 대학의 동아시아 연구소The Center for East Asian Studies에 객원교수로 1년 동안 체류할 수 있었다. 체류하면서 그동안 보지 못했던 〈세카이〉를 틈틈이 다시 보기 시작했다. 박정희 체제가 끝났음에도 한국 사회를 부정적으로 보는 〈세카이〉의 기본 시각과 논조는 과거와 크게 다르지 않았다. 여전히 한국은 민중 혁명

---

02 Herbert Read, "Introduction: Julien Benda and the New Humanism", in Julien Benda/ Richard Aldington tr., *The Betrayal of the Intellectuals*. (The Beacon Press, 1955), p.xv.

을 통한 체제 변혁의 대상이었다.

그러던 어느 날 창간 5호1946년 5월에 수록된 스즈키 다케오鈴木武雄의 「조선 통치에 대한 반성」이라는 논문을 읽고 깜짝 놀랐다. 1장에서 자세히 설명하겠지만 이 논문의 핵심인 스즈키의 '반성'은 반성이 아니라 사실상 식민 통치 '찬양론'이나 다를 바 없었다. 이는 전전의 가치를 철저히 부정하고, 진리를 바탕으로 도의와 문화의 새 질서를 창조한다는 창간 취지에 정면으로 반하는 글이었다. 또한, 〈세카이〉가 한국의 현상을 비판하는 논지와도 정면으로 배치되는 글이었다. 어쩌면 남·북한을 상반되게 바라보는 편향된 시각이 진보적 지식인들이 강조하는 정의와 양심이란 '허위의식' 속에서 표출되는 배리背理 현상이 아닐까 하는 생각이 들었다.

〈세카이〉에 게재된 한국 관련 기사를 전체적으로 분석해 보는 것도 일본 사회의 한 축을 떠받들고 있는 진보적 지식인들의 경향을 이해하고, 한일 지식인들의 교류에도 도움이 될 듯했다. 특히 〈세카이〉를 중심으로 한 진보적 지식인들은 일본의 과거사에는 비판적 입장을 견지하면서 넓게는 동아시아의 평화, 좁게는 한일 간의 민족 화해와 한반도 문제에 대해서는 깊은 관심을 보였다. 이러한 진보적 지식인들이 전후 한반도 문제를 어떻게 인식했고, 한국상韓國像을 어떻게 구축해 왔는지를 공부하는 데 〈세카이〉가 가장 적절하지 않을까 생각했다. 이런 판단에는 몇 가지 이유가 있다.

첫째, 창간 취지이다. 〈세카이〉는 전전의 일본을 지탱해 온 군국주의적 가치를 철저히 부인하고, 새로운 도의道義와 문화 창조를 추구하면서 출발한 잡지이다. 그리고 중심 가치는 자유, 민주, 양심, 인권 등이었다. 새로운 가치를 지향하면서 출범한 〈세카이〉를 통하여 진보적 지식인들이 구축한 전후의 한국상을 밝힐 수 있을 것이다.

둘째, 〈세카이〉는 '전후'라는 새로운 환경과 사명을 배경으로 출발했다는 점이다. 일본의 대표적 종합잡지인 〈쥬오코론〉이나 〈분게이슌쥬〉와 달리 〈세카이〉는 패전과 주권 상실이라는 환경 속에서 일본의 새로운 진로를 모색하면서 출발했다. 그러므로 '식민지 시대'라는 전전의 한국관과 단절을 선언한 전후 지식인의 한국상을 볼 수 있을 것이다.

셋째, 〈세카이〉는 격동기에 한국에 대하여 가장 큰 관심을 보인 활자 매체였다. 전후 일본에서 발행된 정기간행물 가운데 질적으로나 양적으로 어느 활자 매체보다도 한반도 문제에 깊은 관심을 가지고 적극적인 의견을 표시해 왔다. 이뿐만 아니라 〈세카이〉의 지식인들은 자신의 생각과 주장을 실현하기 위하여 실천적 행동도 병행했다.

넷째, 〈세카이〉는 직·간접으로 한국의 진보적 지식인들 또는 반체제운동권에 영향을 미쳤다. 그런 의미에서 전후 일본의 진보적 지식인과 한국의 진보적 지식인의 이념적 연관의 한 단면을 볼 수 있을 것이다.

마지막으로 역사와 기록이라는 좀 더 본질적인 문제이다. 분단국인 한반도 문제를 〈세카이〉가 집중적으로 다뤘던 시기는 1960~1990년대로서 이미 과거의 '역사'이다. 그 역사의 '기록'이 만일 진실이 아니라면 잘못된 기록은 진실의 역사로 후대에 읽힐 것이다. 또한, 잘못된 '기록'을 바로잡지 않는다면, 잘못된 기록을 바탕으로 한 미래의 한일관계는 결코 바람직한 방향으로 전개될 수 없을 것이다.

언젠가는 본격적으로 〈세카이〉에 게재된 한국 관련 기사를 분석하겠다는 생각으로 창간호부터 〈세카이〉에 수록된 한반도 관련 기사는 하나도 빼놓지 않고 수집하여 귀국했다. 당시만 해도 〈세카이〉는 금서로 분류됐기 때문에 국내 도서관에서는 볼 수 없었다. 약 40년 동안 〈세카이〉에 게재된 한국 관련 기사는 자그마치 한 박스 반의 분량이었다.

그 후 틈틈이 창간호부터 한국 관련 기사를 읽어 나갔다. 그러나 기대하는 만큼 진척은 없었다. 더욱이 1985년부터 1987년까지 2년 동안 학교를 떠나 있었기 때문에 〈세카이〉 기사 분석은 공백기가 생길 수밖에 없었다. 다시 학교로 돌아오고, 1987년 말부터 약 9개월 동안 교토京都의 도시샤同志社 대학에 체류할 수 있었다. 이 기간에 〈세카이〉 창간호부터 박정희 체제가 끝나는 시기까지의 한국 관련 기사 전체를 본격적으로 분석했다. 그 후 1980년대와 90년대의 내용 분석, 진보 진영의 북한 방문기, 김일성 회견기 등으로 관심의 영역을 넓혀 나갔다.

III. 책의 구성

2008년에 출판한 책은 다섯 장으로 구성됐으나, 이번에 한 장을 더 추가했다. 제1장에서는 〈세카이〉 창간호인 1946년 1월호부터 1989년 12월호까지1~529호의 한국 관련 기사의 전체적인 내용을 분석했다. 이승만의 제1공화국, 한국전쟁, 4·19혁명, 장면 정권과 5·16쿠데타, 제3공화국, 유신, 10·26과 5·18, 제5공화국과 제6공화국을 거치면서 한국과 북한에 대한 〈세카이〉의 관심 변화를 추적하고, 일본의 진보적 지식인들이 한국의 이미지를 어떻게 구축해 갔는지에 초점을 맞추었다.

제2장은 1950년대 이후 북한을 방문한 진보 진영의 지식인과 정치인들이 기록한 방문기를 분석했다. 첫 방문기부터 〈세카이〉가 북한에

대해 특별한 우호적 관심을 가졌음을 알 수 있다. 이후의 모든 방문기는 북한 당국이 제시하는 통계를 그대로 독자에게 전하면서 북한을 '지상의 낙원'으로 만들었다. 철저하게 통제되고 조작된 사회였음에도 불구하고 〈세카이〉가 전하는 방문기는 일본 사회, 특히 젊은 세대에게 북한이 한국보다 더 풍요롭고 정의로운 사회라는 환상을 심어주는 데 크게 기여했다.

제3장은 1972년부터 〈세카이〉에 등장한 김일성 회견기를 살펴본 것이다. 김일성은 생전에 외국, 특히 자유 진영의 언론 매체에는 거의 등장하지 않았다. 하지만 〈세카이〉는 예외였다. 그가 1994년 7월 사망하기까지 〈세카이〉는 10회의 김일성 회견기를 게재했다. 정치인, 노동운동가, 학자, 출판인, 〈세카이〉 편집인 등과 가진 김일성의 회견기는 형식적으로는 회견기라 하지만, 실질적으로는 김일성의 주체사상, 자력갱생, 통일정책, 그리고 북한의 허구적 발전상을 선전하는 것으로 일관했다. 〈세카이〉는 김일성과 북한을 국제사회에 홍보하는 기관지로서의 기능을 충실히 담당했다.

〈세카이〉가 독자의 관심을 크게 자극한 것은 TK생이라는 익명의 필자가 연재한 「한국으로부터의 통신」 때문이었다. 1973년부터 1988년까지 15년 동안 연재된 「한국으로부터의 통신」은 국내외의 많은 독자에게 커다란 관심을 불러일으켰고, 〈세카이〉는 이로 인해 한국 전문지로서 타의 추종을 불허하는 지위에 올랐다. 〈세카이〉가 한국의 민주화에 크게 기여했다고 자부하는 이 연재물은, 실은 한국의 어두운 이미지를 극대화했을 뿐만 아니라 일본의 전후 세대에게 부정적 한국상을 심어주는 데 결정적인 역할을 했다. 제4장은 박정희 시대를 중심으로 연재된 「한국으로부터의 통신」을 짚어 보았다.

2002년 후반기부터 일본 사회에서는 '북한 때리기' 열풍이 불었다. 북일 정상회담을 계기로 김정일의 입을 통하여 북한 공작원에 의한 '일본인 납치'가 사실로 밝혀진 이후부터였다. 그동안 상당히 진전돼 온 관계정상화를 위한 북한과 일본의 교섭은 중단됐다. 신문, 방송, 잡지 등을 포함한 일본의 전 매스미디어가 납치 문제를 중점적으로 다루면서 일본 내의 '반反북한' 분위기는 빠르게 그리고 넓게 퍼졌고, 그동안 북한을 옹호했던 논객이나 언론에 대한 비판의 소리가 높아졌다. 특히 오랫동안 북한을 옹호했던 〈세카이〉에 대한 국민적 비판은 시간이 지날수록 거세졌다. 그러자 〈세카이〉는 「조선 문제에 관한 본지의 보도에 관하여」라는 사고社告를 통하여 북한 보도에 대한 입장을 밝혔다. 제5장은 이에 대한 분석이다.

제6장은 추가한 내용이다. 세 주제를 더했다. 하나는 북한의 핵 개발과 이에 대한 〈세카이〉의 태도다. 인류 유일의 핵 피해국인 일본은 핵무기개발에 민감한 반응을 보였고 철저한 반대 입장을 취했다. 하지만 비록 수동적이기는 했지만, 〈세카이〉는 북한의 핵 개발을 도왔고 개발이 완성되자 이를 인정했다. 초판의 내용과 일부 중복된 부분이 있다. 다른 하나는 2013년 한국 파주에서 개최된 국제출판포럼에 참석한 와다 하루키和田春樹와 오카모토 아쓰시岡本厚의 강연을 살펴본 것이다. 오랫동안 와다는 〈세카이〉의 '간판' 필자로서 한반도 문제를 다루었고, 오카모토는 〈세카이〉 편집장과 이와나미 서점 사장을 역임한 인물이다. 세 번째 주제는 이와나미 서점이 2024년부터 〈세카이〉의 새 출발을 다짐한 내용이다.

체코의 작가 밀란 쿤데라Milan Kundera는 조심스럽게 '존재' 의미를 모색하는 그의 작품 『지혜La Sagesse』에서 과거와 미래의 연결성에 대하여 다음과 같이 독자에게 전한다. "미래는 항상 과거를 토양으로 삼기에 과거로부터 전혀 자유로울 수 없다. 과거의 고통은 미래로 이어진다. 고통을 이기려면 차라리 과거를 파헤치고 그 속에서 절망을 극복해야 한다."[03]

이 책을 출판하게 된 목적은 일본의 진보적 지식인을 비난하거나 〈세카이〉를 비판하기 위함이 아니다. 이미 과거의 역사가 된 이들의 한국관을 바로잡아 다음 세대에게 올바로 전달하자는 것이다. 과거를 정확히 인식하고, 절망을 극복하는 과정에서 진정한 의미의 민족 화해가 이루어지길 바란다. 이 책이 그 과정을 위한 밑거름이 됐으면 하는 마음이다.

---

03 밀란 쿤데라/신현철 옮김, 『지혜』(하문사, 1997), p.83.

1장

오만과 편견:
〈세카이〉의 남·북한관, 1946~1989

"지식인은 남한테 배반당하는 경우란 없다.
오직 자신과 직업에 의해서만 배반당할 뿐이다."

_님 웨일스, 『아리랑』

1. 〈세카이〉와 남·북한 기사

〈세카이〉의 성격

종합잡지 〈세카이〉는 1945년 말 창간되어 다음 해인 1946년 1월에 창간호가 발간됐다. 당시 일본은 패전과 개국 이래 최초의 점령 통치라는 국치國恥로 인한 '불안과 혼란', '심각한 수난과 고뇌' 속에서 뚜렷한 국민적·국가적 좌표를 상실한 채 표류하던 시기였다. 이러한 총체적 불안 속에서 〈세카이〉는 "도의와 문화가 확립된 새로운 질서 창조만이 일본이 생존과 더불어 영광을 되찾을 수 있는 유일한 길"이라고 강조하면서 출발했다. 〈세카이〉가 이처럼 도의와 문화가 확립된 새 질서 창조를 절대적 가치로 추구하고 있었던 이유는 이와나미 서점岩波書店의 창업자이며 〈세카이〉의 발행인인 이와나미 시게오岩波茂雄, 1881~1946의 상황 인식 때문이다.

그는 일본의 개전과 패전은 도의와 문화의 사회적 수준이 낮은 데에서 기인하는 것으로 보았다.[01] 즉, 도의와 문화가 본래의 지위를 상실하고 제 기능을 다하지 못했기 때문에 민족적 불행과 국가적 굴욕을 자초했다는 것이다. 도의와 문화에 봉사해야 할 정치가 오히려 도의와 문화를 노예로 부린 것이 불행의 근본이라는 상황 인식이다. 그는 이런 노예화 과정에서 '군벌의 횡포'와 '관료의 독선'을 보편적 사회 가치로 호도하고 용인했던 원인을 지배계급의 부도덕과 지식인의

---

01 岩波茂雄, 「〈世界〉の創刊に 際して」, 〈世界〉 創刊號, 1946.1. 이하 〈世界〉에 수록된 글은 제호 표기를 생략한다.

무책임 탓으로 평가했다. 그러므로 새로운 시대를 맞아 지배계급과 지식인은 자신의 사회적 책임에 대하여 성찰하는 동시에 본래의 역할을 수행함으로써 도의와 문화를 원위치로 돌려놓자는 것이다. 그러한 바탕 위에서 정치가 펼쳐질 때 비로소 일본은 영광을 되찾을 수 있고, 세계 평화에 기여하며 인류의 진운進運과 복지에 공헌할 수 있다고 보았다.

법률가이면서 제1차 요시다 시게루吉田茂 내각의 문부상을 역임한 다나카 고타로田中耕太郎는 이를 창간사에서 다음과 같이 밝혔다.

> 태평양전쟁은 우리나라 유사 이래 미증유未曾有의 굴욕적 항복으로 막을 내렸다. 우리의 앞길에는 어두운 불안과 혼란이 가로놓였고, 국민 모두가 심각한 수난 속에 있다.
> 그러나 종전과 더불어 전쟁 중의 무리와 허위와 허세와 부정을 모두 폭로하고, 우리 국민은 지금의 현실에 서서 진리를 향해 새로 출발하지 않으면 안 된다. 군비軍備를 잃고, 경제가 묶이고, 영토가 축소되고, 해외 활동이 봉쇄된 국민은 이제 좁고 고달픈 문을 뚫고 나가서 넓고 밝은 도의와 문화의 천지天地에서 생존해야만 하는 이외의 길은 없다. 이 길은 고통스럽고 험난한 길임과 동시에 영광의 길이다…….
> 우리의 문화는 특히 지난 10여 년간 시국의 중압 아래에서 일그러져 올바른 궤도에서 벗어났다. 본래 도의와 문화에 봉사해야 할 정치가 반대로 도의와 문화를 노예화했다. 이것은 일부 군인, 정치가, 관료, 그리고 그 추종자의 무지, 단견, 무교양,

부도덕, 인간으로서의 저열함을 증명함과 동시에 우리나라에서 문화의 무기력함, 내용 없는 도덕, 문화인·지식계급의 태만과 비겁함, 무책임을 보여주는 비참한 사실이다.

지금 강력한 문화국가 건설의 첫발을 내디디려 한다. 문화란 단순히 향수享受하는 것은 아니다. 그 본질은 도의에 있고, 그 생명은 창조에 있다. 이러한 문화의 권위와 자주가 강력히 회복되지 않으면 안 된다. 물론, 우리는 정치가 중요하다는 것을 잘 알고 있다. 그러나 정치의 밑바탕에는 도의와 문화가 엄존嚴存할 것을 요구하고 희망한다. 우리는 일본의 흥륭興隆을 열렬히 바라지만, 그것은 일본이 인류의 진운과 복지에 공헌하고, 그 존재가 세계의 감사와 환희에 이를 때 비로소 보증될 수 있다고 믿는다.[02]

도의와 문화에 의한 새 질서 창조는 '진리'를 근간으로 할 수밖에 없다. 이와나미는 "천지에는 대의大義가 있고 인간에게는 양심이 있

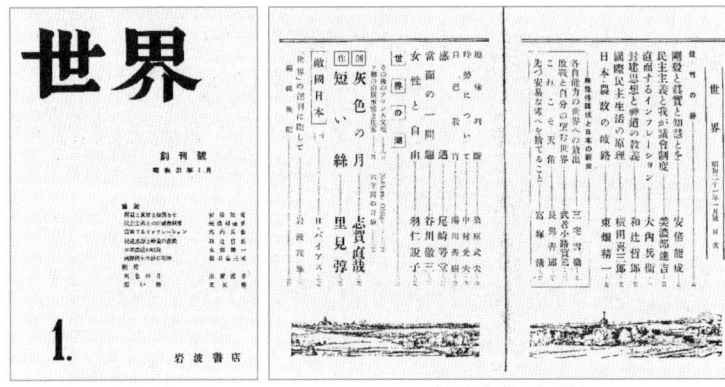

〈세카이〉 창간호 표지   〈세카이〉 창간호 목차

---

02 「發刊の辭」.

다. 진리보다 더 강한 것은 없다. …… 일본 국민은 패전을 확인하지만 스스로 비겁함 없이 타는 듯한 정열로 진리를 향하여 전진해야만 한다"라고 강조했다.[03]

전전 일본의 자유·진보주의 지식인들은 그동안 문화와 학문 발전에 크게 이바지했음이 사실이다. 하지만 로라 헤인Laura Hein 교수의 연구가 보여주고 있는 바와 같이 그들은 대중을 대상으로 정치·문화·경제적 이론과 현실의 복잡성을 교육해야 할 "선생과 인도자의 역할과 책임을 담당하는 데 실패했다." 그러므로 〈세카이〉는 진보지식인의 이 '실패'를 받아들이는 전제에서 출범했다.[04]

'진리를 바탕으로 한 도의와 문화의 새 질서 창조'를 위하여 창간인들은 〈세카이〉에 네 가지 사명을 부여했다. 그것은 〈세카이〉가 지켜야 할 편집 지침이기도 했다. 첫째, 전전의 현상에 대한 솔직한 자기반성과 비판이다. 청일전쟁 이후 만주사변에 이르는 팽창 과정에서 나타난 "국민의 부당한 자부 정신, 겸허함의 상실, 그리고 군벌관료의 등장에 대한 비판과 반성"이다. 그리고 전전에 나타난 "무리와 허위, 허세와 부정을 폭로하여 국민 스스로가 패전에 이르게 된 현실의 진리를 깊이 성찰"하는 것이다. 그래야만 일본은 새로 태어날 수 있으며, 〈세카이〉는 그와 같은 역할을 담당해야 한다.

둘째, 문화를 대중과 연결하는 사명이다. "학문에 담겨 있는 지성을 시대의 문제로 국민의 운명과 결부시켜 그 내용을 국민의 눈앞에서 논하는" 것이다. 즉, 〈세카이〉는 지성의 장場으로서 대중을 계몽하는

03　岩波茂雄, 앞의 글.
04　Laura Hein, *Reasonable Men, Powerful Words: Political Culture and Expertise in Twentieth-Century Japan*(Woodrow Wilson Center Press, 2004), p.117.

시대적 역할을 담당해야 한다. 과거처럼 국가와 민족의 문제를 공허한 학문적 테두리 안에 가두고, 국민과 연결시키지 못했던 전철을 반복해서는 곤란하다는 것이었다. 학자는 고립되고, 국민은 색맹 상태가 됐기 때문이다. 그러므로 〈세카이〉는 계몽 활동을 통하여 학문과 대중을 연결하는 교량이 돼야 한다.

셋째, 논조의 공정성이다. 전후 "국민의 새롭고 정통적 오피니언을 국내뿐만 아니라 국외에서도 대표할 수 있는 평론잡지의 역할"을 해야 한다. 논조는 좌나 우에 편향적이지 않으며 대중에게 아부하지도 않고 유행에 휩쓸리지 않으며 오로지 정통적인 여론을 대변하는 것이다. 마지막으로 〈세카이〉는 "세대generation를 초월하여 전전파戰前派 고전적 자유주의자old liberalists의 가장 좋은 부분과 중견 인텔리, 그리고 가장 훌륭한 젊은 학자를 하나로 묶어 대화의 광장forum을 만드는" 것이다. 그럼으로써 〈세카이〉는 "세대 위에 민주 전선을 구축하고 일본의 새로운 지적知的 철도를 부설하는 데 기여해야 한다"는 것이다.[05]

진리를 바탕으로 도의와 문화의 새 질서 창조를 목표로 한 〈세카이〉가 한반도 문제를 좌나 우에 치우치지 않는 시각으로 계몽적 입장에서 국민에게 전달했는가? 창간 이념처럼 자기비판과 반성은 있었는가? 자유주의자로 불리는 전후의 진보적 지식인들이 한반도 문제에 접근하는 데 얼마나 '편집 지침'에 충실했는가? 그리고 민족 화해에 얼마나 기여했는가? 이런 의문에 대한 해답을 찾아보자.

---

05 城戶又一·久野收·桑原武夫·中野好夫, 「〈世界〉創刊のこる」, 1966.1; 吉野原三郎, 「創刊まで-〈世界〉編集二十年」, 1966.1; 大內兵衛, 「〈世界〉二十年」, 1966.1.

〈세카이〉의 한반도 기사 빈도

창간호부터 1989년까지 〈세카이〉에 나타난 한반도에 대한 진보적 지식인의 관심도는 표에서 볼 수 있듯이 상당한 편차가 있다.[06]

1946년부터 1949년까지 한반도에 관한 기사는 단 3편뿐이다. 35년간 일본제국의 한 부분으로 간주하고 통치해 온 한반도에 대한 관심도가 이렇게 낮았다는 것은 기이한 현상이다. 이와 같은 '무관심'에는 패전 후 해결해야 할 당면 과제가 일본의 내부 문제였고, 아울러 한국인의 감정을 자극하지 않기 위한 의도적인 이유도 내포된 듯하다.

한국전쟁을 계기로 한반도에 대한 관심이 점차 높아졌다. [표 1]에서 보듯 1950년대 후반부터 한국전쟁에 관한 기사가 점진적으로 늘어나기 시작해서 휴전협정이 이루어지는 1953년에는 22편의 기사가 실려 1950년대에 정점을 이루었다. 내용 분석에서 자세히 살펴보겠지만, 그들의 관심은 전쟁과 휴전으로 인한 한반도 내부의 정세 변화가 아니라 일본에 미칠 영향에 초점이 맞춰져 있었다. 즉, 한반도에서의 전쟁과 휴전이 당시 미국 점령 통치하에 있던 일본의 국가 진로와

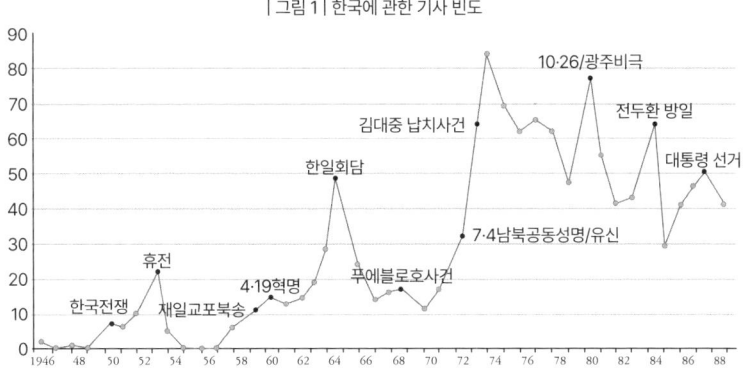

| 그림 1 | 한국에 관한 기사 빈도

06　한국 문제에 관한 기사 목록에 관하여, 『世界總目次, 1946-1985』; 「〈世界〉朝鮮問題記事の目次, I, II」, 1979.3~4.

| 표 1 | 한국에 관한 기사의 구분과 분포

내용 연도	그라비아	논문수필	세계의흐름	일본의흐름	좌담대담토론	담화실	보고자료	앙케이트	르포	창작	성명요망	독서실	다큐멘터리	통신	인터뷰	한국통신	독자페이지	합계
1946		1	1															2
1947																		0
1948			1															1
1949																		0
1950		3(1)	3				1(1)											7
1951		3	2				1(1)											6
1952		6(4)	3										1(1)					10
1953		12(2)	6		1		2						1(1)					22
1954		2(1)	3															5
1955																		0
1956																		0
1957																		0
1958		2(1)	1	1													2(2)	6
1959	1	5(4)	1	2			1										1	11
1960	3	4	4	2	1	1												15
1961	1	8(4)	1	2													1	13
1962		6(2)		4		2	1	1										14
1963	1	9(3)	2	5	1												1(1)	19
1964	1	14(3)	4	2	1		2	1	1		1						1(1)	28
1965	2	26(2)	4	9	1		1		2	1(1)	1	1					1(1)	49
1966	3	5		7	1		2		1			1	2		2			24
1967		5(2)	4	2								1					2(2)	14
1968	1	8	2	1			1					1	1	1				16
1969	2	5	5	3					1	1(1)								17
1970	1	4	1	3	1				1(1)									11
1971		4	5	4					1			1(1)			1(1)			17
1972		18(5)	4	3	1		1				2(1)			3				32
1973	1	39(8)	3	2			2			1(1)	1	1	3	5(4)	5		1(1)	64
1974	3	30(11)	3	3	3		8			2(1)	4		11			12	5	84
1975	1	29(8)	2	1			2		1		3		11		1	12	6(1)	69
1976		19(9)	1	1			8(6)			2(2)	4		9		2	12	4	62
1977	3(2)	26(8)		1	1		4			1(1)			12		1	12	4	65
1978		29(10)		3	1	1					2		12			12	2	62
1979	3	15(6)		1	1		3	1	1		1		9			12	1	47
1980	3	23(3)	1	1			11(5)	2		5(3)		3	1	2(1)		12	12	77
1981	1	13	1	4	4		6(5)	1	1	2(1)						12	10	55
1982	1	4(1)	2	1	1		6(6)			1(1)	4					12	9	41
1983		13(3)	1		1		5	1						1(1)		12	11	44
1984	1	34(14)		1	1		6(6)							1		12	7	64
1985	1	7(3)			2		1							1	1	12	3	29
1986	2	12(4)			1		5				1			3		12	5	41
1987		12(4)			4(2)		8				1		2	2(2)		12	5	46
1988	3	13(2)	4		6(3)		5			1(1)				1(1)		12	5	50
1989	2	11(8)	1		1		7			4	1			2(2)		12	2	43

( )는 외국인의 글임

경제 발전에 어떻게 영향을 미칠 것인가 하는 데 더 관심이 많았다. 그리고 휴전으로 인한 남북 분단의 고착화라는 현실적 상황 속에서 일본의 대한반도 정책의 방향은 어떠해야 하는지에 큰 의미를 부여했다.

1953년 휴전과 동시에 한반도에 대한 관심도는 크게 떨어졌다. 22편에 달했던 한반도에 관한 기사가 1954년에는 5편으로 줄었다. 그리고 1955년부터 1957년까지 3년 동안은 한반도 관련 기사는 단 한 편도 실리지 않았다. 한반도는 〈세카이〉의 관심 대상이 아니었다. 그러다가 1958년 재일교포의 북송 문제가 한국과 일본의 주요 현안으로 등장하자 한반도에 대한 관심이 다시 상승했다. 〈세카이〉가 한국 국내 문제에 대하여 '객관적'으로 상황 변화만을 전달하던 그때까지의 논조와는 달리, 1950년대 후반부터는 '주관적'으로 한국의 국내 정국, 특히 이승만의 자유당정권의 변화에 대한 비판적 논조와 북한에 대한 긍정적 시각의 기사가 대조적으로 나타났다.

〈세카이〉는 한국의 국내 정국이 4·19, 5·16으로 이어지는 1960년대에 들어서면서부터 한국 정치와 사회 변화에 본격적인 관심을 보였다. 이뿐만 아니라 1962년부터 한국의 박정희 정권과 일본의 이케다 하야토池田勇人 내각 사이에 한일국교정상화를 위한 회담이 진행되자 한반도에 관한 기사가 급증했다. 한일국교 정상화 조약이 조인된 1965년의 한반도 관련 기사는 총 49편으로 1960년대의 정점이었다.

국교 정상화 이후 한반도 관련 기사는 다시 크게 감소했으나, 1950년대와는 달리 일정 수준을 유지했다. 푸에블로호 사건1968년을 전후하여 한반도와 동아시아의 정세 변화를 논하는 기사가 실리긴 했으나, 이 시기의 주된 관심은 한국의 정치 상황, 특히 박정희 정권에 대한 비판이 주를 이루고 있다.

〈세카이〉 창간 후 진보적 지식인의 한반도 대한 관심의 절정은 1970년대였다. 이 시기에 〈세카이〉는 한반도 문제에 많은 지면을 할애했다. 3분의 1이 넘는 지면에 북한을 지지·찬양하고 남한을 비난하는 기사들로 채워질 때도 적지 않았다. 한국의 정치적 부패와 경제적 몰락을 극대화하여 보도하는 반면, 북한에 대한 찬양과 선전 기사로 가득 찬 '북한예찬-남한저주'의 논조가 뿌리를 내렸다. 특히 김대중 납치사건이 일어난 1973년부터 한국 정권에 대한 〈세카이〉의 전면적 공격이 시작됐다. 〈세카이〉는 마치 한국 정부를 비판하고 한국 사회의 부정적 측면을 파헤치기 위하여 만들어진 잡지로 인식될 만큼 한국 사회의 어두운 면을 집중적으로 부각시켰다. 그 당시 〈세카이〉라는 프리즘을 통하여 독자에게 비친 한국은 '빅 브라더big brother'가 통치하는 조지 오웰George Owell의 『1984』보다 더 억압적이고 통제된 사회였다. 그 반면에 북한은 훨씬 풍요롭고 자유로운 사회로 일본 국민에게 비쳤다.

〈세카이〉는 한국에 대한 일본의 경제협력을 단절하고 경제 압력을 가하라고 요구하면서 한일 관계의 재검토를 촉구했다. 특히 1973년 5월호부터 등장하는 TK생이란 익명의 필자에 의한 「한국으로부터의 통신」은 한국 내의 온갖 유언비어의 원산지가 됐다. 1974년에는 84편의 한국 관련 기사와 논문을 게재함으로써 절정을 이루었다. 그 이후 10·26사태로 박정희 체제가 붕괴되는 1979년까지 〈세카이〉는 연평균 60편 이상의 한국 관련 기사를 게재하는 등 한국 사회에 높은 관심을 표명했다.

1980년대의 〈세카이〉 편집 방향은 두 가지 점에서 다른 모습을 보였다. 하나는 한국의 정국을 보는 시각의 변화다. 물론 한국 정부에 대한 비판은 1970년대와 크게 다른 바 없었다. 〈세카이〉는 박정희 정권에 대한 비판의 연장선에서 전두환-노태우 체제를 투쟁과 전복의 대상으로 간주했다. 다만 이 시기부터 김대중을 민주화의 상징으로 부각하면서 그를 정권교체의 주체로 상정하는 모습을 보였다. 〈세카이〉는 한국의 진보 또는 반체제 지식인들과 직접 연계하여 김대중 대통령 만들기에 적극적으로 가담했다.

다른 하나는 북한에 대한 시각 변화다. 1970년대와 달리 조건 없는 김일성 찬양과 북한 지지에서 서서히 벗어나는 듯한 태도를 보였다. 물로 그렇다고 해서 북한을 비판하고나 적대시한 것은 아니다. 북한을 여전히 지지하면서도 그 강도가 70년대에 비해서 약해졌다는 의미일 뿐이다.

2. 1940년대-긍정적 식민통치관

〈세카이〉가 한국에 최초로 관심을 보인 것은 「조선 통치에 대한 반성」이라는 논문을 통해서였다.[07] 이 논문은 〈세카이〉에 발표된 한국에 관한 최초의 논문일 뿐만 아니라, 35년간에 걸친 한반도 통치에 대한 일본 진보적 지식인들이 지니고 있는 한국관의 단초를 확인할 수 있다는 점에서 내용 분석이 필요하다.

식민지 지배에 대한 변호

서울대학교의 전신인 경성제국대학京城帝國大學 교수였던 스즈키 다케오鈴木武雄는 한국과 일본 두 민족의 심적결합心的結合을 방해한 가장 큰 장애를 한반도에 대한 일본의 영토적 지배로 보았다. 그의 주장에 따르면 이 영토적 지배로 일본인에게는 우월감이 배태됐고, 반대로 한민족에게는 피압박 민족 감정이 배양됐다. 영토적 지배가 지속되고, 이로 인해 우월감과 피압박 민족 감정이 혼재된 상황에서는 일본의 어떤 성의 있는 정책도 한민족에게 공감을 얻을 수 없었다.

그러나 패전의 결과로 한반도에 대한 일본의 영토적·정치적 지배라는 대전제가 소멸됨으로써 우월감과 피지배자 감정이 불식됐고, 따라서 두 민족의 정신적 결합이 가능할 것으로 그는 보았다. 즉, 두 나라가 "독립국으로서 평등한 기반 위에서 우정을 확립할 때 문화적으로나 경제적으로 두 민족의 복지를 반드시 증대시킨다"라는 것이었다.

07　鈴木武雄, 「朝鮮統治への反省」, 1946.5.

이처럼 "한일 관계의 명랑한 재출발을 위하여 36년간에 걸친 조선 통치의 성격과 실적에 대한 심각한 자기반성과 일본의 진의에 대한 오해가 있었다면 이를 해소시키려는 것이 이 논문의 근본 목적이다"라고 필자는 밝혔다.

하지만 논문의 밑바탕에 깔려 있는 기조는 식민지 통치에 대한 '심각한 자기반성'이 아니라 식민지 통치의 정당화와 식민지 지배의 시혜론施惠論이다. 경성제국대학 교수 시절 대륙병참기지론大陸兵站基地論을 전개했던 스즈키 교수는 "일본의 조선 통치 근본 철학은 일시동인一視同人, 내선일체內鮮一體로서의 동화정책同化政策, 모국연장주의母國延長主義"라고 주장했다. 그리고 동화 정책의 근본 통치 방침에는 "조선의 정치적 지배를 완전히 확보하려는 의도"와 함께 "식민지적 관계를 지양하려는 의도"라는 상호배타적 요소가 공존했음을 강조했다. 그럼에도 동화정책의 근본 철학은 선의善意적이며 긍정적이었다는 것의 그의 주장이다. 스즈키의 신념을 그대로 인용하면 다음과 같다.

세카이에 게재된 최초의 한국관련 논문

> 일시동인 또는 내선일체는 …… 문자 그대로 조선인과 일본인을 전적으로 평등시하고, 일본인의 우월적 차별 대우 또는 차별 감정을 극복하고 소위 식민지 관계를 지양한다는 이상주의적 성격을 지니고 있었다. 그곳에는 공식적으로 제국주의적

식민지 지배에 대한 비판과 반항이 있거나, 한일합병의 대전제를 뒤엎을 수는 없으나, 같은 아시아인으로서 동지同志인 이상 문명인이 야만인을 지배하는 종래의 공식적 식민지 체제가 조선에서 재현되어서는 안 된다는, 다시 말해서 동포애적인 새로운 외령통치外領統治의 이념이 있었음을 부정할 수 없다.

1938년부터 실시한 내선공학제內鮮共學制, 전차를 기다리는 승객의 대열, 영화관에서 입장을 기다리는 행렬, 또는 전시 중에 배급품을 사기 위해서 기다리는 순서에 일본인과 한국인이 구별 없이 섞여 있었다는 것은 바로 "동포애적 새로운 외령통치의 이념을 실행"한 것이라고 평가했다. 스즈키는 이런 선의의 식민 통치를 다른 식민지에서는 볼 수 없는 특이한 성격의 한 면으로 파악했다.

동화정책이 '전면적 실패'로 끝났다는 것을 스즈키도 인정했다. 그러나 실패의 근본 원인을 '이념'이 아니라 '방법'이 옳지 않기 때문이라고 평가했다. 즉, 상황에 대한 오판과 행정의 졸속 때문에 '선의'의 식민 통치가 성공할 수 없었다는 것이다. 스즈키는 다음과 같이 설명했다.

> 조선인의 대다수가 만주사변, 특히 지나사변支那事變[08] 이래 일본인과의 운명 공동체라는 의식이 짙어지면서 애국심의 앙양이 현저하게 나타났다. 이와 같은 애국심의 현저한 앙양은

---

08 만주사변은 1931년 9월 관동군이 만주 柳條湖의 滿鐵路線을 폭파하고 이를 구실로 총공격을 개시하여 만주 점령을 시작한 사건이고, 지나사변은 1936년 8월 일본 정부가 北支處理要綱을 발표하고, 華北5省(河北省, 察哈爾省, 綏遠省, 山西省, 山東省)을 침공함으로써 사실상 중국과의 전쟁을 시작한 사건이다.

부정할 수 없는 놀라운 사실로서 우리를 감동시켰다. 하지만 이것은 결코 조선인의 민족의식이 쇠퇴했다는 것을 의미하는 것은 아니었다. 아니, 민족의식은 더욱 강하게 각성됐으나 다만 자기 민족의 생존과 행복을 위해서는 일본국민으로서 살아가는 길 이외에 다른 길이 없다는 운명 공동체적 의식에 도달한 것이었다. 즉, 민족의식에 앞서 점차 국민의식(복합민족국가적 국민이라는 정도의 의미)을 자각하게 됐다. 이는 동화정책이라는 시각에서 볼 때 환영해야 할 현상으로서 민족 융합으로 한 단계 가까워진 것이 사실이다. 그러나 이것을 조선 민족의 야마토大和 민족화로 속단한 것이 커다란 잘못이었다.

이와 같은 '오판'에서 추진된 신사참배, 황국신민의 선서, 창씨개명 등 황민화운동은 실패할 수밖에 없었다고 지적했다. 즉, 민족의 존재를 간단히 부정한 동화정책, 총독정치의 치적을 과시하는 형식적·숫자적 황민화운동, 그리고 말단 행정 당국의 졸속 등이 내선일체를 실

전장으로 몰려 나가는 소년병

패하게 했다는 것이다. 일본이 조선에서 실행한 일시동인적 동화정책은 근본이념에서는 선의였고 또한 성공할 수 있었으나, 상황에 대한 오판, 성과 과시 위주의 총독정치, 졸속 행정 등 방법상의 오류로 인해 실패로 끝났다는 논리이다. 식민지 통치라는 '원죄原罪'에 대한 반성이 아니라 '통치 방법'에서의 반성을 뜻하고 있다.

식민지 통치가 정당했고, 한국인에게 도움이 됐다는 그의 논리는 경제적 측면에서 더욱 선명하게 드러났다. 그는 "한국의 산업 경제가 일본 통치하의 30년간에 경이적인 약진을 이루었다"라고 주장했다. 합병 이전의 한국 경제는 원시적 산업구조의 정체 상태였다. 하지만 병합 후에는 농업과 공업이 함께 발전하는 산업구조로 변했고, 그 결과 농업 생산력이 획기적으로 향상됐을 뿐만 아니라, 광공업 등 근대 산업의 기틀이 마련되기 시작했다고 평가했다.

그는 이를 입증하기 위하여 통계 수치를 제시했다. 한일합병 당시1910년 한국의 국민총생산GNP가 3억 8,100만 엔円에 불과했으나 1943년에는 64억 8,500만 엔으로 늘어났으며, 농산물과 공산물의 비중이 각각 80%와 4%에서 32%와 42%로 변하여 공업의 비중이 농업을 능가하게 됐다는 것이다. 즉, 일종의 복잡한 종합경제 체계의 모습을 갖추게 됐다는 것이다. 한국은 식민지 통치 기간에 산업의 후진성을 특징으로 하는 아시아에서 비교적 선진성을 과시할 수 있는 지역으로 발전했으며, 이와 같은 산업의 발달은 "지금부터 일본을 대신해서 자주적으로 이것을 지배할 조선인에게 확실히 행복한 자산"이라고 주장했다. 식민지 통치의 시혜론을 강조한 것이다.

그는 일본의 한반도 식민지 통치도 본질적으로 제국주의적 속성을 지녔음을 인정했다. 그러나 식민지 통치가 한국에 대한 일본의 착

작두로 한국인의 목을 자르는 일본 헌병대

취와 이익을 위하여 한국인을 노예로 부렸다는 점은 강하게 부인했다. 오히려 한국에 유익했다는 점을 강변했다. 예컨대 1920년부터 1934년까지 대규모로 실시한 산미증식계획産米增殖計劃은 일본의 식량 문제를 해결하기 위한 '이기적 정책'만은 아니었다고 주장했다.

물론 이 정책은 일본의 식량 문제에 많은 도움이 됐고, 또한 전시에 식량의 원활한 공급 기반이 된 것은 사실이지만 결과적으로 한국에게도 커다란 혜택을 주었다는 것이다. 스즈키에 따르면 쌀 증산 정책의 결과 한국은 다음과 같은 혜택을 입었다. 첫째는 한국은 쌀 단종경작형單種耕作型 산업구조를 일찍이 확립할 수 있었다. 둘째는 한국산 쌀이 일본으로의 이출移出이 많았던 것은 사실이다. 하지만 이는 비싼 쌀을 팔아서 싼 잡곡을 사 먹어야 하는 원시 산업국가가 반드시 한 번은 거쳐야 하는 단계이자 경제 현상의 당연한 결과로서 근대 산업구조 경제체제로 빨리 진입할 수 있는 계기가 됐다. 셋째는 일본의 기술 지도와 자본 원조를 바탕으로 실시한 산미증식계획은 농업생산력을 비약적으로 증대시킬 수 있었다. 넷째는 대규모의 토지개량사업, 수리시설, 간척사업 등을 실시함으로써 경작지를 확대했다. 그리고 이 모든 것은 전후 독립한 한국인의 자산이 됐다. 따라서 일본이 실시한 쌀 증산 정책은 일본이 한국으로부터 쌀을 수탈하기 위해서 실시한 것이 아니라 한국 경제에 큰 도움이 되는 정책이었다는 논리이다.

스즈키에 따르면 동화정책의 궁극적 목표는 "일본인에 비교하면 저열한 조선인의 민도民度를 일본인의 수준으로 향상"시키는 것이었다. 그러므로 36년간의 식민지 통치를 통하여 성취한 조선의 현저한 경제 발전은 다만 물질적 풍요에 그치지 않았고, 한국인의 민도 향상에도 크게 기여했다는 것이다. 경제 발전은 정지적·정체적 경제체제에 있던 한국인에게 좀 더 나은 삶의 질을 제공함으로써 전체적으로 국민의 생활수준 향상에 일조했다는 주장이다.

그는 인구의 증가 현상과 직업의 다양화를 준거로 제시하여 이러한 경제 발전과 민도 향상의 관계를 설명했다. 즉, 경제가 피폐했던 합병 이전인 조선시대에는 인구가 감소 추세인 반면, 합병부터 1943년까지 34년간 한국의 인구는 약 두 배로 늘어났으며, 이것은 경제 발전에 따른 결과라고 평가했다. 인구 증가와 더불어 식민지 기간을 통하여 한국인의 직업도 다양해졌다. 합병 이전의 원시산업 경제구조에서는 절대다수의 인구가 농업, 임업, 어업에 종사했으나, 합병 후 근대산업의 발전과 함께 한국인의 직업도 공업, 광업, 상업, 교통업 등으로 확대됐고, 이 또한 한국인의 민도와 생활수준을 향상시키는 결과를 가져왔다고 주장했다.

전후 최초로 나타난 일본 지식인의 한국관은 식민 통치 미화로 시작됐다. 정체되고 낙후된 한국은 일본의 통치를 받으면서 비로소 발전하고 개명할 수 있었고, 통치의 근본 철학인 동화정책은 긍정적이고 진취적인 것이었다. 다만 이 정책이 실패한 것은 형식주의, 실적주의, 관료주의라는 정책적·행정적 실책 때문이었고, 따라서 반성은 '실패 원인'에 대한 '반성'일 뿐이었다. 그리고 사회·경제적 관점에서 볼 때 일본의 통치는 한민족에게 '은혜'가 됐으며 광복 후 발전의 기틀이 됐다는 것이다.

식민지화와 통치 과정에서 나타난 인간적 손실, 정신적 고통, 언어의 말살, 전통과 문화의 날조와 소멸, 그리고 역사와 민족 말살과 같은 본질적인 잘못에 대한 반성이나 사과는 찾아볼 수 없었다. 〈세카이〉는 제국주의 시대에 대한 '솔직한 자기반성'과 '도의와 문화의 새 질서 창조'를 향하여 출발했음에도 식민지 시대를 보는 시각과 인식에는 조금도 변화가 없었다. 진보적 지식인의 한국관도 보수 정객의 '망언'과 그 뿌리를 같이하고 있었음을 확인할 수 있다.

한반도 내의 상황

분단의 길을 가고 있는 한반도 내의 상황에 관한 〈세카이〉의 관심은 대단히 적었다. 다만 창간 후 1949년까지 세계정세를 소개하는 난을 통하여 한반도 정세에 관하여 2편의 기사를 실었다.[09]

〈세카이〉는 한반도에서 남과 북이 전혀 다른 별개의 단계로 발전하고 있음을 지적하고, 민족적 통합의 실현이 어려울 것으로 관측했다. 광복 후 1년이 지나면서 남과 북의 모습이 확연하게 달라졌다.

〈세카이〉의 관찰에 따르면 남한은 정치적으로 혼란한 상태에 빠져들었다. 광복 후 나타난 수백 개의 독립단체와 정당의 요구와 사회적

---

09 「世界の潮: 朝鮮の政情」, 1946.12;「世界の潮: 朝鮮問題」, 1948.12.

혼란을 통제하고 통합할 수 있는 중앙정부의 부재, 이승만과 김구의 정치적 갈등, 좌우 대결에서 공산당의 세력 확대, 우익 진영 내의 갈등과 분열 등으로 남한은 정치적으로나 사회·경제적으로 혼돈의 늪으로 빠져들었다. 정치권의 통합을 위한 노력은 있으나 실현 가능성은 희박하다고 〈세카이〉는 전망했다.

남한의 혼돈과 달리 북한은 단기간에 안정된 체제를 확립해 가고 있다고 보도했다. 북한은 소련의 군정 아래에서 김일성을 중심으로 공산당이 지위를 확고히 구축했고, 이를 바탕으로 사회 안정도 이루어지고 있다고 평가했다. 북한은 1946년 2월 평양에서 김일성을 위원장으로 한 북조선인민위원회를 창립하고 각 촌락까지 인민위원회를 확대하여 공산당의 확고한 지위를 구축했다. 특히 김일성이 신속하게 정치권력을 장악하는 것으로 보아 북한은 남한과 달리 체제 안정이 신속하게 이루어질 것으로 전망했다.

이러한 변동을 통해 남과 북은 두 개의 전혀 다른 정치체제로 발전했고, 따라서 통일은 현실적으로 기대하기 어려운 것으로 예측했다.

3. 1950년대-'어두운 한국'

　1940년대에 비하여 1950년대의 〈세카이〉는 한반도에 비교적 높은 관심을 보였다. 그러나 아직도 단편적이고 소극적인 관심에 머물렀다. 한국전쟁을 계기로 그동안 잊혔던 한반도에 대한 관심이 다시 살아났지만, 휴전을 계기로 사그라졌다. 그러나 이 시기부터 〈세카이〉는 남과 북에 대한 편향적 시각의 실마리를 보여주었고, 진보적 지식인의 '비틀어진' 한국관을 드러내기 시작했다.

　1950년대 이승만 정권은 강한 반일 정책을 택했다. 물론 이승만의 반일 노선은 한국 사회에 광범위하게 퍼져 있는 '국민적' 반일 감정에 근거하고 있었다. 하지만 〈세카이〉는 이를 인정하려 하지 않았다. 오히려 이승만이 자신의 정치 생명을 연장하기 위하여 반일 감정을 조작하고 악용한다고 주장했다. 그러면서 〈세카이〉의 진보적 지식인들은 그들에게 손짓하는 북한으로 점차 다가가는 모습을 보였다. 그리고 한국은 미국에 예속되어 있고, 북한은 자주적이라는 편향된 한반도관을 보여주기 시작했다.

한국전쟁: '침략'인가 '내전'인가

1) 한국전쟁의 의미

　전쟁 발발로부터 4개월 후에 나타난 〈세카이〉의 첫 반응은 미국이 취한 신속한 조치를 상당히 의외로 받아들이고 있었다. 전후 미국의 동북아 정책은 알류샨열도-일본-오키나와-필리핀으로 이어지는 방위선 이외의 지역에서 일어나는 무력 분쟁에는 개입하지 않는다는 애치슨 선언1950년 1월 12일으로 집약된다. 그러나 미국은 기존의 정책을 뒤엎고 유엔안전보장이사회를 소집하여 북한의 침략을 평화 파괴 행위로 단정6월 25일하고, 미 해·공군의 한국군 지원을 명령한 트루먼 성명6월 27일을 발표하고, 유엔군 합동사령부를 설치7월 7일하는 등과 같이 예상을 뛰어넘는 신속하고 단호한 조치를 취했다.

〈세카이〉는 미국이 이처럼 신속하게 한국전쟁에 개입한 것은 한국의 안전보장을 위해서라기보다 제2차 세계대전 후 미국이 구상하는 세계 전략의 하나로 취한 정책이라고 평가했다. 〈세카이〉에 따르면 미국이 기존의 동북아 정책을 파기하고 한국전쟁에 신속하고도 적극적으로 개입하게 된 데에는 네 가지 이유가 있었다.

첫째, 북한의 무력 남침을 방치할 경우 전후 세계 평화 질서를 유지하기 위하여 만든 유엔이 무력해지고, 이것은 곧 유엔을 통한 미국의 세계 정책에 차질을 가져오기 때문이었다. 둘째, 미국이 한국전쟁에 적극적으로 개입하지 않으면 아시아에서는 물론 서방 자유 진영에서도 미국의 지위가 크게 위축되는 결과를 초래하게 될 것으로 보았다. 셋째, 소련의 배후 조종으로 북한이 남침한 것으로 판단할 경우 이를 신속히 저지하지 못하면 다른 지역에서도 소련의 팽창을 유효하게 억제하기가 어려워지기 때문이었다. 나아가서 소련이 본격적으로 팽창 정책을 택한 후에 이를 저지하려면 전면전을 피할 수 없는 상황이 전개될 것으로 판단했다. 넷째, 소련의 팽창을 사전에 저지함으로써 평화 유지가 가능할 것으로 판단하고 그와 같은 선택을 한 것으로 평가했다. 즉, 북한의 남침은 소련이 공산주의를 세계적으로 확대하기 위

부서진 대동강 다리를 넘어서 남하하는 피난 행렬

하여 미국의 의지를 실험하는 전초전으로 판단했고, 미국은 세계 전략에서 유리한 지위를 확고히 하기 위하여 한국전쟁에 신속히 대처한

인천상륙작전을 지휘하는 맥아더

것으로 분석했다.

〈세카이〉는 한국전쟁 발발 후 1년 동안은 '미군의 물량 대 공산군의 인체 소모 전쟁'이란 치열한 성격의 전쟁으로 평가했다. 그러나 1951년 6월 23일 소련이 휴전을 제의하면서 실질적 전투의 강도는 점차 약화되기 시작했다. 〈세카이〉는 다음과 같은 이유를 들어 소련의 휴전 제안을 설명했다.

첫째는 전쟁 시작 1년 후 한반도에서 점차 불리하게 전개되고 있는 전국을 전환하기 위하여 소련은 북한에 대규모의 원조를 실시하거나, 그렇지 않으면 전쟁에 직접 개입해야 할 입장에 놓이게 됐다. 본격적인 대규모 원조나 전쟁에 직접 개입하는 것은 곧 전면전을 의미하는 것이었다. 소련은 미국과의 전면전을 피하고 전쟁 이전의 상태로 환원시킬 수 있는 휴전을 최선책으로 생각하지 않을 수 없었다.

둘째는 소련은 한국전을 통하여 미국의 국력 소모와 서방 진영의 분열을 예상했으나, 그와 반대로 한반도에서의 전쟁은 미국과 유럽의 재군비를 강화하는 계기가 됐고 서방 진영의 결속을 다졌다. 그 결과 한반도에서 전쟁이 장기화할 경우 서방 진영은 소련에 대한 군사적 제재를 더욱 강화할 것으로 보았다. 따라서 전쟁을 빨리 종식하는 것이 서방 진영의 군비 증강을 약화시키고, 나아가서 정치적 결속을 저지할 수 있다고 판단했다.

소련이 휴전을 제안한 또 다른 이유는 무력에 의하여 성취하지 못한 목적을 정치적으로 성취하려는 전술적 전환으로 평가했다. 미국은 소련의 휴전 제안에 회의적이고 경계하는 태도를 취하고 있었지만, 결국 이에 응하고 휴전회담이 진전될 것으로 〈세카이〉는 예측했다. 그 이유는 미국은 결코 한국전쟁이 세계대전으로 발전하는 것을 원치 않기 때문이라는 것이다. 또한, 국지전이 오래가면 미국 내에서 여론이 악화되고, 이는 국내 정치에 또 다른 영향을 미칠 것으로 보았기 때문이다.

그러나 〈세카이〉가 가장 중요한 이유로 지적하는 것은 미국이 가지고 있는 전쟁 목적의 '한정성'이었다. 미국이 전쟁에 개입한 근본 목적은 어디까지나 완전한 승리를 통한 남북통일이 아니라, 다만 미국의 영향권에 있는 남쪽의 안정을 유지하는 것이었다. 물론 미국도 남북통일을 희망하고 있으나, 공산주의에 의한 통일을 용납하지 않을 뿐만 아니라, 무력에 의한 통일도 미국의 한반도 정책은 아니라는 것이었다. 처음부터 미국은 군사적 목적과 정치적 목적을 확실히 구분

하고 있었다는 것이다.[10]

〈세카이〉는 이처럼 미국과 소련의 이해가 일치하기 때문에 한반도에서의 휴전은 성사될 것으로 판단했다. 과연 휴전 협상은 7월부터 시작됐다.

2) 한국전쟁에 대한 평가

한국전쟁 초기와 달리 휴전이 현실화되고 구체화된 1953년에는 한국전쟁과 그것이 일본과 동아시아 정세에 미치는 영향에 관한 더욱 구체적인 평가가 나타났다. 〈세카이〉의 진보적 지식인들은 미국에 대해 상당히 비판적인 태도를 보였다. 그들은 한국전쟁을 미국의 반공反共, 배공排共, 봉쇄정책의 적극적인 표현으로 이해했다.

〈세카이〉에 따르면 참전국의 수, 새로운 무기의 사용, 피해 등의 측면에서 볼 때 한국전쟁은 '작은 제3차 대전'이었다. 그럼에도 불구하고 한반도를 벗어나지 못한 제한전쟁이었다. 또한, 전쟁에서 휴전까지 3년 2개월이라는 시간 가운데 실질적인 전쟁은 1년이고 나머지 시간은 휴전 교섭을 위하여 소비한 불균형의 전쟁이었다. 그리고 한국전쟁을 계기로 아시아·아프리카의 중립주의와 민족주의가 국제 정치 무대에 등장할 것으로 예상했다. 휴전에도 인도 등 중립주의 국가들이 크게 공헌한 것을 계기로 국제 질서가 양극체제에서 다극체제로 변화해 갈 것으로 예측하기도 했다.

한국전쟁과 휴전이 시사하는 또 하나의 중요한 시대적 의미는 세계 정세가 불안정하지만, 전쟁 상태에서 '차가운 평화冷平和'로 전환하고

---

10 「世界の潮: 朝鮮戰亂とアメリカの態度」, 1950.10; 「世界の潮: 朝鮮停戰問題」, 1951.9.

있다는 것이다. 그리고 일본도 이 '차가운 평화'라는 새롭게 형성되는 국제 질서 속에서 갈 길을 찾아야 한다는 점을 강조했다.

〈세카이〉는 유엔이 한반도 문제를 처음부터 잘못 처리한 것으로 평가했다. 아이치愛知 대학의 이리에 게이시로入江啓四郎 교수는 "유엔은 많은 사람에게 환멸감을 주었고, 국제연맹과 같이 앞날이 밝지 않을 것이다"라고 전망했다. 그에 따르면 한국전쟁은 유엔이 개입해서는 안 될 성격의 사건이었다. 남한이나 북한 모두가 유엔에 가입한 독립 정부가 아니라는 논리였다.[11] 즉, 국가가 아니고 다만 점령 관리의 편의상 38도선을 경계로 나눈 2개의 지역 정권에 지나지 않기 때문이라는 것이다. 따라서 한반도에서의 전쟁은 두 개의 대립 정권 사이에 일어난 무력 충돌이며 '내전'의 성격을 지닌 것에 불과했다.

그런데도 두 정권 사이에 발생한 무력 충돌을 한 집단(북한)이 평화를 파괴하는 행위로 단정한 것은 그 출발부터 유엔이 한반도 문제를

유엔안전보장이사회

---

11 入江啓四郎, 「國際聯合の果した役割」, 1953.6.

잘못 처리했다는 것이다. 북한이 "조선반도를 통일하려는 것은 조선 내부의 일이지 유엔이 개입할 일도 아니고, 평화를 파괴하는 행위로 규정할 수도 없다"라는 주장은 〈세카이〉의 입장과 같았다. 그러므로 한국전쟁이 국제적 성격으로 확대된 것은 유엔이 본래의 취지에 맞지 않게 개입함으로써 나타난 현상이므로 책임은 미국에 있다는 것이다.

이뿐만 아니라 유엔은 한국전쟁이 유일 합법 정부에 대한 무력 공격이고 평화를 파괴하는 행위라고 단정했던 최초의 논리를 관철하지 못하고, 전쟁 이전 상태에서 다시 휴전을 성사시켰다. 이것은 유엔의 한계성을 노출하는 자기모순을 드러낸 것이었다. 결론적으로 유엔은 개입하지 말아야 할 '내전'에 개입함으로써 본래의 정신을 위배했고, 또한 개입의 논리에 배치되는 휴전을 택함으로써 유엔의 무원칙과 한계성을 드러내는 결과를 가져왔다고 비판했다.[12]

〈세카이〉는 한국전쟁과 관련하여 미국의 정책을 신랄하게 비판하면서 국제평화를 붕괴시킨 원인으로 평가했다. 〈아사히신문〉의 논설 고문인 쓰루 시게토都留重人는 전후 냉전의 책임은 전적으로 미국에 있다고 지적했다. 전후 미국은 원자폭탄을 독점하고 이를 세계 정책과 외교의 무기로 사용함으로써 소련의 불신을 조장했고, 소련이 원자폭탄 생산에 주력하도록 자극함으로써 실질적인 냉전을 만들어 냈다고 비판했다.[13]

미국은 또한 전후 침체된 국내 경제의 국면을 전환하기 위하여 전쟁의 가능성을 높이고 무기 생산을 확대하여 시장 확보를 의도했다고

12　入江啓四郎, 前芝確三, 小幡操, 蠟山芳郎, 「座談會: 冷い戰爭から冷い平和へ」, 1953.10; 田中愼次郎, 入江啓四郎, 山田禮三, 高市惠之助, 「座談會: 朝鮮休戰から政治會談へ」, 1953.12.
13　都留重人, 「冷戰の新しい段階」, 1953.10.

평가했다. 즉, 미국은 소련의 침략 가능성과 위험성을 강조하여 국방비를 증액한 후 무기 생산을 확대하고 무기 원조와 판매를 통하여 경제적 어려움의 돌파구로 삼으려 했다는 것이다. 〈세카이〉는 미국이 한국전쟁을 통하여 상당한 인적·물적 손실을 본 것으로 평가했지만, 동시에 한국전쟁은 당시 대단히 어려운 처지에 있던 미국 자본주의를 소생케 한 '구원의 신'과 같은 역할을 했다는 것이다.

미국 경제 전문가로 알려진 오하라 게이지小原敬士에 의하면 제2차 세계대전 이후 나타난 순환공황循環恐慌은 1949년에 이르러 미국 경제를 상당히 어려운 상황으로 이끌었다. 이러한 경제적 어려움을 극복하는 방안의 하나로 전쟁경제에 대한 논의가 진척됐고, 바로 이 시기에 한국전쟁이 일어났다는 것이다. 제2차 대전을 통하여 미국이 '전쟁에 의한 풍요'를 누렸다면, 한국전쟁은 '동란이 가져다준 풍요'였다. 그러한 의미에서 오하라의 표현을 빌리면 한국전쟁은 "미국 경제

한미상호방위조약에 서명하는 변영태 장관과 덜레스 장관

의 구원 신이었고, 축복의 전쟁이었다"는 것이다.[14]

〈세카이〉는 휴전회담이 장기간 지속된 것도 미국이 구상하고 있는 세계전략과 무관하지 않다고 보았다. 한국전쟁을 소련 팽창정책의 하나로 평가했던 미국은 이에 대응하기 위하여 유럽과 아시아에서 집단안전보장 체제를 강화하려 했다. 유럽에서는 북대서양조약기구 NATO를 강화하고, 동아시아에서도 이와 같은 공동방위 체제를 구축한다는 전략이었다. 미일 안보조약과 일본의 보안대(자위대의 전신) 창설도 이러한 전략의 일환이었다. 이를 위해서는 시간이 필요했다. 즉, 미국은 한반도에서 휴전을 위한 회담을 장기화하고 동시에 소련의 위협을 강조하면서 유럽과 동아시아에서 방위 체제를 정비하고 군사력을 강화하려 했다는 것이다.

미국에 비판적인 태도를 보인 것과 달리 〈세카이〉는 중국과 소련에 대해서는 호의적인 반응을 보였다. 중국이 한국전쟁에 개입한 것은 어디까지나 자체 방위를 위한 것으로 당연한 조치로 평가했다. 즉, 전쟁 후 미국이 제7함대를 대만해협에 파견하고, 또한 전쟁 도중 미국의 비행기가 압록강을 넘어 중국의 영공을 비행한 것은 중국에 대한 미국의 침략 행위이고, 이의 대응으로 중국이 한국전에 개입한 것으로 평가했다.

그러므로 중국의 개입을 '침략자를 원조하는 행위'라는 유엔 결의는 전적으로 잘못된 것이고, 어디까지나 '자국 방위를 위한 조치'로 해석해야 마땅하다고 강조했다. 그리고 휴전과 더불어 중국은 경제 5개년계획을 성공적으로 추진하고, 이 계획이 끝나면 중국은 국제무

---

14 小原敬士, 「朝鮮動亂とウオール街」, 1951.8; 小原敬士, 「朝鮮動亂とアメリカ資本主義」, 1953.6.

대에 강대국의 모습을 드러낼 것으로 예측했다.

스탈린 사망 후 등장한 말렌코프 체제도 〈세카이〉는 긍정적으로 평가했다. 스탈린 시대와 달리 소련도 평화와 경제 발전을 추구하고 있는 것으로 이해했다. 소련은 아시아적 농업 국가를 탈피하고 사회주의적 중공업 국가로 전환을 모색하고 있었고, 국민의 물질적, 문화적 욕구를 최대한으로 만족시키는 것을 제일의 당면 과제로 삼고 있다는 것이다. 이를 위해서는 국제적으로 평화가, 국내적으로 개방정책이 필요하므로 미국의 평가와 같이 소련이 위험한 존재가 아니라는 점을 강조했다.[15] 이러한 주장의 연장선상에서 일본은 중국 및 소련과 관계 개선을 추진할 것을 〈세카이〉는 강력하게 주장했다.

3) 한국전쟁과 일본

한국전쟁과 휴전을 계기로 〈세카이〉는 일본의 국가 진로에 관해서 많은 것을 제시했다. 전반적인 세계정세는 여전히 불안정한 상태이지만, 그래도 휴전을 계기로 점차 안정된 방향으로 진전하고, 냉전에서 '냉 평화' 체제로 전환되고 있다고 평가했다. 그리고 아시아·아프리카에서 중립국이나 민족주의가 출현함으로써 국제무대에 제3세계가 등장하고 있음을 지적했다. 이러한 정세 변화에서 미국의 동아시아 정책은 태평양 지역에서도 집단안전보장체제의 확립을 구상하고 있으며 그 중심 기반을 일본으로 상정하고 있는 것으로 판단했다.

물론 일본은 군사적으로나 경제적으로 미국에 의존할 수밖에 없는 상황에 처해 있다는 것을 〈세카이〉도 인정했다. 그러나 일본은 미국

---

15 「座談會: 冷い戰爭から冷い平和へ」; 石川滋, 「休戰と中國 '五個年計劃'」, 1953.10; 原子林二郎, 「マレンコフ演說とソ連經濟」, 1953.10.

의 총체적 보호 우산에서 벗어나 더욱 독자적인 지위의 길을 모색해야 한다는 점을 강조했다. 즉, 군사적으로 일본은 미국의 세계전략 및 정략의 작은 말馬이 되어서는 안 된다는 것이다. 경제 관계는 원조에서 통상으로 발전시켜야 하고, 정치적으로는 중립주의를 택하여 중국 및 소련과의 관계 개선을 주장했다. 특히 한반도에서의 휴전은 일본이 중국과 관계 개선을 시도할 좋은 기회이므로 먼저 본격적인 무역을 추진할 수 있는 계기로 삼을 것을 주장했다.[16]

한국전쟁은 〈세카이〉가 표현하는 것과 같이 경제적 어려움에 시달리고 있던 일본 경제에 내린 '가뭄 속의 단비'였다. 전후 일본의 경제 발전에 디딤돌이 된 한국전쟁의 특별수요特別需要는 대체로 세 가지 형태로 구분된다. 첫째, 유엔군의 작전상 필요한 수요와 한국의 민생구제를 위한 물자를 충족시키기 위하여 미국 국방성, 상호안전보장본부MSA, 유엔 한국부흥기관UNKURA에서 발주한 것으로서 1950년과 1951년에 주로 이루어졌다.

둘째, 동아시아 방위와 관련된 것으로서, 군사 및 경제원조와 일본 내의 군사기지 사용을 위하여 미국 국방성과 MSA의 발주로 지속해서 일본이 공급한 물자이다.

셋째, 일본의 군사공업 능력을 이용한 완제품의 무기 생산이었다. '신특수'라고 불리는 이 카테고리는 국제적 군비 확장의 추세에 힘입어 1951년 이후에도 크게 신장했다. 이러한 전쟁 특수와 더불어 일본의 경제는 비약적으로 발전할 수 있었다.

휴전과 더불어 일본 경제 발전에 절대적인 영향을 미쳤던 '특수'도 많이 약화되어 일본 경제 전반에 타격을 주었다. 일본은 그동안 한반

---

16 「座談會: 冷い戰爭から冷い平和へ」, 「座談會: 朝鮮休戰から政治會談へ」.

도에서의 전쟁이 비교적 장기화될 것이라는 판단 아래 산업합리화를 위한 본격적인 시설 개선보다 투기적 설비 확장에 치중했다. 이는 종전과 더불어 내부의 모순을 야기했다. 〈세카이〉는 이러한 모순을 바로잡기 위한 정부의 적극적인 경제정책을 요구했다. 즉, '특수'로 인한 경제적 호황을 장기적 경제 발전으로 유도하기 위해 정부는 근본적 산업 대책을 수립하고 산업구조의 개혁을 더욱 적극적으로 추진할 것을 강조했다. '특수' 상황이 소멸하더라도 국민적 결의와 정부의 합리적 정책이 결합하면 경제 발전이 지속될 수 있다는 점을 강조했다. 그리고 정부는 기초산업의 합리화, 수출산업의 중점적 지원, 수입시장의 다변화, 물가안정책, 중국과의 무역 확대 등을 강력히 추진할 것을 촉구했다.[17]

한반도에서 일어난 전쟁과 그 후 전개된 휴전협상에 관한 〈세카이〉의 논조를 통하여 진보적 지식인이 지니고 있는 한국관의 한 단면을 볼 수 있다. 한국전쟁은 일본의 식민지 통치→일본의 패전→남북분단→내전질서형성 이라는 역사적 맥락에서 나타난 비극적인 민족상잔의 전쟁이었다. 그리고 이로 인하여 민족분단은 더욱 고질화, 장기화됐다. 그런데도 〈세카이〉는 다만 전쟁을 둘러싼 미국과 소련, 중국의 정책과 입장을 비판하거나 지지하는 데 그칠 뿐, 본질적이고 핵심적인 문제에 대해서는 논의를 피했다.

이는 〈세카이〉가 전전의 현상에 대한 솔직한 자기반성과 비판에서 출발했음에도 한반도의 전쟁과 분단이 일본의 식민지 통치와 연결돼 있다는 본질적인 문제는 회피하려는 입장을 보여주는 단적인 사례이다. 휴전과 더불어 한반도에 대한 〈세카이〉의 관심은 다시 하강 곡선

---

17 久門英夫,「特需景氣の實態」, 1951.7; 中原刀禰,「特殊の三年間」, 1953.6.

을 그리기 시작했다.

재일교포 북송

3년간1955~1957년 중단됐던 한반도 관련 기사는 1958년 재일교포의 북송 문제가 제기되면서 다시 등장했다. 1957년 12월 29일 한국과 일본 정부는 부산에 억류되어 있는 일본인 어부와 오무라大村 및 하마마쓰浜松 수용소에 감금되어 있던 한국인을 석방하는 데 합의했다. 이를 계기로 1953년 소위 '구보타 망언'으로 중단된 한일회담도 재개됐고, 재일교포 북송 문제 또한 두 나라의 중요한 외교 문제로 다시 등장했다.

1958년 1월 19일부터 억류자가 석방되기 시작했다. 석방자 가운데 일부가 북한으로 갈 것을 희망하고 나섰다. 이를 어떻게 처리할 것이냐 하는 것이 두 정부 사이의 중요한 문제로 등장했다. 〈세카이〉는 이들을 북한으로 보내는 것이 적십자정신에 부합할 뿐만 아니라 인도주의 원칙에도 적합하다고 강조하며 북송을 촉구했다. 그런데 일본 정부는 북송 대상을 더욱 확대하여 재일교포 가운데 희망자는 모두 북송한다는 방침을 발표했다. 그리고 이 문제를 같은 해 9월 13일 한일회담 본회의에 상정하기로 결의했다. 한국 정부의 강력한 반대에도 불구하고 1959년 2월 13일 일본 국무회의는 "재일교포의 북송 문제는 기본적 인권에 근거하여 거주지 선택의 자유라는 국제 통념에 의하여 처리한다"라는 외무성의 방침을 정책으로 채택했다. 〈세카이〉에 따르면 일본 국민은 '초당파적'으로 확정한 정부의 결정을 적극적으로 지지했다.

6월 11일 제네바에서 일본과 북한 적십자 대표 사이에 재일교포 북송에 관한 교섭이 매듭지어졌다. 이에 따라 12월 14일 975명의 1차 북송이 이루어짐으로써 인도주의를 가장한 가장 비인도주의적 처사가 진행됐다. 실질적으로는 '추방'이나 다름없는 북송을 '인도적 조치'로 위장하기 위하여 일본의 언론은 북한을 이상적이고도 완벽한

니가타 항을 떠나 청진항에 도착한 최초의 북송선을 환영하는 모습

사회주의 체제로 만들어 선전했다. 그 최전선에 〈세카이〉가 있었다.

〈세카이〉는 재일교포 북송을 "노동이 즐거운 나라로의 민족대이동", "두 번째 맞이하는 8·15 해방의 감동", "자유권으로부터 공산권으로의 집단 대이동", "일본과 북한을 잇는 우호의 다리" 등으로 찬양했다. 그리고 북송을 "조국건설과 통일 투쟁에 참여"하려는 "숭고한 정신의 구체적 실천"이라고 높이 평가하면서 일본 정부는 북송사업을 계속 장려해야 한다고 강조했다. 〈세카이〉는 19살 '소녀' 글을 게재하면서 민족감정을 자극하기도 했다.

"메아리친다! 조국의 울림이"
1945년 8월 15일~
민족의 노래는
크게 물결치면서 널리 퍼져나갔다.
예속과 속박의 쇠사슬을 끊고
'해방'의 기쁨은 거리마다 메아리친다
'독립'을 선언했다.
아아~ 우리 조국—조선
무지와 빈곤의 옷을 벗어버리고
진정으로 붉게 타오르는 태양을 맞이하자
영광이 빛나는 조국에, 지금
우리는 군대 행렬隊伍을 꾸려 함께 가자
건설의 망치 소리가 울려 퍼지는 조국 조선에~[18]

---

18 藤島宇內,「朝鮮人歸國と日本人の盲點」, 1959.10.

일본이 북송사업을 강행하는 동안 한국에서는 국민적 북송 반대운동이 전개됐다. 그러나 〈세카이〉는 이를 이승만 정권이 국내 정치 위기를 극복하기 위하여 배일 감정을 부추겨 내적 불만을 외부로 돌리기 위한 술책이라고 비난했다. 또한, 일본 내에서 전개된 민단民團(재일본대한민국거류민단) 중심의 반대운동은 전혀 호응이 없는 것으로 평가했다. 더욱이 〈세카이〉는 일본 정부가 처음과 달리 한일 관계, 미일 관계라는 틀에서 북한과의 접촉과 귀환 문제를 소극적으로 처리하려는 경향이 있는데 그것은 잘못된 처사라고 강하게 비난하고 나섰다. 그리고 재일교포 북송을 계기로 북한과의 무역을 적극적으로 실시할 것을 촉구했다. 실리적인 측면에서도 한국보다 북한과의 무역이 일본에 더욱 유익하다는 점을 강조했다.[19]

재일교포 북송이 진행되는 동안 〈세카이〉는 북한을 적극적으로 선전했다. 〈세카이〉에 따르면 천리마운동으로 표현되는 북한의 경제 재건은 '눈부시게' 이루어지고 있었다. 성공적인 3개년계획을 끝내고 제1차 5개년계획을 시작한 북한은 이미 사회주의 경제의 기초를 확고히 다져 모든 사람의 기본 의식주 문제를 완전히 해결한 상태였다.

북송 직후 북한을 방문한 이와모토 노부유키岩本信行 자유민주당 의원은 북한을 "인민의 희망에 따라 취직하고, 무료로 공급되는 주택, 국비 부담의 교육, 완전한 사회보장"이 확보된 '지상의 낙원'으로 선전했다. 그러면서 일본 내에서 "차별 대우와 실업 상태에 있던 조선인들의 북송 선택은 현명한 판단"이었다고 찬양했다.[20] 하지만 북한으로 송환된 재일교포들은 〈세카이〉가 주장했던 것과 달리, 그 후 가장

---

19 「日本の潮: 朝鮮人歸國問題と人道主義」, 1959.5;「日本の潮: 在日朝鮮人歸國問題」, 1959.8;「日本の潮: できるか日朝のかけ橋」, 1960.2.
20 岩本信行,「北朝鮮の印象」, 1960.6.

폐쇄된 사회에서 비참하고 불행한 삶을 살아야만 했다.[21]

남과 북에 대한 시각

〈세카이〉는 1950년대에 들어서면서부터 한국은 '어두운 사회', 북한은 '희망찬 사회'라는 이미지의 틀을 본격적으로 만들기 시작했다. 한국의 이승만 체제에 대해서 〈세카이〉는 부정적인 평가를 명확히 했다. 특히 〈세카이〉의 진보적 지식인들은 미국과 긴밀한 관계를 맺으면서 강력한 반일 노선을 취한 이승만을 미워했다. 물론 그들이 표면적으로 내세우는 명분은 이승만의 독재였지만, 실은 이승만의 반일 민족주의였다.

1953년 10월 소위 '구보타 망언'을 계기로 그동안 지속해 온 한일회담이 완전히 결렬되자 〈세카이〉는 이승만 정권에 대한 비판을 더욱 강화했다. 특히 이승만 정권이 미국에 예속됐다는 점을 강조했다. 즉, 이승만 정권은 한반도에서 미군을 철수시키고 국민의 자유로운 의사에 따라 한반도의 평화 확립과 통일 문제를 처리할 능력이 없다는 것이다. 또한, 미국의 강력한 군사 지원을 받지 못하면 체제가 무너질 위험이 있기 때문에 미국에 한국을 아시아 대륙의 중요한 군사기지로 제공하고, 그 대가로 정권의 안전을 보장받고 있다고 비판했다.[22]

〈세카이〉는 한일 간의 중요한 쟁점인 '이승만 라인'도 국내 정국을 안정시키기 위한 정책의 하나로 평가했다. '이승만 라인'이라는 것은 일본을 희생양으로 삼아 국내의 불만을 해소하고 국민적 긴장 상태를 유지하기 위하여 이승만이 만들어 낸 '정치적 술책'이라는 것이다. 이

---

21 2장 참조.
22 「座談會: 冷い戰爭から冷い平和へ」.

정부 수립식에 참석한 이승만, 맥아더, 하지

승만은 전쟁의 결과가 분단 문제를 해결하지 못하고 전쟁 전의 상태로 돌아가는 것에 대한 국민의 불만을 예상하고, 불만 해소의 방안으로 반일을 유도했다는 것이다. 즉, 북진통일이라는 이름으로 휴전을 반대한 이승만은 국민의 반일 감정을 자극하여 국내 불만을 일본으로 전출시켰다는 것이다.

결국 '이승만 라인'은 이승만 자신의 정치적 생명을 연장하기 위한 '수단'이었고, 따라서 〈세카이〉는 이승만 정권이 지속하는 한 한일 관계 개선의 진전이 없을 것으로 단정했다. 1953년 이승만 대통령이 대만에서 장제스蔣介石 총통과 회담하는 것도 한국과 대만이 반일 공동 전선을 펴기 위한 포석이 아닌가 하여 민감한 반응을 보였다.[23]

〈세카이〉는 이승만 정권이 정치적으로 상당히 어려운 국면에 처할

---

23 「座談會: 朝鮮休戰から政治會談へ」;「世界の潮: 李承晩臺灣へ行く」, 1954.2;「世界の潮: 日韓抑留者の相互釋放」, 1958.3.

것으로 예상했다. 특히 1952년 8월 5일에 실시한 대통령 선거가 국민적 요구가 아니라 자신의 집권을 연장하기 위하여 이루어진 것이고, 또한 부정선거였기 때문에 이승만 정권의 정치적 위기는 더욱 커질 것으로 분석했다.

〈세카이〉에 따르면 이승만 정권이 직면한 위기의 근본 원인은 독재 강화와 경제적 어려움이었다. 이승만 정권은 반공이라는 이름으로 조봉암 사형, 진보당 해체 등과 같이 반대 세력을 탄압하는 정치적 독재를 강화하여 국민의 지지를 잃었다. 그리고 대외적으로는 국내의 불만을 반일 감정으로 전환해 대일 강경책을 고집했으나, 이로 인해 국제적 고립을 자초했다. 또한, 군사력 증강에 치중한 이승만 정권의 경제정책은 민생 안정에 실패함으로써 국민의 불만이 누적됐고 지지를 이미 상실했다는 것이다. 따라서 독재로부터 정치적 해방을 희망하는 국민의 욕구와 가중되는 경제적 어려움은 결국 이승만 정권을 파국으로 이끌 것으로 전망했다.[24]

1954년까지 북한에 관한 기사는 실리지 않았다. 다만 1946년에 시행한 토지개혁을 간단히 소개한 것과 한국전쟁이 남침이 아니라 북침일 가능성이 있다는 점을 서평의 형식으로 소개했을 뿐이다.[25]

북한에 관한 본격적인 기사는 1954년부터 나타났다. 뒤에서 자세히 보겠지만, 전후 세 번째로 북한을 방문한 일본노농당 당수 구로다 히사오黑田壽男의 방문 기사가 그 시작이다. 이 글은 이후 〈세카이〉에 실

---

24 「世界の潮: 南鮮の政治危機」, 1952.8; 富重靜雄, 「韓國の大統領選擧」, 1952.10; 中保與作, 「よろめく李承晩政權」, 1958.5.
25 「世界の潮: 北鮮の土地改革」, 1951.6; 杉捷夫, 「ストンの『朝鮮戰爭のかくされた歷史』」 など」, 1952.9.

린 장밋빛 북한관의 효시라 할 수 있다.[26]

구로다에 따르면 북한은 정치적으로 안정됐고, 신속한 건설과 경제성장이 이루어지고 있었다. 복지정책도 완벽하게 실시되고 있었다. 그리고 평화적 통일을 지향하면서 일본과의 우호적 관계 개선을 모색하고 있었다. 이에 비하여 한국은 경제적인 어려움 속에서 허덕거리고 있었다. 또한, 이승만으로 대변되는 정치 지도자는 "북진광환자 北進狂患者였을 뿐만 아니라 반일을 강조하는 집단"이었다.[27] 그러므로 일본 정부는 한국과의 관계 개선에 앞서 북한과의 관계를 정상화하는 것이 바람직하다는 것이 〈세카이〉의 결론이었다.

---

26 黑田壽男, 「朝鮮平和の旅」, 1954.12.
27 구로다의 여행기에 대하여, 2장 참조.

4. 1960년대-반한친북 反韓親北

 1960년대의 한국은 격동하는 정치·경제·사회적 변화를 체험했다. 4·19혁명으로 12년 동안 계속된 이승만의 자유당 체제가 붕괴됐고 민주당 정권이 들어섰다. 그러나 1년 만에 5·16쿠데타로 장면 체제가 종식됐고 박정희를 중심으로 한 제3공화국이 출범했다.
 한국에서 1960년대의 시대정신은 절대 빈곤으로부터의 탈출이었다. 하지만 그 과정과 방법의 선택에 있어서 끊임없는 정치·사회적 갈등이 분출됐다. 한일국교정상화와 베트남 파병과 같은 이슈는 갈등을 더욱 첨예화했다. 이러한 환경에서 빈곤에서 탈출하기 위한 국가 주도의 경제 건설이 진행됐고, 이를 위한 권력의 정치·사회적 통제가 뒤따랐다.
 1960년대의 〈세카이〉는 1950년대와 달리 한반도와 한국의 정치 문제에 대해 많은 지면을 할애했다. 그리고 더욱 주관적이며 적극적인 '반한친북'의 논조를 펼쳤다. 1960년대의 〈세카이〉는 한국의 박정희 정권을 '독재 파쇼' 체제로 규정하고 비판의 날을 세웠다. 그리고 그 연장선상에서 한일국교정상화를 치열하게 반대했다. 그 반면에 북한의 김일성 체제로는 한층 더 가까이 다가갔다.

4·19혁명
 1960년은 4·19혁명으로 밝았다. [그림1]과 [표1]에서 보았듯이 한국에 대한 〈세카이〉의 관심은 시간의 흐름과 함께 높아졌다. 그동안 눈

태극기를 들고 경무대 앞까지 진출한 학생 시위대

엣가시처럼 생각해 왔던 이승만 체제의 붕괴를 보면서 〈세카이〉는 그간의 태도와 다르게 한국의 정세 변화에 민감한 반응을 보였다.

〈세카이〉는 3·15 부정선거를 '살인선거'로 규정했다. 그리고 대중화된 반정부 투쟁의 원인을 정부 여당의 부당한 선거 개입, 야당의 분열과 대중의 불신, 학원의 자유 침해 등으로 보았다. 또한, 마산에서 시작된 반정부 투쟁이 전국으로 확대될 것으로 예상했고, 반정부 투쟁이 반미운동으로 연결되기를 기대했다. 〈세카이〉 5월호는 5페이지에 걸쳐 선거 유세, 투표 현장, 반정부 데모, 경찰과 학생의 충돌 사진 등을 게재했다.[28]

'마산의거'는 4·19혁명으로 이어졌고 이승만 정권의 몰락을 가져왔다. 〈세카이〉는 현지 보도를 통하여 각지에서 일어나는 대학생들의 반정부 시위, 무력 충돌, 계엄령 선포와 송요찬 사령관의 등장, 이기붕 부통령과 각료 전원 사임, 이승만 대통령의 하야 등을 자세히 전했다.[29] 그리고 「불타고 있는 한국」이라는 항목을 만들어 6페이지의 데

---

28 「世界の潮: 韓國大統領選擧と馬山暴動」, 1960.5.
29 「世界の潮: 李政權をくつがえした學生たち」, 1960.6; 西川哲夫, 「壓制にうちかった韓國の民衆: 馬山暴動から李承晩失脚まで-」, 1960.6.

모 현장 사진을 게재했다.[30]

이 시기 한국 정치 상황 변화에 대한 〈세카이〉의 기록에는 몇 가지 특징이 있다. 하나는 〈세카이〉 진보적 지식인들의 내면에는 여전히 식민지 시대 '조선관'의 단면이 투영돼 있다는 점이다. 1960년은 대한민국이란 독립정부가 수립된 지 12년이 지났으며, 대한민국은 유엔이 한반도의 '유일 합법 정부'로 인정한 독립국가였다. 또한, 성공적이지는 않았지만 일본과 국교 정상화를 위한 회담도 진행 중이었다. 그럼에도 〈세카이〉는 한국을 여전히 '남조선'으로, 수도 서울을 '경성'으로 표기했다. 한국의 상황을 전하면서 서울발 AP통신을 '경성京城발 AP통신'으로, 서울대학교를 '경성대학교'로, 유세 연설이 있었던 서울운동장을 '경성스타디움'으로, 서울의 미국대사관을 '경성의 미국대사관'으로, 한국 정부를 '남조선 정부'로, 한국의 대통령 선거를 '남조선의 대통령 선거'로, 반정부 투쟁을 '남조선의 인민항쟁'으로 기술했다. 〈세카이〉가 지난날의 과오를 딛고 새로 출발할 것을 다짐하면서도 진보적 지식인들의 한국관은 여전히 식민지 시대의 연장선에 있었다.

둘째는 한국 내에서 전개된 반정부 시위를 미국의 한국정책 실패와 연결시키면서 한국 내에서 반미 분위기를 고양시켰다는 점이다. 〈세카이〉에 따르면 한국에서의 민중봉기와 이승만 정권의 몰락은 미국의 제국주의적 한반도 정책이 원인이었다. 미국이 한국전쟁에 개입한 것과 그 후의 한국 정책은 "군사적일 뿐만 아니라 도덕적으로 패배"한 것으로 규정했다. 그 이유는 미국이 "조선에서 지주, 매판자본가, 경찰, 우익폭력단 등을 지지 세력으로 삼았기 때문"이라는 것이다. 미

---

30 「グ"ラビ"ア: 燃えあがる韓國」, 1960.6.

종로 거리를 메운 4·19혁명 학생 대열

국의 이러한 잘못된 정책은 이승만 정권이 부패를 키웠고, 반공과 북진정책을 내세워 국민을 탄압했고, 그 결과 민중의 저항을 불러왔다는 것이다.[31] 그러한 의미에서 앞으로 한국의 정국 변화도 미국의 정책과 밀접히 연결돼 있다는 것을 지적했다. 그러면서 〈세카이〉는 북한이 강조해 온 한국 정권의 정통성 결여를 들어 민중적 저항과 반미의식을 고취했다.

셋째는 이승만 정권 후 잠정적으로 등장한 허정許政 과도정부에 대한 강한 불신감이다. 〈세카이〉는 허정 정권을 통하여 "한국의 민주개혁이나 대일유화對日宥和의 전환"을 기대하는 것은 "환상으로 끝날 것"으로 내다보았다. 〈세카이〉가 허정 과도정부를 불신하는 이유는 허정 정권도 그동안 이승만 정권이 지속해 온 "남조선의 북진정책"을 지지하고 있었고, 또한 과거 이승만 정권에 참여했던 허정의 경력으로 보아도 평화적이고 개혁적인 정책을 택할 수 없다는 점 때문이다. 하지만 〈세카이〉가 불신하는 가장 큰 이유는 허정 과도정부가 미국의 용인과 지원에 의해서 성립됐다는 점이다. 즉, 4·19라는 민중항쟁의 목표는 미국의 보호 아래 있는 이승만 정권을 무너뜨리는 것인데, 허정 정권은 민중에 의해서 성립된 것이 아니라 또다시 미국의 후원으로 성립됐다는 것이다. 이승만 정권이 미국의 '제1의 괴뢰정권'이었다면 허정 정권은 '제2의 괴뢰정권'이라는 것이다.[32]

허정 정권뿐만 아니라, 그동안 이승만 정권에 대항했던 야당이지만 앞으로 한국의 정치를 주도할 민주당도 본질에서 이승만의 자유당과 다를 바 없다고 평가했다. 열렬한 북한 지지자로서 '지상의 낙원'이라

---

31 西川哲夫, 앞의 글; 藤島宇內, 「朝鮮と日本人: 極東の緊張と日米帝國主義」, 1960.9.
32 寺尾五郎, 「日本と朝鮮は同じ颱風の下にある」, 1960.7.

허정 과도 정부

는 북한 이미지를 정착시키는 데 크게 기여한 데라오 고로寺尾五郞는 민주당이 자유당과 다르지 않다는 것을 다음과 같이 설명했다.

> 이승만의 억척스러운 반일에 비하여 민주당은 약간 친일적이라는 것 이외에 반공·북진·군비 확장이라는 기본 정책도, 대외 종속과 반민주주의의 성격도, 경제적 기반도, 계급적 기초도 모두가 자유당과 전적으로 동일하다. 항쟁이 시작된 이후 민주당은 개혁의 버스를 타고 마치 그동안 반이승만 투쟁을 위하여 힘껏 싸운 투사처럼 행동하지만, 민중의 분노와 원한은 자유당뿐만 아니라 민주당으로도 향하고 있다.[33]

이승만 이후에 들어서는 어떠한 체제도 미군 철수와 평화통일이라는 민중의 요구를 받아들이지 않는 한 한국 정권의 본질은 조금도 변함이 없다는 것이다. 정권의 본질적 변화가 없는 한 민중의 항쟁은 계

---

33 寺尾五郞, 위의 글.

속될 것이고 따라서 체제 안정도 불가능할 것으로 예상했다.

넷째는 이승만 이후에 들어서는 정권의 본질이 조금도 변함이 없는 이상, 일본은 한국과의 국교 정상화를 위한 회담을 재개해서는 안 된다는 것이다. 〈세카이〉는 허정 정권뿐만 아니라, 허정 이후 등장한 민주당 정권과의 회담도 반대했다.

일본의 경제적 지원을 통한 경제 발전을 구상하고 있었던 민주당은 정권을 장악하면서부터 국교 정상화를 위한 일본과의 회담 재개에 적극적이었다. 하지만 장면 정권을 미국의 '제3의 괴뢰정권'으로 규정하고 있는 〈세카이〉는 분단의 영구화, 한미일 군사적 연대와 동아시아의 불안, 무절제한 일본 자본의 한국 진출 등을 들어 한국과의 회담을 반대했다.[34] 초기부터 친북 평론가의 태도를 보인 후지시마 우다이藤島宇内는 4·19혁명 이후 지속된 민주당 정권의 불안정과 한국 내에서 북한과의 대화를 주장하는 세력이 등장하고 있다는 '현상'을 지적하면서 북한을 제외한 한국과의 일방적 회담을 강력히 반대했다.[35]

인종적 편견에 대한 비판

1960년대 〈세카이〉의 진보적 지식인들은 일본인 내부에 한국인에 대한 뿌리 깊은 인종적 편견이 넓게 퍼져 있음을 인정하고 원인 규명과 개선을 모색했다. 또한, 재일교포의 처우 개선과 원폭피해자에 대해서도 관심을 표했다. 이러한 움직임은 두 민족의 화해와 관계 개선을 위하여 바람직한 모습이었다. 그러나 그 속에서도 여전히 진보적

---

34 「日本の潮: 李承晩追放後の韓國」, 1960.10; 「日本の潮: 金院長訪日と日韓交渉」, 1960.11; 山本進, 「池田內閣と日韓交渉」, 1961.3.
35 藤島宇内, 「南朝鮮の新しい變化: '革命'の一年後の內と外」, 1961.6.

일본인의 '비틀린 심상'을 볼 수 있다.

도쿄 대학의 이즈미 세이이치泉靖一 교수가 실시한 여론조사에 따르면, 표본으로 정한 16개국 가운데 일본인이 가장 싫어하는 민족은 흑인 다음으로 한국인이었다.[36] 일본인이 한민족을 싫어하는 이유는 교활하고, 더럽고, 불친절하고, 뱃속이 검고, 그리고 문화적 수준이 낮기 때문으로 나타났다. 이 여론조사에 따르면 16개의 인종 가운데 한민족은 "가장 교활하고 문화 수준이 낮은 민족"이었다. 시미즈 교수는 일본인이 지닌 한국인에 대한 이러한 편견은 지배자로서의 우월감과 패전으로 나타난 열등감이 결합하여 나타난 현상으로 분석했다.

한국인에 대한 일본인의 편견이 뿌리 깊다는 것을 인정하는 하타다 다카시旗田巍 교수는 편견의 모습과 원인을 좀 더 명확하게 밝혔다. 그의 설명에 따르면, 일본인의 편견을 낳게 한 직접적인 원인은 '조선에 대한 식민지 지배'였다. 일본의 식민지 지배는 강력한 탄압과 동화정책이라는 이중적 구조를 이루고 있었다. 모든 식민지 지배가 탄압적이라는 것은 어디에서나 공통된 보편적 현상이었으나, 일본의 조선 지배는 이와 병행하여 철저한 동화정책을 수반했다는 특색을 지니고 있었다. 이로 인하여 배태된, 그리고 지금까지 지속되는 한국관의 특색을 하타다는 다음과 같은 세 가지로 요약했다.

> 첫째로 조선인을 독자적 가치를 지닌 민족으로 보는 의식의 결여이다. 조선인의 역사, 문화, 풍습, 그리고 언어에도 조선인

36　泉靖一,「日本人の人種的偏見: 朝鮮問題と關聯して-」, 1963.3. 일본인이 가장 싫어하는 세 민족은 흑인, 한국인, 러시아인이고, 가장 좋아하는 세 나라는 미국, 영국, 프랑스이다.

으로 존재할 수 있는 가치가 결여됐다는 의식이 심어졌다. 둘째는 조선의 식민지 지배에 대한 죄악감, 책임감의 결여이다. 조선 지배는 열등한 조선인을 세계의 일등 국민인 일본인이 인도한 것이라는 생각이다. 즉, 일본에 의한 지배는 조선인에게 고통스러운 것이 아니라 은혜를 베푼 것으로 생각한다. 셋째로 조선인에 대한 우월감, 멸시감이다. 동화되어도 현실의 지배, 피지배의 관계는 명백히 존재하고 모든 면에서 일본은 압도적 우위를 점했다. 그것은 모든 일본인에게는 당연한 것이고 자연스러운 것으로 생각됐다.[37]

일본인은 전쟁에서 미국이나 유럽의 여러 나라와 중국에 패했다는 의식을 지니고 있으나, 오직 한국에만은 전혀 그러한 의식을 가지고 있지 않았다. 다만 전쟁의 결과로 '조선을 잃어 버렸다'고 생각하고 있을 뿐, 우월감을 바탕으로 한 한국관은 그대로 존속됐다. 이뿐만 아니라 가정과 TV에서 은연중에 부추기는 부정적인 한국인상이 새로운 세대에도 그대로 이어지고 있다는 것이 하타다의 결론이었다.

정도의 차이는 있지만 이와 같은 부정적 한국관은 보수주의자나 진보주의자 모두가 공유한다. 오사카大阪 외국어대학의 쓰카모토 이사오塚本勳 교수는 "보수주의자들은 오만한 자세로 부끄러운 줄 모르고 조선을 내려다보고 있고, 진보주의자들은 표면적 언동과 달리 실제로는 지배자 의식을 심층에 깔고 있음을 부인할 수 없다"라고 지적했다. 이런 태도가 일본 지식인의 한국관이었다.[38] 그러므로 스즈키 다케오

---

37 旗田巍, 「日本人の朝鮮人觀」, 1968.9,
38 塚本勳, 「日本人の朝鮮觀と朝鮮人の日本觀」, 1966.3.

가 일본의 식민지 지배를 찬양한 「조선 통치의 반성」이 〈세카이〉 제5호에 게재된 것은 결코 우연이 아니었다.

일본인의 의식 속에 한국인에 대한 이와 같은 편견이 있다는 것을 인정하면서도, 〈세카이〉는 이를 불식하기 위한 구체적 대안은 제시하지 못하고 있다. 다만 이즈미 교수는 막연히 "조선인에 대한 새로운 이해를 위해서 노력할 것"을, 쓰카모토 교수는 "본격적이고 구체적인 조선 문제 연구가 필요하다"라고 강조할 뿐이었다. 그리고 하타다 교수는 "한국인은 독자의 역사와 문화를 지닌 존경해야 할 민족이고, 대등한 입장에서 교제해야 할 외국인이다"라고 상기시켰다. 또한, 그들은 편협한 한국인관에 대한 자기비판과 함께 재일교포의 처우 개선, 2세에 대한 교육 문제, 그리고 원폭피해자에게 관심을 표시하고 일본 정부의 적극적인 대책을 요구했다.[39]

편견을 인정하고 극복하는 방안을 모색하는 것은 미래의 한일 관계를 위해 대단히 바람직한 현상이다. 그러나 〈세카이〉에 실린 글에서 여전히 식민 사관이 전후 진보적 지식인들에게도 그대로 이어지고 있음을 확인할 수 있다. 〈마이니치신문每日新聞〉 한국 특파원을 지낸 마쓰모토 히로카즈松本博一도 한국이 겪는 정치적, 경제적 어려움의 원인이 35년간에 걸친 일본의 식민지 통치에 있다는 것을 인정했다. 그러나 근원적이고 본질적인 원인은 역사 속에서 형성된 '비틀어진' 민족성에 있다는 것이다.

그는 광복 후 미군 통치, 이승만 시대의 부패, 한국전쟁, 장면 정권의 무능, 그리고 다시 군부독재 체제의 시작이라는 정치적 변화를 볼

---

39 예컨대 「日本の潮: 朝鮮人學生への暴行事件」, 1963.11; 中元薗助, 「在日朝鮮人 敎育の再誕」, 1966.5; 平岡敬, 「韓國の原爆被害者を訪わて」, 1966.4; 吉岡政, 「韓國の被暴者は訴える」, 1969.2; 淺野順一, 「韓國の友へ」, 1969.8.

때, "남조선은 의식 면에서나 현실 면에서 아직 '근대 시민사회'로 발달"하기에는, 그리고 "남조선을 구성하는 사람들이 독립 국민이 되기에는 무엇인가 기본적인 결함이 있다"라고 보았다. 마쓰모토는 '무엇인가의 기본적인 결함'을 "향당파벌鄕黨派閥적인 의식과 행동"에서 찾았다. 즉, 조선시대 이후 나타난 동인, 서인, 그리고 다시 남인, 북인의 파벌 정치는 정치와 외교를 당쟁의 제물로 삼았으며, 결국 정치를 부패시켰고, 경제를 정체시킨 근본 원인이라는 것이었다. 그리고 이러한 파벌 의식은 한국인의 의식에 깊이 뿌리 박혀 있다는 것이다. 식민 사관의 연속이었다.

마쓰모토는 한국 사회에 넓게 흩어져 있는 뿌리 깊은 파벌 의식은 지연과 혈연을 지나치게 존중하는 봉건적 사회제도에 기인하고, 문화적으로는 유교적 전통이 근본을 이룬다고 보았다. 그러나 '향당파벌' 의식을 조장하는 원인은 "조선 말기 이후 빈번하게 나타난 내우외환 속에서 생존을 위한 치열한 자기 방어 본능 때문이다"라는 것이다. 이로 인해 기업은 동족회사화同族會社化되고, 단기간에 이윤 축적을 모색하며, 정치인도 자기의 지위를 이용하여 친족의 이익을 도모하게 된다는 것이다. 이러한 정치, 사회, 경제적 의식과 제도가 그대로 존속하는 한국이 "근대 시민사회로 발달할 수 없는 것은 지극히 당연하고, 상당 기간 후진적 사회 형태를 면할 수 없을 것"으로 전망했다.[40]

한반도의 분단과 후진성의 근원적 책임을 일본이 아니라 식민사관의 바탕을 이루는 한민족의 정체성 탓으로 돌렸다. 이것이 이 시대 진보지식인을 포함한 일본 지식인의 보편적 한국관이었다.

---

40 松本博一, 「南朝鮮の現實と日本人」, 1962.12.

한일국교정상화

1960년대의 〈세카이〉가 가장 역점을 두고 다루었던 주제는 한일국교정상화 문제와 이에 대한 반대 투쟁이다. 1961년 제6차 회담이 시작되자 〈세카이〉는 이를 집중적으로 다루기 시작했다. 국교정상화가 조인된 1965년에는 이 문제를 세 차례의 특집, 좌담회, 자료, 성명서, 공동제의 등을 포함하여 49편의 논문과 기사를 게재했다. 이는 〈세카이〉가 창간된 후 동일 주제를 가장 많이, 그리고 집중적으로 취급했던 사례에 속한다.

1951년 10월 20일 연합군 총사령부의 주선으로 시작된 한일회담은 우여곡절 끝에 1965년 6월 22일 한국과 일본 두 나라 사이에 국교 정상화 조약이 체결됐다. 14년에 걸친 협상이었다.

4·19혁명으로 들어선 민주당 정권은 이승만 정권과 달리 초기부터 일본과의 교섭에 적극적인 태도를 보였다. 일본 정부 또한 적극적이었다. 1961년 말 타결을 목표로 교섭이 추진됐으나, 5·16쿠데타로 교섭은 중단됐다. 박정희 정권도 출범부터 한일국교정상화를 위한 교섭에 적극적으로 임했다. 일본의 이케다池田 내각 또한 "한일 국교의 정

한일국교 조인식

상화를 창출해 내기 위하여 정치적 생명을 건다"라고 할 정도로 적극적이었다.

정부 차원의 회담이 진행되는 동안 〈세카이〉는 '국교 정상화 반대'로 편집 방향을 정하고 진보적 지식인들과 더불어 강력한 반대 캠페인을 전개했다. 체결 후에도 반대 입장을 고수했다. 조약에 대한 의회의 비준을 "일본의 민주주의와 의회주의를 완전히 형해화形骸化한 것"이라고 비판하면서, 한일조약이 지니고 있는 기본적 의문을 철저히 규명할 것'을 요구했다.[41] 한일국교정상화의 조인을 전후한 〈세카이〉의 반대 논리는 크게 다섯 가지였다. 첫째는 미국의 극동 전략에 봉사하는 것이고, 둘째는 외교적 실패이고, 셋째는 국익의 부당한 양보이며, 넷째는 한국 내의 여건이 성숙되지 않았고, 다섯째는 한반도 통일에 저해된다는 이유를 들어 반대했다.

1) 미국의 극동 전략에 봉사

〈세카이〉의 논조나 진보적 지식인들이 한일국교정상화를 집요하게 반대하는 이유 중 하나는 한일회담이 미국이 구상하는 동아시아 전략의 하나로 추진되고 있다는 것이다. 즉 일본이 동아시아에서 '미국 군사전략의 말馬' 기능을 하게 된다는 논리이다. 한일회담은 시작1951년 그 자체가 일본이나 한국의 필요나 요구로 이루어진 것이 아니라, 동서냉전이라는 특수한 상황에서 미국의 동아시아 전략에 따라 미국의 지령과 중재에 의해서 추진된 것으로 〈세카이〉 판단했다. 그러므로 한일회담은 한국과 일본 두 나라만의 회담이 아니라 실은 한국, 미국, 일본 세 나라의 회담이고, 실제로 모든 것은 뒤에서 미국이 조종하고

---

41 「聲明: 强行締結の慣行化を憂い國民の名において國會に要望する」, 1966.1.

있다는 것이다.

미국이 한일회담을 막후에서 조종하고 있는 것은 크게 두 가지 이유 때문으로 판단했다. 첫째는 한일국교정상화는 미국의 동아시아 전략인 '동아시아 반공군사동맹의 재건'이 그 전제라는 것이다. 미국은 동아시아의 반공 체제 재편성과 군사전략 체제 강화를 위해서는 한국과 일본의 국교 정상화가 중요한 열쇠라고 판단했다. 라오스, 베트남 등에서 일어나고 있는 민족해방운동의 고양은 동남아시아에서 미국의 위치를 위태롭게 만들었고, 이는 동아시아에서 미국이 확립해 놓은 기존의 군사 체제의 붕괴를 의미하는 것이기도 했다. 더욱이 베트남 정세의 악화와 중국 핵실험의 성공 등은 동아시아 반공 체제의 전면적 붕괴를 뜻했다. 이에 대항하기 위한 미국의 새로운 방위 전략은 중국과 소련을 반월형半月型으로 포위하는 한국, 일본, 대만, 필리핀, 태국, 말레이시아를 연결하는 방위 체제 구축이었다. 미국이 시급하게 필요한 것은 동아시아에서 중국과 소련의 진출을 억제할 수 있는 '반공의 벽을 재건'하는 것이고, 그 바탕은 한국과 일본일 수밖에 없었다. 〈세카이〉의 진보적 지식인들에 따르면 한일국교정상화는 일본을 "반공군사동맹에 끌어들이기 위한 미국 군사전략의 일환"이었다.[42]

미국이 한일국교정상화를 조기에 타결하도록 조종하는 또 다른 이유는 미국의 '달러 방위 정책'과 밀접한 관계가 있다고 〈세카이〉는 믿었다. 국제경제가 침체된 1960년대에 들어서면서부터 미국의 한국 원조는 점차 감소하고 있었다. 이뿐만 아니라 무상 증여는 차관으로

42　山本進,「池田內閣と日韓交涉」, 1961.3; 山本進,「極東の緊張と朝鮮問題」, 1962.5; 旗田巍,「日韓會談の再認識」, 1963.12;「日本の潮: 急がれた會談の背景」, 1965.5.

교체하는 정책을 택했다. 그렇다고 해서 미국은 동아시아 방위의 제일선에 있는 한국에 대한 원조를 소홀히 할 수 없는 입장이었다. 이러한 상황에서 한일회담의 조기 타결을 통하여 미국은 경제원조의 삭감 부분을 고도경제성장을 이룩하고 있는 일본에 떠맡기려 한다고 판단했다.[43] 그러므로 한일국교정상화는 군사적으로나 경제적으로 미국의 국익에 도움이 되는 것이지, 일본에는 오히려 부담만 늘어난다는 것이 〈세카이〉의 결론이었다. 따라서 한일회담은 조기에 중단돼야만 했다.

〈세카이〉의 진보적 지식인들은 미국의 동아시아 전략을 강하게 비판하면서, 일본이 이에 협조하지 말 것을 요구했다.[44] 전후 일본의 대표적 국제정치학자의 한 사람인 도쿄 대학의 사카모토 요시카즈坂本義和는 한일국교정상화 반대의 이론적 틀을 제공했을 뿐만 아니라 반대 투쟁에 적극적으로 참여하기도 했다. 그에 따르면 아시아에서 일어나는 모든 긴장과 갈등의 핵심은 미국의 동아시아 전략으로 나타나는 미국과 중국의 대립이었다.[45] 전후 미국과 중국의 대결은 세 가지 전쟁 형태로 나타났고, 이 전쟁을 통하여 미국은 도덕적 패배를 체험했다는 것이 사카모토의 주장이었다. 즉 1945~1949년 중국의 국공내전國共內戰 당시 미국은 반혁명적이고 부패한 장제스 정권을 지원함으로써 중국공산당에 의한 커다란 도덕적 패배를 감수해야만 했다. 1950년의 한국전쟁 당시 미국은 중국을 "침략자로 규정함으로써 도

---

43 關山良, 「'十年交涉'の經過」, 1964.2.
44 예컨대 石原榮夫, 「日韓會談をめぐる美國のアジア政策」, 1965.10; 野村浩一, 「日韓條約と日本の國民的利益」, 1965.10; 高野雄一, 「'極東の平和'と日韓交涉の妥結」, 1965.11.
45 坂本義和, 「日本外交への提言」, 1965.4; 坂本義和, 「日本外交の思想的轉換」, 1966.1.

덕적 우월감을 확보하려고 했으나 또다시 실패"했다. 그리고 미국은 베트남전쟁에서 "혁명적 민주주의 세력을 억압하기 위하여 부패한 반공정권을 지원"하는 "더러운 전쟁"을 수행하고 있으나 또 다른 "도덕적 패배를 초래"할 것이라고 예상했다.

사카모토 요시카즈(1927~2014)

사카모토는 한국전과 베트남전은 일본에도 중요한 의미가 있다고 평가했다. 한국전을 계기로 일본은 동아시아에서 미국의 작전 보급 기지가 됐고, 국내에서는 재군비 시작, 공산주의자 추방, 군국주의자 추방의 해제 등과 같이 권력의 우경화 현상이 뚜렷이 나타났다는 것이다. 또한, 베트남전은 아시아에서 미국의 작전 보급 기지로서 일본 본토와 오키나와의 비중을 더욱 무겁게 했고, 국내에서 군비의 양적 질적 증강을 촉진시켰다고 보았다.

이러한 상황에서 체결되는 한일국교정상화도 미국 동아시아 전략의 일환이라는 것이다. 미국은 한국을 베트남전에 끌어들이기 위하여 한국의 군사정권을 지지하는 한편, 한국의 군사정권과 일본 정부를 제휴시킴으로써 아시아에서 약해져 가는 '도덕적, 군사적 지위의 격상'을 모색하는 전략이라는 것이다. 하지만 일본의 입장에서 본다면 한국과의 국교 정상화는 결국 일본과 북한의 대결을 의미하고, 나아가서 중국과의 적대 관계 강화를 뜻하는 것이고, 이는 일본의 안전과 발전을 해치는 결정적 요인으로 작용하게 된다는 것이다. '반한친북' 입장에서 꾸준히 〈세카이〉에 글을 발표해 온 후지시마 우다이의 표현을 빌리면 "'한일신시대'라는 이름 아래 강행된 한일국교정상화는 일

본을 미국의 극동 전략의 하수인으로 만드는 맹목적인 일본 외교의 도박"이었다.[46]

2) '기묘한' 외교

〈세카이〉의 진보적 지식인들은 한일회담을 '기묘한 외교', '국민 부재 외교', '편면片面외교' 등으로 규정했다. 그러면서 일본 외교의 미숙성과 타율성을 신랄하게 비판했다. 그들의 비판에 따르면 한일회담은 "반공 이데올로기와 자본 진출 의욕의 기묘한 결합으로 회담 촉진의 에너지가 생기고 성사됐다"라는 것이다. 그리고 일본의 의지가 아니라 "미국의 조종에 의하여 이루어진" 결과였다.[47]

〈세카이〉는 정부와 여당이 외교 교섭의 명분으로 제시하는 '반공방파제론反共防波堤論'이나 '부산적기론釜山赤旗論'을 강하게 거부했다. 기시 노부스케岸信介를 위시하여 자민당 내의 회담 추진파는 한반도가 적화될 경우 일본은 공산 세력과 직접 대치하는 최전선에 서게 되고, 따라서 안보 위협이 가중된다고 판단했다. 즉, 한국은 일본을 공산주의의 직접적 위협으로부터 방어하는 '방파제' 또는 '방벽'과 같은 역할을 하기 때문에 방벽을 더욱 튼튼히 하기 위해서는 조기 국교 정상화가 필요하다는 논리였다.[48]

하지만 〈세카이〉는 보수 진영의 이러한 논리는 국익을 해치는 외교라고 비난하고 나섰다. 일본의 국민적 이익이라는 시각에서 볼 때, "일본의 공산화를 막는 것과 외국의 공산화를 막는 것은 전적으로 별

46　藤島宇内,「日韓新時代への日本の賭」, 1965.9.
47　內田健三,「奇妙な外交」, 1964.2; 福田歡一,「韓國の友への手紙」, 1965.5.
48　關山良,「日韓會談の强行とその矛盾」, 1964.5.

개"라는 것이다. '방벽론'을 비판하는 평론가 가토 슈이치加藤周一의 표현을 그대로 인용하면 다음과 같다.

> 원칙의 문제로서 일본의 정치체제는 우리 자신이 결정하는 것이다. 외국의 정치체제는 일본의 호불호好不好와 관계없이 그 나라 국민이 정한다. …… 주변 국가에 공산주의 정부가 들어섰다고 해서 그것이 곧 일본을 공산주의화하려는 위협이 될 수는 없다. 현재 가장 강력한 공산주의 국가, 즉 소련과 중국이 일본과 이웃하고 있다. 그러므로 일본 국민의 압도적 다수가 공산주의 체제를 바라지 않는 한 소련이나 중국도 일본에 공산주의 혁명을 수출할 수 없다. …… 외국의 공산주의 체제가 우리 체제에 위협이 되지 않을뿐더러 반드시 일본에 불리한 것만은 아니다. 불리할 때도 있고 그렇지 않을 때도 있다. …… 일본 국민의 이익과 안전을 위해서 모험을 무릅쓰면서까지 외국의 공산주의화를 방어해야 할 아무런 이유도 없다.[49]

〈세카이〉가 한일국교정상화를 외교적 실책으로 지적하고 비판하는 또 다른 논거는 보수세력이 주장하는 일본 자본의 한국 진출론이다. 〈세카이〉에 의하면 일본의 보수 집권 세력과 재계는 두 가지 전제로 국교 정상화 조기 타결을 서두르고 있었다. 하나는 한국 시장을 선점하고 저렴한 노동력을 일본 경제 발전과 확대에 이용하는 것이고, 다른 하나는 한국 경제의 자립을 도와준다는 명분이었다. 하지만 정부의 이와 같은 방침은 국민의 이익과 세계 평화의 이상을 추구해야 할

49　加藤周一, 「過則勿憚改」, 1965.4.

일본 외교의 기본 원칙에 어긋난다는 것이다.

〈세카이〉의 분석에 의하면 국교 정상화와 일본 자본의 한국 진출은 '제국주의적' 성격을 띠게 될 것으로 판단했다. 이러한 신식민지주의적 자본 진출은 한국의 반일민족주의를 고취하고 일본에 대한 불신을 고조시키는 결과를 가져오게 된다는 것이다. 더욱이 한국 국민의 새로운 반일 감정이 식민지 통치라는 역사적 사실과 결합할 때 배일 분위기는 더욱 강화될 것이고, 이것은 미래의 한일 관계에 커다란 장애가 될 것으로 판단했다. 정권 사이의 관계가 정상화된다 하더라도 한일 국민감정의 정상화는 더욱 멀어지게 되고, 이것은 결과적으로 일본 국민에게 유익하지 못하다는 것이다. 더욱이 일본이 한국과 경제적으로 긴밀한 협력 관계를 유지할수록 북한과는 대립과 대항의 관계가 형성될 것이고, 이는 동아시아의 긴장을 조성하고 일본의 안보에도 위협이 된다고 평가했다.[50]

한일국교정상화가 중대한 외교적 실책인 이유는 또 있었다. 중국과의 관계 개선이 더욱 어려워지고 있다는 것이다. 〈세카이〉의 진보적 지식인들은 전후 일본 정부가 수행해 온 외교정책 가운데 가장 커다란 '과오'로 대만 정부를 중국을 대표하는 정부로 승인한 것을 지적해 왔다. 더욱이 미국이 한일국교정상화를 서두르는 것은 한국, 대만, 일본을 연결하는 동아시아의 반공 체제를 강화함으로써 일본과 중국의 관계 개선을 사전에 저지하려는 의도가 숨어 있다고 보았다.[51] 일본

---

50 「日本の潮: 日韓交涉の經濟的背景」, 1961.10;「日本の潮: 日韓經濟協力の思想」, 1964.10; 山本進,「會談の經濟的背景」, 1964.2; 小幡操,「日韓會談と朝鮮統一問題」, 1964.2; 四方博,「日韓會談再開にみる新しい選擇」, 1965.2; 野口雄一郞,「對韓進出を競う日本資本」, 1965.6.

51 小田實,「第三者の立場の上に立って」, 1964.4; 蠟山政道,「日韓關係の正常化」, 1964.4; 加藤周一,「過則勿憚改」.

측에서 볼 때 중국과의 관계는 한국과의 관계와 근본적으로 다른 것이었다. 외교 평론가인 오바타 미사오小幡操는 한일, 중일 관계의 차이를 다음과 같이 설명했다.

> 일중 관계는 일본이 일찍부터 침략전쟁을 강행하고 눈이 뒤집힐 정도로 잔학한 행위를 감행한 나라, 그럼으로써 일본이 무엇보다 먼저 평화조약을 맺고 속히 보상해야만 하는 나라의 관계이다. 평화가 정착되지 않는 한 법적으로는 아직 전쟁 상태가 지속되고 있는 관계이다.
> 일한 관계는 일본이 전략적으로 식민지화한 나라, 그리고 제2차 세계대전의 포츠담선언에 의하여 통치권을 포기하고 그 결과 일본으로부터 독립한 국가-조선의 남반부와의 관계이다. 그러므로 거기에는 독립을 잃었던 국민에게 깊은 정신적 문제가 있으나 전쟁 상태는 아니다.[52]

여기서도 식민지 통치와 이로 인한 한국인의 인도적, 정신적, 물질적 피해에 대한 반성과 책임 의식은 찾아볼 수 없다. 오바타의 반대도 국익에 근거하고 있음을 알 수 있다. 일본이 당면한 과제는 중국과 전쟁 상태를 종식시키고 정상적인 관계를 수립하는 것이지, 전쟁 상태도 아닐 뿐만 아니라 분단된 남한과의 관계 정상화가 더 시급한 과제는 아니었다. 또한, 중국과 북한의 관계를 고려할 때 한국과의 관계 정상화는 중국과의 관계를 더욱 어렵게 만드는 것이었다. 결국, 장기적 안목에서 볼 때 한일국교정상화는 일본의 국익에 배치되는 외교였

---

52 小幡操,「日韓交渉への重大な疑問」, 1962.11.

다. 더욱이 '폭거'이며 '비극'인 베트남 파병을 주도하는 박정희 정권과의 국교 정상화는 일본이 동아시아 긴장의 중심부에 서게 하는 결정적인 외교 실책이었다는 것이다.[53]

3) 국익의 부당한 양보

〈세카이〉가 한일회담을 비판하고 국교 정상화를 반대하는 중요한 또 다른 이유는 국익의 부당한 양보였다. '부당한 국익 양보'의 구체적 내용을 살펴보면 다음과 같다. 첫째는 청구권으로 간주하기에는 적절하지 못하고, 한국 경제 실태로 볼 때는 상환이 불가능한 많은 금액을 제공했다. 둘째는 아직도 분쟁의 소지가 남아 있는 독도의 관할권에 관하여 한국 측의 주장을 수용한 것이다. 셋째는 한국 측이 주장하는 12해리까지를 영해로 간주함으로써 일본 어선의 어업 활동을 억제하는 것이다. 그리고 마지막으로 '대한민국을 조선의 유일한 합법 정부'로 인정한 것이다.[54]

자민당의 우쓰노미야 도쿠마宇都宮德馬는 정치권에서 활발하게 활동하는 '반한친북'의 핵심 인물이다. 그는 북한을 내왕하면서 김일성과도 두터운 친분을 맺고 있었다. 그는 한일국교정상화를 반대하면서 사토 에이사쿠佐藤榮作 총리에게 제출한 의견서에서 '부당한' 국익 양보를 다음과 같이 지적했다.

---

53 福田歡一,「韓國の友への手紙」, 1965.5; 討論: 石田雄, 日高六郎, 田觀一, 田者三,「战後民主主義の危機と知識人の責任」, 1966.1; 田畑茂三郎,「條約と國會」, 1966.1.

54 「共同討議: 日韓交渉の基本的冉檢討」, 1964.4; 野口雄一郎,「日韓經濟協力の虛構」, 1965.9;「討論: 戰後民主主義の危機と知識人の責任」, 1966.1.

국제 간의 통례에 따르면 독립된 국가는 지금까지 지배한 국민의 사유권은 그대로 인정하고 있습니다. …… 일본 국민은 막대한 사유재산과 그와 관련된 일체의 권리와 청구권을 샌프란시스코 조약에 의하여 포기했고, 따라서 한국의 소유가 됐습니다. 그러나 한국 국민이 일본에서 가지고 있는 소유권과 수익권은 그대로 보장되고, 더욱이 현재 일본에 살고 있는 한국인은 자식을 포함하여 일본 영주권이 인정되고 있습니다. 이에 반하여 한국 측은 법적 근거가 명확하지 않은 막대한 청구권을 요구했고, 일본은 8억 달러를 지불했습니다. …… 한국 어업의 근대화를 위하여 거액의 융자를 약속하고 있는데 이는 일본의 어업을 압박하게 될 것입니다. …… 조약은 전체적으로 일본이 너무 많이 양보한 것입니다.[55]

그러므로 우쓰노미야는 사토 총리에게 정부와 자민당은 국익의 입장에서 조약을 '진지하게' 재검토하여 지나친 양보는 수정하고, 동시에 한국 정부의 반성을 끌어내기 위하여 비준을 연기할 것을 촉구했다.

〈세카이〉는 일본 정부가 국교 정상화의 중요한 명분으로 삼고 있는 일본의 경제협력을 통한 한국경제의 안정과 발전은 근본적으로 잘못됐다는 점을 강조했다. 한국경제의 구조와 실태를 볼 때 경제적 재기는 불가능한 것이고, 따라서 일본의 경제적 지원은 상환이 불가능하다는 것이 〈세카이〉의 주장이다. 한국경제는 미국의 원조에 의존하는 기형적 재정구조이고, 농업경제가 점차 파국으로 치닫고 있으며, 제

---

55 宇都宮徳馬,「日韓條約と日本外交-政府への意見書」, 1965.11.

조업의 가동률이 떨어지고 있기 때문에 도저히 재기할 수 없다는 것이다. 이뿐만 아니라 박정희 정권이 추진하고 있는 경제정책은 이미 그 실패의 모습이 드러났으며, 정책의 실패는 한국경제의 파국을 더욱 가속할 것이고, 일본이 제공할 정부나 민간 차관은 결국 회수가 불가능할 것으로 보았다.

4) 한국 내의 반대 여론

1961년 박정희 체제가 들어선 후 전개된 한국의 정치·경제·사회적 여건이 국교 정상화에 바람직하지 못하다는 것이 〈세카이〉의 판단이었다. 무엇보다도 한일회담을 반대하는 한국의 국민 여론을 주시할 것을 촉구했다. 계층과 입장을 초월하여 모든 국민이 격렬하게 반대하는 국교정상화를 일본이 적극적으로 추진할 필요도 없고, 또한 추진해서도 안 된다는 것이다. 군부독재 정권인 박정희 체제와의 국교정상화 추진은 한국 국민을 적으로 삼는 결과를 가져오며, 이는 결과적으로 일본의 국가이익에 반한다는 것이다. 〈세카이〉 편집부는 한국의 신문과 잡지에 나타난 반대 여론을 발췌하여 2회에 걸쳐 독자에게 소개했다.[56]

〈세카이〉는 국민의 반대뿐만 아니라 박정희가 이끄는 한국 정부는 회담의 적법한 대상이 아니라는 점을 강조했다. 물론 박정희 정권이 국민의 지지를 받지 못하는 반통일적이고 반민주적 정부이기도 하지만, 결정적인 하자는 박정희의 전력이었다.[57] 일본 군인의 한 사람이었던 박정희는 한국을 대표할 수 없을뿐더러 그가 이끄는 정부와 일

---

56 「資料: 韓國の主張と世論(I, II)」, 1964.2~3.
57 武田淸子, 「韓國をアジアの孤兒にしてはならない」, 1962.12.; 旗田巍, 「韓国民衆の聲を重視せよ」, 1962.12.

본 정부가 교섭을 진행한다는 것은 있을 수 없다는 것이다. 하타다 다카시旗田巍는 다음과 같이 주장했다.

한일회담 반대 시위

> 무엇보다 먼저 일한 교섭은 교전국 사이의 교섭이 아니다. 일본은 한국과 전쟁을 하지 않았다. 한국은 일본의 한 부분이었기 때문에 한국과의 전쟁은 없었다. 오히려 한국인을 군대 또는 공장에 동원하여 전쟁에 협력하게 했다. 군사정권의 대표자이고 일한회담의 추진자이며, 또한 최근에 대통령이 된 박정희는 일본군의 장교였다. 즉, 일본 군인을 수반으로 하는 정부와 교섭하고 있다. 이러한 점에서 볼 때 일본은 한국에 대하여 어떠한 책임도 질 필요가 없는 것처럼 보인다. 그리고 이것은 일본에는 대단히 유리한 논리이다. 한국 정부가 이것을 인식하고 있는지 알 수 없으나 한국의 민중은 이것을 납득하지 않을 것이다.[58]

따라서 박정희 정권과의 회담과 국교 정상화는 근본적으로 잘못된 것이고, 성사된다 하더라도 진정한 정상화는 결코 이루어지지 않을

---

58 旗田巍, 「日韓會談の再認識」, 1963.12.

것으로 보았다.

또한, 〈세카이〉의 진보적 지식인들은 박정희 체제가 언제 무너질지 모르는 불안한 정권으로 보았다. 그들은 야당과 재야의 반정부 투쟁, 여권 내 파벌 사이의 갈등, 집권 세력의 부패 현상, 경제정책의 실패 등으로 박정희 체제는 '조만간 파국'을 맞이할 것으로 예상했다. 그러므로 언제 무너질지도 모르는 정권과 국교 정상화를 위한 회담을 진행할 필요가 없다는 것이었다.[59]

국민의 반대, 박 정권의 정통성 결여, 정치적 불안 등 한국 내의 여건을 고려할 때 일본 정부는 관계 개선을 위한 협상을 서두를 필요가 없다는 것이 〈세카이〉의 결론이었다.

5) 한반도 통일의 장애물

〈세카이〉가 한국과의 국교 정상화를 반대하는 또 다른 명분은 "남북분단과 두 개의 조선을 영구화"하며, "통일을 결정적으로 방해"한다는 것이다. 한반도의 분단이 식민지 통치에서 유래됐다고 인식하기 보다는, 단순히 냉전의 결과로 나타난 현상으로 이해하려는 〈세카이〉는 한반도 통일에 대하여 낙관적인 견해를 가지고 있었다. 그들은 한반도의 입지적 조건, 지정학적 위치, 인구, 부존자원의 관계 등을 고려할 때 남북의 통일은 불가피하다고 내다보았다. 물론 통일의 방식에 있어서 남북의 차이가 있으나 "분단의 근본 원인인 동서냉전으로부터 탈출할 경우, 한반도의 통일은 독일이나 베트남보다 통일의 가능성이 높다"라고 전망했다. '냉전으로부터의 탈출'이 무엇을 의미하

---

59 「日本の潮: 昏迷する日韓交渉」, 1963.4;「日本の潮: 韓國の政情不安と日韓會談」, 1963.6; 新井宝雄,「韓國の政治的安定度について」, 1964.2.

는지 명확하지 않으나 대체로 한반도의 '중립화'를 뜻하는 것으로 보인다. 그러므로 일본은 한반도가 냉전으로부터 탈출(중립화)할 수 있는 조건을 형성하는 데 기여해야 한다는 것이다.

스미야 미키오隅谷三喜男 등 21명의 진보적 지식인이 참여한 공동 보고서는 이를 위한 두 개의 구체적 역할을 제시했다. 먼저 일본은 남북한 사이의 군사적 긴장을 완화시킬 수 있는 국제적 조건을 만들어 내는 데 역할을 해야 한다는 것이다. 즉, 남·북한의 경제적·문화적 교류, 불가침 협정, 고려연방의 형성을 구체화할 수 있는 관계국 국제회의 체제를 구축한다는 것이다.

또 하나의 중대한 역할은 일본이 아시아, 아프리카의 여러 나라에 호소하여 냉전 의제인 '조선 문제'에 대하여 국제적 관심을 환기시키는 것이다. 그래서 한국-정통 정부, 북한-침략자의 등식을 깨고 대등한 입장으로 남과 북을 유엔에 초청하여 교섭을 진행하게 하도록 해야 한다는 것이다.[60] 중국 문학자 다케우치 요시미竹內好는 일본이 이와 같은 역할을 수행하는 것이 한반도의 "전前 통치자였던 일본이 보상하는 길이고 책임을 다하는 길"이라고 역설했다.[61]

〈세카이〉는 일본 정부가 추진하고 있는 한일회담은 냉전으로부터의 탈출이 아니라, 한국 정부를 한반도에서 유일한 합법 정부로 인정함으로써 북한과의 대결을 강화하고 냉전을 격화시키고 있다고 보았다. 또한, 한국의 반통일 집권 세력을 강화시킴으로써 통일에 역행하여 분단을 고착하는 역할을 담당하고 있다고 비판했다. 그리고 이로 인하여 일본과 북한, 일본과 중국의 긴장이 고조될 것이고, 일본의 안

---

60 「共同討議」, 1964.4; 小幡操, 「日韓會談と朝鮮統一問題」, 1964.2; 四方博, 「日韓會談再開にみる新しい選擇」, 1965.2.
61 竹內好, 「日韓交涉私感」, 1962.12.

보를 위협하는 결과를 초래할 것으로 판단하고 있었다. 그러므로 우쓰노미야에 의하면 일본은 "국익의 입장에서 (회담 내용을) 진지하게 심의하고, 때에 따라서는 수정하고, 때에 따라서는 한국 정부의 반성을 촉구하기 위하여 비준을 연기할 필요"가 있고, 또한 필요하다면 한일회담 자체를 "중단하고 파기하는 것도 주저해서는 안 된다"는 것이다.[62]

이러한 논리에서 전개된 〈세카이〉의 한일회담 반대 투쟁은 식민지 통치에 대한 비판을 희석시키는 한편, 반미 분위기를 조성했고, 북한의 통일 논리를 대변해 주었으며 한국에 대한 어두운 이미지를 심어 주는 데 중대한 역할을 했다. 한일회담 반대를 계기로 형성된 반反박정희 기류는 조약 체결 후 더욱 강화되면서 1970년대 들어 절정을 이루었다.

식민지형 파시즘

1960년 8월에 출범한 제2공화국은 5·16쿠데타로 1년도 못 되어 막을 내렸다. 2년간의 군정을 끝내고 5·16의 주체인 박정희가 1963년 제5대 대통령으로 취임하면서 제3공화국이 시작됐다. 그러나 제3공화국의 전반기라고 할 수 있는 1960년대는 한일회담 반대로 인한 계엄령 선포1964년, 베트남 참전과 한일회담 비준1965년, 6대 대통령 선거와 국회의원 총선거1967년, 3선 개헌과 국민투표1969년 등으로 이어지는 격동의 시기였다.

한국 내의 이러한 정세의 변화에 대하여 〈세카이〉는 1950년대와 달리 직접적이고 적극적인 비판 논조를 강화하기 시작했다. 북한을 적극

---

62 宇都宮徳馬,「日韓條約と日本外交」, 1965.11.

적으로 지지하기 시작한 〈세카이〉는 한국의 정국이 대단히 불안하며, 이는 정통성이 결여된 정권과 경제적 파탄에서 기인한다고 평가했다.

1) 정통성 결여

〈세카이〉는 제3공화국이 형식적으로는 민정 이양의 형태를 갖추었으나 실제로는 군정의 연장이고, 미국에 예속된 종속국가이며, 그리고 경찰국가로 단정했다. 도쿄 대학의 사이토 다카시齊藤孝 교수는 "제3공화국은 외국에 종속된 권력이면서 민중에 대해서는 식민지 지배가 지닌 잔학성과 파시즘이 융합된 공포 체제로서 식민지형 파시즘 체제이다"라고 규정했다. 사이토는 제3공화국의 성격을 다음과 같이 설명했다.

> (한국 정권은) 자립의 군사독재가 아니라 (미국의) 무력과 조직에 종속되어 있다. 그리고 민중에 대해서는 파시즘적 방법과 식민지 특유의 폭력과 사형私刑에 의하여 정권의 존립을 유지하고 있다. 외부의 압력과 피식민지 시대의 경험을 국내 지배의 방법으로 전용하고 있다. 지배 민족으로부터 당한 민족적 멸시에 의한 테러 방법을 지금은 자기 민족에게 행사하고 있다. …… 군대는 '저렴한 용병'의 울분을 사형적 수단에 의하여 풀고 있다. 베트남전쟁에서 보여준 (한국 군대의) 잔학한 장면도, 군대의 대학 난입도 바로 이 식민지형 파시즘의 체질적 표

박정희 대통령 취임 선서

현이다.[63]

〈세카이〉의 진보적 지식인들은 정통성이 없는 박정희 체제에 정면으로 도전하는 학생 세력을 주목했다. 그들은 한국 학생의 저력은 마치 "압축하면 할수록 폭발력이 높은 마력을 내는 디젤엔진과 같은 잠재력"을 가졌다고 높이 평가했다. 학생들에 의하여 이승만 체제가 붕괴되는 것을 본 일본의 지식인들은 박정희 체제도 결국 학생들에 의하여 붕괴될 것으로 전망하면서 학생 시위를 지지했다. 특히 1964년

---

63 齊藤孝, 「分割國家韓國と朴政權の體質」, 1965.10.

한일회담을 반대하는 학생 데모로 정부가 계엄령을 선포하는 것을 보고 체제 붕괴의 가능성이 임박한 것으로 판단했다.[64]

정통성이 없는 박정희 체제가 미국과 종속 관계에 있다는 것을 가장 극명하게 보여주는 것이 한국의 베트남 참전이라고 〈세카이〉는 주장했다. 한국은 "미국의 요구에 따라 인신 제공으로 보답"했다는 것이다. 베트남 파병을 신랄히 비판한 〈마이니치신문〉의 한국 특파원 곤도 다카노스케近藤隆之輔는 박정희가 세 가지 목적을 계산하고 파병을 결정했다고 주장했다.

첫째는 베트남 특수特需와 AID 자금이다. 곤도에 따르면 한국은 군대를 베트남에 파병함으로써 베트남 수출이 세 배 이상 늘었고1965년의 1,300만 달러에서 1966년 5,000만 달러, 미국으로부터 AID 자금도 315만 달러1964년에서 1억 5,000만 달러1966년로 급팽창했다. 이는 박정희의 정치적 기반을 튼튼히 했다고 판단했다.

둘째는 베트남에 파병한 한국 군인 봉급의 본국 송금이었다. 곤도에 따르면 병사는 월평균 30달러, 장교는 100달러를 송금했는데 이것은 "1인당 국민총소득GNI이 111달러인 한국에서는 결코 적은 돈이 아니다"라는 것이다. 그러나 이 돈은 "생명의 대가"라는 점을 강조했다. 세 번째 파병 이유는 돈으로도 살 수 없는 미국의 지원이었다. 1967년 박정희가 대통령에 당선된 것도 미국의 전폭적 지지를 받았기 때문이라는 것이다. 곤도에 의하면 이러한 계산 모두가 "인간의 존

---

64 背黑忠勝, 「韓國の學生たち」, 1962.8; 「世界の潮: 朴政權と對決する韓國學生」, 1964.6; 龜山旭, 「朴政權を搖るがす韓國學生」, 1965.6; 近藤隆之輔, 「韓國日記－朴政權と學生デモ」, 1967.9.

파월장병 환영인파

엄성과 가치를 무시하고 정권 안보만을 강화하기 위한 조치"였다.[65]

곤도 기자는 한국의 베트남 파병을 1930년대 일본이 중국을 침략하기 위하여 일본 군대를 중국 대륙으로 보낸 것과 같은 상황으로 비유하여 설명했다.

'환송식'이 끝나자 시가행진이 시작됐다. 길가에는 수많은 시민이 환호의 목소리로 송별하고 있다. 나는 어릴 적에 중일전쟁에 출정하는 병사들을 송별하던 광경이 생각났다. 시민의 표정은 그때 그대로이다. 당시 일본은 '동양의 평화' 때문에 '폭지

---

65 近藤隆之輔,「韓國日記抄(上)」, 1968.1;「世界の潮: ベトナム派兵と韓國政情」, 1965.3; 編輯部,「韓國のベトナム派兵と言論」, 1965.4.

응징暴支膺懲'의 전쟁을 주도했다. 전쟁으로 전사자가 늘어났으나 경제는 전쟁으로 활기가 넘쳤다. 지금 한국은 베트남 땅에서 '세계의 평화'를 위하여 '포악한 공산주의자'와 싸우고 있다. 또한, 전사자는 늘어나는 반면에 경제는 활기를 띠고 있다. 언론은 베트남에서 한국군의 '용감한' 전투와 '대전화大戰火'를 연일 크게 보도하고 있다. 전쟁으로 활기가 넘쳤다. 당시 일본 정부는 '성전聖戰'을 완수하기 위하여 언론의 통제를 강화하고 국민의 자유를 하나씩 빼앗았다. 지금 이 정부는 '자유'를 수호하기 위하여 (과연 이 나라에 지키지 않으면 안 될 자유가 존재하는가) 국민의 피의 희생을 요구하고 있다. 그리고 국민은 한국의 역사가 시작한 이래 초유의 해외 원정에 열광하고 있다.[66]

곤도 기자는 한국의 베트남 파병을 1930년대 일본이 저지른 침략전쟁과 동일시했다. 그리고 해외 원정에 한국인이 열광하는 것으로 묘사하여 한국인의 호전성을 부각시켰다.

2) 경제적 파국

한국의 정국 불안을 가중시키는 또 하나의 결정적 요인은 경제적 어려움이었다. 1960년대 전반기의 〈세카이〉는 한국 경제가 도저히 재기 불가능하다고 평가했다. 물론, 한국 경제가 이처럼 어려운 데에는 여러 가지 원인이 있었지만, 무엇보다도 한국 경제가 '종속적' 경제구조와 '기형적' 재정구조 속에 빠져 있기 때문인 것으로 분석했다. 즉, 해방 이전에는 일본에 종속되어 있었고, 그 후에도 자주성을 확립

---

66 近藤隆之輔, 「韓國日記抄(上)」, 1968.1.

하지 못하고 다시 미국에 예속됨으로써 경제구조나 재정 상태가 '기형적'으로 변질됐다는 것이다.

이러한 경제와 재정구조에서 진정한 경제 안정과 성장은 불가능하다는 것이 〈세카이〉의 평가였다. 특히 1950년의 한국전쟁 후 한국의 정치와 경제를 지배해 온 미국은 '매판자본의 육성'을 주요한 수단으로 삼아왔고, 이 때문에 자립경제를 위한 근본적 개혁 없이는 경제의 소생이 불가능하다는 것이다.

경제적 어려움을 가중시키고 있는 또 다른 요인으로 〈세카이〉는 박정희 군사정권이 추진한 경제정책의 실패를 지적했다. 자주성의 확보보다 종속적 구조를 택한 군사정권의 경제정책은 결국 물가의 급등, 농업정책의 부진, 금융정책의 실패, 경제개발5개년계획의 파탄 등의 결과를 가져왔다는 것이다. 이러한 경제적 어려움에서 벗어나기 위한 하나의 긴급 대책으로 박정희는 한일회담을 적극적으로 추진한 것으로 판단했다.[67]

하지만 〈세카이〉의 평가나 예상과 달리 1960년대 후반기부터 한국 경제는 상승 곡선을 그리기 시작했다. 또한, 공업화가 비교적 순조롭게 진척됐다. 〈세카이〉는 이를 인정하려 들지 않았다. 제1차 경제개발5개년계획 기간에 8.5%의 경제성장을 이룬 것을 인정했으나, 이것은 '실적의 의문'이 있는 성장이라고 평가절하했다. 그 이유는 첫째, 박정희 정권이 최대의 실적으로 내세우는 공업화는 사실상 외채에 의해서 이루어진 것으로 자립 경제구조의 확립과는 거리가 먼 것이고, 종속 경제구조를 더욱 심화시켰다는 것이다. 둘째, 경제성장을 나타

---

67 中川信夫,「激動する韓國政勢の低に」, 1963.4;「世界の潮: 韓國經濟の窮狀」, 1963.7; 野口雄一郞,「日韓經濟協力の虛構」, 1965.9.

농촌의 모습과 박정희 대통령

내는 통계 수치에 의혹을 제기했다. 통계의 기초인 수치를 정부가 장악하고 있기 때문에 민간기관이 이를 입증할 방법이 없다는 것이다. 따라서 정부가 발표하는 통계 수치의 '조작' 가능성이 있다는 것이다. 즉, 박정희 정권의 경제 발전은 '실체'가 아니라, 조작된 '허상'이라는 것이다. 셋째, 분배의 문제를 제기했다. 즉, 8.5%의 경제성장이라는 수치에 문제가 없다고 가정하더라도 경제성장의 결과가 국민에게 골고루 분배되는 것이 아니라 일부 재벌과 특권계급에만 귀속되기 때문에 경제성장이 국민과는 무관하다고 평가했다.[68]

68　近藤隆之輔, 「韓國日記」, 1967.9; 中川信夫, 「韓國工業化の虛構と現實」, 1969.2.

남·북한에 대한 시각

1960년대에 들어 〈세카이〉의 편집 방향에 뚜렷한 변화가 생겼다. 그것은 남·북한을 하나의 민족 공동체로 인식하기보다 양자를 이분화하고 악(한국)과 선(북한)의 대결적 관계로 상정했다는 점이다.

박정희 체제가 들어선 1961년부터 〈세카이〉는 남·북한을 바라보는 시각을 대립적 구도로 만들어 나갔다. 한국은 반통일적, 사대적, 비인도적이며 혼란한 체제이고, 북한은 복지가 확립됐고, 통일 지향적이며, 희망에 찬 사회로 설정했다. 중국 문제 전문가인 노무라 고이치野村浩一는 한국은 "문자 그대로 혼란의 와중에 있는 사회"이며 "전형적인 군부독재 체제로서 민족적 자립과 통일을 반대하는 체제"로 규정했다.[69] 한국정권을 '식민지형 파시즘 체제'라고 이름 붙인 도쿄 대학의 사이토 다카시齊藤孝는 박정희 정권은 "군사·경찰 체제를 강화하여 통일과 비판 세력을 탄압하는 공포 지배를 지속"하고 있고, "이미 '공산주의자' 또는 '북한 스파이'라고 하면서 십수만 명을 체포하고 투옥한 공포체제"라고 강조했다.[70]

〈세카이〉는 한국은 정치·사회적 혼돈과 경제적 실패로 이승만 체제가 무너졌으나, 다시 미국과 결탁한 군부독재 체제가 등장하면서 탄압과 억압이 강화됐다고 진단했다. 더욱이 한국은 부패, 잘못된 경제 운용, 실업, 농업경제의 파탄 등으로 경제적으로 비참한 사회로 묘사했다. 마쓰모토 히로카즈松本博一 기자는 "남조선이라는 단어에서 연상되는 것은 빈곤과 정치·사회의 불안정이다. 이 연상은 전혀 틀린 것

---

69 野村浩一,「二つの朝鮮と日本人」, 1961.9.
70 齊藤孝,「三十八度線と十七度線」, 1968.3.

이 아니었다"라고 했다.[71]

이뿐만 아니라 미국의 지원을 받아 성립된 박정희 군사정권은 미국의 동아시아 전략에 따라 민족 통일보다 반통일 노선을 더욱 강화하는 집단이라고 했다. 결국, 한국은 정치·군사·경제적으로는 미국에 예속된 종속국가이며 경찰국가라는 것이다. 경제적 위기가 가속화될 것이며, 군사정권에 대한 민중의 반대 투쟁과 통일을 위한 반미 투쟁이 더욱 격렬해져서 결국 군사정권은 붕괴되고 말 것으로 전망했다.

한국에 대한 부정적 시각과 달리 북한은 활력 있고 발전적이며 안정적인 체제로 묘사했다. 노무라 고이치에 따르면 "북조선은 사회주의국가의 적극적인 원조로 신속한 부흥과 공업화에 성공했고, 이제는 명실상부한 공업국가의 위치를 확고히 한 체제"였다. 그리고 북한은 "한국에 농업, 어업, 공업 각 분야의 원조를 제공할 수 있을 정도로 경제 발전을 이루었다"라고 했다. 더욱이 통일 문제에서 북한은 한국과 달리 적극적인 입장을 취하고 있을 뿐만 아니라 한국 민중이 공감할 수 있는 평화적이고 구체적인 대안을 제시했다는 것이다. 하지만 실상은 〈세카이〉의 주장과 달리 북한은 테러를 통한 한국의 체제 전복을 시도했다.

1) 북한의 테러

〈세카이〉가 1960년대 전반기에 한일국교정상화를 중요 의제로 삼았다면, 후반기에는 한국 정권의 부당성, 미국에의 예속성, 반통일성과 북한의 자주성, 발전, 통일 지향성을 대립시켜 강조했다. 특히 통

---

71 松本博一, 「南朝鮮の現實と日本人」, 1962.12.

일 문제에 적극적으로 북한을 옹호하고 나섰다.

그러나 북한은 1967년 말부터 북한은 특수 게릴라 부대를 한국 각 지역으로 침투시켜 도발 행위를 시작했다. 포천에서 경원선 폭파 1967년 9월, 경의선에서 미 군수물자 수송화차 폭파 1967년 9월, 31명의 특수 요원으로 구성된 김신조 일당의 청와대 습격 1968년 1월, 공해상에서 미 정보함 푸에블로호 납치 1968년 1월, 120명으로 구성된 무장 군인의 울진·삼척 침투 1968년 11월, 미 정찰기 추격 1969년 4월, KAL기 납북 1969년 12월, 흑산도 간첩선 침투 1969년 12월 등의 사건이 끊이지 않았다.

이러한 일련의 사건이 발생한 것은 김일성이 노동당 대표자회의 1966년 10월에서 "남조선에 반혁명을 이겨내고, 혁명의 승리를 달성하기 위해서는 강력한 혁명 역량을 준비해야만 한다"라고 역설하면서 "현 단계에서 남조선 혁명의 기본 방침은 적의 탄압으로부터 혁명 역량을 보존하고 동시에 이를 부단히 축적하여 성장시킴으로써 혁명의 결정적 시기를 맞이하기 위해 준비해야 할 것"이라고 혁명 투쟁을 강조한 후였다. 따라서 서방의 전문가들은 이런 상황을 북한이 한반도에서 '제2의 베트남전쟁'을 시도하려는 징후로 평가하기도 했다.

하지만 〈세카이〉는 북한의 도발 행위가 일어날 때마다 이를 한국이 조작했다거나 한국과 미국이 사건을 유도한 것으로 논조를 폈다. 경원선 폭파사건이 발생하자 〈세카이〉는 사건의 진실과 경위를 전달하려 하기보다 "이 사건은 북조선의 무장 스파이에 의해 이루어진 것으로 한국 정부가 단정했다"라고 보도했다. 그러면서 경원선 폭파는 정치적으로나 경제적으로 어려움에 직면한 박정희 정권에는 '강력한 탄압 정책'을 펼 수 있는 '환영해야 할 사건'이라는 것이었다. "최근에

청와대 습격을 시도한 북한 특수부대원들의 시신. 유일한 생존자 김신조가 사살된 특수부대원들을 확인하고 있다

억류 중인 푸에블로호

일어나는 일련의 폭파사건은 박정희 정권에 어려움을 타개할 수단을 제공했다"라는 것이다. 동시에 〈세카이〉는 아직은 김일성이 제시한 "혁명 역량을 보존할 필요가 있지, 혁명 세력이 공연히 게릴라 활동을

일으킬 정도의 결정적 시기가 도래하지 않았다"라고 북한에 충고하기도 했다.[72]

1968년은 북한의 본격적인 테러로 막을 열었다. 1월 21일에 특수 훈련을 받은 31명의 북한 군인이 박정희 대통령을 암살하기 위하여 청와대를 습격, 침투한 사건이 벌어졌다. 이틀 후인 23일에는 공해상에서 활동하던 미국 정보함인 푸에블로호가 납치돼 원산항으로 끌려가는 사건이 일어났다. 한반도가 다시 긴장 상태로 변했다.

1968년 3월호 〈세카이〉는 이 두 사건을 중심으로 '특집'을 만들었다.[73] 먼저 도쿄 대학의 사이토 다카시는 청와대 습격사건을 북한의 도발로 믿지 않았다. 오히려 한국 내에서 박정희 정권에 반대하여 일어난 무장 투쟁의 하나로 판단했다. 그는 북한의 박성철 부수상이 "남조선의 대중 투쟁이 새롭고 적극적인 무장 투쟁으로 발전했다"라는 말을 인용하면서 청와대 습격사건을 다음과 같이 설명했다.

사이토 다카시의 글

상식적으로 생각해도 북한에서 파견된 군인이 38도선이라는 가장 경계가 삼엄한 지역을 돌파했다고 생각할 수는 없다. 그렇지만, 남조선의 투쟁이 각지에서 무장 투쟁으로 발전하고 있다는 점에 대해서 북조선 측은 당당

---

72 「世界の潮: 緊張高まる38度線」, 1967.11. 경원선 폭파사건은 1967년 9월 5일 서울역발 신탄리행 경원선 열차가 승객 400여 명을 태우고 초성역 진입 직전 간첩이 열차 레일 밑에 매설한 TNT가 폭발하여 달리던 열차 5량 중 3량이 탈선한 사고이다.
73 「特輯: 緊迫する朝鮮とエンタプライズの航跡」, 1968.3.

하게 말하고 있다. 이러한 표현에 미루어 볼 때 북조선은 남조선에서 전개되는 혁명운동을 높이 평가하고 '혁명적 대사변'이 대단히 긴박한 것으로 받아들이고 있음을 알 수 있다.[74]

사이토에 따르면 1968년의 한국에는 "자주적·내발적(內發的)인 혁명운동이 진행"되고 있었고, "각지의 무장 투쟁이 상호 연락되는 긴박한 상황"이었다. 청와대 습격도 북한의 테러가 아니라, 박정희 체제에 항거하는 "혁명적 상황"에서 전개된 "인민의 혁명 무장 투쟁"이었다.

사이토는 38도와 17도를 사이로 분단된 한국과 베트남은 공통의 운명에 놓여 있다고 주장했다.[75] 즉, 미군에 의한 한국과 베트남 지배는 결국 두 나라 모두가 실질적 독립을 상실한 것이고, 따라서 식민지 상태의 지속을 의미하고 있다는 것이다. 한반도와 베트남이 안고 있는 이러한 본질적 문제를 해결하기 위해서는 분단의 근본 원인이라고 할 수 있는 '외세'를 제거해야 하고, 그러기 위해서는 민족통일을 이끌 해방전선이 필요하다는 것이었다. 그는 1968년의 한국 정세를 1954년 알제리에서 민족해방전선이 결성되고, 1960년 베트남민족해방전선이 나타났을 때와 유사하다고 진단했다. 사이토는 김일성이 주장하는 "남조선 인민의 혁명 투쟁"에 의한 "조국 통일을 실현하는 혁명적 대사변"을 기대하고 있었다.

청와대 습격 이틀 후 동해상에서 벌어진 푸에블로호 납치사건은,

---

74 齊藤孝, 「三十八度線と十七度線」. '1·21'사건으로도 알려진 청와대 기습사건은 북한의 124군부대 무장 게릴라 31명으로 구성되어 서울의 자하문까지 진출했으나 이곳에서 발각되어 전투 후 28명 사살, 2명 도주, 1명 체포로 끝났다. 체포된 김신조를 통하여 사건의 전모가 밝혀졌다.

75 齊藤孝, 「現代史のなかの解放戰線-三十八度線と十七度線(續)」, 1968.4.

북한에 끌려가는 푸에블로호의 선원들

〈세카이〉의 표현에 따르면 "일본해(동해)의 쿠바 위기처럼 심각한 사태"였다. 사세보佐世保를 출항하여 통킹만으로 향하던 원자력 항공모함 엔터프라이즈호가 방향을 바꾸어 동해로 진출하여 원산 앞 공해에 정박했고, 존슨 미 대통령은 예비역의 일부를 소집했다.

외교 평론가로서 북한을 대변해 온 오바타 미사오小幡操는 푸에블로호사건은 북한이 아니라 미국의 도발이라고 규정했다. 그에 따르면 푸에블로호가 군사 정보 수집이라는 의미의 스파이 활동에 종사했음은 물론, 한국인 스파이의 북한 잠입을 도왔을 가능성을 제기했다. 그런 의미에서 푸에블로호사건을 도발한 것은 북한이 아니라 미국이라는 점을 강조했다.[76]

〈세카이〉가 우려하는 것은 푸에블로호사건이 '베트남전쟁의 제2전선'으로 발전하게 될 경우 일본이 전쟁에 말려들 수밖에 없는 한미일의 특수한 관계였다. 미국이 북한을 공격하여 한반도에서 전쟁이 재

---

76 小幡操, 「プエブロ号事件と日本」, 1968.3.

개될 경우, 조소朝蘇 상호방위조약이 발동할 것이고, 그러면 일본 본토와 오키나와의 미군 기지가 폭격당하는 것을 피할 수 없게 될 것을 염려했다. 그러므로 오바타가 주장하는 것은 푸에블로호사건을 계기로 "우리 국민은 일미 안보조약의 근본적 재검토나 폐기를 더욱더 진지하게 검토"해야 한다는 것이다.[77] 달리 표현한다면 한일조약-미일 안보조약-한미 안보조약은 서로 맞물려 있기 때문에 미일 안보조약을 재조정하거나 폐기할 경우 일본의 안전은 물론 동아시아의 평화적 질서가 가능하다는 것이다.

2) 북한 옹호

철도 폭파, 무장간첩 침투, 선박·비행기 납치와 같은 사건이 이어지고 있음에도 〈세카이〉는 사건의 실상을 인정하거나 북한을 비판하지 않았다. 오히려 역점을 두어 주장한 것은 이러한 사건들은 '남조선 당국의 조작'이고, 이를 계기로 박정희 정권은 내부 긴장을 더욱 고조시켜 '강권 통치'를 하고 있다는 것이다. 박정희 정권이 군사·경찰 체제를 더욱 강화하여 '공포 지배'를 진행하면서 자주통일을 위하여 반정부 투쟁을 전개하는 인사들을 체포하고 투옥했다고 한국 정부를 비난했다.

한국 정부를 비판하는 것과 달리 〈세카이〉는 북한의 자주통일 노선을 지지하면서 선전했다. 1·21사건과 푸에블로호사건을 집중적으로 취급한 '특집'에서 〈세카이〉는 북한 정부가 발표한 "조선민주주의인민공화국 정부 각서"를 '자료'로 독자에게 제공했다. 이 자료에 따르

---

77 小幡操, 같은 글; 「ドキュメント: プエブロ号事件とその背景」, 1968.3; 藤島宇内, 「朝鮮危機と安保條約の構造」, 1969.6; 「世界の潮: 米偵察機撃墜事件の衝撃」, 1969.6.

면 북한은 "미 제국주의를 남조선에서 철퇴시키고, 어떠한 외국의 간섭 없이 조선 인민의 손으로 민주주의의 기초 위에서 평화적으로 조국을 통일하기 위하여 계속해서 전력을 다할 것"을 다짐하고 있다.[78] 〈세카이〉는 한국은 미국과 결탁한 반통일 세력임에 반하여, 북한은 자주적이고 평화적 통일 노선을 지속하고 있다는 것을 선전하는 데 열을 올렸다.

스미야 미키오, 마루야마 마사오, 사카모토 요시카즈坂本義和 등 진보적 지식인을 대표하는 21인이 공동으로 만든 보고서에서 통일에 대한 남북의 입장을 다음과 같이 평가했다.

> 전후 조선 통일을 향한 운동은, 특히 1948년 8월 15일 한국 정부 성립 후 일관되게 북조선의 적극적인 이니셔티브에 의하여 추진됐다. …… 북조선은 시종 탄력성 있는 태도로 통일을 주장해 왔다. 그것은 경제적, 정치적 안정에서 북조선이 한국에 비하여 항상 자신감을 가지고 임해왔기 때문이다. 이에 비하여 시종 소극적, 부정적인 반응을 보이는 것은 한국이고, 그 배후에는 미국이 도사리고 있다. …… (한국에서) 통일을 염원하는 민족적 요구를 권력으로 근절하려 한 것은 이승만 정권이었고, 현재의 군사정권이다. …… 조선 통일의 최대 장애는 항상 한국 측, 특히 권력자의 태도에 있었음을 알 수 있다.[79]

북한과 달리 한국은 통일운동을 탄압하고 있을 뿐만 아니라 이를

---

78 「資料: 朝鮮民主主義人民共和國政府覺書き(抄)」, 1968.3. 이 각서는 1967년 10월 18일 발표한 것으로 기록되어 있다.
79 「共同討議: 日韓交涉の基本的再檢討」, 1964.4.

간첩 활동으로 조작하여 공포 분위기를 조장하고 내부 탄압에 활용하고 있다고 강조했다. 후지시마 우다이의 표현을 그대로 인용하면 "남조선의 군사정권은 남한에서 일어나는 통일운동을 '공산주의에 동조, 국시에 대한 반역, 북조선의 앞잡이'라는 명목으로 탄압했다"라는 것이다. 그리고 통일운동을 간첩 활동으로 조작하여 남북의 갈등을 부추기고 국민의 위기의식을 조장했다는 것이다.[80]

하지만 〈세카이〉의 이러한 기록은 사실에 근거한 것도 아니고 진실도 아니었다. 1970년대 〈마이니치신문〉의 특파원으로 활동했던 시게무라 도시미쓰重村智計는 그의 체험을 통하여 "이와나미 출판사의 잡지 〈세카이〉는 조선 문제에 있어서 '벌거벗은 왕' 현상을 확대 추진" 했음을 확인할 수 있었다. 그는 다음과 같이 설명했다. "일찍이 일본에는 '북조선 선진국론'이나 '지상의 낙원론', '조선전쟁은 한국이 시작했다', '김현희의 KAL기 폭파사건은 한국의 자작극이다' 등의 주장이 있었다. 그 당시 이러한 주장에 반대하는 입장을 취하면 '중앙정보부의 끄나풀', '친한파' 등의 온갖 비난과 더러운 욕설을 들어야만 했다." 그리고 그 중심에 〈세카이〉가 있었음을 폭로했다.[81]

〈세카이〉의 진보적 시각에 따르면 북한은 사회주의국가로 성공한 체제이며, 한국은 민주주의국가로 실패한 체제였다. 남북 관계를 선과 악의 대치 관계로 규정하고, 남쪽은 무조건 비판하는 한편, 북쪽을 무조건 찬양한 진보적 지식인들의 이 같은 태도는 통일을 위한 분위기 형성을 더욱 어렵게 만들었고 남과 북의 긴장을 촉진시키는 역할을 했다. 그리고 그 속에 식민지 시대의 허물을 묻어버렸다.

---

80 藤島宇內, 「南朝鮮統一革命黨事件の意味」, 1969.5.
81 重村智計, 『朝鮮病と韓國病』(光文社, 1997), pp.12~36 참고.

5. 1970년대 - '한국 타도'

한국의 1970년대는 격동의 시대였다. 7·4남북공동성명1972년, 10월 유신1972년, 김대중 납치1973년, 유신 체제를 강화하기 위한 긴급조치 발표1974년, 유신헌법의 찬반을 묻는 2·12국민투표, 부마사태1979년 등으로 요동치는 정국은 드디어 박 대통령의 암살로 이어졌다. 이에 더하여 베트남의 공산화, 워터게이트사건으로 인한 닉슨의 퇴진과 도덕 정치를 내세운 카터의 등장은 국내 정국을 더욱 어렵게 만들었다.

〈세카이〉도 이 기간에 한반도 문제를 가장 많이 취급했다. 그리고 한국 정부의 권위를 전면적으로 부정했다. 또한, 해외에서의 체제 전복을 위한 전위대적 역할을 담당했다. [표1](32p)에서 볼 수 있는 것과 같이 7·4남북공동성명과 유신이 실시된 1972년부터 한국에 대한 관심도가 크게 높아졌다. 그리고 1973년 김대중 납치사건 후 한국과 관련된 기사는 급증했다. 1970년대의 〈세카이〉는 박정희 체제를 전적으로 부정하면서 비판을 강화하는 한편, 북한의 김일성 체제를 긍정적으로 평가하고 옹호했다. 한국에 대한 비판이 고조되는 것과 정비례해서 북한을 찬양한 것이다.

〈세카이〉 편집장 야스에 료스케安江良介가 보여주는 김일성과 박정희에 대한 평가가 이 시기 〈세카이〉 논조의 기저를 이루고 있다. 1972년 김일성과의 첫 회견 후 야스에는 김일성이 "기와집에 살면서 비단옷 입고 흰쌀밥을 먹고 싶다는 것이 우리들의 오랜 꿈이었습니다. (북한은) 이제 이 세 가지 꿈을 모두 우리의 손으로 이루어냈습니다. 옛날 지주의 생활과 같습니다. 아니오, 국가의 보장으로 대학까지도 무료로 다닐 수 있으니, 오히려 옛날의 지주층보다 더 좋습니다."라고 자신에게 들려준 이야기는 "거짓이 아니고라고 생각"했다. 그리고 김일성은 북한 주민에게 "의식주에 더해서 교육·의료라는 국민 생활의 기본적 과제를 충분히 보장"해 주었다고 그의 지도력을 높이 평가했다.[82]

김일성에 대한 찬양적 평가와 달리 박정희에 대한 평가는 저주에 가까웠다. 야스에는 박정희에 대한 김일성의 평가를 전했다. 즉 "(박정희는) 자신에게 반대하는 사람은 누구라도 공산주의자라는 꼬리표를 달아 체포하여 감옥에 넣고 잔혹하게 학살"하는 비인간적 인물이었다.

박정희에 대한 야스에 자신의 평가도 이와 크게 다르지 않다. 1976년 '조선문제' 간담회에서 발표한 그의 강연에 의하면 박정희는 "자유와 민주정치의 복원력을 스스로 완전히 상실했다. 그는 정권의 위기가 곧 국가의 위기라는 허구에 얽매여 점차 자제력을 잃고 오로지 공포정치의 길을 달리고 있다. 약간의 부정합성, 조금이라도 예기할 수 없는 사태, 소문, 불만 모두가 불안의 원인이 되고 억압의 대상이 된다. 항상 100%의 안정감이 없으면 안심할 수 없는 공포 정치는 억압과 환영幻影의 악순환에 시달리는" 사람이었다.[83]

한국의 현상

1) 정치·사회

〈세카이〉가 상정하고 있는 1970년대 한국의 모습은 부정, 부패, 독

---

82 安江良介,「金日成首相會見記」, 1972.12.
83 安江良介,「孤立する日本」, (影書房, 1988). pp.200~201.

재, 인권유린, 그리고 경제 파탄이라는 단어로 집약된다. 한마디로 한국은 체제 붕괴를 향해 가고 있는 중대한 위기 국면에 직면해 있었고, 그 중심에 박정희라는 권력의 화신이 있었다.

소위 '이와나미 문화인'이라는 〈세카이〉의 진보적 지식인에 따르면 박정희 체제는 정권이익을 국가이익과 동일시하는 '독재정권이며 범죄 집단'이고, "보지 않고, 듣지 않으며, 말하지 않는다"라는 3대 원칙이 사회규범으로 통용되는 '나치 체제의 재현'이었다. 그리고 미국에 의하여 양성된 '군사정권의 독재 집단'이었다. 〈세카이〉의 대표적 간판 필자의 한 사람인 작가 오에 겐자부로大江健三郎는 "자기의 운명을 자기의 자유의사에 의하여 결정할 수 없는 상황"이 한국 사회의 참모습이라고 강조했다.[84]

〈세카이〉에 따르면 박정희 체제는 정권을 유지하기 위하여 부정한 수단과 모략, 그리고 탄압과 정보 통치라는 수단을 활용하고 있었다. 박정희 정권은 이승만 체제의 '구악舊惡'을 훨씬 능가하는 '신악新惡'을 창조했고, 부정과 부패가 제도화·조직화됨으로써 '권력 범죄'의 양상을 드러냈다. 특히 권력과 재벌의 검은 유착으로 인해 경제성장의 과실은 국민에게 전혀 돌아가지 않았고 오직 특권층만이 독점하고 있었다. 따라서 사회적 불만이 누적됐고, 이를 통제하기 위하여 정부는 탄압과 억압을 강화하여 더욱 흉포한 집단으로 변해갔다. 그리고 지식인들은 사회정의를 실현하기 위하여 노력하기보다 박정희 정권에 빌붙어 일신의 영달에만 급급했다. 작가 오다 마코토小田實의 표현에 따르면 "박정희의 양자이며 최상급의 현명한 지식인인 미국의 유명한

84　大江健三郎,「愚者の船」, 1973.10; 中川信夫,「朴政權下にむける體制的腐敗」, 1977.4; 宮崎繁樹,「獨裁と主權と人權と」, 1974.7; 中野好夫,「最小限の感想」, 1973.10; 宇都宮德馬,「ベトナムの急變と朝鮮政策」, 1975.6.

대학에서 훈련받은 '테크노크라트'들은 민족의 운명보다 박정희 정권의 운명을 더욱 중요하게 생각"하고 있었다.[85]

민주주의의 마지막 보루라고 할 수 있는 사법부도 권력과 유착하여 '죄 없는 죄인'을 끊임없이 생산하고 있었다. 국민적 저항의 중심 세력인 기독교도는 전도의 자유조차 박탈당하는 박해를 받고 있었다. 그리고 베트남전쟁에서 죽어가는 '청년들 생명'의 대가와 외국인들에게 몸을 파는 '젊은 여성의 육체'가 정부의 중요한 수입원이 되고 있다는 것이 〈세카이〉가 그리고 있는 한국의 모습이다.[86]

〈마이니치 신문〉 서울 지국장 마에다 야스히로前田康博는 오랫동안 서울에 상주하면서 '친북반한' 활동을 전개한 대표적 언론인이다. 그는 1970년대의 한국 상황을 다음과 같이 '왜곡' 보도하고 있다.

> 일본 특파원과 교제했다는 것이 알려지면 '재앙'이 그들에게 돌아가게 된다. …… 서울에 체류하는 동안 명함을 교환한 사람들은 일본 기자와 교제하더라도 불이익이 돌아가는 것을 두려워하지 않는 사람이거나 지배 계층의 사람이다. 또한, 전화번호와 주소를 나에게 알려준 사람들은 외국인과 연결되어 있다는 것 하나만으로도 여러 가지 불이익을 받을 수도 있다. …… 그러므로 출국하는 날 아침, 철저한 검사에 대비하여 그들의 이름이 기록된 전화번호와 메모를 전부 처분했다. 만일 압수될 경우 내가 알 수 없는 어떤 조치가 그들에게 돌아갈지 모르기

---

85 小田實, 「息者たちがやってきた」, 1977.10.
86 早川公二, 「弟はとりかえす」, 1975.3; 淺野順一, 「信仰と自由-韓國の現狀をみて」, 1974.5; 高橋喜久江, 「妓生觀光を告發する」, 1974.5.

때문이다.[87]

마에다는 대한민국을 경찰국가, 밀고와 도청의 정보 정치, 그리고 폭력의 공포 정치가 자행되는 국가라고 설명하면서 권력의 부정적 이미지를 극대화했다. 그의 설명에 의하면 사회 전체가 다양한 '밀고망密告網'에 의하여 유지되고 있었다. 지배계급 내부 또한 이중, 삼중의 정보망과 밀고망이 깔려있었고, 이 밀고망의 기능에 의하여 정부 요인이 실각, 숙청, 경질되고 있었다. 『성경』을 들고 교회를 갈 때는 정보원의 미행이 시작됐다. 경이적 발전이라고 평가받는 한국의 경제 발전은 국내외에서 정부가 조작해 낸 하나의 허구였다. 그리고 국민적 통합을 이끌기 위하여 반일 감정과 오해와 편견을 조장하는 정책을 폄으로써 한일 두 나라의 민족 화해를 더욱 어렵게 만들고 있었다. 하지만 마에다의 이러한 설명은 거짓이거나 지극히 단편적인 것에 지나지 않았다.

박정희와 한국 정부를 비난해야만 마치 진보적 지식인인 양 〈세카이〉의 필자들은 한국의 지배계층을 범죄 집단으로 몰아갔다. 그리고 박정희 체제의 붕괴를 외쳤고, 이를 위해 박정희 정권의 중요한 유지 기반인 일본의 경제원조를 중단할 것을 강력히 주장했다. 작가 오다 마코토는 일본이 실시하는 대외 원조는 "어떤 국가 또는 정부의 존재와 유지를 위해서 실시하는 것이 아니라, 그 국가에 살고 있는 국민을 돕기 위한 것"이라고 전제하고, "박정희 정권에 대한 일본의 (경제) 원조는 정부는 존재하게 할지는 모르지만 국민에게는 고통을 가중시키

---

87 前田康博,「ソウル特派員の三年(1)」, 1979.6.

는 기반"이기 때문에 이를 중단해야 한다는 논리를 폈다.[88]

박정희 정권의 붕괴를 위해서는 일본 정부 차원에서의 경제 지원 중단과 함께 민간 차원에서의 조직적인 연대가 필요하다는 것을 강조했다. 〈세카이〉는 한국의 신문을 '관보官報'라고 규정하고 일본의 매스미디어가 박정희 권력의 비리와 부패와 탄압을 구체적이고 과감히 폭로할 것을 요구했다. 또한, 민주정당과 노동조합은 "박정희 파쇼 정권을 탄핵"하고, 한일 "두 나라 반동 세력의 결탁을 폭로"하며, 한국에서 전개되고 있는 "민주화 세력의 투쟁을 지원"할 것을 촉구했다. 그리고 학생과 지식인은 한국 민주화 세력과 연대하여 성명을 발표하고, 한국에서 민중 저항을 이끌고 있는 학생, 지식인, 종교인과 연대할 것을 제의했다. 특히 일본의 기독교인들은 나치즘에 대항한 독일 교회와 같은 상황에 처한 한국 교회의 아픔을 일본 교회의 아픔으로 인식하고 연대적 투쟁을 전개할 것을 강조했다.[89]

〈세카이〉에 따르면 한국은 위기 상황에 부닥쳐 있었고, 이 위기 상황은 박정희 정권의 비민주적이고 부도덕한 독재로 인해 비롯된 것이었다. 따라서 박정희를 정점으로 한 정치 체제는 붕괴해야만 하고 이를 위해서는 민중 폭력혁명도 불사해야 한다는 것이다. 한국 국민이 직면한 위기 상황을 극복할 수 있도록 일본 정부와 국민은 직·간접으

---

88 小田實,「'助ける'ということについて」, 1973.10; 小田實,「六十年が經つた」, 1979.4.
89 倉塚平,「民主主義のための連帶」, 1974.5; 中川信夫,「一九七十年代の韓國學生運動」, 1972. 4; 飯塚良明,「キリスト者の自由と抵抗」, 1973.11.

로 체제 붕괴에 협조해야 한다는 것이 〈세카이〉의 입장이었다.

2) 경제

한국 정부가 추진한 산업 근대화 정책을 부정적으로 평가하던 1960년대와는 달리 1970년대에 들어서는 한국 경제의 고도성장과 공업화의 성공을 〈세카이〉도 인정했다. 하지만 연평균 GNP 10% 이상의 성장을 지속한 경제 발전은 외형적으로 화려할 뿐, 실질적으로 국민 생활과는 무관하며 오히려 정치·사회적으로 더 많은 모순과 문제점을 안고 있다는 비판적 입장을 견지했다.

도쿄 대학의 스미야 미키오 교수와 경제 평론가 나카가와 노부오中川信夫는 박정희 경제의 문제점과 허구성을 지적하는 비판적 논문을 끊임없이 발표했다. 이들 논문의 일관된 주장은 한국 정부가 추진하고 있는 공업화 정책과 수출산업을 바탕으로 한 경제성장이 한국 경제를 '자립형'으로 발전시키기보다 '종속형'으로 전락시키고 있다는 것이다. 그리고 정치·사회적으로 심각한 위기 상황을 재생산하고 있다는 것이다.[90] 그러나 그들의 '비관적' 주장은 경제적 이론에 근거한 것도 아니고 실증적 통계를 바탕으로 한 것도 아니었다.

1962년 이후 한국 정부가 추진한 제1, 2차 경제개발5개년계획과 1972년부터 실시된 제3차 경제개발5개년계획은 한국 경제의 경이로

---

90 中川信夫와 隅谷三喜男 두 사람은 1970년대의 한국경제와 한일 경제 관계를 중점으로 한 논문을 지속적으로 발표했다. 대표적인 것으로 中川信夫,「70年代の日韓經濟協力」, 1970.11;「'日韓經濟圈' 形成の政治的歸結」, 1971.11;「日韓一體化の政治經濟學」, 1971.5;「日本株式會社と朴政權」, 1973.4;「日韓經濟協力の現段階」, 1973.10;「韓國のなかの '日本株式會社'」, 1974.1;「韓國經濟の現段階」, 1974.5;「伏魔殿としての商業借款」, 1976.12;「'日韓纖維戰爭'の實態をみる」, 1978.3; 隅谷三喜男,「危機深まる韓國經濟」, 1974.10;「追いつめられた韓國經濟」, 1975.9;「日韓經濟關係-轉換の方向」, 1975.11;「韓國經濟の危機な選擇」, 1977.4.

운 고도성장을 이루게 했고, 세계적으로도 주목을 받았다. 경제성장 정책의 핵심은 수출 위주의 공업화였다. 이 정책은 1960년대 후반부터 1970년대에 걸쳐 연평균 10% 이상의 GNP 성장을 가능하게 한 견인차 역할을 했다.

그럼에도 불구하고 〈세카이〉의 분석에 따르면 고도성장의 결과 한국경제는 오히려 심각한 위기에 직면하게 됐고 붕괴의 수렁으로 빠져들고 있었다. 외형상으로는 성장을 이루었으나 실질적으로는 더욱 많은 모순과 문제를 심화시키고 있다는 것이다. 박정희 정권이 추진한 수출 중심의 고도성장 정책은 물량 중심의 지표 지향적인 것으로

스미야 미키오(1916~2003)

서 국민경제 성장과는 무관한 것으로 평가했다. 공업화 정책은 결과적으로 경제 체제를 대외 종속형으로 바꾸었고, 민생과 직접 관계가 깊은 농업경제와 중소기업을 정체, 퇴화시킨 것으로 해석했다. 또한, 계층 간의 불균형과 불평등을 더욱 확대, 격화시켰고, 정경 유착은 정치·사회적으로 부정과 부패를 더욱 심화시켰다고 보았다.

〈세카이〉는 1960년대 후반에서 1970년대에 걸쳐 급속도로 발전한 수출산업은 자본과 원료를 외국에 의존한 결과로 나타난 것일 뿐 한국의 자본이나 생산력과는 관계없이 이루어졌다고 분석했다. 1970년대의 한국 정치와 경제에 대하여 강한 부정적 입장을 취해 온 스미야 미키오 교수는 수출 급성장의 메커니즘을 다음과 같이 설명했다.

(한국의 기업은) 기술은 물론 원재료에서 부품에 이르기까지 거의 모든 소재를 교역국에서 수입해 오고 있다. 한국은 다만 공장과 동력, 그리고 노동력을 제공하여 최종적으로 가공하여 수출하고 있다. 한국의 수출산업은 이러한 형태로 1970년대 이후 급속도로 발전했다. 한마디로 외국자본을 계속 도입할 뿐 한국의 공업력과 관계없이 한국의 수출이 증대하는 구조를 만들고 있다. 이것이 한국의 수출 급성장의 메커니즘이고 수출 증대를 촉진시킨 고도성장의 비결이다.[91]

경이적인 성장은 곧 '경이적인 외자 도입'을 의미하고 있었고, 고도성장은 곧 '거액 외채'를 뜻하고 있었다.

수출산업 중심의 경제정책이 고도성장을 이끌었다는 것은 〈세카이〉도 인정했다. 그러나 〈세카이〉는 자본과 기술을 전적으로 외국에 의존한 수출산업의 무리한 육성은 생산력의 체계와 기반을 정비하지 못하게 했고, 이는 결국 산업의 구조적 모순을 더욱 심화시켰다고 비판했다. 정부는 그동안 수출산업에는 각종의 특권과 특혜를 주어 보호, 육성했으나 수출과 관계없는 중소기업은 전혀 육성하지 않고 방치해 놓았다. 외국자본과 정부의 적극적인 보호 속에서 기술과 원자재를 도입하여 급속도로 성장하는 수출산업과, 자금과 시장의 부족으로 경영과 기술이 정체된 구태의연한 국내시장 중심의 중소기업이 병존하는 '나쁜' 경제의 이중 구조를 형성하게 됐다는 것이다.

국내 중심의 공업과 중소기업의 발전을 침체시키고 있는 이와 같은 이중 구조는 수출 기업이 필요로 하는 부품이나 재료를 국내에서 조

---

91 隅谷三喜男, 「危機深まる韓國經濟」, 1974.10.

달할 수 없고 외국에서 수입할 수밖에 없게 만들었다. 이는 부품 산업을 더욱 침체시키는 악순환의 고리로 작용하고, 다른 한편으로는 국민경제에 커다란 타격을 주었다. 그러므로 스미야에 따르면 외국의 자본과 기술과 원자재에 의존한 수출산업 중심의 한국 경제는 성장할수록, 수출이 증대할수록 위기의 상황은 더욱 심화되고 있었다. 결국 "한국 정부가 추진한 공업화 정책의 결과는 한국 경제가 자립 경제의 방향으로 진전하지 못하고 오히려 매판 경제, 또는 매춘 경제로 전락하고 말았다"라고 평가했다.

이란 중공업 단지의 한국 근로자

울산 현대조선소

수출 중심의 공업화 정책이 몰고 온 또 다른 심각한 문제로 농업 생산의 정체 현상을 지적했다. 공업화에 치중한 수출 중심의 성장 정책은 농업 생산을 외면했고, 따라서 농업경제가 대단히 어려운 상황에 처하게 됐다는 것이다. 한국은 기본적으로 농업 국가이고 인구의 절반 이상이 농촌에 있음에도 식량을 자급자족하지 못하고 수입하는 기이한 현상도 무분별한 정부의 공업화 정책의 결과로 단정했다. 나카가와 노부오가 제시한 통계에 따르면 1962년부터 1972년까지 제조업은 연평균 18%의 고도성장을 지속했지만, 농업은 3.8% 성장에 그치고 있었다. 농업경제가 이와 같이 침체하게 된 근본 원인은 정부의 무관심과 생산 증가를 위한 투자를 소홀히 했기 때문이라는 것이다. 또한, 미국의 잉여농산물을 무절제하게 도입함으로써 농산물 가격이 하락하고 생산 의욕을 감소시키는 결과를 가져왔다. 아울러 공업화 과정에서 나타난 농촌 청년의 이농 현상은 농촌을 더욱 황폐하게 만들었다고 지적했다.

한국 경제를 위기로 몰아가는 또 다른 요인으로 〈세카이〉는 정경유착에서 나타나는 부정과 부패를 지적했다. 스미야 미키오에 따르면 한국 경제의 고도성장은 리베이트, 증수뢰贈受賂, 부정 축재, 정치헌금 속에서 이루어지고 있었다. 수출산업에서 가장 필요한 것은 외국의 차관을 확보하는 것인데, 이 차관선의 결정과 배당은 정치적 힘에 의해서 결정되고, 그 반대급부가 특정 권력층과 일부 집단에 집중됐다. 그러므로 한국 경제가 10% 이상의 경제성장을 지속하고 있음에도 국민경제와 서민 생활에는 별다른 영향을 주지 못했다. 다만 정치권력층, 재벌, 그리고 일본을 비롯한 외국 자본가들이 고도성장의 열매를 누리고 있다는 것이다.

근본적이고도 구조적 모순을 안고 있는 한국 경제는 1973년 말의 오일쇼크와 1974년 이후 계속된 국제경제의 불황을 계기로 더욱 심각한 붕괴 위기에 직면하고 있는 것으로 평가했다. 즉, GNP의 75%가 수출에 의존하고 있는 한국 경제는 원자재가의 상승과 수출의 부진으로 더욱더 문제가 확대될 것으로 보았다. 따라서 심각한 상황에 직면한 한국 경제의 위기를 타개하기 위해서는 성장 정책을 근본적으로 재검토하지 않으면 안 될 시기에 도달했다고 경고했다. 〈세카이〉가 제시하는 한국 경제의 개혁 방향은, 첫째는 지금까지 지속해 온 양적 확대의 정책을 중단하고, 둘째는 식량의 자급자족과 농가의 생활수준 향상을 위해 식량 생산 증강 정책을 택하고, 셋째는 국내 중심의 중소 공업 육성을 촉진하고, 넷째는 부정과 부패 제거, 그리고 다섯째로 국방비 축소였다.

하지만 스미야 교수는 두 가지 이유 때문에 경제정책의 개혁과 방향 전환이 어려울 것으로 판단했다. 하나는 지금까지 지속해 온 성장 정책에 대한 수정은 고도성장을 이끌어 온 정치 지도층의 책임 문제와 연결되고, 이것은 곧 반정부운동으로 발전할 위험 부담이 있기 때문에 방향 전환이 쉽지 않을 것으로 보았다. 또 다른 이유는 지금까지 정치적 목적으로 강조해 온 북의 위협에 대항하기 위해서는 경제적 우위를 지속해야 한다는 논리 때문에 기존의 정책을 고수할 수밖에 없을 것으로 보았다. 그러므로 내용이 어찌됐든 고도성장을 지향하는 한국 경제는 머지않아 파국을 맞을 것으로 예측했다.

스미야 미키오를 비롯한 〈세카이〉의 진보적 경제학자들의 결론은 간단하다. 즉 한국경제가 고도성장을 이루고 있지만, 곧 망할 수밖에 없다는 것이다. 하지만 〈세카이〉의 예측과 달리 한국 경제는 지속적 성장을 일구어 냈다. 이뿐만 아니라 한국의 발전 경험은 세계적 발전 모델로 일반화됐고, 동유럽, 소련, 중국의 개혁과 개방을 촉진시킨 중요한 요인으로 작동했다. 한국의 경제를 부정적으로 평가하고 전망했던 〈세카이〉의 지식인들은 한국이 세계 10위권의 산업국가를 이룬 것을 어떻게 볼지 자못 궁금하다.

북한의 현상

1970년대의 북한을 보는 〈세카이〉 진보적 지식인들의 시각은

1950년대나 1960년대보다 훨씬 더 긍정적이고 찬양적이다.

　1970년대의 남한은 정치적으로 불안정하며, 경제적으로 파탄의 벼랑에 이르렀고, 사회적으로 혼란하다고 평가했지만, 북한은 정의롭고, 안정적이고, 활력이 넘쳐흐르고, 통일 지향적이고, 밝은 미래를 약속하고 있는 '지상의 낙원'으로 묘사했다.

　특히 1973년 김대중 납치사건을 계기로 한일 간의 미묘한 분위기가 조성되면서 〈세카이〉는 북한을 일방적으로, 그리고 공개적으로 지지하고 나섰다. 1970년대에 〈세카이〉는 일곱 번이나 「김일성 주석 회견기」를 수록하여 김일성의 주체사상, 자력갱생, 혁명관, 통일관 등을 부각함으로써 그를 '민족의 위대한 지도자'로 분장시키고, 북한의 통일 노선을 적극적으로 선전했다.

　2장과 3장에서 자세히 보겠지만 〈세카이〉에 나타난 북한에 관한 기사에는 그 어느 것 하나 부정적이고 어두운 이미지가 없다. 1970년대 북한을 방문한 일본인의 눈에 비친 북한 사회는 눈부신 발전을 이룩하고 있었고, 정치·경제·사회의 모든 부문이 안정되어 있었다. 평양을 방문한 정치인, 교수, 언론인, 노동 지도자 등 모두가 하나같이 북한의 발전을 극찬했다.

　1971년 김일성과 평양에서 회견을 가진 도쿄도지사東京都知事인 미노베 료키치美濃部亮吉는 "자본주의와 사회주의의 경쟁에서 평양의 현상만 보아도 그 결론은 명확하다. 자본주의가 졌다는 것이 현실로 나타났다"라고 할 정도로 북한의 현실을 높이 평가했다. 그리고 자본주의와의 경쟁에서 북한의 공산주의가 승리할 수 있었던 것은 김일성의 주체사상과 자력갱생, 그리고 현지지도 때문이라고 격찬했다. 미노베는 김일성 체제의 북한이 이상적인 지상의 낙원으로 발전할 것을 믿

어 의심치 않았다.[92]

〈세카이〉에 의하면 북한은 한국과 달리 중공업을 선두로 경공업과 농업을 동시에 발전시킴으로써 자립적 민족경제의 토대를 확립했다. 북한의 경제발전은 '독창적'인 노선을 지니고 있었고, 그 결과 공업과 농업이 균형을 이루는 연 14%의 경제성장을 지속하고 있다는 것이었다. 와세다早稲田 대학의 경제학 교수 니시카와 준西川潤은 1975년 가을, 약 보름간 북한을 여행했다. 그는 귀국해서 북한의 경제 발전에 관하여 4편의 논문을 연속적으로 〈세카이〉에 발표했다. 그에 따르면 "북조선의 경제적·사회적 발전은 인류 역사상 찾아볼 수 없는 하나의 기적이고, 이는 김일성 주석의 위대한 지도력과 조선 민중의 정열이 합친 초인적인 서사시적 노력의 결과"라고 극찬했다.[93] 경제학자라고 하기에는 너무나 '비경제적' 분석이다.

〈세카이〉 1972년 12월호. (특집: 조선민주주의인민공화국의 주장)

일본의 진보적 지식인들의 눈에 비친 1970년대의 북한(평양)은 그들이 묘사한 것과 같은 지상의 낙원이었을까? 정말 그들은 북한이 한국보다 더 인간다운 삶을 누릴 수 있는 곳이라고 생각했을까? 참으로 그들은 김일성의 주체사상과 현지지도로 국가 발전이 이루어질 수 있다고 믿었을까? 왜 북한을 유토피아로 상정했을까? 아직도 그 답을 찾을 수 없다.

〈세카이〉는 결과적으로 북한의 선전 잡지였고, 진보적 지식인들은

---

92 美濃部亮吉, 「金日成首相會見記」, 1972.2.
93 西川潤, 「北朝鮮の經濟發展, I-IV」, 1976.2~4.6.

김일성의 사상을 홍보하는 역할을 담당했다. 그리고 한국의 정치적 혼란을 기대하고 있는 김일성 북한 정권의 하수인으로서 그 기능을 충실히 수행했다.

한반도 정책의 전환

1970년대에는 한반도를 둘러싼 주변 정세와 한일 관계에 직·간접으로 영향을 미칠 수 있는 사건들이 많이 일어났다. 7·4 남북공동성명, 문세광 사건, 김대중 납치, 인도차이나반도의 공산화, 미중·일중 관계 개선 등과 같은 변화가 그것이다. 북한의 한반도 통일정책을 지지하고 박정희 체제에 부정적 태도를 보여 온 〈세카이〉는 이런 변화를 맞아 일본의 한반도 정책을 근본적으로 재검토하고 정책의 전환을 촉구했다.

특히 베트남의 공산화에 크게 자극받았다. 1975년 베트남의 공산화를 계기로 〈세카이〉의 진보적 지식인들은 한반도에서도 비슷한 현상이 나타나기를 기대하고 있었다. 김일성의 베이징 방문과 마오쩌둥毛澤東과의 정상회담을 지켜보면서 〈세카이〉는 "캄보디아와 베트남의 광복 세력에 의한 통일 방식에서 배운 것과 같이 조선 통일 방침에 관하여 조중수뇌朝中首腦 사이에 어떠한 합의"가 있었을 것으로 기대했다. 특히 마오쩌둥의 "남조선에 혁명이 일어나면 (중국은 이를) 적극 지원한다"라는 약속에 "강렬한 인상"을 받았다고 〈세카이〉는 밝혔다. 한국의 박정희 정권은 인도차이나반도의 공산화와 김일성의 중국 방문을 "강압 정치의 좋은 구실"로 삼아 "사회 분위기를 준전시 체제로 몰아가고 있는 것"으로 평가했다. 그리고 이러한 변화의 시기를 맞이

하여 일본의 대외 정책을 재검토할 것을 촉구했다.[94]

일본의 한반도 정책을 근본적으로 재검토하고 수정해야 한다는 발상은 그동안 지속되어 온 일본과 남·북한의 관계가 '비정상적'이라는 전제에서 시작됐다. 북한과 적대 관계를 지속하고 있는 것은 물론 비정상적이지만, 한국과의 관계도 비정상적이라는 것이다. 물론 1965년 한일조약 체결로 한일 관계가 법률적으로는 정상화가 됐다는 것을 인정하고 있었다. 그러나 '기묘한 외교'로 이름 붙인 한일조약은 일본과 북한의 적대 관계를 강화하는 것으로 평가했다. 또한, 일본과 한국의 관계도 국민 차원에서는 비정상화를 더욱 심화시켰다고 평가했다. 국교 정상화 이후 전개된 한일 관계는 김일성 신봉자 무샤코지 긴히데武者小路公秀 교수의 표현에 따르면 "현상고착적인 대세영합주의"였고, 도쿄 대학의 후쿠다 간이치福田歡一 교수에 의하면 "통일에의 철저한 배반"이었고, 〈마이니치신문〉의 아라이 다케오新井宝雄 편집위원의 표현을 빌리면 "경제적 종속국가로 전락"시키는 결과를 가져왔다. 한일조약은 처음부터 잘못된 것이고, 따라서 한반도 정책의 재검토와 수정이 불가피한 것으로 보았다.[95]

1) 김대중 납치사건

〈세카이〉를 중심으로 한 진보적 지식인들이 일본의 한국 정책 전환을 본격적으로 촉구하면서 '전투적' 반한친북의 길을 가게 된 중요하고도 직접적인 계기는 김대중 납치사건이었다. 1973년 8월 8일 당시 일본에 체류하고 있던 김대중은 도쿄의 한 호텔에서 납치되어 죽을

---

94 「世界の潮: 'インドシナ後'の南北朝鮮」, 1975.7.
95 新井宝雄, 「朝鮮政策の轉換を求わる」, 1971.10.

〈세카이〉 1973년 11월호. (다큐멘트: 김대중씨 납치사건)

고비를 넘기고 서울의 자택 근처에서 풀려났다. 이 사건은 국내뿐만 아니라 국제적으로 박정희 정권에 상당한 타격을 주었다.

〈세카이〉는 이 사건을 계기로 박정희 정권의 정통성을 전면으로 부정하고 '타도'의 대상으로 삼았다. 한국에 대한 일본의 경제 지원도 중단할 것을 강하게 요구했다. 그리고 한국 정권을 비판하는 것과는 정반대로 친북 노선을 보다 명확히 드러냈다.

1973년의 〈세카이〉는 네 차례나 한국 문제를 '특집'으로 편집했다.[96] 5월호부터는 「한국으로부터의 통신」과 「다큐멘트 김대중 씨 납치사건」을 연재했다. 〈세카이〉 중심의 지식인들은 연일 성명서를 발표하고, 또한 그들이 중심이 되어 각종 단체를 만들어 박정희 정권 타도를 위한 조직적이고도 대대적인 캠페인을 전개했다.[97] 그리고 그 연장선상에서 북한 지원을 공개적으로 천명하고 나섰다.

〈세카이〉의 진보적 지식인들은 김대중 납치사건을 박정희의 김대중 인권침해이자 동시에 한국 공권력의 일본 주권침해로 규정했다.[98] 또한, 국가의 주권침해는 물론이고 일본 영토에서 발생한 인권침해에

---

96 韓國の現狀を憂える(5월); 韓國の現狀と日本人の朝鮮觀(9월); 金大中氏事件-何が問われているか(10월); 朝鮮統一と日本の選擇(11월). 물론 〈세카이〉는 그 후에도 여러 차례 한국을 중심으로 특집을 편집했다.

97 예컨대 일본 내에서 반한운동을 주도적으로 이끈 '한국민주회복통일촉진국민회', '일한연대연락회' 등이 이 시기에 조직됐다.

98 진보적 지식인들은 주권침해라는 논리를 거듭해서 강조했다. 예컨대 石本泰雄, 「日韓關係における國家主權」, 1973.10; 森恭三, 「日韓における眞の連帶を」, 1973.11; 森恭三, 「眞の解決と日本の責任」, 1973.12; 今津弘, 「日本外交の體質と軌跡」, 1973.11; 田畑茂二郎, 「金大中氏事件の法理論」, 1974.1; 「共同報告: 日本の對朝鮮政策の轉換を」, 1978.11.

대해서도 일본 정부는 이를 해결해야 할 중요한 책임이 있다는 것을 강조했다. 〈아사히신문朝日新聞〉의 논설고문인 모리 교조森恭三는 인권 침해에 대한 정부의 책임을 다음과 같이 지적했다.

> 지금 문제가 되고 있는 것은 우리나라에서 중대한 인권침해가 일어났다는 사실이다. 만일 직접적 피해자가 일본인이 아니라는 이유로 이 문제를 가볍게 처리한다면 재앙은 머지않아 반드시 일본인의 것이 될 것이다. 외국인이 우리나라에 체류할 때 일본 국민과 같은 완전한 권리를 누릴 수는 없으나 최소한의 인권 옹호는 우리나라의 의무일 수밖에 없다.[99]

와다 하루키(1938~)

그는 정부가 적절한 대응책을 취할 것을 촉구했다. 인권 침해를 해결하기 위해서는 만족스러운 조치는 아니지만, 일본 정부는 어떻게 해서든지 김대중이 다시 일본으로 돌아오도록, 즉 납치 이전의 상태로 원상회복시킬 것을 요구했다. 그리고 주권침해에 대한 한국의 국가책임으로서 진사陳謝, 관계 기관의 국외 퇴거, 재발 방지 보장, 그리고 책임자 처분이 신속히 뒤따라야 한다는 것을 강조했다. 이러한 두 가지 조치는 최소한의 것으로서, 일본이 반드시 실현해야 할 권리이며 또한 의무라고 강조했다.

물론 이러한 조치가 한일 관계의 문제점을 근본적으로 해결할 수

---

99 森恭三,「日韓における眞の連帶を」, 1973.11.

와다 하루키의 글

있다고 보지는 않았다. 왜냐하면 김대중 납치사건으로 구체화됐으나, 이러한 현상은 결코 우연히 발생된 것이 아니라 1965년 이후 지속된 '비정상적' 관계의 축적으로 나타난 필연의 결과라는 것이다. 달리 표현하면 김대중 납치사건은 "일본의 조선 분단 고정화 정책"과 한국과 일본 사이에 진행된 정치·경제·군사·문화의 "추악한 유착" 또는 "검은 일체화"의 틀 속에서 발생됐다는 것이다. 따라서 근본적 해결은 비정상적 관계를 청산하고, 새로운 관계를 정립할 수 있는 정책의 대전환이 필요했다.

박정희 정권을 '파시즘 체제'라고 규정한 오에 겐자부로는 더욱 적극적인 두 개의 대안을 제시했다. 하나는 정치·경제·군사적으로 유착 관계에 있는 "일본 정부의 체질을 근본적으로 개조"하는 것이다. 그리고 다른 하나는 "일본 민중이 한국 민중의 민주적 투쟁과 연대하여 파시즘 체제를 붕괴"시키는 구체적 "운동"이 필요하다는 것이다.[100] 일본 정부와 민중이 합세하여 박정희 체제를 붕괴시켜야 한다는 것이다.

이 시기 한국 문제를 중심으로 최초로 〈세카이〉에 등장한 러시아 전문가 와다 하루키和田春樹 도쿄 대학 교수는 한국 문제와 연관한 일

---

100 大江健三郎,「この一年, そして明日」, 1974.1. 일찍이 한국을 방문한 경험이 있는 오다 마코토도 같은 맥락에서 한일관계의 조정을 제시하고 있다. 小田實,「二人の'人間'」, 1974.9.

본 민중운동의 방향을 제시했다.[101] 개인 와다의 견해라기보다 일한연대연락회의日韓連帶連絡會議 日韓連의 종합결론이다. 와다는 이 글에서 먼저 김대중 납치 이후 2년이 흘렀음에도 본질적 해결 없이 한일 관계가 복원되는 것은 한일 유착 관계를 강화하는 것이라고 일본 정부를 비난했다. 그리고 일본과 한국 사이에 존재해 온 관계를 근본적으로 바꾸기 위해 "뜻있는 일본인의 민중운동"을 촉구했다.

일한련의 사무국장인 와다는 먼저 '뜻있는 일본인의 운동'을 위한 조직체인 일한연대연락회의가 만들어진 과정과 행동 방향을 설명했다. 그에 따르면 일한련의 운동은 "한국 민중의 투쟁을 공부하여, 우리 자신과 우리 국가의 행동 양식을 변화시키고, 변혁을 통해서 한국 민중과의 연대를 추구"하는 것이다. 즉, 일한련은 행동을 통하여 일본의 한국 정책의 변화를 이끌어내고, 또한 한국의 반정부운동과 연계하여 "흉악한 짓惡事"을 거듭하는 박정희 정권을 타도한다는 것이다.

그리고 그는 1973년 4월 이후 2년간의 활동을 되돌아보고 앞으로의 행동 지침을 밝혔다. 그동안 일한련은 김지하 석방, 김대중의 일본 송환, 한국에 일본의 공해산업수출 반대운동 등을 되돌아보고 다음과 같은 세 가지 운동 방향을 정했다. 첫째는 한국과 일본만의 관계 정상화인 한일 관계를 재조정하기 위한 운동을 전개하는 것이다. 와다에 따르면 북한을 무시한 한국과의 관계는 한반도의 분단을 고정화하는 것이고, 한국 민중의 투쟁은 이를 반대하고 있었다. 그는 "한국 민중의 소망이 통일에 있다는 것을 한시도 잊어서는 안 된다"라는 점을 지적하고, 일본의 운동이 한국의 민중 투쟁과 궤를 같이하려면 1965년의 한일국교정상화를 바로잡을 수 있는 운동을 전개해야 한다고 주장

---

101 和田春樹,「日韓連帶の思想と展望」, 1975.11.

했다.

둘째는 일한련의 운동이 각계각층의 국민 속으로 퍼지도록 운동을 전개하는 것이다. 이를 위해 월간지, 팸플릿을 간행하고, 매주 시민 세미나를 개최하며 "일한 관계의 악惡을 감시·조사하는 초소"로서 한일 조사운동을 확대한다는 것이다.

셋째는 운동의 자립성을 확립하는 것이다. 와다는 그동안의 일한련 활동은 독립성을 확보하기보다 "한국의 민중 투쟁에 의지해 왔다"라는 점을 지적했다. 그는 "(한국의 민중) 투쟁의 세가 강하면, 우리도 의기양양해지고, 그쪽이 억눌리면 이쪽도 무기력해졌다"라고 반성하면서, 운동의 지속성과 자립성 확립을 강조했다.

이후 와다 하루키는 한국문제에 적극적으로 발언하면서 글과 행동으로 반한운동에 앞장섰다. 그는 인도차이나반도의 공산화를 베트남 인민의 승리라고 규정하면서 한반도에서 같은 통일이 가능하다고 주장했다. 일한련의 주장과 같이 박정희 체제를 무너뜨리기 위하여 한국과 일본 민중의 연대 투쟁을 촉구했다. 또한, 일본 정부에 한국과의 경제협력을 중단하도록 민중적 압력을 강화해야 한다는 것을 거듭해서 강조했다.[102]

2) 정책 전환을 위한 '국민운동'

〈세카이〉에 따르면 1965년 이후 지속된 한일 관계는 한국 내의 국민적 반일 감정을 고조시키고 있었다. 또 한반도 평화적 통일과 동아

---

102 경제협력의 중단을 요구하는 논리는 와다의 글 외에도 여러 논문에서 나타났다. 예컨대 森恭三, 「日韓における眞の連帶」, 1973.11; 小田實, 「一本の竿を立てよう '北'と'南'と'われわれ'」, 1977.4:「共同報告: 日本の對朝鮮政策の轉換を」, 1978.11.

시아 안정에 장애가 되고 있었다. 나아가서 전후 일본이 추구해야 할 평화적 역할에 배치되는 비정상적인 것이었다. 김대중 납치사건은 이 비정상적 관계를 더욱 극명하게 드러낸 사건이었다. 이에 따라 한반도 정책의 근본적인 재검토와 새로운 선택이 필요했다. 더욱이 베트남의 패망, 미국과 중국의 관계 개선 등 1970년대에 나타난 새로운 국제 환경은 한국을 상대로 한 일본 외교의 방향 전환을 불가피하게 만들고 있다는 것이었다. 한일조약은 동아시아의 냉전 구조에서 이루어진 것인데, 미국과 중국의 관계 개선으로 이 구조가 근본적으로 바뀌었고, 따라서 한일 관계도 새로운 조정이 필요하다는 것이었다.

1978년 11월 쓰루미 슌스케鶴見俊輔를 위시한 21명은 한반도 정책의 전환을 촉구하는 공동 보고서를 발표했다. 보고서는 그 서문에서 김대중 납치사건을 계기로 "처음으로 많은 일본인이 한국인, 조선인과의 연대를 일상생활 속에서 표현할 수 있게 됐다"라고 강조하면서, 다음과 같은 구체적인 정책 전환을 제시했다.

① 일본 정부는 일한 관계의 비정상을 인정하고, 개선의 노력을 명확히 할 것.
② 정부는 김대중 씨 사건과 그와 관련된 기록을 위시하여 일한 관계의 현상에 관하여 조사보고서를 국회에 제출할 것.
③ 국회는 일한 관계 소위원회를 설치하고, 정부의 보고서 심의 및 독자적 조사 활동을 진행할 것.
④ 정부는 북조선과의 관계 개선을 위한 교섭을 시작할 것.
⑤ 정부는 북조선과의 민간어업협정을 보장할 것.
⑥ 정부는 북조선과의 호혜 평등의 경제 관계를 구축·확대하고,

냉전 구조에서 벗어나기 위한 경제적 기반을 만들 것.
　⑦ 재일 한국인, 조선인의 처우 개선을 적극적으로 추진할 것.
　⑧ 정부는 유엔을 위시하여 모든 국제회의에서 남북 모두 지지
　　하지 말고 중립적 입장을 취할 것.[103]

　하지만 〈세카이〉는 일본 정부가 이와 같은 조치를 취할 것이라는 데에는 회의적이었다. 더욱이 북한과의 관계 정상화, 또는 한일 경제 협력의 재조정과 같은 사안은 한국과 일본 사이의 특수한 관계 때문에 기대하기 어렵다고 판단하고 있었다. 그럼에도 〈세카이〉는 정부가 정책 전환의 길을 택하도록 해야 하고, 그러기 위해서는 국민적 차원의 압력이 필요하다는 것을 강조했다.

　무샤코지 긴히데 교수는 친북 입장에서 일본 외교와 한국 정치 현상을 지속해서 비판해 온 인물이다. 그는 한일 두 나라의 정치적·경제적 유착 관계는 더욱 강화될 것으로 전망했고, 그 이유는 두 나라의 "재계나 정계에서 현상 지속을 바라는 강력한 이해집단이 결탁을 이루고 있고, 관료집단이 대세 영합주의를 추구"하고 있기 때문이었다. 이러한 유착 관계를 끊어내기 위해서는 정부 정책의 대전환이 필요한데 일본이 지금까지 취해 온 한국 정책을 미루어 볼 때 기대하기 어렵다는 것이다.

　무샤코지는 이를 극복하기 위한 대안의 하나로 국민운동 통해서 일본정부에 압력을 행사할 것을 제안했다. 즉, 한일 간에 유착 관계를

---

103 「共同報告: 日本の對朝鮮政策の轉換を」, 1978.11. 이외에 평론가 小幡操는 한반도에 남북통일을 촉진시키기 위하여 유엔군을 철수시키고, 좀 더 합리적인 김일성의 연방제 안을 기초로 논의할 것을 제시했고(「朝鮮統一と日本外交の再出發」, 1973.9), 宇都宮德馬는 일본은 미국과 협력하여 한국에 자유민주주의를 회복하도록 압력을 가할 것을 제시하고 있다(「ベトナムの急變と朝鮮政策」, 1975, 6.).

조장하고 있는 정책의 재검토와 전환을 위해서 '광범위한' 국민운동을 전개한다는 것이다. 그리고 이와 같은 국민운동이 한일 두 나라 정부 사이의 외교뿐만 아니라 중요한 모든 정책 결정에 영향을 미치기 위해서는 강력한 힘이 필요하고, 이를 위해 일본 내 각계의 연합은 물론 한국의 반정부 세력과도 연대를 모색할 필요가 있다는 것이다.[104] 달리 표현하면 일본에서 전개해야 할 국민운동은 한편으로는 정책 전환을 위하여 정부에 국민적 압력을 가하는 것과 동시에, 다른 한편으로는 한국 내에서의 체제 전복을 위해 투쟁하고 있는 한국인과의 국민적 연대를 추구해야 한다는 것이다.

---

104 武者小路公秀, 「南朝鮮と日本外交」, 1975.11.

6. 1980년대-한국의 반체제 세력과 연대

　박정희 대통령의 암살10·26과 군부 내 권력 갈등12·12으로 1979년을 마감한 한국 현대사는 격동의 1980년대를 열었다. 18년 동안 권력의 핵심이었던 박정희 대통령의 급작스럽고도 비정상적인 죽음은 엄청난 정치·사회적 혼란을 불러왔다. 박정희 없는 정부와 여당은 권력의 주체로서 기능과 방향을 상실했다. 활로도 찾지 못했다. 야당 또한 무기력하기는 마찬가지였다. 권력은 공백 상태로 빠져들었다.
　당시 실질적 힘을 장악하고 있던 군부가 공백 상태인 권력 구조 속으로 서서히 진입하기 시작했다. '신군부'의 등장이었다. 정치권의 갈등과 대학가의 시위 등으로 인한 사회적 혼란은 정부로 하여금 비상계엄을 전국으로 확대시켰고, 그 과정에서 한국 현대사의 아픔이라 할 수 있는 '광주의 비극'을 불러왔다.
　광주의 비극은 그 후 상당 기간 재야가 권력에 도전할 수 있는 상수로 작동했다. 제5공화국인 전두환 체제는 1987년까지 지속됐다. 그리고 그 연장선상에서 제6공화국인 노태우 체제가 1992년까지 이어졌다. 그러나 두 정권은 안과 밖으로부터 끊임없는 도전을 받았다. 특히 전두환 체제는 더했다. '업보'라 할 수 있는 광주의 비극으로 인한 권력의 도덕성 상실은 5공화국으로 하여금 지속적인 어려움에 직면하게 했다. 미문화원 방화나 건국대 사태와 같이 폭력을 수반한 대학가의 반정부 시위, 각계의 민주화 투쟁, 야당의 정치적 공세 등은 끊임없이 권력을 불안정하게 만들었다. 이뿐만 아니라 역사교과서 기술 문제로 인한 일본과의 대치 관계, 소련 전투기에 의한 KAL기 격추, 아웅산묘소의 폭파사건, 북한 테러리스트에 의한 미얀마 상공에서의 KAL기 폭파사건 등 북한을 포함한 밖으로부터의 도전도 끊이지 않았다.

하지만 이러한 도전 속에서도 다른 한편으로는 86아시안게임 개최, 88올림픽 유치, 박정희의 중화학공업을 기초로 한 경제성장, 한강 개발, 대통령 직선제 실시 등과 같은 긍정적 변화 또한 나타났다.

하강 곡선을 긋던 한국에 대한 〈세카이〉의 관심은 1980년을 맞으면서 다시 급상승했다. 광주의 비극과 그 연장선상에서 태어난 전두환-노태우 정권에 대한 비판과 공격은 박정희 정권 당시의 비판과 크게 다를 바 없었다. 그러나 1980년대의 〈세카이〉는 편집 방향이나 내용에서 1960년대나 1970년대와는 크게 달랐다.

박정희 정권의 붕괴 원인

〈세카이〉는 박정희 체제의 종식을 위해 '붓'이 할 수 있는 모든 수단을 동원했다. 그리고 통일과 남북 관계를 포함해서 한국이 가야 할 방향을 제시했다. 그러나 박정희 생전보다 그의 사후에는 한국에 대한 관심도는 많이 떨어졌다. 1980년 1월 박정희의 암살을 집중적으로 게재한 후 7월까지 한국 관련 기사는 수적으로도 크게 줄어들었다. 물론 〈세카이〉도 박정희 대통령의 급작스러운 죽음을 충격으로 받아들였다. 그러나 〈세카이〉는 박정희 없는 한국의 정치 변화를 예측하기보다 박정희 체제의 붕괴를 계기로 한반도 정책의 전환을 기대했다.

박정희 체제를 비판하는 데 앞장섰던 〈세카이〉의 진보적 지식인들은 「공동보고」의 형태로 18년간의 박정희 체제의 성격을 재규명하고, 그의 죽음의 원인을 분석하고, 일본의 대응을 제시했다. 박정희 체제를 "악惡평가 높은 반동적 파쇼 정권"으로 규정하고 있는 19인의 「공동보고」에 따르면 5·16 군사 쿠데타 후 박정희 체제가 정착하고 그 후 18년 동안 지속할 수 있었던 결정적 '힘'은 미국의 지원이었다. 박정희 쿠데타의 성공과 그 이후의 권위주의적 통치는 미국의 후원으로 이루어졌다는 것이다.[105]

박정희 정권은 출발부터 독재 체제로 발전할 수밖에 없는 권력 구조의 모순을 안고 시작했다는 것이 「공동보고」의 분석이었다. 쿠데타 직후 미국은 '민주 정권을 지지하는 민중의 힘'과 '북의 위협' 가운데에서 후자를 선택했고, 그럼으로써 박정희 정권이 출범할 수 있었다. 그 후 박정희는 미국의 세계 전략에 충실하여 한일국교정상화를 매듭짓고, 베트남에 군대를 파병하면서 미국의 옹호 아래 1인 독재 체제를 굳혀 나갔다는 것이다.

1970년대의 부정적 평가와 달리 「공동보고」는 박정희 정권이 경제 성장을 '어느 정도' 성공적으로 이끌었다는 것을 인정했다. 그럼에도 불구하고 체제에 대한 안으로부터의 도전은 더욱 강화됐다는 것이다. 왜냐하면, 경제 발전은 도시와 농촌의 격차, 빈부의 차이, 정경 유착 등을 더욱 심화시켰고, 권력 내의 갈등, 민주화 세력의 저항, 야당의 투쟁 등이 끊임없이 박정희 체제를 위협했기 때문이다. 권력을 강화하고 사회적 갈등을 잠재우기 위하여 박정희는 중앙정보부를 활용했고 북한의 위협을 강조했다. 그러나 탄압 정책과 위장된 북한의 위협은 민중의 저항을 내면화시켰고, 결국 모순과 갈등이 표출되면서 박

---

105 「共同報告: いまこそ對韓政策に轉換を-韓國の新事態に際して」, 1980.1; 安江良介/木村俊夫, 「インタビュー: 韓國の新事態と日本の朝鮮政策」, 1980.1; 編輯部, 「朴大統領の死-日本はどう反應したか」, 1980.1.

정희의 종말을 가져왔다는 것이다.

「공동보고」의 결론에 따르면 박정희의 죽음은 단순한 암살사건이 아니라 미국의 지원을 받으면서 출범한 "독재정권과 이에 강력히 반대하는 민중의 치열한 대항 관계에서 일어나지 않을 수 없는 성질의 사건"이었다. 특히 폭력을 수반한 "억압의 메커니즘을 정당화"하기 위하여 "반공이라는 상징의 이용"은 오히려 박정희로 하여금 정치 지도자로서의 선택폭을 좁혔다는 것이다.

1980년 5월 광주의 비극이 일어나기 전까지 〈세카이〉의 관심사는 종말에 도달할 수밖에 없었던 박정희 체제의 성격 규명과 일본의 한국 정책에 초점을 맞추고 있다. 특히 박정희 정권의 본질을 미국의 후원 속에서 진행된 탄압, 독재, 부패, 부정, 허구의 경제성장 등과 연결시키면서 체제의 붕괴를 피할 수 없는 당연한 귀결로 부각시켰다.[106]

일본은 새로운 국면을 맞이하는 한국에 어떻게 대처해 나가야 할 것인가? 일본 정부는 18년 동안 박정희 정권을 지지해 준 종래의 정책을 답습할 것인가, 아니면 민주 회복을 강하게 바라는 한국 민중의 목소리에 귀를 기울이고 정책을 전환할 것인가의 기로에 서 있다는 것이다. 〈세카이〉의 요구는 명확했다. 그동안 박정희 정권과 유착 관계를 맺어온 일본 정부, 일부 야당, 재계는 과거와 단절하고 한국 민주화 세력의 요구가 실현될 수 있도록 정책을 전환해야 한다는 것이다. 특히 남북분단을 더욱 고착시키는 '구조적 역할'을 담당하고 있는 한일조약 체제를 바꾸어야 한다는 것이다. 즉, 한국을 전면적으로 지지하면서 북한을 철저히 적대시하는 한일조약의 파기를 촉구했다. 그리고 좀 더 구체적으로 김대중의 원상회복과 사건의 진실 규명, 한국

106　高橋進,「開發獨裁と政治体系危機-スペイン, イラン, 韓國の場合」, 1980.2.

과의 정치, 경제 등 모든 관계를 전면적으로 재검토할 것을 제시했다.

한국 정치의 실세로 부상하는 '신군부'의 동향이나 이제까지 한국의 진로와 정치에 관하여 의견을 발표했던 것과 달리, 박정희 이후의 정국 동향에 관해서는 구체적 방향이나 의견을 보이지 않았다. 아직 한국의 실태를 정확하게 파악하지 못했으며, 동시에 편집 방향이 정해지지 않았음을 보여주고 있다.

〈세카이〉는 8월호부터 본격적으로 광주의 비극을 보도했다. 그러면서 새로운 권력자로 등장한 신군부와 전두환 체제를 분석하면서 비판을 강화했고, 동시에 한국의 새 권력체제를 지원하는 미국과 일본 정부를 비난했다. 이후 1980년대가 끝날 때까지 〈세카이〉는 박정희 체제를 비판한 것과 같은 독재, 탄압, 반공, 부패와 부정이라는 논리로 전두환-노태우 체제를 부정했다. 그리고 그 비판에 반비례해서 김대중 지지를 강화했다.

약화된 북한과의 연계

1980년대의 〈세카이〉가 보여주는 뚜렷한 방향 전환은 북한에서 벗어나는 탈脫북한의 편집이다. 1960년대나 1970년대와 달리, 1980년대의 〈세카이〉는 조건 없는 김일성 찬양과 북한 지지에서 서서히 이탈하는 모습을 보였다. 이뿐만 아니라 〈세카이〉가 이상으로 삼았던 김일성의 주체사상이나 북한식 사회주의 건설이 더 이상 중심 주제로 등장하지 않았다. 물론 그렇다고 해서 〈세카이〉가 한국을 지지한다거나 한국의 경제 발전을 인정했다는 것은 아니다. 그러나 일관성 있던 북한관의 변화 자체는 주목해야 할 대목이다.

「김일성 주석 회견기」도 줄어들었고 「북한 방문기」도 보이지 않는다.[107] 김일성의 주체사상이나 통일 정책을 홍보하지도 않았다. 북한 당국이 제공하는 통계를 여과 없이 인용하면서 경제 발전을 선전하던 보도 양태도 사라졌다. 총체적으로 북한에 관한 보도가 눈에 띄게 줄어들었고 지면 자체가 대폭 축소됐다. 이는 아마도 사회주의 이념과 체제가 세계적으로 쇠락의 길로 접어들면서 사회주의에 대한 〈세카이〉의 환상도 깨지고 있음을 반영한 것이라 할 수 있다. 또한, 세습으로 인한 권력의 경직성과 주체사상과 자력갱생을 바탕으로 한 경제 발전이 허구라는 것이 밝혀지면서 북한을 보는 보편적 지식인과 일본인의 시각 변화를 감지했기 때문이라 할 수 있다.

그렇다고 해서 〈세카이〉의 진보적 지식인들이 반反북으로 전향한 것은 아니었다. 여전히 북한에 대한 기대와 우호적 지지를 보내고 있었다. 김일성의 현지지도에 따른 경제 발전을 기대하고 김정일의 등장을 긍정적으로 평가하기도 했다.[108] 심지어 공산권의 변화에 따라 북한에서도 '민주화'가 이루어질 것이라는 '환상'을 보이기도 했다. 1987년 5월 북한을 방문한 사카모토 요시카즈는 북한이 그동안 추구해 온 "자력갱생적 자립 경제 발전의 한계성"과 "이념적 경직성에 매여" 있었다는 것을 인정하면서 민주화가 이루어질 것이라고 기대했다. 그는 북한의 '새로운 움직임'을 다음과 같이 기대했다.

> 공화국에서 교육에 열심인 것에 강한 인상을 받았습니다.
> '어린이는 왕이다'라는 학교 교육에 상당한 노력을 기울이고

---

107 실질적으로 김일성이 일본인을 접견한 것은 대부분 1970년대에 이루어졌다. 金日成主席傘壽紀念出版刊行會, 『主席金日成-生誕八十周年紀念』(1992) 참고.
108 「世界の潮: 北朝鮮-八十年代の進路」, 1980.12.

있습니다. 지금까지는 자연과학에 역점을 두었으나, 지금은 외국어(영어와 일본어를 포함하여) 학습열이 높은 것을 볼 수 있었습니다. 이러한 민중의 교육 수준이 높아지면 종래와 같은 정보, 사상, 이데올로기 측면에서 폐쇄성이 강한 사회를 유지한다는 것은 내발적內發的으로도 무리가 일어날 것입니다. 따라서 조선의 개혁과 개방이라 할 수 있는 민주화의 과제가 불가피하게 진행될 것입니다.[109]

북한이 민주화의 방향으로 변하고 있다고 전망한 것은 사카모토만이 아니었다. 함께 북한을 방문했던 스미야 미키오는 냉전의 종식과 함께 북한에도 "변화의 싹이 돋아나고 있다"라고 진단했다. 와다 하루키는 "신화적인 체제의 제거라는 문제를 포함하여" 북한의 체제가 "서서히 민주적 시스템으로 변하고 있다"라고 했다. 그러나 그들의 진단과 전망과 환상과 오류였을 뿐이다. 기대와 달리 북한은 오히려 민주화에 역행하고 있다. 김일성-김정일-김정은으로 권력 세습이 이어지면서 북한은 더욱더 통제된 사회로 변했고, 경제적 어려움은 가중됐다. 일본인 납치가 확인됐고, 핵 개발로 일본을 불안하게 만들고 있다.

김대중 보도

1980년대의 〈세카이〉는 마치 김대중을 위하여 편집한 잡지와 같았다. 김대중이 〈세카이〉에 처음으로 등장한 것은 1972년 11월이었

---

109 隅谷三喜男, 坂本義和, 和田春樹, 「座談會: 日本人はどう応えるのか- 韓國民衆革命と日本の朝鮮觀〉, 1987.10, p.62.

다.[110] 1973년의 김대중 납치사건 이후 〈세카이〉는 김대중에 대하여 특별한 관심을 보였고, 여러 형태로 그를 지원하면서 지면을 아끼지 않았다.[111] 김대중이 뒷날 대통령이 된 후 "나는 개인적으로도 〈세카이〉의 도움을 크게 받았습니다"라고 인정할 정도로 〈세카이〉는 그의 든든한 후원자였다.[112] 김대중에 대한 〈세카이〉의 지원이 가장 적극적으로 표출된 것이 1980년대라 할 수 있다.[113]

10·26 이후 한국의 정세 변화를 주시하던 〈세카이〉는 광주의 비극을 특집으로 만든 8월호부터 다시 본격적으로 한국 문제를 다루기 시작했다. 그러나 〈세카이〉의 편집 방향은 광주의 비극 자체보다 격동의 연장선상에서 나타난 김대중 관련 보도에 더 역점을 두었다. 특히 1975년 「일한연대의 사상과 전망」이라는 글을 기고하면서 처음으로 〈세카이〉에 등장한 도쿄 대학의 와다 하루키는 1980년대에 들어서면서부터 김대중 캠페인을 주도했다. 그는 정력적으로 김대중을 후원하는 글을 발표하고, 김대중을 위하여 심

〈세카이〉 1983년 9월호 김대중 인터뷰

---

110 김대중은 1972년 11월호에 「統制されない權力は惡である」를 게재함으로써 〈세카이〉와 인연을 맺게 된다. 지명관에 따르면 김대중을 〈세카이〉 편집장 야스에 료스케에게 소개한 사람은 본인이라고 했다. 池明觀/岡本厚, 「特別インタビュー-國際共同プロジュクトとしての '韓國からの通信'」, 2003. 9.

111 1973년 납치 이후에도 1982년 2월까지 연재된 「ドキュメント金大中氏拉致事件」이 보여 주듯이 김대중에 관한 글이 많이 실렸으나 1980년대보다 적었다. 〈세카이〉 역사에서 〈세카이〉가 적극적으로 지지하면서 후원한 인물 두 사람을 선정한다면 북한의 김일성과 남한의 김대중이다.

112 岡本厚, 「金大中 特別特インタビュー:國民的交流と友好の時代を」, 1998. 10.

113 김대중을 위한 특집이나 김대중 중심의 논평을 제외하고, 1980년대의 〈세카이〉는 김대중의 글 4편과 3편의 인터뷰를 게재했다.

포지엄을 개최하고, 공동 보고서를 작성하는 등 적극적으로 활동했다. 그는 일본에서 김대중 대리인과 같은 역할을 수행했다.[114] 러시아 문제 전문가인 와다는 1980년대를 보내면서 한국 문제 전문가로서의 위치를 굳혔다.

10·26과 12·12 이후 신군부는 1980년 5월 17일 김대중, 김종필을 포함하여 각계의 인사를 구속했다. 그 후 김대중은 군법회의에서 사형 선고, 무기징역으로 감형 조치, 석방과 미국으로 출국, 귀국, 가택 연금, 대통령 출마, 정계 은퇴, 대통령 재출마 등과 같은 굴곡의 세월을 보냈다.

이 기간에 〈세카이〉는 김대중의 활동과 상세한 동향은 물론 그와 연관된 정치적 변화도 자세히 보도했다. 그리고 김대중이 대통령에 출마하기까지, 1980년대 내내 〈세카이〉는 여러 형태로 그를 지원하고 후원했다.

〈세카이〉는 광주의 비극이 일어난 1980년의 9월호와 12월호를 '김대중 특집'으로 편집했다.[115] 8월부터는 김대중이 10·26 이후 가택 연금에서 해제되어 실시한 강연을 번역하여 게재했다. 재판 기록을 연재했고, 여러 차례 공동 보고서를 작성하여 발표했다. 또한, 김대중 씨의 생명을 우려하는 긴급 국제회의와 같은 모임을 주관하고 김대중의 구속과 재판을 국제적 이슈로 만들기 위하여 노력했다. 그리고 김

---

114 와다는 1980년 1월호 특집 「激動の韓國-岐路立つ朝鮮政策」에 참여하여 「공동보고」를 작성하면서 〈세카이〉의 한국 문제 편집에 관여하기 시작했다. 그 후 그는 1980년대 내내 적극적으로 참여했다. 특히 1980년 8월호에 「金大中氏抹殺の陰謀と加擔者たち」이라는 논문을 게재한 후 80년대 말까지 김대중과 관련된 논문, 좌담회, 심포지엄, 공동 보고서 등을 주도했다. 그는 '김대중'이라는 단일 주제를 가지고 〈세카이〉에 가장 많을 글을 게재한 사람이다.

115 9월호의 특집은 「金大中氏の現狀-われわれは默過できない」, 12월호의 특집은 「金大中氏の生死」였다.

대중의 석방을 요구하는 집회를 지속해서 열고 성명을 발표했다.

1980년에는 두 편의 다큐멘트, 5편의 논문, 23명이 참가한 특집(「김대중 씨의 현상에 관하여」), 20인이 참석한 2편의 연속 공동보고(「김대중 씨의 재판과 일본」), 12페이지의 화보(「묵시할 수 없다」), 군법회의의 재판 기록 등을 게재했다. 김대중의 관훈클럽과 한국신학대학의 강연도 번역해서 게재했다. 1981년에는 5편의 논문, 2심의 재판 기록, 16페이지의 화보를 실었다. 그리고 8명의 외국인과 23명의 일본인이 참석한 '김대중 씨의 생명을 우려하는 긴급 국제회의'를 주관하고 그 내용을 소개했다. 〈세카이〉의 진보적 지식인과 정치인들은 재판의 부당성을 지적하는 글을 게재하는 등 김대중 후원 캠페인을 전개했다.

김대중은 1982년 12월 미국으로 출국했다. 그러자 〈세카이〉는 그의 미국 활동을 자세히 소개하는 한편, 그의 강연을 번역하여 독자에게 전했다.[116] 특히 〈세카이〉의 편집장인 야스에 료스케安江良介는 1983년 6월에 직접 워싱턴으로 김대중을 찾아가 6시간에 걸친 인터뷰를 진행했고, 납치 이후 한국의 정치 문제와 일본과 미국의 역할에 대한 70페이지 분량의 회견기를 실었다.[117] 그 후 〈세카이〉는 대통령 선거가 있던 1987년 말까지는 김대중의 활동을 지속해서 독자에게 전했다. 그리고 나카소네 야스히로의 한국 방문이나 전두환의 일본 방문, 1987년 6월 민주화운동이나 대통령 직선을 위한 개헌 등과 같은 중요한 이슈가 등장할 때마다 〈세카이〉는 김대중과의 인터뷰를 통하여 그의 주장과 요구를 전달해 주었다.

'민주화'라는 명제를 중심으로 김대중의 역할을 강조하면서 한국의

---

116 예컨대, 金大中, 「韓國において民主主義の希望はあるか」, 1983.7.
117 インタビュー: 金大中/安江良介, 「韓國現代史の問うもの-われわれはいかに生くべきか」, 1983.9.

정치 문제를 다루어 온 〈세카이〉가 1987년 대통령 선거 결과에 관하여 전혀 언급하지 않았다는 사실은 '기이한' 일이다. 이미 잘 알려진 바와 같이 1987년 노태우의 '6·29선언' 이후 대통령 선출 방법을 직선제로 개헌하고, 그해 12월에 13대 대통령 선거를 실시했다. 그 결과 제5공화국의 2인자라 할 수 있는 노태우가 대통령으로 당선됐고, 〈세카이〉가 민주화의 상징처럼 받들었던 김대중은 낙선했다. 물론 김영삼도 낙선의 고배를 마셔야만 했다.

1987년 대통령 선거에서 노태우가 승리할 수 있었던 요인은 '1노 3김'이라는 선거 구도였다. 즉, 여권은 노태우 단일 후보였으나, 야권은 김영삼, 김대중, 김종필 세 후보로 분열됐고 선거에 패할 수밖에 없었다. 특히 민주화를 위하여 투쟁했다는 김영삼, 김대중 모두 정권 장악에 집착하여 국민의 요구였던 후보 단일화를 거부했다. 결국 두 사람 모두 패배했고 투표를 통한 수평적 정권교체가 이루어지지 않았

1987년 대통령 선거 김대중 후보 유세

다. 국민적 비판은 김대중과 김영삼 두 사람에게 쏟아졌다.

〈세카이〉도 선거 전 한국의 복잡한 정치 환경과 정권을 향한 김영삼 김대중 '두 김씨'의 경쟁과 갈등은 인정했다. 하지만 '실질적' 민주화를 의미하고 있는 정권 교체를 위해서 두 사람 사이의 후보 단일화가 이루어질 것으로 판단했다. 〈세카이〉는 두 사람 모두가 '정권'보다 '민주화'를 우선시할 것으로 믿었기 때문이었다.

중요한 한국 문제가 일어날 때마다 상황을 분석하고 전망한 〈세카이〉의 편집장 야스에 료스케와 TK생의 또 다른 필명인 김순일은 후보 단일화의 가능성을 다음과 같이 내다보았다.

> 한국의 민주혁명은 원숙한 방향으로 찾아가고 있습니다. 그러한 점에서 본다면, 처음에는 모든 사람이 염려했지만, 양 김의 문제는 바람직한 방향으로 이루어질 것으로 봅니다. 국민 여론의 압력으로 보나 양 김 모두가 어떠한 일이 있어도 민주화를 파괴할 수 없다는 강한 신념을 가지고 있기 때문에 두 사람의 일치는 반드시 이루어질 것입니다. 단일 후보가 성취되는 방향으로 서서히 변해가고 있습니다.[118]

물론 단일화의 대상은 김영삼이 아니라 김대중을 염두에 두고 있었다. "예리한 판단력, 군과 미국에 대하여 현실주의면서도 결연한 자세, 그리고 국민을 위한 변혁적 자세"로 국민의 기대를 받는 김대중으로 단일화가 이루어지는 것이 바람직하다는 뜻을 밝혔다.

그러나 1969년 박정희의 3선 개헌에 끝까지 반대하다 공화당을 떠

---

118 金淳一－／安江良介, 「六月民衆革命の軌跡と展望」, 1987.10.

나 야당 정치인으로 정치 활동을 하면서 김대중을 지원했던 양순직의 말은 다르다. 신민당 부총재로서 김대중 편에 서 있었던 양순직은 1988년 선거에서 승리하기 위해서는 반드시 후보 단일화를 이루어 내야 하고, 이를 위해서는 "YS(김영삼)가 먼저 (대통령을) 하고 DJ(김대중)가 다음에 하는 것"이 바람직하다는 것을 김대중에게 직언했다. 양순직은 그 이유를 "김(대중) 고문의 성격과 사상에 대하여 아직도 의심하는 사람들이 있습니다. 고문이 그런 분이 아니라는 걸 주변 사람들은 익히 알지만, 국민의 일부, 특히 군부는 아직도 오해와 편견을 가지고 있습니다. …… 또 네 사람이 출마하면 노태우가 반드시 이기게 되어 있습니다"라고 설명했다. 이에 대한 김대중의 대답은 냉담했다.

1987년 선거를 부정선거라고 주장하는 TK생의 통신

노태우가 이긴다고 말씀하는데 오히려 4파전이 되어야 내가 이길 수 있다고 봅니다. 우선 영남은 표가 갈릴 것이고 충청은 JP(김종필)가 표를 많이 가져 갈 것입니다. 내가 호남과 서울에서 압승만 거두면 승리가 가능합니다. …… 내가 기도를 드리는데 하나님이 나에게 이번 기회에 국민 앞에서 큰 뜻을 이루어야 한다는 계시가 있었습니다.[119]

양 김의 후보 단일화는 이루어지지 않았고 두 사람 모두 선거에서

---

119 양순직, 『大義는 권력을 이긴다』(에디터, 2002), p.301. 이에 대한 자세한 내용은 pp.295~302 참고.

패배했다. 그럼에도 〈세카이〉와 TK생의 「한국으로부터 통신」은 야당의 패배를 여권의 조작, 군사정부와 미국의 공모, 컴퓨터를 이용한 정부 여당의 부정선거 등의 결과로 몰아갔다.[120] 후보 단일화가 반드시 이루어질 것으로 믿었던 김순일은 대선의 패배의 원인을 다음과 같이 설명했다.

> 그와 같은 세 가지 요소(선거 유세에 대중 참여를 곧 지지로 믿는 것, 여론조사에 대한 신뢰, 컴퓨터에 대한 신뢰-필자)를 노태우 세력이 교묘히 공작하고 조작했습니다. 다른 한편으로는 민주화 세력 측은 이 선거에서 이길 것이라는 일종의 환상에 사로잡혀, 군부 세력이 미국과 함께 모든 수단을 동원하여 민주 세력을 패배로 몰아간다는 것을 과소평가했습니다. 그렇기 때문에 나는 김대중 씨나 김영삼 씨 두 사람만의 잘못이라고 생각지 않습니다. …… 선거 직후부터는 오직 양 김의 책임이라고 모든 매스컴이 동원되고, 정부 또한 그런 방향으로 여론을 조작하여 부정선거를 은폐하고 정통성을 주장하고 있습니다.[121]

정권 교체의 실패 원인을 민주화 세력의 분열, 특히 김대중과 김영삼의 후보 단일화 실패에서 찾기보다 정치 공작, 미국의 음모, 컴퓨터를 통한 부정선거라는 '가짜 논리'로 진실을 가리고 있다.

이에 대해서도 양순직은 "대선에서 양 김은 저마다 패자가 됐을 뿐만 아니라 민주화를 그토록 열망하던 많은 국민도 패자로 만들고 말

---

120 TK生, 「類例なき不正選擧」, 1988.2.; 「十七年の歲月が流れて」, 1988.2, 3.
121 金淳一/安江良介, 「韓國は変わったか-ふたつの選擧, そしてこれから」, 1988.7.

문익환과 김일성의 만남

앉다"라고 지적하면서 "권력에의 집착과 자기 아집으로 (정권 교체를) 수포로 만들고 말았으니, 양 김은 이 문제에 관한 한 두고두고 책임을 느껴야 한다"라고 김영삼, 김대중의 책임론을 강조했다. 그리고 그는 "대선 개표 후 DJ는 여권의 컴퓨터 조작설을 제기하기도 했는데 극성스러운 지지자를 제외하면 그 주장을 받아들이는 국민은 없었다"라고 밝혔다.[122] 〈세카이〉와 TK생이 주장하는 '부정선거'라는 주장이 허구임을 잘 보여주고 있다.

한국의 반체제 세력과 연대

1980년대에 들어 〈세카이〉는 한국의 반체제 지식인과 구체적이고도 실질적인 연대를 모색했고, 진보적 성향의 재일 지식인에게도 지면을 할애했다. 이것은 1980년대 〈세카이〉 편집 방향 변화의 또 다른

---

122 양순직, 같은 책, p.305~306.

중요한 특징이다. 1960년대나 1970년대에도 〈세카이〉는 한국 내 반反박정희·반反정부 세력과의 연대를 강조했다. 그러나 연대를 강조하면서도 연대를 위한 실천적 움직임은 별로 없었다. 오히려 〈세카이〉는 북한과의 밀착을 모색했다. 〈세카이〉가 한국 내 진보적 지식인이나 진보적 재일교포에게 지면을 별로 할애하지 않았음이 이를 설명해 주고 있다.[123]

하지만 앞에서도 지적한 바와 같이 1970년대 후반부터 북한을 대변하는 글이 수적으로도 크게 줄어들었다. 이는 사회주의의 쇠락이라는 세계적 추세, 드러난 북한의 허상, 입증된 한국의 경제 발전과 북한의 몰락 등으로 〈세카이〉도 더 이상 독자를 설득할 수 없음을 알았기 때문이다. 〈세카이〉는 '민주화'라는 논제에 초점을 맞추어 한국 내의 반체제 또는 진보적 경향의 지식인들과 연대를 모색했다. 한국의 반체제 지식인들 또한 이에 적극적으로 동조하는 모습을 보였다.

1980년대에 들어서면서부터 〈세카이〉는 이영희의 논문이나, 함세웅 신부의 강연, 또는 반미운동의 상징이라 할 수 있는 부산 미문화원의 방화자인 문부식의 편지 등을 번역해서 게재했다.[124] 민중 신학자인 안병무, 〈창작과 비평〉의 백낙청, 함평 고구마사건1976년을 이끌었고 국회의원 신분으로 북한에 밀입국하여 김일성을 만났던 서경원 등 종교·문학·노동계 등의 반체제 인사들을 초청하여 인터뷰와 대담

---

123 물론 1970년대에도 김재준이나 함석헌과 같은 반체제 인사들의 글, 김지하의 시, 또는 정경모와 같은 재일 인사들의 글이 게재되기는 했으나 1980년대에 비하면 크게 미치지 못한다.

124 李泳禧,「分斷民族をめぐる軍事的危機」, 1983.11(이 논문은 월간지 〈기독교사상〉, 1983년 8월호에 수록); 咸世雄,「われわれが彼らを殺した」, 1984.4(이 글은 1983년 12월 4일 명동성당에서의 강연); 文富軾,「私はなぜ放火したのか」, 1982.9(이 글은 문부식이 자수하기 전에 김수환 추기경에게 보낸 편지).

을 가졌다.[125] 또한, 김지하나 고은과 같은 시인들을 초청하여 강연회를 개최하기도 했다.[126]

특히 〈세카이〉는 문익환과 황석영의 평양 방문을 중요하게 보도했다. 1989년 3월 평양을 방문하여 김일성과 두 차례 회담을 가진 문익환의 기자회견을 크게 다루었다. 김일성과 통일 문제에 관하여 상당한 의견 일치를 보았다는 문익환은 "연방제라는 것은 다른 표현으로 바꾸어 말한다면, 민주주의의 기초인 지방자치와 같다. 지방자치제는 민주주의의 근간이다. 이 점에서는 북측의 의견도 전적으로 나와 일치한다"라고 주장하면서 연방제 통일안을 강조했다. 또한, 그는 김일성을 '설득'하여 정치나 군사 문제가 해결되기 전에도 남북 간의 "경제 교류나 문화 교류, 또는 이산가족의 문제를 동시에 진행하도록 합의했다"라고 밝혔다.[127]

비슷한 시기에 평양을 방문한 황석영 이슈도 역점을 두어서 다루었다. 〈세카이〉는 황석영이 평양으로 떠나면서 "머지않은 장래에 반드시 외부 세력을 이 땅에서 몰아내고 남과 북이 하나가 되는 주체적인 현실을 우리의 시대에 실현"할 것을 다짐하고, 미국은 한국 민중이 "어째서 미국의 제국주의적 양상에 격하게 반대하고 있는 것을 이해하지 못하고 있나"라고 묻는 글을 소개했다. 그는 또한 자신의 평양행이 〈세카이〉의 편집인인 야스에 료스케가 주선한 것이 아니라는 것을

---

125 白樂晴/高崎宗司, 「民衆·民族文學は何をめざすか」, 1988.5; 安炳茂/倉塚平, 「民衆神學と韓國現代史」, 1988.11; 徐敬元/仁科健一, 「韓國農民一代記」, 1989.2.

126 金芝河, 「改めて日本を視る」, 1985.2; 高銀, 「韓國では文學は何を意味するか」, 1989.2.

127 文益煥, 「ピョンヤンに向け東京を發つにあたって」, 1989.5; 文益煥, 「統一とは自由と平等がひとつになることです」, 1989.6; 鄭敬謨, 「何が罪なのか-ピョンヤン訪問覺書」, 1989.7.

거듭하여 강조했다.[128] 하지만 뒷날 편집장을 지낸 오카모토 아쓰시岡本厚가 확인하고 있는 바와 같이 두 사람의 평양방문은 야스에의 주선으로 이루어졌다.[129] 물론 문익환과 황석영은 한국의 '권위주의' 체제를 비판했으나 북한 체제에 대해서는 함구했다.

이처럼 〈세카이〉는 한국의 진보적 반체제 지식인과의 연계를 모색하면서 윤건차, 이회성, 정경모, 김학연 등과 같은 일본 문화계에서 활동하고 있는 진보적 재일교포에게도 관심을 보였다.

이는 〈세카이〉가 그동안 북한과의 관계 정립을 위해서 노력했다면, 1980년대에 들어서는 한국의 반체제 지식인 또는 재일교포 중 북한과 일정한 거리를 유지하는 진보 성향의 지식인들을 〈세카이〉에 등장시켜 상호 간의 연대를 모색했음을 보여주고 있다. 또한, 1980년대에 북한을 방문한 한국의 재야 인물들을 통해서 통일과 민주화 문제를 부각시켰다. 그 대표적인 예가 문익환과 황석영의 북한 방문이라 할 수 있다.

1980년대의 〈세카이〉가 남과 북을 보는 기본적 시각이나 한국 사회에서의 민중(폭력) 혁명을 촉구하는 편집의 기본 방향은 과거와 다를 바 없었다. 그러나 1960년대나 1970년대에는 〈세카이〉가 일본의 친북 좌파 지식인이나 북한의 요인을 통하여 제기했던 주장을 1980년대에는 한국의 민주화 또는 반체제 세력을 통하여 독자에게 전달하려 했다. 즉, 친일 세력을 청산하지 못한 한국 역사는 출발부터 정통성을

128　黃晳暎,「北を訪問する私の立場について」, 1989.6; 黃晳暎,「日本を去るにあたって」, 1989.7. 〈세카이〉는 1986년 4월부터 6월까지 3회에 걸쳐 和田春樹와의 인터뷰 기사를 게재했다.

129　岡本厚,「이와나미서점의 100년과 동아시아」, 출판도시문화재단,『아시아, 경계를 넘어서』(2013), p.27.

확립하지 못하여 식민지의 굴레에서 벗어날 수 없었다는 것, 그에 비하여 북한은 출발부터 정통성을 확립했고 이를 바탕으로 평화적 자주 통일을 지향하는 체제라는 것, 미국은 광복 후 한국에서 끊임없이 부도덕한 반동 세력을 옹호했다는 것, 경제적으로 미국에 종속된 한국 경제의 매판 구조는 미국 독점자본의 이해利害에 충실하게 움직이고 있다는 것, 북한은 현재 비록 어려움을 겪고 있지만, 자립 경제를 구축해 나가고 있다는 것 등과 같은 주장들이다.[130] 야스에 료스케와의 대담에서 김순일은 남과 북의 상황을 다음과 같이 평가했다.

> 지금까지 남쪽의 정치권력은 민주적이지도, 민중적이지도, 민족적이지도 않습니다. 이러한 상태에 있는 한 북이 훨씬 더 정당성을 가지고 있습니다. 북쪽이 좀 더 민족적이지 않나, 소득분배에서도 좀 더 민중적이지 않나, 모든 인간에게 평등한 권리가 주어지고 있지 않나 하는 주장이 훨씬 더 설득력을 가지고 있습니다. 남쪽에서 독재가 타도되고 민주화가 이루어지고, 대외 관계에서도 '더' 자주적으로 되면, 그때 비로소 북과의 균형 속에 상황이 변할 것으로 생각합니다.[131]

〈세카이〉는 한국의 민주화 세력을 통하여 체제 전복을 위한 투쟁을 촉구하기도 했다. 〈세카이〉는 「한국으로부터의 통신」과 별도로, 1980년대 상반기에 한국의 지하 문건들을 집중적으로 번역하여 독자에게 소개하면서 한국 내에서 체제 전복을 위한 투쟁이 진행되고 있

130　李大善, 「民主化運動と民族統一の思想」, 1984.4.
131　金淳一/安江良介, 「六月民衆革命の軌跡と展望」, 1987.10, p.112.

음을 강조했다. 물론 이러한 문건은 출처를 알 수 없는 것들로서 민주화를 내세워 폭력혁명을 촉구하고 반미 분위기를 고취했다. '지하의 한 그룹이 작성'한 것이라며 소개한 문건은 "광주봉기는 일단락으로 끝난 한순간의 '사태'가 아니다. 민족광복을 위하여 본격적인 무장 투쟁을 향한 시발점이다. …… 4·19혁명 당시에는 100명, 부마항쟁에서는 300명, 그리고 광주봉기에서는 1,000여 명이 죽었다. 이제부터의 투쟁은 훨씬 더 많은 피를 요구하고 있다. …… 폭동이 혁명전쟁으로 이어지기 위해서는 군대와 중앙 당국의 조직화, 계몽(교육)과 이론 무장이 이루어지지 않으면 안 된다"라고 강조하며 무장봉기를 촉구했다.[132]

'한국 민주화 세력이 지하에서 편집'한 것으로 소개한 또 다른 문건에서는 한국의 "민주화 혁명이 어느 정도의 희생으로 성공할 것인가는 전적으로 미국의 한국 정책에 달려 있다"라고 주장하여 미국의 예속성을 강조했다.[133]

특히 〈세카이〉는 '반미'를 강조하는 문건들을 많이 소개했다. 한 보고서에 따르면 한국이 "광복 후 미국의 속국屬國이 된 것은 역사적 현실"이라고 단정하면서, 한국에서 전개되는 민주화 투쟁은 군사독재정권의 종식과 함께 '속국'에서 해방되기 위한 운동임을 강조했다. "파쇼 독재가 최종 단계에 이르면 한국 군사정권과 미국은 세계정세

---

132 「五 一八光州事態(市民蜂起)白書」, 1981.9.
133 「韓國第五共和國の實態-全斗煥體制と民主勢力-」, 1982.5. 〈세카이〉는 1982년부터 약 3년 동안 부정기적으로 「現地からの報告」, 「ソウルからの地下報告」, 「ソウル地下通信」이라는 난을 신설하여 한국의 민주화 세력이 작성한 문건을 번역하여 소개했다. 〈세카이〉는 문건을 소개하면서 "이들 보고서는 「한국으로부터의 통신」과는 다른 통로를 통해서 편집부에서 확보한 것"이라고 밝혔다. 물론 이 문건에는 진원지를 확인할 수 없는 유언비어가 그대로 실렸고, 주된 내용은 모든 수단을 동원한 지속적인 민중 투쟁을 촉구하는 것이었다.

의 변화와 한국 내 억압 체제의 모순에 휘말려 몸을 움직일 수 없게 될 것"이고, 이에 대응하여 "한국 민중의 저항은 더욱더 강화되고 보편화될 것"이라고 진단하여 한국 정권과 미국의 몰락을 강조했다.[134] 〈세카이〉에 소개된 이러한 문건들은 다시 한국으로 역수입되어 반체제운동의 이념 정립과 투쟁 수단으로 재활용되기도 했다.

〈세카이〉가 1970년대까지는 일본의 진보적 지식인, 북한의 요인, 일본 내의 친북 인물의 글이나 그들이 생산한 문서를 통하여 한국의 폭력혁명을 촉구했다면, 1980년대는 한국 내의 반체제 민주화 세력과 적극적으로 연대하면서 그들의 주장을 통하여 반미와 민중혁명을 촉구했다고 할 수 있다.

---

134 「反美傾向を強める韓國の現狀(下)」, 1983.6. 1983년 5월과 6월 두 번에 나누어 소개했다. 〈세카이〉는 "집권 3년차 들어가는 전두환 정권에 대해 일본에 전달되는 신문 보도는 순조롭게 안정화하는 것으로 보았으나 한국 민주 세력이 비밀리에 전하고 있는 '사실'은 안정화와 크게 차이가 있다"고 설명했다.

7. 오만과 편견의 회로

　대략 반세기 동안1946~1989년에 일본의 진보적 지식인들의 한국관이 어떻게 변했는지 〈세카이〉를 통해 파악할 수 있다. '식민지 통치 긍정론'으로부터 시작하여 '의식적 무관심'과 '반反남한 대 친親북한'의 단계를 지나 '한국 정권 타도'로, 그리고 '한국의 반체제 지식인과 연대'로 발전하고 있음을 알 수 있다. 물론 이 기간에 식민 통치에 대한 진보적 지식인들의 비판적 시각과 반성의 논리가 없었던 것은 아니다. 하지만 그것은 어디까지나 지극히 단편적이고 추상적인 것에 지나지 않았다.

　전후 일본의 진보적 지식인들은 전전의 역사에 대하여 비판적 입장을 견지하면서 진지하게 성찰해 왔다. 그러면서 그들은 보수화하는 정부의 정책과 보수파의 이념적 우경화에 제동을 거는 균형자 역할도 했다. 그럼에도 남·북한을 바라보는 그들의 시각과 북한에 대한 평가가 비이성적이고 전혀 균형을 이루지 못했던 것은 왜일까? 〈세카이〉로 대변되는 전후 일본의 진보적 지식인들이 지닌 역사관과 시대정신의 근거는 어디에서 연유하는 것일까? 한반도 문제에 대하여 그들이 품고 있는 사명 의식은 어디에서 오는 것일까? 그들이 한국과 남북문제를 가늠하는 잣대로 늘 제시하고 있는 진보적 가치, 즉 민주, 평화, 인권, 양심 등의 의미는 무엇일까? 진보적 지식인들의 허위의식의 회로는 무엇인가? 등, 이와 같은 문제의 해답을 찾아볼 필요가 있다.

　물론 이 질문에 대한 명료한 해답을 찾는다는 것은 현실적으로 어려울 뿐만 아니라 대단히 위험하기도 하다. 사물과 현상을 어떻게 보느냐에 따라서 달리 해석할 수 있는 요소가 많기 때문이다. 다만 여기서는 해답의 실마리를 제공할 수 있는 몇 가지 요소를 제시해 보려고 한다.

첫째, 전후 진보적 지식인이 태동했던 시대와 상황의 특수성이다. 1945년의 패망은 물리적으로나 심리적으로 철저하고도 완전한 것이었다. 전쟁을 통하여 약 230만 명이 넘는 청장년이 전장에서 죽거나 다쳤고, 100만 명에 가까운 민간인이 공습으로 인명 피해를 입었다. 전 인구의 35% 정도가 집을 잃었고, 뉴욕이나 런던에 견주었던 도쿄가 황폐한 잿더미로 변했으며, 원자탄 폭격을 받은 히로시마와 나가사키는 폐허가 됐다. 그리고 무엇보다 고통스러운 것은 경제가 마비되면서 살아남은 사람들에게 필요한 식량이 턱없이 부족했다는 점이었다. 천황이 국민에게 "견딜 수 없는 것을 견디어 줄 것"을 호소해야 할 정도의 완전한 파멸이었다. 이처럼 주권을 상실하고 모든 일본인을 굶주림과 파국으로 이끌고 온 군, 관료, 재벌, 귀족, 지식인은 보수파였다. 보수파에 대한 비판과 공격은 당연했고, 보수 지식인들은 설 땅은 없었다.

이러한 상황에서 평화를 강조하는 자유주의, 민의를 바탕으로 한 정당 중심의 민주주의, 평화와 평등을 강조하는 인도주의가 국민에게 호소력을 지닐 수 있었던 것은 너무나 당연하다. 그러한 의미에서 본다면 전후 사상계를 지배해 온 '진보적 경향'은 시대와 상황이 만들어 낸 현상이고, 1945년의 패망을 이끈 주류와 보수에 대한 '반동적' 현상이라 할 수 있다.

이러한 반동적 현상을 더욱 촉진시킨 것은 점령사령부의 개혁 정책이다. 점령군 최고사령관인 맥아더Douglas MacArthur는 미국 내에서는 보수파였으나, 그가 일본에서 주도한 점령 초기의 정책은 매우 진보적이었다. 민주화democratization와 비군사화demilitarization를 기본으로 한 점령 정책의 기본 철학은 일본인에게 대단히 진보적이고 혁신적인 것으로 인식됐다. 군대와 전쟁을 부인하는 헌법이 그랬고, 점령 당국인 미국에서도 허용되지 않는 공산주의 정당이 합법적으로 용인된 것도 그렇다. 이념적 제약 없는 정당 결성, 농지 개혁, 재벌 해체, 노동조합의 활성화, 여성의 투표권 부여, 교육제도의 개혁 등의 민주화 정책은 대단히 혁신적이었다. 하지만 1947년 이후 구체화된 동아시아의 냉전 격화로 점령 정책이 보수로 회귀reverse course했다. 다만 지식인 사회를 압도하는 이념적 주류는 여전히 진보주의였고, 초기에 형성된 이러한 전통은 전후 상당 기간 지속됐다. 그러나 '반동적' 현상으로 강화됐던 진보적 경향은 보수파가 다시 등장하면서 그 세력이 약화됐다.

 둘째는 진보적 지식인이 자주 제시하는 평화, 양심, 자유, 인권, 민주주의 등과 같은 가치에 대한의 '확신'의 문제이다. 〈세카이〉의 좌파 진보적 지식인들이 한국의 현상을 분석하고 남과 북을 비교하는 잣대로 늘 제시하는 이러한 가치가 철저한 자기 검증과 경험을 바탕으로 한 확신에 의한 것인지 의심하지 않을 수 없다. 이러한 이념적 가치는 결코 진보적 지식인들이 투쟁을 통해서 얻은 확신을 근거로 한 신념이 아니었다. 그보다는 '전후'라는 특수한 시대와 상황이 창출한 반동적 '부산물'이라 할 수 있다.

 소위 '이와나미 문화'를 이끌어 온 좌파 진보지식인들은 그들이 강조한 평화나 양심, 또는 인도주의와 같은 가치를 지키고 사회적으로 실천하기 위하여 전전이나 전쟁 중 투쟁한 집단이 아니다. 그들 대부분 군국주의에 동참(예컨대 군 복무)했거나 침묵으로 일관했을 뿐이다. 이와나미 출판사를 창업하고 〈세카이〉 창간을 주도한 이와나미 시게오가 솔직히 고백한 것과 같이, 일본이 비인도적이고 명분 없는 태평양전쟁으로 몰려갈 때 그들은 대세에 저항할 용기가 없었다. 전전과 전중에 많은 진보적 지식인은 국가 진로가 잘못된 방향으로 흘러가는 것을 걱정하고 분개했지만 "마치 젊은 학도병 특공대가 적기적함敵機敵艦에 몸으로 부딪친 것과 같이 죽음을 각오하고 주전론자에게 반항"할 용기가 없었다. 이와나미의 표현을 빌리자면 "의義를 보았지만, 거기에 도달할 기개氣慨가 없었다".[135]

그러한 의미에서 본다면 전후 상당 기간 일본의 사상계를 지배한 좌파 지식인들의 진보적 가치라는 것은 철저한 검증과 경험, 그리고 그 가치를 확립하기 위한 투쟁의 결과물은 결코 아니었다. 좀 더 가혹하게 평가한다면, 전전 보수파에 대한 반동, 패전, 진보적 성향의 점령 정책 등과 같은 특수한 시대와 상황이 만든 '신기루'와 같은 현상에 불과한 것이다. 1980년대 중반 이후 진보적 지식인들의 사회적 역할이 크게 위축되고 〈세카이〉가 급속도로 쇠락한 이유도 여기에 있는 것이 아닐까?

셋째는 정치의 영역에서 소외된 일본 지식인의 특수성이다. 일본 근현대사에서 볼 때 한때 도쿄 도정을 맡았던 미노베 료키치 같은 예외적인 인물이 없었던 것은 아니지만, 일반적으로 지식인이 학문과 현실의 세계를 넘나들면서 자신의 이상(지식)을 현실의 세계에서 구현하는 전통이 없었고, 또 그러한 전통이 정치적으로 수용되지도 않았

135　岩波茂雄,「〈世界〉の創刊に 際して〉」, 創刊號, 1946.1.

다. 물론 도쿠가와 바쿠후德川幕府 말기의 요시다 쇼인吉田松陰, 메이지 시대의 후쿠자와 유키치福澤諭吉, 다이쇼기의 요시노 사쿠조吉野作造, 쇼화기의 기타 잇키北一輝 등과 같이 정치·사회적으로 지대한 영향을 미친 지식인들이 있었다. 하지만 그들의 활동은 어디까지나 정치권 밖이었지, 정치 주체로서의 역할은 아니었다. 달리 표현하면 일본의 지식인들은 주체적으로 정치의 현장에서 역사를 움직여 본 경험을 가지고 있지 못하다. 국가 경영이라는 정치의 영역은 군인(사무라이), 정치인, 그리고 관료의 전유물이었지 지식인의 몫은 아니었다. 이는 전후 진보적 지식인들도 예외가 아니다. 그들은 보수적인 정책에 비판적이었지만, 자신의 이상을 현실 세계에 투영할 능력도 없었고 기회가 주어지지도 않았던 것이 실상이다.

이상은 가지고 있지만, 그 이상을 일본이라는 구체적 장場에서 주도적으로 실천해 볼 수 없는 데에서 오는 무력감이나 좌절감, 또는 결핍감이 진보적 지식인들로 하여금 외국, 특히 한국과 같은 특수한 역사적 관계를 가졌던 나라의 정치에 과도하게 관심을 가지게 만들었고, 또한 남과 북에 대한 이상과 현실을 균형적으로 판단할 수 없게 만들었다. 김일성과 미노베 료키치의 대담에서도 확인할 수 있는 것과 같이 전후의 좌파 지식인들은 사회주의국가 건설을 일본에서 실천해 보고 싶었지만, 현실적으로 불가능하다는 것을 잘 알고 있었다. 대신 그들은 자신의 이상이 조선민주주의인민공화국이라는 북한에서 실현되기를 바랐고, 그 '바람'이 결국 반한친북으로 경도되면서 북한 사회에서 나타나는 명백한 비정상적인 현실조차 마치 이상 사회의 현상인 것처럼 고집하게 만들었다.

〈세카이〉가 1960년대 후반 중국에서 나타난 문화혁명과 '조반유리

造反有理'라는 슬로건을 내걸고 출현했던 중국의 홍위병을 마치 평등 이념을 구현하기 위한 인류 역사상 최대의 실험으로 평가하면서 지지했던 것도 같은 현상이라 할 수 있다. 그러나 이미 잘 알려진 것과 같이 중국의 문화혁명으로 수많은 사람이 억울하게 목숨을 잃었고, 경제는 피폐해졌으며, 전통문화와 가치가 철저하게 파괴됐다.

넷째는 일본 지식인의 심층에 자리 잡고 있는 우월 의식과 사명 의식이다. 근대 이후 한 걸음 앞서 서양의 문명을 받아들인 일본의 지식인들은 전통적 세계관에서 벗어나지 못한 인접 국가, 특히 한국에 대해 우월감을 가졌다. 그 우월감은 한국을 보호하고 개화시켜야 한다는 사명감으로 발전했다.

메이지 최대의 지성이라 할 수 있는 후쿠자와 유키치는 동양에서 "문명의 중심이 되고 머리가 되어 서양제국과 맞설 수 있는 나라는 일본 이외에 어느 나라가 있겠는가"라고 스스로 높이 평가하면서, 일본은 한국을 "칼武로 보호하고, 글文로 깨우칠 책임이 있다"라고 강조했다. 이러한 우월감과 사명 의식은 결국 한국의 식민지화와 대동아공영권의 동력으로 작동했다. 하타다 다카시가 지적하고 있는 바와 같이 전전부터 일본인 의식에 자리 잡은 타율성, 정체론, 일선동조론과 같은 '조선사상朝鮮史像'을 바탕으로 한 우월감은 전후에도 그대로 이어지면서 전통적 편견으로 뿌리 깊이 남아 있었다.[136] 진보적 지식인들도 결코 예외는 아니었다.

〈세카이〉가 자랑스럽게 주장하는 것과 같이 〈세카이〉가 한국의 인권 신장과 민주화를 위하여 어떻게 얼마나 기여했는지 알 수 없다. 그러나 한 가지 명확한 사실은 진보적 지식인들의 오만과 편견으로 '비

136　旗田巍, 『朝鮮と日本人』(勁草書房, 1983), pp.19~64 참고.

틀어진' 한국 이미지가 세계로 발신됐다는 점이다. 〈세카이〉와 함께 성장했고 〈세카이〉 편집장을 역임한 오카모토 아쓰시岡本厚에 따르면, 1970년대와 1980년대 한국에 주재하는 유럽 대사관에서는 한국의 실정을 파악하기 위하여 "〈세카이〉를 번역해 읽었다"라고 한다.[137] 그것이 사실이었다면 그때 전달된 '거짓' 정보와 이로 인한 '비틀어진' 한국 이미지의 확산 책임은 누가 질 것인가?

---

137 池明觀/岡本厚,「特別インタビュー:國際共同プロジェクトとしての韓國からの通信」, 2003.9.

2장

북한 방문기

"동지들! 주의를 기울이시오. 여러분에게 영광스러운 소식이 있소. 우리가 생산 투쟁에서 승리하였소! 각 부문의 소비 품목 출고에 관해 지금 막 완성된 보고서는 우리의 생활수준이 과거 수년보다 적어도 20% 증가했다는 것을 보여주고 있습니다.
오늘 아침 오세아니아 전역에 걸쳐 저지할 수 없는 자발적 시위가 일어나 노동자들이 공장과 회사에서 뛰어나와 시가를 행진하며 지금 우리가 누리는 새롭고 행복한 삶을 제공한 위대한 동지(Big Brother)와 그의 현명한 리더십에 감사를 표시했습니다."

_조지 오웰, 『1984』

1. 방문기의 의도

  북한은 인류 역사상 가장 철저하게 통제된 체제이고 외부에서 알 수 없는 사회다. 국경의 존재가 희미해진 오늘날에도 그동안 철의 장막으로 가려진 북한 사회의 실태는 외부는 물론이고 어쩌면 그곳에 사는 사람들조차 정확하게 알 수 없는지도 모른다. 아는 것은 다만 장님이 코끼리 다리 만지기 식의 부분적이고 단편적인 것뿐이다.
  그동안 세상은 크게 변했다. 냉전이 종식되고 사회주의 체제가 무너지면서 공산주의 종주국이라 할 수 있는 소비에트 연방이 해체됐고, 중국도 개방했다. 분단과 동족상잔을 치른 남북한 사이에도 얼마 동안 교류의 물결이 일었다. 지금은 단절되었으나 이산가족 고향방문단의 상호교환 방문이 진행됐고, 금강산 관광 프로그램과 같은 교류가 이어졌고, 남북한의 경제교류촉진을 위한 개성공단을 조성하기도 했다. 그리고 몇 차례 남북정상회담도 있었다. 하지만 북한은 여전히 닫힌 사회다. 김일성-김정일-김정은으로 권력 세습이 진행되면서 북한 사회는 더욱 통제됐고, 이 지구상에서 외부인이 자유롭게 여행할 수 없는 유일한 국가로 남아 있다.
  1980년대 말까지 철저하게 철의 장막이 드리워져 있던 북한의 모습을 외부 세계에 전달한 유일한 통로는 일본에서 발행하는 월간 종합잡지 〈세카이〉였다. 이 장에서는 1950년대에서 1980년대에 이르기까지 〈세카이〉에 나타난 일본 지식인과 정치인의 북한 방문기를 살펴보도록 한다. 물론 오늘의 잣대로 당시의 방문기를 평가하는 데에는 많은 문제가 따를 수 있다. 또한, 시대적으로나 상황적으로 공정성을 상실하는 우를 범할 수도 있다. 그러나 다른 한편으로는 상당히 시간이 지난 오늘의 분석이 오히려 방문기를 더욱더 객관적으로 평가할 수 있고, 방문기를 게재한 〈세카이〉의 의도를 더 정확히 파악할 수도 있을 것이다.

「귀국사업」의 기록

방문기의 분석을 통하여 다음과 같은 물음의 해답을 찾아보려고 한다. 방문기는 얼마나 사실에 근거한 기록인가? 방문기를 게재한 〈세카이〉는 그 기록을 사실로 믿었을까? 필자들이나 〈세카이〉가 북한의 공산주의 체제를 찬양한 근거는 무엇일까? 공산주의자였기 때문이었을까? 또는, 사회주의적 이념을 선호했기 때문일까? 북한 찬양의 방문기가 독자에게 미친 영향은 무엇이었을까?

2. 「조선 평화의 여행」

〈세카이〉에 나타나는 최초의 북한 방문기는 1954년 12월호에 게재된 구로다 히사오黑田壽男의 「조선 평화의 여행」이다.[01] 일본노동농민당의 주석인 구로다는 국회의원을 포함한 7명의 일본인과 함께 광복 9주년 기념행사에 맞추어 1954년 8월 14일 평양에 도착했다. 구로다의 평양 방문은 패전 후 일본인으로서는 세 번째였다.[02]

구로다는 북한 방문의 목적을 두 가지로 설명했다. 우선 북한의 실상을 정확하게 파악하는 것이다. 그에 따르면 "조선은 오늘의 세계가 전쟁이냐 평화냐의 문제의 초점에 놓여 있는 국가이고, 따라서 이 국가의 실정을 정확하게 파악하는 것이 평화운동에 대단히 중요하다고 생각하기 때문"이었다. 그러나 구로다는 자신이 여러 차례 강조한 '평화운동'이 구체적으로 무엇을 의미하는지 설명하지 않았다.

북한 방문의 또 다른 목적은 사회주의적 평화통일 방식을 확인하는 것이다. 구로다에 따르면 북한뿐만 아니라 소련이나 중국 등의 사회주의국가는 본질적으로 평화정책을 지향하고 있었다. "나는 사회

01　黑田壽男, 「朝鮮平和の旅」, 1954.12. 구로다 히사오(1899-1986)는 도쿄 제국대학 법학부를 졸업하고 변호사로 사회에 진출했으나, 1923년부터 농민운동에 적극적으로 참여했다. 패전 후 그는 일본사회당 결성에 참여했으나 노선갈등으로 1948년 제명되자 노동자농민당을 결성하여 주석으로 취임했다. 1957년 사회당에 복귀해 좌파 노선을 지속했다. 1972년 총선에서 낙선하면서 정계에서 은퇴했다.
02　패전 후 북한을 최초로 방문한 일본인은 1953년 11월 공산당원 가메다 도고(龜田東伍)를 대동하고 평양을 공식 방문한 노동당 의원 오야마 이쿠오大山郁夫였고, 두 번째는 1954년 이른 봄에 평양을 방문한 사회당 의원 오카다 하루오岡田春夫와 여성 운동가 구시다 후키櫛田ふき였다.

주의나 인민민주주의 체제는 외국을 무력으로 침략한다는 정책을 택할 수 없다는 이론적 확신을 가지고 있다"라는 것이 그의 신념이었다. 따라서 한국(자본주의)은 폭력적이고 북한(사회주의)은 평화적이라는 인식을 지니고 있었다. 구로다는 자신의 이론적 확신을 입증하기 위하여 사회주의국가를 "방문하여 대중과 지도자의 생각을 직접 접하고, 또한 그 국가의

구로다의 방문기

시설과 실태를 보고, 그리고 실제의 견문을 통해서 그 국가가 창도하고 있는 평화정책의 실체를 파악할 필요가 있다"라고 생각했다. 그는 "나의 이번 긴 '평화여행'의 목적도 여기에 있다. 특히 (한국의 무력통일과 북한의 평화통일이라는) 남북통일 방식이 다른 조선에서 공화국 측의 평화정책의 실체를 파악하는 것이 조선 방문의 목적"임을 밝혔다.

구로다는 먼저 북한의 '역동적인' 건설과 발전상을 강조해서 설명했다. 그가 전하는 북한의 발전상은 '경이적'이었다. 훌륭하게 포장된 넓은 도로와 잘 정돈된 녹지대, 대학교, 극장, 국제호텔, 노동자 아파트, 정부 관계 기관의 건물들이 이미 건설됐거나 건설 중이었다. 또한, 평양 주변의 방직공장, 담배공장, 인쇄공장 등이 활발하게 가동되고 있었다. 그의 종합적 평가에 따르면 북한은 전후의 경제 부흥을 빠른 속도로 진척시키고 있었다.

구로다는 북한의 '급진적' 경제 부흥을 입증하기 위하여 북한 당국이 발표한 통계를 그대로 활용했다. 북한 당국이 발표한 통계는 "최근 인민경제의 발전 양상을 이해하는 데 대단히 편리하다"라고 강조하

면서, 그는 정부가 발표한 각 산업의 초과생산을 사실로 받아들이고 독자에게 전했다. 예를 들면, 1954년의 생산은 1953년 비하여 중공업은 171%, 화학건재공업은 128%, 경공업은 163%, 전기는 227% 증가했고, 석탄은 257%, 목재 245%, 종이는 285%, 고무는 158%, 연와는 26배를 초과생산했다.

이뿐만 아니라 경제의 동맥이라 할 수 있는 교통 수송 부문은 전쟁 중에 파괴된 철도를 완전히 복구함으로써 화물 수송량이 150%, 자동차 화물 수송량은 203% 초과 달성했다. 토지개량과 관개시설 확대로 농업과 축산업 또한 107% 초과생산을 달성했다. 농촌경제의 복구 및 발전에 중심적 역할을 하는 농업협동조합은 '선각적 농민의 광범한 자발적 운동'으로 집단 경제의 우수성을 발휘하고 있었다.

가장 활발하게 발전하는 건설 분야에서는 도시, 공장, 학교, 병원, 극장, 주택을 세우고, 도로, 교량, 철로 공사를 하고 있었다. 이 모두는 '인민'을 위한 것이었다. 그에 따르면 노동자 아파트는 "위생적인 수세 변소가 설치돼 있고, 겨울에는 난방설비로 스팀이 완비돼 있고, 한 세대가 살아가는 데 필요한 모든 도구가 갖춰져 있어서 노동자는 트렁크 하나만 가지고 입주하면 바로 그날부터 가정생활을 영위할 수 있을 정도로 완벽하다"라고 했다. 이러한 아파트는 노동자에게 '거의 무료'로 공급된다는 것이다.

하지만 구로다의 이와 같은 찬사는 거짓이었다. 황장엽이 생생하게 전하는 당시 북한의 사회상은 전혀 다르다. 4년의 모스크바 유학 생활을 끝내고 1953년 말 평양으로 돌아온 황장엽의 증언에 의하면 "주변에서는 좀도둑이나 유랑 걸식하는 소년들과 소매치기하는 애들이 나날이 늘어났다." 그가 살던 집만 해도 비가 오면 "방이 질퍽하게 물이 샜고, 누우면 역한 냄새가 코를 찌르고 벌레가 온몸을 기어 다니고" 있었다. 이것이 당시 북한의 실상이었다.[03]

일본의 대표적 극작가 기노시타 준지의 북한 방문 회상록도 구로다의 방문록과는 크게 다르다.[04] 1955년 8월 당시 북한은 전쟁 피해를 복구하기 위한 건설공사를 맹렬히 추진하고 있었다. 하지만 그 건설은 거의 초기 단계였을 뿐, 구로다가 강조하는 것처럼 '노동자가 트렁크 하나만 가지고 입주'할 정도로 완벽한 것은 전혀 아니었다. 기노시타의 다음과 같은 체험담은 당시의 실상을 잘 설명해 주고 있다.

> 우리가 평양에서 묵어야 할 숙소인 5층짜리 호텔이 건설 중이었기 때문에 조선직업총동맹의 사무소인 건물에 묵어야만 했다. 집기를 막 들여놓은 임시변통의 숙소라는 것이 이 시점의 조선 실정을 나에게 보여주었다. 필시 이 건물의 최고급이라고 생각되는 2인용 방의 마루는 세 종류의 융단을 이어서 기운 것을 깔아 간신히 숨겼다. 급히 구입하여 들여 놓은 것이 틀림없는 선풍기와 동독東獨에서 만든 라디오의 코드는 표준 코드와 나선 상태로 꼬아서 벽에서 튀어나온 굵은 나선과 얽어 놓았다. 식당에 앉아 있는 약 20명 앞에 놓여 있는 컵 가운데에는 조잡하고 작은 것이 있는가 하면 두꺼운 기포가 있는 것도 있었고, 병에 담긴 음료수도 오래된 것이 아닌가 생각된다. 커

---

03 황장엽, 『回顧錄』(시대정정, 2006), p.118.
04 기노시타 준지(木下順二, 1914-2006)는 일본의 대표적 극작가이며 평론가였고 진보적 문화인이다. 그는 1973년 여름 도쿄를 방문한 만수대예술단의 「꽃 파는 처녀」공연을 관람하고, 1955년 해방 10주년을 맞아 북한의 초청을 받고 평양을 방문했던 당시의 회고록 일부를 〈세카이〉 10월호에 게재했다.

피잔과 잔받침, 환영연을 위하여 마개를 뽑아야 할 탁상에 놓여 있는 맥주와 사이다의 병까지 전부 제각각이다. 멀리 복도 끝에 있는 변소는 물론 수세식이 아니다. 다만 매일 아침 반드시 깨끗이 청소하고 소독제가 놓여 있다. 총체적으로 부족한 가운데 가진 것을 다한다는 마음을 느낄 수 있다.[05]

물론 북한은 1953년 8월 당중앙위원회 6차 전원회의에서 중공업 우선, 경공업, 농업의 동시 발전과 농촌에서의 사회주의적 개조를 위한 사전 작업으로 일부 지역에서 경험적인 농업협동조합 실시라는 정책 기조를 확정했다. 그리고 이를 전후 경제 발전의 기본 노선으로 정하고 복구 건설에 주력한 것은 사실이다. 그러나 막대한 전쟁 피해와 일년도 안 되는 짧은 복구 기간에, 그것도 내부 권력투쟁이 진행되는 과정에서 당국이 발표한 소위 '초과 달성'은 허구에 지나지 않았다.

구로다가 북한을 방문한 1954년 여름은 휴전1953년 7월 23일된 지 일년이 지난 때였다. 북한은 전쟁으로 대부분의 산업시설이 파괴됐고, 농토는 폐허가 됐다. 인력 손실 또한 막대했으며 산업 생산량도 격감했다. 전쟁의 상처로 북한 주민의 삶과 북한 경제가 가장 어려웠을 때라고 할 수 있다.[06] 공업 분야에서 생산 목표를 초과 달성했고 농업에서도 자급자족의 단계를 성취했다는 북한의 주장과 통계는 사실과는 크게 달랐다. 실제로는 서대숙의 연구가 밝힌 바와 같이 단지 경제를 "전쟁 이전의 수준으로 회복시키는 캠페인을 시작한 데 지나지 않았

---

05 木下順二, 「マンスデ藝術團の公演を見て-ひとつの感想」, 1973.10.
06 이종석, 『새로 쓴 현대북한의 이해』(역사비평, 2000), p.73; 서동만, 『북조선사회주의 체제 성립사, 1945~1961』(선인, 2005), p.603~626 참조.

다."[07] 실질적인 생산과 건설은 구로다의 기록과는 거리가 멀었다.

구로다에 따르면 북한은 "진지하게 평화를 추구"하고 있었다. 그 이유는 평화가 "경제부흥과 밀접한 관계"가 있다고 믿기 때문이라는 것이다. 그는 1953년 이후 북한은 3단계 경제개발 정책을 택했다고 설명했다. 제1단계는 준비 기간으로서 약 일 년, 제2단계는 3개년계획, 그리고 제3단계는 5개년계획을 추진했다. 그 목적은 "인민경제의 급속한 복구 및 발전, 장래 공업화의 기초 확립, 그리고 남북 평화통일과 독립을 이룩하기 위함이었다. 앞에서 지적한 초과생산에 의해 북한은 5개월 앞당겨 첫 단계를 완료할 수 있었다는 것이다.

그는 북한의 인민경제가 이렇게 경이적으로 발전할 수 있는 원동력으로 세 가지를 제시했다. 첫째는 국가의 경제 발전이 곧 대중의 경제생활 향상을 담보하는 것이라는 "인민민주주의 경제 체제의 특색"에 있었다. 둘째는 사회주의의 선진국인 "소련과 인민민주주의의 선배국인 중국이 무상으로 지원하고 있는 물자와 기술과 노력의 강력하고도 우애적인 원조"였다. 셋째는 가장 중요한 요인으로 "경제 발전을 위해서는 평화 유지가 절대적이라는 확신"과 "평화 유지는 공화국의 대중에게 있어서는 국가 경제의 발전과 대중의 행복을 위하여 절대로 필요하다는 북조선 지도자의 확고한 신념"의 결과였다. 그러므로 북한의 체제는 자본주의 체제와 본질에서 다르다는 것이다.

구로다가 인식하고 있는 자본주의 체제는 사회주의 국가와 달리 평화를 근거로 하는 것이 아니라 전쟁을 통하여 경제 발전을 추구하고 있었다. 그 대표적인 예로 한반도에서 전쟁을 주도한 미국을 들 수 있다는 것이다. 즉, 한반도에서 전쟁이 일어나기 전 미국은 심각한 경제공황을 맞

---

07 서대숙 지음/서주석 옮김, 『북한의 지도자 김일성』(청계연구소, 1989), p.123.

이했으나, 전쟁을 통하여 벗어날 수 있었다는 것이다. 따라서 한반도에서의 전쟁은 경제공황 극복이라는 목적을 실현하기 위하여 미국이 막후에서 기획·주도하고, 이승만이 일으킨 대리전이라는 것이다.

좀 더 구체적으로 설명하면 자본주의 체제의 핵심적 지위를 점하고 있는 군수 자본가들은 본질적으로 평화가 장기간 지속되는 것은 바람직하지 못하다고 생각한다. 그리하여 때때로 전쟁을 유도하고, 한반도의 전쟁도 그러한 자본주의의 속성에서 나타났다는 것이다. 이와 반대로 북한은 전쟁을 통하여 이익을 취하는 계급이 하나도 없기 때문에 전쟁을 원하지도 않고 일으키지도 않는다는 것이다. 결국, 한반도의 전쟁은 남침이 아니라 북침이라는 의미이다. 구로다는 북한의 평화주의를 다음과 같이 강조했다.

> 인민공화국의 사람들은 평화에 의하여 모두가 하나같이 이익을 향유하고, 전쟁으로 모두가 피해를 보는 관계에 있다. 인민공화국 사람들의 평화주의에는 확실히 물질적 기초가 있다. 그것은 현실적인 평화주다. 그렇기 때문에 인민공화국의 평화정책은 문자 그대로 평화정책이라고 생각해도 좋다. 아니, 그렇게 생각하는 것이 옳다. 내가 이 나라에 와서 확인할 수 있었던 것은 평화정책의 실체를 확실히 파악할 수 있었다는 것이다.[08]

북한의 지도자들이 '평화 애호가'인 이상 북한의 통일정책 또한 평화주의를 바탕으로 한다고 주장하는 것은 당연한 귀결이다.

구로다에 따르면 한반도 통일 구상에는 본질적으로 서로 다른 두

08　黑田壽男, 같은 글.

개의 방안이 존재하고 있었다. 하나는 이승만의 무력에 의한 통일 방식이고, 다른 하나는 조선민주주의인민공화국의 평화적 통일 방침이다. 그가 만나본 북한의 지도자들은 모두가 남과 북이 속히 통일을 이루어야 한다는 것에는 동의하지만, 그들은 "전쟁광신자인 이승만 정권과 달리, 한반도의 통일은 어디까지나 평화적이어야 한다"는 믿음을 가지고 있었다는 것이다. 그리고 북한이 강조하는 평화통일정책은 단순한 수식이나 기만책이 아니라, 말 그대로 평화주의에 대한 확신에서 나왔다는 것이다. 즉, 한반도에 평화가 지속되기만 한다면 북한의 경제는 날로 발전하고, 북한 주민의 생활수준은 향상될 것이다. 반대로 한국의 모순된 자본주의경제는 침체하고, 주민의 삶은 점차 어려워지게 될 것이다. 그 결과 남북의 경제와 생활수준에서 상당한 차이가 나타나게 될 것이고, 경제적 격차가 벌어질수록 한국 주민들은 북한을 동경하게 될 것이고, 결국은 북한 주도의 평화통일이 성취될 것으로 생각했다. 평화와 경제 발전, 통일의 논리를 구로다는 다음과 같이 설명했다.

> 앞으로 (남북의) 격차가 어떻게 나타날 것인가는 조선 남북의 전 대중이 눈이 있는 이상 보게 될 것이다. 생각하는 마음을 가진 인간이라면 그것을(남북의 경제적 격차) 보고 어떻게 생각할까? 평화주의와 평화 경제를 기초로 하여 발전하는 방향으로 마음을 열지 않을 대중은 없을 것이다. 무엇이 좋아서 위험한 무력 남진을 취할 필요가 있겠는가. 평화만 있다면, 평화만 계속된다면 인심은 하나의 방향으로 모이고 통일될 수밖에 없다.

인민공화국의 사람들은 이를 꿰뚫어 보고 있고, 또한 확신을 가지고 있다. 그것은 실로 강력한 확신이다. 북한의 지도자들은 이 확신을 바탕으로 평화적인 정책에 전념하고, 전 조선에 평화주의를 침투시키기 위하여 노력하고 있다. 그리고 그들의 평화주의가 남한 대중의 마음을 사로잡을 수 있다고 확신하고 있다. 인민공화국의 정치가들이 이승만과 같이 '무력' 남진 정책을 주장하지 않고, 평화통일을 부르짖는 것은 이와 같은 물질적이고 현실적인 기초가 있다.[09]

구로다의 관찰에 의하면 북한이 이처럼 평화통일의 원칙을 지향하고 있지만, 동시에 '위기상황'에 대비한 준비도 충실히 하고 있었다. 특히 미국이 무력을 사용하려는 의도를 가지고 있고, 또한 이승만이 이를 배경으로 북침할 가능성이 있기 때문에 항상 이에 대응할 준비를 게을리하지 않고 있었다. 구로다는 "인민공화국의 평화주의는 객관적인 정세를 무시한 이상적인 것만은 결코 아니다"라는 것이다.

일본에 대해서도 북한은 이승만 정권과는 본질적으로 다른 태도를 보인다고 구로다는 평가했다. 그에 따르면 이승만은 "죽도(독도-필자)를 조선의 영토라고 주장하며 이를 점령하고 있고, 이승만 라인을 선포하고 조선 해협을 부당하게 장악하고 일본 어선을 압박"하고 있었다. 물론 북한도 일본 제국주의의 식민지정책에 대해서 신랄하게 비판하지만, 일본 국민에 대해서는 과거 식민지 시대와 같이 적대적 관계의 원인이 되는 '악惡감정'을 가지고 있지 않다는 것이다. 오히려 북한은 남한과 달리 일본에 대해서 우호 관계 회복과 문화와 경제 교류

---

09 위의 글.

를 희망하고 있는 것으로 평가했다. 일본의 남·북한 정책도 반일 태도를 강화하고 있는 이승만과의 관계 개선보다 평화 지향적이고 일본에 우호적인 북한과의 관계를 검토하는 대전환이 필요한 시기에 이르렀다는 것을 그는 결론으로 제시했다.

구로다의 북한 방문기에서 볼 수 있는 특이한 점은 방문기 그 어디에도 김일성의 리더십이나 그의 동향을 전혀 언급하고 있지 않다는 것이다. 다만, 8·15광복 제9주년 기념식에 김일성이 참석했다는 것만 밝혔을 뿐이다. 이는 구로다가 북한을 방문한 1954년만 해도 김일성의 절대적 지위가 다져지지 않았음을 보여준다. 전후 1950년대 말까지 북한 내부에서는 치열한 권력투쟁이 벌어졌다. 김일성의 권위는 당시 권력의 핵심에서 소외되어 있던 연안파, 소련파, 국내파로부터 끊임없이 도전받고 있었다.[10] 물론 김일성은 이와 같은 도전에 성공적으로 대처해 나갔다. 그러나 당시 이러한 내부 사정으로 아직 그는 '위대한 수령'의 지위에까지 오르지 못했던 것으로 보인다.

이처럼 〈세카이〉에 나타난 최초의 방북기에 따르면 북한은 역동적인 사회이고, 경제는 하루가 다르게 발전하고 있으며, 주민들은 물질적으로 부족함 없는 삶을 영위했고, 그리고 북한의 지도자들은 절대적 평화 신봉자였다. 그러나 이 방북기에 나타난 북한의 모습은 체험이나 사실에 근거한 것이 아니라 북한 당국이 제시한 통계나 선전을 그대로 독자에게 전달한 것뿐이다. 그리고 그것에 희망적이고 관념적인 사회주의 이념을 첨가했을 뿐이었다.

---

10 당시 북한 내부의 권력투쟁에 관하여 서대숙, 위의 책, p.120~138; 이종석, 앞의 책, p.74~97 참조.

3. '극락정토極樂淨土'

〈세카이〉의 두 번째 북한 방문기는 1960년 6월호에 게재됐다. 자민당 소속 국회의원이자 재일조선인귀국협력회 대표인 이와모토 노부유키岩本信行가 조선적십자위원회 및 귀국영접위원회의 초청을 받아 북한을 방문한 기록이다.[11] 그의 북한 방문 목적은 재일교포, 특히 조선인과 동행한 일본인의 북송 후 북한에서의 생활상을 시찰하기 위한 것이었다. 북한 찬미로 일관된 그의 방북기는 당시 일본 정부가 추진한 소위 '귀국사업'을 정당화하고 선전하는 역할을 했다.

'귀국사업'. 이는 인도주의라는 이름으로 1959년부터 1984년까지 일본 정부가 추진한 재일교포의 북송 프로젝트를 일컫는 말이다. 이 '인도적 조치'로 일본인 배우자를 포함하여 9만 3,344명의 재일교포가 북한으로 보내졌다.[12] 일본 정부는 이 '귀국사업'을 "거주지 선택의 자유는 인간의 기본적 인권"이라는 명분을 입혀 실행했지만 실은 "가난하고 범죄율이 높은 골치 아픈 존재"인 재일교포를 일본 영토

---

11 岩本信行, 「北朝鮮の印象-歸國者達をたずねて-」, 1960.6. 이와모토 노부유키(1895~1963)는 전후 제2차 요시다 내각(1948~1949)에서 국무위원을 지냈고, 1949년부터 1953년까지 중의원 부의장을 역임한 거물 정치인이다. 그의 방북에는 당시 사회당 국회의원이며 재일조선인귀국협력회의 간사장직을 맡고 있었던 호아시 게이(帆足計, 1905~1989)가 동행했다. 이와모토는 일본 정부가 전후 최초로 북한 입국을 허용하는 여권을 가지고 방북했다.

12 '귀국사업'으로 알려진 재일교포의 북송은 1959년 인도 캘커타에서 일본적십자사와 북한적십자 사이에 조인된 귀환협정에 따라 1959년 12월부터 1967년 11월까지 155회에 걸쳐 8만 8,611명이 북송됐다. '귀국사업'은 그 후 당분간 중단됐다가 1971년 5월에 재개되어 1984년 완전히 끝나기까지 총 9만 3,344명이 일본에서 북한으로 보내졌다. 그 가운데 6,670명의 일본인과 9명의 중국인 배우자가 포함됐다.

니카타 항을 떠나는 북송선

밖으로 몰아내는 "사실상의 추방사업"이었다.[13]

그동안 '인도적 조치'로 포장돼 있던 '귀국사업'은 테사 모리스 스즈키Tessa Morris-Suzuki 교수의 연구로 그 '추악한 실상'을 자세히 전했다. 국제적십자 문서와 1차 자료를 바탕으로 당시 진실을 추적한 모리-스즈키의 연구에 의하면 '귀국사업'은 일본 정부, 외무성, 일본 적십자사, 그리고 일본 언론이 합작한 '비인도적' 사업이었다.[14] '추방'을 '인도적 조치'로 위장하기 위하여 일본 언론은 북한을 '지상의 낙원'으로 만들었다. 그리고 그 최전선에 〈세카이〉가 있었다.

일본 정부는 1959년 2월 13일 "재일교포의 북조선 귀환 문제는 기

---

13 「歸還事業, 1959年文書に本音」,〈朝日新聞〉 2004.5.18. 2000년대 이후 일본에서 재일교포의 북송과 관련된 정부 자료가 공개되면서 이에 대한 관심이 높고 연구도 활발하다. 吳日煥,『引揚·送還をめぐる1950年代の日中·日朝交渉に關する硏究-交渉戰略と交渉理論-』, 筑波大學博士論文(2006); 高崎宗司 外,『歸國運動とは何だったのか』(平凡社, 2005); 朴正鎭,『日朝冷戰構造の誕生, 1945-1965: 封印された外交史』(平凡社, 2012) 참고.

14 テッサモーリス-スズキ 著/田代泰子 譯,『北朝鮮へのエクソダス: '歸國事業'の影をたどる』(朝日新聞社, 2007).

2장 북한 방문기 177

본적 인권에 기초한 거주지 선택의 자유라는 국제 통념에 따라 처리한다"라는 원칙과 일본적십자가 국제적십자와 협의하여 귀국사업을 담당한다는 내용을 발표했다.[15] 정부는 한 걸음 뒤로 물러나고, 적십자를 전면에 내세웠다.

〈세카이〉는 귀국사업을 전폭적으로 지지하고 나섰다. 〈세카이〉는 귀국사업이 "기본적 인권을 지키기 위한 인도주의의 구현"이고, 한일 양국 "인민의 평화 애호와 우호 정신의 발현"이기 때문에 일본 정부가 더욱 적극적으로 나서 줄 것을 촉구했다. 그 반면에 한국에서 전개되고 있는 재일교포 북송 반대운동은 국내적으로 정치적 위기를 맞이한 이승만 정권이 이를 계기로 여론을 통합하여 반일운동을 전개함으로써 정치적 위기를 극복하려는 술책으로 평가했다. 또한, 재일교포의 북송을 계기로 일본은 북한과 공식적 통상 관계를 재개함으로써 한국 정부의 반대에 대응할 것을 제안하면서, 북한 당국이 발표한 경제·산업 발전 통계를 마치 진실인 양 보도했다. 그리고 북한은 재일교포를 맞아들일 수 있는 물질적·환경적 여건이 완전히 준비돼 있다는 북한 〈로동신문〉의 기사를 비판 없이 지지하면서 소개하기도 했다.[16]

〈세카이〉는 1959년 12월 14일 재일교포 975명이 탄 첫 귀국선의 니가타新潟 출항을 "자유권에서 공산권으로의 집단 대이동"의 첫걸음이라고 의미를 부여했다. 귀환하는 재일교포들은 "조국으로 돌아가는 기쁨, 조국의 건설에 참여할 수 있는 자부심에 가득 차 있고, 일본에

---

15 〈朝日新聞〉, 1959.2.12.
16 「日本の潮: 朝鮮人歸國問題と人道主義」, 1959.5; 「日本の潮: 在日朝鮮人歸國問題」, 1959.8; 「讀者の頁」, 「'六月十一日'-在日朝鮮人の歸國が解決した日」, 1959.8; 藤島宇內, 「朝鮮人歸國と日本人の盲點」, 1959.10; 「世界の潮: 朝鮮のニつの現實」, 1959.11.

서 쌓인 슬픔과 고달픔을 한 번에 날려버리는 순간"이었다고 보도했다. 또한, 귀환자들을 기다리고 있는 북한은 "어려움과 고달픔의 상징인 아리랑의 나라가 아니라, 천리마운동이 활발하게 진행되고 있는 김일성 장군의 노래로 가득 찬" 희망의 나라로 그렸다. 〈세카이〉는 귀환자에 대한 북한의 환영 보도를 그대로 인용하여 전했다.

직업은 귀국자의 희망에 따라 공업이나 농업 분야를 택할 수 있다. 교육도 희망과 정도에 따라 받을 수 있다. …… 일본에서 한 푼도 가지지 않고 귀국한 사람도 정부가 준비금을 지급하여 의식주를 조금도 염려할 필요가 없다. …… 귀국자를 받아들일 준비는 도시와 농촌에 1만 호가 준비돼 있으나 귀국의 진전과 함께 계속해서 건설할 계획이다. 모두 블록으로 건설한 아파트와 농촌주택으로서 조립식이기 때문에 속도가 빠르다. 8분에 한 채씩 건설되고 있다.[17]

이와모토의 방북기

〈세카이〉는 일본이 주도하고 있는 재일교포의 귀국사업이 "일본과 조선을 잇는 우호의 다리가 될 것"이라고 장담했다. 그러나 그것은 거짓이었다. 귀국사업은, 모리스-스즈키의 표현을 빌리면 "책략과 기만

---

17 「日本の潮: できるか日朝のかけ橋」, 1960.2.

과 배신의 이야기"였을 뿐이었다.[18]

이와모토의 방북기는 이러한 〈세카이〉의 '거짓' 보도를 입증해 주는 기사였다. 그는 평양에 도착한 후 북한 당국으로부터 후한 대접을 받았고, 당시 실력자인 김일, 남일, 이주연 등을 면담했다. 3월 13일 도착하여 4월 4일 북한을 떠날 때까지 이와모토는 평양, 함흥, 청진 등을 방문하여 고위 인사들과 회견하고, 안내인을 따라 농촌, 병원, 학교, 탁아소, 귀국자의 주택 등 북한의 모습과 북송자들의 생활상을 돌아보았다. 〈세카이〉는 이와모토를 통해서 북송자의 모습을 다음과 같이 전했다.

> 결론적으로 말해서 귀국자들은 물심양면으로 완벽한 대우를 받고 있다. 즉, 귀국자들은 모두가 희망에 따라 취직하고, 주택을 공급받고, 어린이의 교육은 전액 국가가 부담하고, 사회보장은 철저히 실시되어 생활에 대한 불안은 전혀 없다. 일본에서 실업 상태에 있었던 귀국자들은 정말로 극락정토에 안착했다고 할 수 있다.[19]

이와모토에 따르면 귀국자에 대한 북한 당국의 환영은 진정한 민족애와 동포애로 차고 넘쳤다. 도착 후 귀국자는 10일에서 14일 정도의 휴식을 취한 후 '단 한 명도 예외 없이' 각자 희망하는 곳에 취직했고, 학생은 희망하는 학교에 취학하도록 준비돼 있었다. 직장에 취직한 귀국자들은 모두 직장 부근에 새로 지은 주택을 제공받았고, 2주

---

18 テッサモリス スズキ, 앞의 책, p.25.
19 岩本信行, 앞의 글.

흥남비료공업기업소

일 정도 살아가는 데 필요한 쌀, 된장, 기름 등 식료품을 지급받고, 옷장, 침구, 냄비, 세면기, 빗자루 등 생활에 필요한 일체의 가재도구는 물론, 노동복과 구두까지 제공받았다. 귀국자들은 취직이 결정되는 날 한 달 월급의 특별수당과 정규 월급을 포함하여 두 달치 월급을 먼저 지급받게 되고, 일본에서 습득한 기술에 대해서는 따로 '정당하게 평가'하여 추가로 보상을 받았기 때문에 불만이 발생할 여지는 전혀 없었다. 이와모토가 특별히 관심을 가지고 조사한 약 430명에 달하는 '일본인 처'들은 언어가 통하지 않아서 불편한 점은 있으나 직장과 주변의 친절한 도움으로 만족스러운 가정생활을 하고 있었다. 따라서 일본에서 우려하고 있었던 것은 '기우'에 불과했다.

방문기가 전하는 북한은 "세계 그 어느 국가에서도 볼 수도 없고 생각할 수도 없는 변혁을 시도"하는 체제였다. 이러한 변혁의 결과로 각 분야에서 진행되고 있는 건설은 "상상했던 것보다 100배 또는 200배나 빠르게 진전"되고 있었다. 모든 토지를 국유화했기 때문에 당국은 마음대로 구획을 정리하고, 그 위에 근대건축물을 건설하고 있었다. 노동자 제일주의에 따라 노동자의 주택들이 중심지에 들어서고 있었다. 1만 명 이상의 노동자를 수용하고 있는 방직공장, 비료공장, 제철공장, 각종 기계제작공장 등은 모두가 근대적으로 자동화돼 있다는 것이다. 그리고 모든 공장은 할당된 1960년의 생산계획량을 8월 15일까지 완수하기 위하여 매진하고 있었고, 농수산업 또한 공동경작, 공동수확, 공동분배를 통해 완전한 자급자족의 단계를 넘어서고 있었다. 그리고 자동차와 자동차의 승객이 많지 않고 거리가 한산한 것은 공장과 학교 근처에 필요한 만큼 주택을 건설하기 때문에 누구나 걸어서 통근할 수 있고 모두가 생산에 참여하기 때문이라는 것이다. 이 모든 발전은 이와모토에 따르면 "감격" 이외에는 달리 표현할 수 없었다. 북한의 사회보장과 교육제도 또한 높이 평가했다. 사회보장의 철저함은 그 어느 선진국에도 뒤지지 않았다. "병원에는 회계과가 없다"라고 할 정도로 모든 입원과 치료, 출산, 한밤중의 왕진, 약품 모두가 무료이고, 이러한 혜택은 신분의 차별 없이 공평했다. 이뿐만 아니라 60세 이상의 노인으로 신체허약자는 양로원에서 보호받고, 유치원과 탁아소도 무료일 뿐만 아니라 식사도 공급하고 있었다.

교육제도 또한 '극락정토'나 다를 바 없었다. 의무교육인 4년의 인민학교와 3년의 중등학교는 전적으로 국비 부담이고, 고등학교의 수업료도 무료이며 상당한 기금이 조성되어 있었다. 그리고 대학에 진학하면 모든 학생은 매월 일본 화폐로 2,250엔에 해당하는 장학금을 받았다. 이 때문에 "학생들은 수업료를 내는 것이 아니라 오히려 수업료를 받으면서 공부한다"라는 것이다. 또한, 통신교육제도가 실시되고 있어서 직장이나 공장에서 누구나 대학 교육을 받을 수 있었다. 직장에서 대학 교육을 받는 학생들은 겨울 한 달과 여름 한 달은 급료를 받으면서 대학에서 공부할 수 있는 시스템이 충실히 실천되고 있다는 것이었다. 이와모토의 표현에 따르면 "정말로 학생 천국"이었다.

이와모토는 북한 사회가 아직 전쟁으로 인한 파괴를 완전히 극복하지 못했고, 또한 중화학공업에 치우친 산업구조로 소비 물자가 풍부하지 못하다는 점을 인정했다. 또한, 기획경제, 통제경제, 배급경제이기 때문에 서비스가 결핍됐고 선택의 여지가 없다는 것도 인정했다. 그러나 다른 나라에서는 볼 수 없는, 빈부격차 없이 모두가 평등한 생활을 하고 있다는 점을 높이 평가했다. 그 이유는 교육비, 육성회비, 의료비가 무료이고, 주택 임대료도 거의 무료 수준이며, 쌀 배급 또한 무료에 가깝기 때문이라는 것이었다.

1954년에 북한을 방문한 구로다와 같이 이와모토도 일본이 북한과의 관계 정상화를 모색할 것을 몇 가지 이유를 들어 주장했다. 첫째는 북한의 지도자들은 이승만과 달리 "이상하다고 할 정도로 지난 40년간의 일본 통치에 대한 비판이 없고 일본에 우호적"이라는 점이다. 둘째는 북한은 국교 정상화가 이루어지기 전이지만 정치와 경제를 분리하여 일본과 직접무역을 강력하게 희망하고 있다는 것이다. 셋째는

인민대학습장

직접무역을 통해서 양국이 다 함께 경제적 이득을 취할 수 있기 때문이었다.[20]

이와모토 또한 한반도 분단의 책임은 한국의 이승만 정권에 있고, 한국은 여전히 미국과 함께 유엔군이라는 이름으로 불법 침략을 준비하고 있는 반면에 북한은 평화적·합리적 통일을 지향하는 평화 애호 국가로 그리고 있다.

이와모토의 방북기에서는 구로다의 방북기와 두 가지 다른 점을 찾아볼 수 있다. 우선 1970년대의 방문기와 같이 열광적인 것은 아니지만, 김일성의 리더십을 높이 평가하고 있다는 점이다. 그는 북한이 경이적으로 빠른 건설과 발전, 그리고 사회 안정을 이룰 수 있는 것은 김일성이라는 "탁발卓拔의 지도자"가 있었기 때문이라는 것을 강조했다. 또 다른 하나는 이와모토가 북한의 현상을 높이 평가하면서도 몇 가지 의문점을 제기하고 있다는 점이다. 즉, 자본주의와 시장경제, 자유기업에 익숙한 일본인으로서 모든 것의 국유화, 부의 균일화 속에서 인민의 근면성과 저축심, 창의성을 어떻게 기대할 수 있을까? 둘째는 모든 것을 국가가 통제하고 경영하는 구조에서 과연 언론 비판의 자유가 가능할까? 셋째는 세계 그 어느 국가와도 비교할 수 없을 정도로 사회보장과 교육 등을 철저히 국가가 부담하고, 세금이 거의 없는 북한에서 주택, 도로 건설 등에 필요한 막대한 국가재정의 수입원은 무엇일까? 넷째는 군인은 지원병제도에 의해서 형성된다고 하는데, 생활이 철저하게 보장된 인민 가운데 과연 때에 따라 사지死地

---

20 예컨대 이와모토에 따르면 "청진에서 일본 八幡제철소로 수출하는 무연탄이 직접 일본으로 가지 못하고 홍콩을 거쳐서 수송되는 간접무역이기 때문에 부당하게 수출액의 3퍼센트가 홍콩 상인에게 착취당한다"라는 것이다. 결국 일본이나 북한이 함께 손해보고 있다는 것이다.

에 가야 할 군인에 지원하는 젊은이가 있을까? 등과 같은 것이다. 하지만 그의 이러한 의문은 부정적 의미를 품은 것이 아니라, 일본에서는 불가능한 것이 북한에서는 가능하다는 데 대한 긍정적이고도 부러운 의미를 담고 있었다.

이와모토의 방북기는 다음과 같이 끝맺고 있다. "재일조선인귀국협력운동은 인도적 견지에서, 또한 이웃 사랑이라는 입장에서, 그리고 과거 일본의 과오를 겸허하게 반성하는 당연한 책무로서 미력이나마 계속해야 할 것이다. 이번 북조선 방문을 통해서 (귀국자를) 받아들이는 체제의 실상을 보고 상상했던 것보다 완벽한 것을 확인하고 기쁨을 금할 수 없다." 그러면서 귀국사업은 "어디까지나 귀국자의 자유 의지에 의한 선택"이라는 점, 그리고 일본 지도층 인사들에게 귀국사업에 "한층 더 관심을 가지고 협력해 줄 것"을 당부했다.

〈세카이〉는 이와모토 방북기의 진실성을 입증하기 위하여 두 편의 「일본인 처의 수기」를 부록으로 달았다.[21] 한 일본인 처는 "우리는 아무런 걱정 없이 조국의 따뜻한 품에 안겨 꿈같은 생활을 보내고 있습니다. 부디 일본에 있는 조선인은 물론 일본인 처도 안심하고 하루라도 빨리 귀국할 것을 간절히 바라고 있습니다"라고 귀국을 촉구했다. 또 다른 일본인 처는 "조선민주주의인민공화국은 잘난 사람과 못난 사람의 차별이나 민족 차별이 없는 정말로 고마운 나라라고 생각합니다. …… 일은 즐겁고 직장의 동료들이 친절하여 불편한 것은 하나도 없습니다. …… 일본인 여성들은 남편이 조선인이라 해서 헤어져야 한다는 생각은 버리고 자식을 위해서도 반드시 함께 귀국하십시오. 염려할 것은 하나도 없습니다"라고 역시 일본인 배우자의 북한행

21　手記 1,「何の心配もいりません」; 手記 2,「子供とともに」, 1960.2.

을 촉구했다.

그러나 세월이 가면서 〈세카이〉의 보도나 방북 기사가 거짓임이 밝혀졌다. 귀국자들이 극락정토에서 살고 있다는 증언 또한 거짓이었다. 일본인 처의 북한행을 촉구하는 '수기'는 북송을 독려하기 위한 일본과 북한의 합작 선전이었음이 드러났다. 귀국자들의 거주지와 직장을 결정하는 '배치사업'은 이와모토나 〈세카이〉가 전하는 것과 같이 결코 귀국자의 희망에 따라 정해지는 것이 아니었다. 북한을 탈출한 한 귀국자는 "북조선에서 제2의 인생을 결정하는 '배치사업'은 개인의 희망과는 전혀 관계없는 강제적이고 난폭한 것이었다"라고 증언했다.[22] 그리고 무엇보다도 참기 어려운 것은 굶주림이었다. 한 귀국자의 고백에 따르면 일본에서 "의식주가 완전히 보장된 공화국"이라는 선전과 달리 "귀국자들은 거지와 같이 들판을 유랑하며 풀뿌리와 나무껍질로 생명을 유지했다"라며 "'소나무 껍질을 벗겨 먹는 남조선의 절량 농민'이라는 총련의 선전 문구를 우리는 사회주의 조국에서 실천하고 있다. 그렇다. 일본에는 농민을 '살지도 못 하고 죽지도 못 하게 착취한다'는 말이 있다. 우리가 바로 그런 농민과 같다. …… 이 '지상의 낙원'이라는 조국에 먹을 음식이 없다"라고 탄식했다.[23]

'지상의 낙원'이라는 귀국자들의 꿈과 희망은 물거품처럼 사라졌고 그들이 맞이한 현실은 추위와 배고픔과 절망이었다. 그들은 '극락정토'에서 사는 것이 아니라 '죽음의 동토'에서 살았고, 북송 대열에 합류했던 일본인 처는 다시 고향 땅을 밟지 못하고 죽어갔다. 일본 정

22　鄭箕海, 『歸國船-北朝鮮 凍土への旅立ち』(文藝春秋, 1997), p.74~79.
23　金元祚, 『北朝鮮幻滅紀行-凍土の共和國』(亞紀房, 1984), p.256.

부와 언론과 조총련이 선전한 것과 같이 '행복하고 활기찬 삶'을 누릴 수 있다는 희망과 꿈을 안고 북한으로 간 사람들의 삶은 고통과 후회의 연속이었다. 재일교포와 함께 북송된 일본인 처가 일본에 있는 부모형제에게 보낸 편지는 그들이 얼마나 어려운 생활을 감내해야만 했고, 고향에 대한 그리움이 어떠했는지를 잘 설명해 주고 있다.

1967년 한 일본인 처는 동생에게 보낸 편지에서 "우동과 생선을 한 번 먹어 보고 싶다"라고 썼는가 하면, 또 다른 일본인 처는 1973년 자신의 형제에게 보낸 편지에서 "이곳에서 살아가는 참모습을 이야기한다 해도 너희가 믿을 수 없다는 것이 비극이다. 아! 정말 보고 싶고 또 보고 싶다. 날개가 있다면 지금 당장이라도 새鳥가 되어 바다를 건너 다시 (일본으로) 돌아가고 싶다"라고 북한에 온 것을 후회했다. 1973년 어머니에게 보낸 편지에서 딸은 "다시 한번 어머니를 만날 수 있는 날이 오기를 매일 기도하며 가장 큰 꿈으로 삼고 살아가고 있습니다. 언제나 다시 만날 수 있을까요? 저의 가슴은 미어지는 것같이 고통스럽습니다"라고 호소했다.[24] 이와모토와 〈세카이〉는 재일교포와 일본인 배우자를 인도주의라는 미명하에 죽음의 땅으로 몰아내는 인도주의에 역행하는 '죄'를 범했다.

북송이 시작될 당시 〈세카이〉는 북한은 '노동이 즐거운 나라'라고 찬양하면서 북송을 적극적으로 지지하고 나섰다. 그러나 북한은 이와모토가 그리고 있는 것과 같은 '극락정토'가 아니었다. 북송 또한 〈세카이〉가 찬양하는 것처럼 인도와 평화와 우호의 이름으로 제기된 사업이 아니라는 사실이 밝혀졌다. 일본인을 포함한 대부분의 북송인

---

24 池田文子編, 『鳥でないのが殘念です-北鮮歸還の日本人妻からの便り』(日本人妻自由往來實現運動會, 1974), pp.9, 94, 159.

은, 어떤 사람은 반反혁명 죄로 강제수용소로 보내졌고, 어떤 사람은 적절한 치료를 받지 못하여 죽었고, 또 어떤 사람은 혹한의 산간에서 절망적인 삶을 강요당했다. 귀환자 가운데 혜택받은 생활을 하는 사람은 손에 꼽을 정도였다. 압도적 대다수는 수십 년 동안 극빈의 생활을 여유 없이 보내며, 고향을 방문하는 것도 허락되지 않고, 오로지 김일성 체제에 복종을 강요당하고 있을 뿐이었다.[25]

재일교포 남편을 따라 1959년 12월 1차 북송선을 탔던 22세의 젊은 '일본인 처'가 43년 만에 북한에서 중국으로 탈출하여 가와구치 요리코川口順子 당시 외상에게 보낸 탄원서에서 다음과 같이 구원을 청했다.

> 일본에 돌아가지 못하면서도 64세의 오늘까지 오랫동안 살아온 것은 살아서 일본에 돌아가 누이동생을 보고, 죽어도 일본에서, 조국에서 죽어야 한다는 생각 때문입니다. 누이동생을 43년 동안 만나지 못했습니다. 헤어진 것은 동생이 16살 때였습니다. 죽기 전에 단 한 번이라도 만나보고 싶습니다. 돌아가신 부모님의 성묘도 하고 싶습니다. 일본 정부의 도움 없이는 돌아갈 수 없습니다. …… 어떻게든 도와주시기 바랍니다.[26]

〈아사히신문〉이 보도하는 "내 다리로 걸을 수 있을 때 죽기 전에 일본 땅을 밟아야겠다는 일념"으로 탈출한 '일본인 처'의 삶은 비참했

---

25 石田收, 『北朝鮮の日本人妻からの手紙』(日新報道, 1994), p.3.
26 〈朝日新聞〉, 2003.1.18(朝刊). 탈북 '일본인 처'의 수기와 탈북 후 중국에서의 생활, 일본 정부의 태도, 북한의 현상 등에 관하여, 〈週刊新潮〉, 2003.1.16; 1.23; 1.30의 연재 참고.

다. 가을부터 겨울까지는 야산에서 나무를 거두고, 봄부터 여름까지는 산나물과 버섯을 팔아 생명을 연장했다. 주식은 강냉이 가루, 수도는 물론 없고, 빨래는 냇물에서 해야 하는, 인간 이하의 생활이었다.[27]

북한이 '극락정토'라는 이와모토식의 방문기와 이를 그대로 보도한 〈세카이〉는 1960년 이후 많은 재일교포와 일본인 배우자를 평화라는 이름으로 죽음의 땅으로 내모는 임무를 앞장서서 수행했다. 귀국자들은 물론 '일본인 배우자'의 삶 또한 비극적이었다. 그들은 그 책임을 누구에게 묻고 보상을 요구해야만 할까?

---

27 〈朝日新聞〉, 2003.1.29. 같은 신문 31일자에 따르면 "재일교포의 귀환사업은 1959년부터 1960년대를 중심으로 9만 3,340명이 니가타에서 북조선으로 바다를 건너갔다. 그중 일본인 처 약 1,800명과 그들의 아이들을 합쳐 모두 약 6,800명의 일본인이 포함됐다. 그들은 3년에 한 번씩 일본을 방문할 수 있게 돼 있으나, 북조선 당국은 '모두가 행복하게 살고 있기 때문에 일시 귀국을 원하는 사람이 한 사람도 없다'고 주장했다"라고 보도했다.

4. '위대한 수령' 김일성

    1970년대는 국제 질서나 한반도 상황 모두 격동의 시대였다. 1968년 닉슨 미국 대통령의 당선과 함께 국제 질서는 데탕트의 시대로 접어들었다. 특히 닉슨의 괌 독트린1969년과 중국과의 관계 개선 1972년, 그리고 베트남 전쟁의 종식1973년은 국제 질서에 커다란 변화를 가져왔다.

    미국의 아시아 전략 변화는 일본으로 하여금 독자적 외교정책의 길을 모색하게 했다. 냉전 구조 속에서 미국의 정책을 추종하던 일본에 미국이 취한 2만 명의 주한미군 철수1970년, 중국과의 관계 개선 과정에서 일본의 소외1971년, 엔화의 재평가를 몰고 온 달러의 유동화 정책1971년, 대미 수출의 압력 등과 같은 일련의 상황은 일본이 미국의 동아시아 정책에 의문을 가지게 됐고, 동시에 독자적 길을 모색하도록 했다.

    다나카 가쿠에이田中角榮는 총리로 당선된 직후 베이징을 방문하여 중국과의 관계 정상화의 길을 열었다. 1972년 9월 일본은 대만과의 조약을 파기하고, 중화인민공화국과 국교를 수립하고, 1973년 1월에는 베트남 정부와도 국교수립을 위한 회담을 개시했다. 그리고 북한과의 관계 개선에서도 일본은 미국에 우선해야 한다는 인식이 지배적이었다.

    동아시아의 이러한 정세 변화는 그동안 꽁꽁 얼어붙었던 한반도에도 해빙의 시대를 불러왔다. 이후락과 박성철의 비밀 교차 방문을 통하여 통일 문제를 논의하기 위한 7·4남북공동성명을 발표1972년하고, 회담을 주도할 남북조절위원회도 발족1972년했다. 그 후 서울과 평양을 오가면서 진행한 회담은 비록 그것이 정략적인 것이었다 할지라도 그동안의 남북 관계에서 볼 때는 엄청난 변화가 아닐 수 없었다.

남북의 대화 조짐은 한반도에서 독자적 위상을 모색하던 일본에 남북한을 상대로 '등거리 외교'를 강화할 기회와 명분을 제공했다. 7·4남북공동성명에서 남북한은 "자주적"으로, "평화적 방법"으로, 그리고 "사상과 이념, 제도의 차이를 초월"하여 통일을 도모한다는 데 합의했다. 〈세카이〉는 이러한 현상 변화에 따라 일본은 그동안 지속해 온 한국과의 밀착 관계를 청산하고, 북한과의 관계개선을 통하여 한반도 통일의 중재적 역할을 담당해야 한다고 주장하고 나섰다. 이는 그동안 사회주의와 공산주의에 편향된 진보적 좌파지식인과 정치인들이 〈세카이〉를 통하여 끊임없이 전개한 논리이고, 동시에 북한과의 관계 정상화를 요구하는 명분이기도 했다. 물론 이러한 일본의 지식인이나 정치인들은 북한에는 대단히 유익한 존재들이었다.

집권 자민당은 1972년 중의원과 참의원 234명이 참여한 범정치권 단체인 일조친선의원연맹日朝親善議員聯盟을 구성했다. 의장인 자민당의 구노 쥬지久野忠治는 13명의 연맹의원을 이끌고 평양을 방문하여 김일성을 만났다. 이듬해인 1973년 1월에는 북한의 국제무역촉진위원회와 무역협정을 체결했다. 특히 급변하는 미국의 중국 정책을 보면서 일본의 보수 정객들도 북한과의 관계 개선만은 일본이 미국에 우선해야 한다고 생각하게 됐다.

미중과 일중의 관계 정상화, 일본 내의 등거리 정책 강화 분위기, 일본 정부의 유화적 태도 등을 감지한 북한은 이를 십분 활용했다. 북한은 일본과 관계를 확대함으로써 경제·문화적 교두보를 확보하려 했고,[28] 다른 한편으로는 한일 간의 긴장을 조장하고 갈등을 고조시키려 했다. 북한은 이러한 의도의 하나로 1971년부터 일본 여론에 영향력 있는 진보적 지식인, 언론인, 정치인, 노동운동가 등을 북한으로 초청하여 환대했다. 김일성도 전면에 나서 일본인과 대화를 나누고 경제 협력을 촉구했다.

〈세카이〉는 재일교포의 북송이 순조롭게 진행되면서 중단했던 일본인의 북한 방문기를 동아시아와 한반도 정세가 급변하는 1970년대에 들어서면서부터 다시 게재했다. 1970년대의 〈세카이〉에는 여덟 명의 북한 방문기 10편이 게재돼 있다.[29] 그들은 일조日朝협회 사무국장인 도가사 후미오唐笠文男, 〈아사히신문〉 기자인 미야타 히로토宮田浩人, 총평의 사무국장 이와이 아키라岩井章, 〈세카이〉 편집장인 야스에 료스케, 극작가 기노시타 쥰지,[30] 와세다 대학의 경제학 교수인 니시카와 쥰西川潤(4편 연재), 그리고 소카創價 대학의 기도 마타이치城戶又一(2편 연재), 작가 오다 마코토小田實(3편 연재) 등이다. 그들 가운데 야스에, 니시가와, 기도는 방문 기간에 김일성과 회견할 수 있었고, 그 회견기를 별도로 〈세카이〉에 수록했다. 방문기를 통하여 이와이도 김일

---

28 실질적으로 북한과 일본 사이에 무역량이 크게 증가했다. 1971년의 전체 무역량은 약 5,800만 달러였으나, 1억 3,000만 달러(1972년), 1억 7,200만 달러(1973년), 3억 6,000만 달러(1974년), 2억 4,500만 달러(1975년)로 크게 늘어났다. 日本貿易協會, 『國際貿易白書』, 1961~1982.

29 11편이 실려 있으나 이와이 아키라의 방문기는 그와 거의 같은 시기에 북한을 방문했던 야스에 료스케와 대담 형식으로 이루어진 것이기 때문에 사실상 일곱 사람의 기록이라 할 수 있다. 이러한 방문기 외에 이 시기에 김일성과 대담을 하기 위하여 북한을 방문한 인사들도, 인터뷰와 함께 간략한 방문기를 게재하고 있으나 이 연구에는 포함하지 않았다.

30 1973년 3월호에 발표한 기노시타 쥰지의 기록은 1955년 방북했던 감상을 회상하여 쓴 것이다.

성을 만났음을 알 수 있고, 도가사, 미야타, 기도는 이미 북한을 방문한 적이 있다.[31]

이들 방문기는 모두가 대체로 비슷한 형태로 북한을 찬양하고 선전하면서 북한을 '지상의 낙원'으로 만들었다. 역동적인 건설과 경제 발전, 완전한 국가 부담 의무교육과 철저한 사회복지의 실현, 북한의 평화적 통일정책, 일본과의 관계 정상화를 위한 노력, 그리고 김일성의 영도력과 주체사상과 자력갱생을 찬양했다. 그들이 방문하는 곳도 혁명박물관, 조국해방전쟁승리기념관, 김일성종합대학, 평양학생소년궁전과 탁아소, 대외 전시용 아파트 단지와 협동농장 등 대체로 같은 곳이었다.

1950년대와 1960년대의 방문기와 같이 북한은 여전히 '지상의 낙원'이었다. 아니, 1960년대보다 훨씬 발전한 '지상의 낙원'이었다. 와세다 대학의 니시카와 준은 북한을 다음과 같이 묘사했다.

> 조선민주주의인민공화국을 방문하는 사람들은 푸른 숲에 둘러싸여 있는 넓은 평양시, 그 중심에 빌딩 숲을 이루고 있는 여러 형태의 디자인과 아름다운 색채의 고층 아파트, 동해안까지 이어지는 중화학 부문의 콤비나트(kombinat, 기업결합), 조선소, 1만 톤 용량의 냉장실, 도로에서 볼 수 있는 흰 벽의 청결한 농촌과 가축공장의 집합, 잘 정돈된 관개시설과 스프링클러의 행렬, 경작지를 바쁘게 오가는 빨간색의 트랙터, 그리고 색채가 풍부한 복장의 사람들이 길거리를 오가는 것을 볼 수 있다. 이

---

31 작가 오다의 1970년대 방문기는 그가 1980년대에 쓴 3편의 방문기와 함께 분석한다.

나라를 개발도상국이라고 보는 것은 어디를 보아도 잘못된 것이다.

그리고 (이 나라를) 돌아보면 도시나 농촌 그 어디나 의식주에 관한 기본적 필요와 문화, 교육, 의료, 탁아, 교통 시설 등이 잘 정돈돼 있고, 실업이나 거지는 찾아볼 수 없다. 사회주의 국가에서 익숙한 배급 행렬도 볼 수 없다. 이 나라는 이미 훌륭한 공업국이지만, 외국에 의존하지 않고 공업화를 수행하고 있으면서, 공농工農의 동시 발전과 사회적 모든 격차의 축소와 민중 생활의 향상을 함께 꾀하는 유니크한 발전 노선을 이룩해 가고 있는 나라라는 것이 점차 이해되고 있다.[32]

편의상 1970년대에 발표된 방북기의 내용을 경이적인 발전, 사회복지, 통일, 일본과의 관계, 그리고 김일성의 지도력으로 구분하여 분석, 정리해 보기로 하자.

발전과 조화

3년 전에 평양을 방문한 경험이 있는 도가사 후미오가 1971년 8월 24일 평양에 도착했을 때 첫눈에 들어온 것은 '김일성 동지 만세', '조선노동당 만세', '조선노동당 제5회 대회 결정을 완수하자', '3대기술혁명을 완수하자' 등과 같은 슬로건이었다. 그리고 평양에서 받은 그의 첫 느낌은 "무서운 기세의 발전과 건설"이었다. 하지만 '무서운 기세의 발전과 건설'을 입증하는 통계의 신빙성은 대단히 희박하다. 그

---

32 西川潤,「北朝鮮の經濟發展」, 1976.2. 니시카와는 북한 방문 후 1976년 2월, 3월, 4월, 6월호에 북한의 경제, 주체사상, 통일 문제 등에 관하여 4회 연재했다.

는 북한 정부가 발표한 6개년계획1971~1976년이 마치 성공적으로 끝난 것처럼 북한이 제시하는 통계를 그대로 인용했다. "매년 평균 14%라는 고도성장을 이루고 있어 인구 1인당 주요 공업 제품의 생산량은 세계에서도 가장 앞선 나라이고, 농업을 고도로 근대화, 집약화하여 생산량이 급속도로 증대하고 있다."[33] 그러나 실상은 전혀 달랐다. 북한 경제는 1976년에 이르러 일본의 채무를 갚을 수 없을 정도로 파산 상태로 빠져들었다. 황장엽에 의하면 북한 경제는 1970년대 초부터 "마이너스 성장을 기록"했고, 1975년부터는 급격한 "하강곡선을 그리고" 있었다.[34]

와세다 대학의 경제학자인 니시카와 준이 제시하는 통계는 더욱 황당무계하다. 그에 따르면 북한의 공업은 광복 직후인 1946~1949년에 337%, 3개년계획 기간인 1953~1956년에 285%, 1956~1960년에 348%, 1960~1970년에 330%, 그리고 1970~1975년에는 220%라는 경이적인 성장을 이루었다. 1946년의 공업생산지수를 100으로 했을 때 30년

미야타 기자의 방문기

후인 1976년의 지수는 1만 5,536으로 성장했다. 농업 성장률은 공업에는 미치지 못했으나 같은 기간에 140%, 139%, 140%, 149%, 123%로 성장했고, 1974년의 GNI는 1946년에 비해서 21배 증가했

---

33 唐笠文男, 「北朝鮮を訪ねて-新しいアジア情勢の中で」, 1971.11.
34 황장엽, 『회고록』, p.276; 今村弘子, 『北朝鮮〈虛構の經濟〉』(集英社, 2005), pp. 120~133. 1976년 말 현재 일본에 대한 북한의 채무는 800억 엔에 이르렀지만 실제로 지불할 능력이 없었다.

다.[35]

이와이 이카라(1922~1997)

이러한 통계는 북한 정부가 발표한 것을 그대로 인용한 것이다. 과연 전혀 검증을 거치지 않은 이러한 통계를 경제학자인 니시카와가 믿었을까? 모든 방북기는 북한의 이러한 기적적인 경제성장은 물론 위대한 수령 김일성의 '초인적인 서사시적 노력'의 결과였다고 선전했다. 도가사의 표현에 따르면 "김일성 주석의 주체사상에 기초한 자립 민족경제 건설 노선의 빛나는 승리"였고, 니시카와에 의하면 "천리마 정신과 위대한 수령 김일성의 지도력" 때문에 가능할 수 있었다.

24주년 건국일9월 9일을 기념하는 행사에 참석하기 위하여 초청된 〈아사히신문〉의 미야타 히로토 기자는 북한은 "문자 그대로 천리를 달리는 하늘의 말, '천리마'의 추세로 발전하고 있다. 작년의 평양은 이미 오늘의 평양이 아니고, 오늘의 평양은 또한 내일의 평양이 아니다. 조선민주주의인민공화국을 말할 때는 몇 년, 몇 월, 며칠이라는 시점을 확실히 밝히지 않으면 알 수 없을 정도로 각 방면의 발전이 눈부시게 이뤄지고 있었다"라고 했다.[36] 더욱이 이러한 발전은 무절제하고 불균형한 것이 아니라 변화 속에서도 도시와 농촌, 노동과 휴식, 안정과 풍요가 잘 조화된 발전이라는 것이다. 이들이 독자에게 전해주고 있는 북한은 그야말로 '지상의 낙원'이었다

방문객들이 전하는 평양은 공원과 주택이 균형 있게 설계된 세계적

---

35 西川潤,「北朝鮮の經濟發展(I)」, 1976.2.
36 宮田浩人,「平壤再訪-1972年秋」, 1972.12.

으로도 상위 그룹에 속하는 도시였다. 이러한 도시계획은 비단 평양뿐만 아니라, 지방의 모든 도시도 같은 형태로 이루어져 있었다. 가장 좋고 편리한 지역은 노동자를 위한 주택이 들어서 있고, 그 주위는 탁아소, 유치원, 집회장, 진료소, 작은 공원 등으로 이루어져 있다. 공해와 오염은 전혀 찾아볼 수 없는 도시였다. 미야타의 설명에 따르면 평양은 까치와 꿩이 날아다니는 푸른 숲, 깨끗한 공기, 푸른 하늘을 가진 "꿈에나 그릴 수 있는 환상의 도시"였다. 공장의 매연과 자동차 배기가스에 태양이 가려져 있고, 인간이 쓰러지는 도쿄와는 비교할 수 없다는 것이었다.

야스에 료스케(1935~1998)

농촌 또한 '낙원'이었다. 미야타에 따르면 북한 전역은 수리 시설이 완벽하게 갖춰져 있었다. 장마나 가뭄과 관계없이 항상 충분한 농업용수가 준비돼 있었다. 비와 태풍으로 일본이나 남한에서 수해가 나도 북한에는 전혀 피해가 없다. 또한, 수없이 많은 저수지 주변에는 반드시 노동자를 위한 휴양소나 소년단 야영소가 있어 휴가를 즐기는 노동자나 과외활동 중인 중학생들이 배를 타고 낚시를 즐기고 있었다.

이와이 아키라도 북한의 농촌과 농업정책을 극찬했다. 기관사 출신의 이와이는 전후 국철國鐵 노동조합을 이끌었을 뿐만 아니라 일중국교회복 국민회의 사무총장으로서 중국과의 국교 정상화에도 기여한 인물이다. 그는 사회주의 국가를 두루 돌아다녀 보았지만, 북한만큼 경제 발전뿐만 아니라 "인간의 삶을 보살피는 사회주의 국가는 볼 수

없었다"라고 높이 평가했다.[37]

이와이는 평양에 체류하는 동안 일본과 북한 사이의 문화 교류 협정을 체결하기도 했다. 그에 의하면 사회주의 국가에서는 제도적으로나 구조적으로 농업문제가 "최대의 아킬레스건"이었다. 하지만 북한은 처음부터 "중공업을 발전시키면서도 경공업과 농업을 동시에 발전시킨다는 기본 방침"을 지속했고, 이는 "대단히 현명한 정책으로 오늘의 안정적 발전"을 가능하게 했다는 것이다. 이와이의 평가에 의하면, 북한은 이미 전체적으로 사회주의 공업 국가라고 할 수 있지만, 농업도 대단히 훌륭하게 발전하여 북한의 경제를 받치고 있었다. 그는 공업 발전만을 중요시하여 식량 자급률이 점차 하락하고 있는 일본은 북한의 농업정책에서 교훈을 얻어야 한다고 지적했다.

이와이와 같은 시기에 북한을 방문한 〈세카이〉의 편집장 야스에 료스케는 "북한의 발전은 단순한 경제적 발전만을 뜻하는 것이 아니라 인간 문제를 포함한 발전"이었음을 강조했다. 그의 방문기에 따르면 북한은 한마디로 불안과 불편함이 존재하지 않는 '지상의 낙원'이었다. 평양은 전체의 25%가 녹지인 전원도시였다. 공해를 막기 위하여 평양시 전체를 중앙난방 시스템으로 개조했고, 공해와 무질서를 방지하기 위하여 주변에 위성도시를 건설하고 있었다. 도시의 구조가 시민생활 중심주의로 계획되어 있었다. 시내에는 2층 이상의 주택이 질서 정연하게 건설됐고, 블록 가운데 탁아소, 유치원, 집회장, 진료소, 작은 공원 등과 같이 생활에 필요한 시설들이 조화롭게 마련돼있었다. 하나의 독립된 생활권·행정권으로 되어 있는 편리한 구조로 설계

---

37 岩井章/安江良介,「インタヴュ-: 日朝交流への課題·朝鮮民主主義人民共和國を訪ねて」, 1972.12.

되어 있었다.

평양을 벗어나면 아름다운 농촌이 전개됐다. 녹화사업을 철저히 하여 어디를 가나 산림이 우거졌고, 관개灌漑사업을 대대적으로 실시하여 저수지가 많아 아무리 가물어도 농업에 지장이 없었다. 북한은 농업건설의 성공이 급속한 공업화를 안정시키고 있었다. 야스에의 표현에 따르면 북한의 농업건설은 "개성이 넘쳐 흘렀다." 제도적으로는 협동농장화가 100% 달성되어 완전히 사회주의화됐다. 생산 방식은 트랙터 등 기계화를 적극적으로 도입하고 있으나, 대충 농지를 경영하는 것이 아니라, 작은 경작지를 구석구석까지 활용했다. 그러면서 원예나 채소 재배 등 여러 가지 작물을 다원적으로 경작하고 있었다. 특히 완전하게 시행되고 있는 협동농장의 제도화는 단순히 농업 생산뿐만 아니라, 농민 생활의 환경 전체를 관리하고 있었다. 즉, 서비스 부문과 함께 일용품의 쇼핑, 이발소, 세탁 등 일상생활에 필요한 여러 부문, 그리고 의료, 탁아소, 학교교육, 사회교육 등이 하나의 체계를 이루어 상호 유기적으로 잘 기능하고 있다는 것이다. 하지만 이러한 기록과 평가에 대하여 다카사키 소지高崎宗司는 "야스에도 이와이도 모두 북조선의 달성을 과도하게 높이 평가했다"라고 지적했다.[38]

참으로 기이한 현상의 하나는 북한을 방문한 교수, 언론인, 출판인, 노동운동가 등 일본의 대표적 지식인들은 북한 당국이 보여주는 곳만 보고 또한 제시하는 황당무계한 통계나 설명을 진실로 받아들이고, 그대로 〈세카이〉의 독자에게 전했다는 사실이다. 그들이 보고 들은 통계나 설명은 모두가 과장된 노동당 대회 결의거나 정부 발표, 또는 정부 수뇌나 안내인의 설명일 뿐이다. 어느 하나도 객관적인 검증

38　高崎宗司, 「〈世界〉は北朝鮮をどう論じたか」, 〈論座〉, 2004.7, p.246.

을 거친 것이 없다. 또한, 안내인이 안내하는 곳 이외의 지역을 스스로 자유롭게 돌아보고 확인한 것도 아니다. 그런데도 〈세카이〉의 진보적 지식인들이 그것을 마치 진실인 양 믿고 전달했다는 것을 어떻게 이해해야 할까?

사회복지와 교육

방문기가 전달한 북한의 풍요롭고 안락한 생활과 사회보장, 교육제도 또한 북한이 '지상의 낙원'이라 하기에 충분했다. 미야타에 따르면 북한에서는 생활에 필요한 기본 소비 물자와 어린이가 필요로 하는 용품들은 모두 원가로 공급하고 있었다. 상품의 시장가격은 정부가 계획적으로 관리하고 있어 '인상引上'이라는 것이 있을 수 없다. 식생활에 필요한 신선한 채소, 고기, 생선은 물론 "일본에서는 냄새밖에 맡을 수 없는 송이를 과식할 수 있을 정도"로 모든 것이 풍부했다. 그리고 모든 사람의 일상생활은 안락했다. 생산 현장에 종사하는 사람을 제외하고는 모두가 오후에 긴 휴식을 즐기는 생활을 하고 있었다. 관청과 은행도 오후 1시부터 4시까지 휴점하고, 그동안 사람들은 집으로 돌아가 점심을 즐기고, 산책하고, 낮잠을 자는 여유 있는 생활을 하고 있다는 것이다.

야스에의 설명에 의하면 북한에는 일본의 우수한 공립 보육원보다 훨씬 좋은 탁아소가 어느 곳에서나 볼 수 있었다. 농촌에는 농촌 탁아소, 협동농장, 공장, 기업 등에는 여성 노동자를 위하여 탁아소가 있고, 지역에는 지역 탁아소가 있었다. 그리고 모든 탁아소에서는 "매일 아침 전문의가 어린이들의 체온을 검사하여 건강 상태를 살피고" 있다는 것이다.

1976년 김일성을 회견한 기도 마타이치가 소개하는 한 탁아소의 설비와 운영 내용을 보자. 1,000명을 수용할 수 있는 5층 건물의 9·15평양주탁아소平壤週託兒所는 100베드의 부속병원을 갖추고 있고, 탁아소의 내부에는 온돌이 설치됐다. 나이에 적합한 놀이방은 물론, 식당, 욕실, 진료소, 그리고 옥상의 선룸sun room에는 온수 수영장과 옥내 운동장까지 갖춰져 있다. 1년 7개월부터 5살까지의 유아를 월요일부터 토요일까지 맡아서 돌봐주고, 주말에는 각자 가정으로 돌아간다. 일과는 오전 7시 기상, 오후 1~4시 낮잠, 오후 9시 취침. 그 사이에 3번 식사와 간식을 배급하고, 밤에는 교양원 한 명이 15~16명의 어린이와 함께 자면서 돌본다는 것이다. 어린이들은 각자의 재능과 취미에 따라 무용, 운동, 노래, 수영, 그림 등을 그리면서 자유롭게 자기의 시간을 즐겼다. 모든 비용은 무료였다.[39] 물론 이것은 그가 직접 살펴본 것이 아니라 안내인의 설명을 그대로 전한 것이다.

생활의 기본 보장이라 할 수 있는 의료비 또한 완전히 무료였다. 의사는 지역 담당제를 시행하고 있었다. 진료소나 지역 병원의 의사들이 각자의 지역을 책임지고, 담당 지역의 모든 가정, 한 사람 한 사람의 진료 기록 카드를 가지고 있어 예방의학에도 힘을 기울이고 있다. 사회주의국가에서는 병 치료, 출산, 어린이들의 육아, 노후의 보장 등을 당연히 국가가 책임져야 하지만, 북한은 "다른 사회주의 국가보다 이 제도가 대단히 잘 정비"돼 있었다. 야스에의 표현에 따르면 "의료비가 완전히 무료라는 것을 일본에서 귀국한 사람들은 처음에는 전혀

39　城戸又一,「學習の國」, 1977.2;「淸潔な都市」, 1977.3. 탁아소의 명칭을 '9·15'라고 명명한 것은 "1969년 9월 15일 김일성 주석이 제안한 방침에 따라 개설됐기 때문"이라고 설명했다.

믿을 수 없을 정도로 철저하게 실천"되고 있었다.

방문기가 우리에게 전하는 북한의 교육과 어린이에 대한 배려 또한 그 어디에서도 볼 수 없는 '낙원'이었다. 북한 당국은 '어린이는 왕'이고, '꽃의 꽃봉오리'라는 김일성의 지시에 따라 어린이를 대단히 소중히 여긴다는 것이다. 안내인의 설명을 그대로 전달한 기도의 설명에 의하면 북한은 유치원 1년, 인민학교 4년, 고등중학교 6년이라는 11년의 의무교육을 철저히 실천하고 있었다. 학비는 물론 교재, 제복, 학용품 등 교육에 필요한 모든 것을 국가가 부담한다. 고등중학교 이상의 대학이나 고등전문학교에서 학업을 계속 때도 국가의 보조를 받고 있어 개인 부담은 있을 수 없다. 또한, 학업을 병행하기를 원하는 노동자들을 위해 공장 안에 대학을 설치하여 일하면서 공부하는 공장대학을 전국으로 확대하고 있었다. 교육의 내용은 다양하나, 사상 교육을 중요시하는 것으로 평가했다. 이와이는 지육知育, 체육體育, 덕육德育이라는 3가지 교육을 통해 "인간 존중을 근본으로 추구하는 교육과정"과 "사회주의와 공산주의의 사상을 어릴 적부터 여러 형태로 진지하게 토론하고 의논하는 교육 방법"에 "대단히 깊은 인상을 받았다"라고 감탄했다.

학교 교육은 다시 매일매일 사회교육으로 이어진다. 야스에의 방문기에 따르면 학생들은 학교가 끝난 후 학생소년궁전에서 수업 시간에 배운 과목을 실제로 실험해 보고 취미에 따라 모두가 각 서클에 참여해 활동한다는 것이다. 야스에와 기도는 안내인의 설명을 그대로 독자에게 전달했다. 즉, 6세에서 17세까지의 의무교육 어린이의 과외교육과 교양기관으로 활용되는 평양학생소년궁전은 12만㎡의 대지에 5만㎡의 건물로서, 500개의 서클룸과 1,500명을 수용할 수 있는 극장이 갖춰져 있다. 하루에 1만 명의 학생을 수용할 수 있다. 이곳에서 학생들은 노래와 악기 연주, 무용, 연극, 회화, 체조, 복싱, 공작기계 실습, 라디오 조립, 발전장치의 실험 등 각자의 취미와 재능에 따라 활동한다. 야스에는 "학교에서는 이론을 공부하고, 학생소년궁전에서는 그 이론을 실험하고 실천한다"라고 전했다. 물론 모든 비용을 국가가 부담하는 이러한 시설은 각 도道와 군郡에도 설치돼 있다는 것이다.

〈세카이〉가 전하는 북한의 사회복지는 인류가 역사상 한 번도 이루어보지 못한 '이상향'의 실현이었고, 말 그대로 '지상의 낙원'이었다. 그러나 그것은 현실이 아니라 〈세카이〉 지식인들의 이상주의와 허위의식이 만들어낸 '가상의 현실'이었을 뿐이다. 북한 안내인의 설명에 〈세카이〉 지식인들이 자신의 희망과 거짓을 투영하여 만들어낸 신기루와 같은 환상의 지상낙원은 많은 재일한국인을 죽음의 동토로 몰아냈다. 1960년대 초 방문기를 읽고 '귀국선'을 탔던 한 재일교포는 "귀국자의 꿈과 희망이 절망으로 바뀐 것은 조국에 도착한 바로 그날이다. 우리가 첫날밤을 묵은 청진초대소에서 모두가 거짓이라는 것을 알고 절망감에 빠져들었다"라고 고백했다.[40] 그리고 그는 '지상의 낙원'에서 굶주림과 추위와 병마에 시달리다 죽어갔다.

남북통일

모든 방문기에 따르면 북한은 자주적이고 통일 지향적이지만, 한국은 미 제국주의의 앞잡이이고 반통일 세력이 지배하고 있었다. 한국과 북한은 '건국'의 방법부터가 달랐다. 니시카와에 따르면 한국은 미

---

40 金元祚, 『北朝鮮幻滅紀行-凍土の共和國』, p.255.

군정 아래서 "총검의 탄압과 관헌의 간섭과 매수 속에서 치른 단독선거"의 결과로 태어난 정권이고, 북한은 "남한의 일부 인사까지 참여한 북조선인민위원회에서 김일성을 수반으로 선출"한 민주주의인민공화국이었다.[41]

한반도 통일 문제 또한 북한은 적극적이고 긍정적이지만, 한국은 소극적이고 부정적이었다. 니시카와와 도가사에 따르면 한반도 분단 후 북한은 '150회 이상' 평화적 통일 방안을 남한 측에 제시했으나 한국의 반대와 비협조로 남북 간의 협조가 이루어지지 않고 있었다. 1971년 남북 적십자회담이 시작된 후 남북공동성명서 발표, 적십자 본회담 시작, 남북조절위원회 발족 등이 이루어지고 있지만, 북한의 지도자들은 통일이 곧 실현될 것으로 생각하지 않는다고 방문기는 전하고 있다. 그 이유로 한국은 외세에 의존하는 반면에 북한은 주체사상을 바탕으로 한 자주통일을 지향하고 있기 때문이라는 것이다.

북한 방문기들은 7·4남북공동성명 또한 북한의 뜻을 거부할 수 없어 한국이 동조한 김일성의 외교적 승리로 평가했다. 이와이는 "7월 4일의 남북공동성명은 조선민주주의인민공화국, 특히 주체사상을 창설한 김일성 주석의 외교적 승리라고 말하는 것이 옳다고 생각한다. 그리고 동시에 여기에는 강한 민족의 고뇌와 희망이 담겨 있기 때문에 남측도 결국 이를 받아들이지 않을 수 없는 상황이다"라고 힘주어 설명했다. 또한, 북한이 시종일관하게 추구하고 있는 통일정책은 "외세의 힘을 빌리지 않고 외세의 간섭도 받지 않는 자주적 통일로서 가장 바람직하다"라고 강조했다. 같은 기조에서 미야타는 김일성의 통

---

41 西川潤, 「北朝鮮の經濟發展 IV」, 1976.6.

일정책을 다음과 같이 칭송했다.

> (김일성의) 통일을 향한 청사진은 남북의 정치와 사회제도를 그대로 유지하면서 고려연방제를 실시하고, 쌍방 정부대표에 의한 '최고민족회의'를 조직하여 정치, 경제, 군사, 문화 등 남북 간의 문제를 해결하자는 것이다. 동시에 경제, 문화, 스포츠 교류, 기자 교환 등에 의한 상호 불신과 오해 해소에 노력하는 것이다. 그리고 남북 간의 신뢰 분위기가 조성되고, 민족 단결이 확보된 단계에서 외부의 간섭 없이 남북 총선거를 실시하여 통일 정부를 수립하는 것이다. 이 청사진을 관통하는 가장 중요한 기둥은 민족 내부의 문제는 민족 자신의 손으로 인민대중의 요구에 따라 해결하고 외부 세력의 개입을 일절 배제하는 자주적 자세이다. 그리고 이 자주적 자세는 주체사상의 근간이다.[42]

모든 방문기는 북한의 통일 정책을 한국이 전폭적으로 수용할 것을 촉구했다. 분단 27년 만에 서울에서 개최된 남북적십자회담 후 미야타는 북한의 언론과 회담에 참석했던 대표들의 입을 빌려 "남한은 '부익부, 빈익빈의 진열장', '병마의 소굴', '부패와 타락'의 대명사이고, 남한 주민들은 경애하는 수령 김일성 동지를 민족의 위대한 태양으로 받들고, 아버지 같은 수령을 민족의 태양으로 맞이하고, 조국 통일의 내일을 전망하면서 끈질기게 살아가고" 있다고 선전했다. 결국 한반도의 통일은 '위대한 수령 김일성 주석'이 제시한 자주, 평화, 민족적

---

42 宮田浩人, 「平壤再訪-1972年秋」, 1972.12.

대단결이라는 3대 원칙에 근거한 방안 외에는 없다는 주장이다.

일본과의 관계

방문기들은 하나같이 일본 당국이 북한과의 관계 정상화를 위해서 좀 더 적극적으로 대응할 것을 촉구했다. 이들에 따르면 북한에서는 일본 국민과 친선 우호 관계를 확립하고, 미 제국주의와 일본 군국주의자에 대한 공동 투쟁 강화를 강력히 희망하고 있었다. 그럼에도 불구하고, 일본 당국은 북한과의 무역 관계를 억제하고, 국제 스포츠 대회에 참석하기 위한 북한 선수들에게 입국을 금지하고 있었다. 그뿐만 아니라 조총련계 재일교포에게 차별과 박해 정책을 강화하고 있었다. 그리고 사토佐藤 정권은 박정희 정권과 정치적·군사적 연대를 강화하여 미국의 동아시아 전략에 따라 북한에 대한 침략 책동과 군국주의의 부활을 강화하고 있다고 비난했다. 도가사는 "조선민주주의인민공화국의 국제적 위신과 권위는 날로 신장하고 있다"라고 평가하고, 북한과 더욱 원만한 관계 형성을 위해 일본이 노력할 것을 다음과 같이 요구했다.

> 일본의 위정자는 (북한의 국제적 위상이 크게 신장하고 있다는) 현실을 확실히 인식해야 한다. 이웃의 친구로서, 또한 영원히 함께 가야만 할 조선 민족과의 관계를 어떻게 할 것인가를 이 시점에서 다시 한번 깊이 생각하지 않으면 안 된다. 일본은 남조선에 대한 위험한 진출을 중단해야만 한다. 그리고 조선민주주의인민공화국과의 왕래와 경제·문화 교류를 촉진하고, 재일교포

의 민족적 권리를 올바로 보장하고, 조선의 자주적인 평화통일을 지지하고, 그리고 일조 관계가 정상화할 수 있는 조치를 신속히 취해야 할 것이다.[43]

특히 방문기는 한국과의 경제적 특수 관계가 북일 관계 정상화의 걸림돌로 지적하고 정부 당국에 이를 청산할 것을 강력히 요구했다. 경제를 매개로 한 한일 두 나라의 특수 관계는 한편으로는 북일 관계 정상화를 적극적으로 반대하는 박정희 정권을 떠받쳐 주는 중요한 기반으로 작용하고, 다른 한편으로는 통일을 향한 조선인의 노력을 방해한다는 것이다. 그러므로 북일 관계 정상화와 한일 특수 관계의 단절을 위해서 야당, 노동조합, 언론을 포함한 혁신계가 총체적으로 강력한 국민적 투쟁을 전개할 것을 촉구했다.[44]

김일성의 지도력

1970년대의 북한 역사는 김일성 유일 권력 체제의 확립과 사회 전체의 주체사상화, 그리고 김정일 후계 체제 구축으로 규정지어질 수 있다. 1950년대나 1960년대의 북한 방문기와 달리 1970년대의 방북기는 하나같이 김일성의 지도력을 찬양하고 주체사상을 강조했다. 〈세카이〉의 방북기에 따르면 김일성은 모르는 것이 없고 불가능한 것이 없었다. 기적적인 건설과 경제 발전, 사회 안정과 풍요로운 삶, 완전한 사회 보장과 교육, 철저한 사회주의의 이념화 등 이 모든 것은 오직 '위대한 지도자'인 김일성의 '초인적인 서사시적 노력'과 김일성 정신이

---

43 唐笠文男,「北朝鮮を訪ねて-新しいアジア情勢の中で」, 1971.11.
44 岩井章/安江良介,「インタヴュー: 日朝交流への課題」, 1972.12.

김일성

담긴 '주체사상'의 결과라는 것을 〈세카이〉는 거듭해서 강조했다.

3년 전에 평양을 방문했었던 일조협회의 사무국장 도가사 후미오가, 1971년의 방문을 통하여 받은 '깊은 감명과 큰 감동'은 주체사상을 바탕으로 한 김일성의 리더십이었다. 항일독립투쟁 당시부터 축적된 김일성의 주체사상을 '자주적 혁명 노선의 결정체'라고 칭송한 도가사는 주체사상을 바탕으로 한 김일성의 리더십을 다음과 같이 설명했다.

> 중공업을 선두로 하고, 경공업과 농업을 동시에 발전시키는 독창적인 노선으로 세계사에서 유례를 찾아볼 수 없는 속도로 오늘의 발전한 공업과 농업을 가진 사회주의국가로 변화시켰다. 자신의 발로 걸을 수 있는 민족경제의 확실한 토대를 구축한 자립적 민족경제 노선을 확립했다. 그리고 전군의 간부화와 근대화, 전 인민의 무장화, 전국의 요새화라는 군사 노선을 관철하여 강력한 국방 태세를 갖춘 자위적 군사 노선의 근간을 이루었다.[45]

이러한 주체사상은 다만 북한의 내적 통합과 발전을 창출해 내는 데만 그치지 않았다. 도가사에 따르면 이는 '세계 사상'으로 부상하고 있었다. 즉, 주체사상은 "세계 인민의 공감을 불러일으키고 있는 자주

---

45 唐笠文男, 같은 글.

노선으로 아시아, 아프리카, 라틴아메리카의 모든 인민과 연대하여 반제 반미 통일전선을 강화하고, 미 제국주의를 파멸로 이끄는" 세계 사상으로 그 지위를 굳히고 있다는 것이다.

특히 방북기는 김일성의 '현지지도'를 높이 평가했다. 북한 사회에서 전개되는 모든 중요한 발전과 변화는 김일성의 현지지도에 의해서 이루어지고 있다는 것을 〈세카이〉는 강조했다. 정치, 경제, 사회의 모든 분야에서, 외교는 물론이고 공업, 농업, 수산, 식목, 조경, 도시계획, 예술, 교육 등에 이르기까지 모든 정책 결정과 방향 제시는 "적시에 적절한 주석의 지도"로 이루어지고, 그 결과는 항상 옳았다는 것이다. 기도 마타이치이 표현을 빌리면, "오늘날 조선민주주의인민공화국에 관해서 말할 때, 그것이 무엇이든 간에, 김일성 주석을 제외하고 말한다는 것은 거의 불가능하다. 그 정도로 모든 일을 바로 이 한 사람의 지도자가 주도하고" 있었다. 〈세카이〉 편집장 야스에 또한 김일성의 현지지도를 '선구적 발상'이라고 높이 평가했다. 각 영역에서 진행되는 김일성의 현지지도를 보면서 야스에가 받은 인상은 "주석은 모든 분야에서 전문가나 현장 담당자와 끊임없이 대화하고, 전문가들도 모르는 것까지 알고 있었다." 그리고 그 지도 속에서 항상 해결의 방향과 방법을 제시했다는 것이다. 〈세카이〉는 김일성을 살아있는 신神으로 만들었다.

하지만 〈세카이〉는 김일성을 '전지전능한 존재'로 인정하는 것은 결코 개인숭배와 다르다는 것을 강조했다. 김일성의 현지지도에 동행했던 이와이에 따르면 개인숭배라는 것은 허상을 만들어내기 위하여 위에서 억지로 조작하는 것을 의미하지만, 김일성의 경우에는 모든 국민이 마음으로부터 '경애'하고 있기 때문에 개인숭배가 아니라는 것이다. 세계적 지도자라고 불리는 정치 지도자들이 많이 있지만, 그 가운데 김일성과 같이 직접 현장에 나타나 해결책을 제시하고, 어려운 사상을 대중이 이해하기 쉽게 설명할 수 있는 지도자는 없다는 것이다. 그리고 바로 이런 점이 김일성을 '위대한 수령'으로 만들고, 따라서 이는 개인숭배가 아니라 마음속에서 우러나오는 진정한 존경이라는 것이다.

만수대 조형물

그러므로 곳곳에 세워져 있는 거대한 김일성 동상들은 개인숭배를 조장하기 위한 것이 아니라 조선 인민의 해방과 프롤레타리아 독재 체제를 구축하고, 뒤떨어진 식민지 반봉건사회를 선진 사회주의 공업국으로 이끌고, 세계혁명의 이론과 실천에 명쾌한 지침을 제시한 위대한 수령을 숭배하는 전 인민의 구체적 표현이었다. 그리고 관리는 물론 일반 국민과 어린 학생까지 김일성의 초상이 담긴 배지를 달고 있는 것 또한 김일성 주석에 대한 충성과 신뢰와 인민대중의 일치단결을 뜻하고 있다는 것이다.

하지만 소위 '이와나미 문화인'들이 가장 많이 북한을 방문하고 김일성을 찬양했던 이 시기는 세계적으로 사회주의가 크게 퇴보했고 공산주의 체제의 추악한 모습이 노출됐던 시대이다. 종주국인 소련은 스탈린-흐루쇼프-브르즈네프로 이어지면서 이념과 체제비판의 물결이 거세게 일어났고, 솔제니친의 『이반 데니스비치의 하루』나 『수용소 군도』가 알려지면서 공산주의의 벌거벗은 실상이 드러났다. 정치범, 지식인, 노동자를 억압하는 강제수용소가 곳곳에 있었고, 굶주린 인민이 거리에 넘쳐났다. 러시아의 좌파 지식인 보리스 카갈리츠키의 표현을 빌리면 당시 소련은 "병영兵營 공산주의 국가"였고, 그 안에 사는 "인민은 모두가 죄수"나 다름없었다.[46]

북한에서도 김일성 신격화를 거치면서 생겨난 정치범, 숙청, 탈북자 등을 통제하기 위한 강제수용소가 이미 보편화했던 때이다. 〈세카이〉가 전하고 있던 것과 같은 '지상의 낙원'은 전혀 아니었다. 이 시기에 북한 주민은 식량난에 처해 있었고, 김일성은 김정일에게 정권을 넘겨주기 위한 '세습' 작업을 몰두해 있었고, 김정일은 실권을 장악하기 위하여 애썼던 시기였다. 황장엽은 이 시기 권력 내부의 실상을 다음과 같이 전하고 있다.

> 김정일은 자신의 기반을 다지기 위해 측근들과 술판을 자주 벌이고 위력을 과시했다. 이 술판으로 외화를 많이 탕진했으며, 도처에 별장을 짓고 사냥터를 만들었다. 김정일이 벌이는 술자리는 상상을 초월한 난장판이었다. 김정일이 그 자리에서 한 사람을 지목하여 '오늘부터 너는 중앙당 위원회의 위원이다'라고 선언해버리면 그대로 되는 것이고, '아무개는 철칙이다'라고 선포하면 그대로 집행되었다. 주지육림酒池肉林이란 말은 바로 이런 술자리를 두고 이른 말일 것이다.[47]

잡지 편집 책임자를 비롯한 일본 최고의 지성인들인 대학교수, 언론

---

46 보리스 카갈리츠키/안양노 옮김, 『생각하는 갈대』(역사비평, 1991), 5장.
47 황장엽, 『회고록』, pp.220~221.

인, 문화인들이 이러한 국제정세의 변화와 북한의 사정을 결코 모를 리 없었을 것이다. 비정상적 현실을 알고 있으면서도 그것을 이상 사회의 모습이라고 주장했던 그들의 시대성과 역사성은 무엇이었을까?

5. 풍요와 자유

　1980년대의 〈세카이〉에는 1970년대와 달리 단 두 사람의 방문기만 수록돼 있다. 그 하나는 작가인 오다 마코토小田實이고 다른 하나는 1975년 김일성을 회견했던 와세다 대학의 니시카와 준이다.

　1980년대의 북한 역사는 김정일 후계 체제의 확립과 함께 경제적 침체가 가중되는 시기라 할 수 있다. 1980년 10월 제6차 조선노동당 당대회에서 김정일을 후계자로 공식화하는 한편, 1980년대 북한 사회가 도달해야 할 목표로 '온 사회의 주체사상화'와 함께 사회주의경제 건설의 '10대 전망목표'를 제시했다.[48] 북한은 이 시기를 사회주의의 완전한 승리를 향한 단계로 설정하고, 이를 위하여 속도창조운동을 비롯하여 3대혁명 소조운동, 3대혁명 붉은기쟁취운동 등을 더욱 가속했다. 하지만 북한은 황장엽의 표현을 빌리면 "국가경제발전에 치명적인 차질을 초래"했고 "장래는 암울"했다.

　북한 사회는 심각한 경제 침체를 맞이하는 한편, 아웅산묘소 폭파사건1983년 후 국제사회에서 더욱 고립되는 모습을 보였다. 1980년대 말에는 사회주의권의 몰락과 함께 제2차 7개년계획1978~1984년과 제3차 7개년계획1987~1993년 실천에 커다란 차질이 빚어지면서 경제적 어려움이 더욱 심화됐다. 김일성식의 경제계획은 더 이상 유용하지 않았고, 김일성식 동원에 한계가 있음이 나타났다. 위기를 타개하기

48　이종석, 앞의 책, p.83. 「제6차 당대회의 내용과 그 실천에 관하여」, 서대숙, pp.241~246.

위해 결국 북한은 1984년 9월 외국자본을 유치하기 위한 합영법을 공포했으나 실효를 거두지 못했다.

와세다 대학의 니시카와 준의 방문기는 11년 전의 방북기와 다를 바 없는 북한 선전기였다.[49] 11년 전 북한을 방문하여 김일성과 인터뷰를 하고, 4회에 걸쳐 〈세카이〉에 북한의 경제 발전을 찬양하는 글을 게재했던 그는, 세상에 알려진 북한의 경제 위기는 사실과 다르다는 것을 강조했다. 니시카와는 북한이 경제적으로 어려운 처지에 직면해 있는 것처럼 전해지지만, 실은 "많은 개발도상국이 최근 경험하고 있는 외화 유통 문제에 당면해 있다고 해도 위기적 징후는 전혀 볼 수 없다"라며 "생활 수준이 대단히 높고, 사회주의 중진국을 이루었다는 인상을 받았다"라고 주장했다.

그의 방북기에 따르면 북한에서는 인민대학습당, 만경대의사당, 45층의 고려호텔, 고층 주택 등을 건설하는 공사가 여전히 진행되고 있었다. 중화학공업을 위한 시설과 고속도로 건설도 활발하게 추진되고 있었다. 10년 전과 비교하면 평양 시내 백화점에는 많은 사람이 붐볐고, 외국인 관광객을 위하여 각국 언어로 만들어진 지도와 안내서가 진열된 것이 특징이라고 했다. 또한, 그는 1984년 공포한 합영법 이래 제3차 산업의 합영사업이 활발하게 추진되고 있다고 강조했다. 니시카와의 설명대로라면 북한에서 외국인이 자유롭게 여행하고 투자할 수 있어야 했다. 그러나 실상은 외국인뿐만 아니라 북한의 '인민'조차 자유롭지 못했다.

니시카와는 북한은 진지하게 통일 문제를 고민하는 반면에 한국은 남북대화와 통일 문제를 국내 정치용으로 이용하고 있다고 비판했다.

49　西川潤,「隣國にたいする無知」, 1987.1.

그러나 과거와 달리 남한에서는 '반미'와 '자주'를 요구하는 민주화운동이 강화되고 있기 때문에 남한 체제의 균열 조짐이 나타나고 있다는 것이다.

작가 오다 마코토의 방문기는 특별한 관심을 끌고 있다. 그는 1961년 이후 민감한 시사 문제에 관한 평론이나 국제적 관심을 끌고 있는 지역을 직접 여행하고 그 체험기를 〈세카이〉에 꾸준히 발표한 좌파 진보 지식인 작가이다. 그는 1960년대와 70년대 중국대륙을 혼란과 피로 물들였던 문화대혁명을 중국사회의 '관료화'를 퇴치하고 '인민화'로 바로잡기 위한 마오쩌둥의 '위대한 투쟁'이라고 찬양했다. 또한, 일본에서 베트남 반전운동과 반한운동에도 적극적으로 참여한 행동파 '정치운동가'이기도 했다.[50]

오다는 1970년대와 1980년대 두 차례 북한을 방문했다. 그러나 두 방북기 사이에는 상당한 차이가 있다. 작가 오다 특유의 문장으로 담담하면서도 확실하게 자신의 주장을 전개하는 첫 방북기는 이제까지의 방북기들과 달리 북한을 선전하는 홍보지와는 다른 양상을 띠고 있으나, 여전히 보여주는 것만 보고 전했다.[51]

오다의 첫 방문기의 중심 주제는 "'북'의 것이면서도 '남'의 것이고, '북'의 것만도 아니고, '남'의 것만도 아닌, 조선 전체의 것을 생각하겠다"라는 것이다. '생각'의 이러한 기본을 바탕으로 그는 '남북의 자주적 평화통일'을 주제 담론으로 삼았다. 오다는 중립적 입장에서 남과 북의 문제를 다루겠다고 했지만, 그의 글은 명확하게 북에 편향돼 있음을 보여주고 있다. 김일성과 박정희에 대한 평가에서 그의 '북'

---

50 小田實,『歴史の轉換のなかで-21世紀へ』(岩波書店, 1980), 5장 참고.
51 小田實,「一本の竿を立てよう-'北'と'南'と'われわれ'」, 1977.4.

편향 논조를 읽을 수 있다. 오다는 김일성과 박정희 모두 북과 남의 절대자이지만 김일성은 '지도자'이고 박정희는 '권력자'라고 평가했다.

> 김일성 씨가 곧 '북조선'이라고 언제나 생각한다. 이것은 확실히 박정희 씨가 '남'의 전부라는 것과 같은 구도이지만, 진실은 '북'에는 인간이 살고, 그 인간은, 일부의 사람이 상상하는 것처럼 김일성 씨의 노예나 괴뢰로 살고 있지 않다는 것이다.[52]

그러나 박정희는 달랐다. 그는 민주화 투쟁의 대상이었고, 그가 내세우는 '남북의 자주적 평화통일'은 자기 자신의 정권 연장을 위한 수단으로 사용하고 있다는 것이다.

오다도 북한의 발전상을 높이 평가했다. 한국 사회가 박정희 체제에 강한 반발을 보이는 반면에 북한 주민은 김일성이 이끄는 북한 사회주의 체제에 만족하고 있다는 것이다.

> '북'에 대하여 말한다면 북의 사람들은 김일성 씨와 함께 만들어 온 자신들의 사회주의가, 물론 충분하다고는 말하지 않지만, 모두가 충분히 만족한다고 생각하는 것 같다.[53]

오다가 북한의 주민들이 현재의 삶을 만족해한다고 판단한 것은 "살림살이暮らし를 기본으로 생각하는 것이지만, 그들의 살림살이는

---

52 위의 글.
53 위의 글.

일본인이 가지고 있는 물품과 설비를 기본적으로 갖추고 있다고 해도 좋을 만한 살림살이"이기 때문이라는 것이다. 그에 따르면 모두가 쌀밥을 먹고, 단지를 이루고 있는 중앙난방의 아파트에서 살고, 텔레비전과 냉장고를 소유하고 있었다. 물론 주민들은 임대료는 내지 않고 다만 물, 전기 등을 포함한 실비의 주택 사용료만을 지불하고 있을 뿐이다. 한 걸음 더 나아가 오다는 "노후를 준비하지 않고 병들면 어떻게 할까 염려할 필요가 없을 정도로 사회보장이 확보돼 있고, 교육은 모두 무료이고, 실업이 없으므로 '생활 불안'이 있을 수 없다"라고 전했다. 오다가 더욱 동경해 마지않는 것은 세금이 없다는 것이다. 그는 북한에는 일본에서는 "악몽이라고 할 수 있는 세금이 전혀 없다. 이는 사회주의국가를 포함하여 세계 어디에서도 볼 수 없는 대서특필할 사안이다"라고 했다.

그러나 앞에서 보았듯이 1970년대 후반에 들어서면서부터 북한의 경제는 오다가 그리고 있는 것처럼 윤택하지 못한 것은 물론이고 식량이 부족할 정도로 악화됐다. 오다 역시 북한의 안내인이 제공하는 설명 듣고 보여주는 곳만 보았을 뿐이다.

물론 오다의 한국에 대한 이미지는 부정적이었다. 앞에서 지적했듯이 '쿠데타'로 정권을 장악한 박정희는 정권 유지를 위해서 민중을 탄압하고 있었다. 미국의 군사적 지원과 일본과의 경제적 유착을 바탕으로 오히려 한반도의 긴장을 조성하고 있었다. 또한, 북한, 일본, 한국 세 곳에서 '비극적인 헤어진 삶'을

오다의 방북기

살고 있는 '형제' 사이의 경제적 도움을 '간첩'으로 몰아 죽이는 비인도적 정권으로 묘사했다.

남북통일을 위하여 오다가 강조한 것은 '자주적'인 태도였다. 미국, 소련, 중국의 세 강대국이 만들어주는 '틀' 안에서 자주적 평화통일이 이루어질 수 없다는 것이었다. 이를 위해서 우선 한국에서는 민주화 투쟁을 강화하고, 동시에 한국에 주둔해 있는 '미군 철수'가 필수적이었다. 남과 북, 그리고 '우리'의 힘으로 자립과 연대를 통해서 이루어야 한다는 것이다. 여기서 오다가 의미하는 '우리'는 일본인과 제3세계의 민중들이다. 특히 그는 한국의 자주적 통일을 위한 일본의 책임을 강조했다. 즉, 일본은 과거 침략의 책임과 남북 분단에 가담한 책임 때문에 남북의 자주 평화통일은 한국인의 문제이지만, 또한 일본인의 문제로 생각하고 그러한 논의에 직접 참여해야 한다는 것이다.

오다는 김일성의 자력갱생과 자주독립을 기본으로 하는 주체사상을 '자주적' 통일의 중심 사상으로 삼았다. 그의 표현을 빌리면 통일은 "주체사상의 원리를 '남'과 '북'에 통하는 사람들의 '자발성'과 '창조성'을 바탕으로 실현"할 수 있다는 것이다.

북한이 변혁을 시도하던 1980년대 중반에 북한을 방문한 오다 마코토의 방문기는 1970년대의 방문기와는 내용을 달리하고 있다. 오다는 1984년 12월호에서 1985년 2월호에 걸쳐 〈세카이〉에 중국과 북한 방문기를 세 차례 연재했다. 이 기록은 오다가 1984년 3월부터 9월까지 6개월 동안 중국에 체류하면서 여행을 통하여 보고 들은 것을 바탕으로 중국, 북한, 일본에 관한 생각을 정리한 것이다. 그는 중국에 체류하는 동안 3주간 북한을 여행했다.

오다는 6개월에 걸친 여행길에 '인생의 동행자'를 동반하고 있었다.

내용을 미루어 볼 때 오다의 '인생 동행자'는 일본에서 태어난 재일교포임을 알 수 있다. 그는 "조선인과의 결혼으로 (북한에) 친척이 많은 사람"이 됐다. 물론 오다의 친척들은 1959년 이후 재일교포의 북송 당시 북한으로 간 교포들이었다.

1977년에도 북한을 방문했던 오다는 여전히 북한에 애정과 희망을 품고 있음을 그의 글을 통해서 알 수 있다. 하지만 북한을 무조건 찬양하면서 안내인의 선전을 옮겨 기록한 정치성을 띤 첫 번째 방문기와는 달랐다. 그는 은유적이기는 하지만 상당히 솔직하고 진지하게 북한이 안고 있는 문제를 지적했다. 물론 그 역시 안내인의 통제에서 벗어나 자유롭게 여행할 수는 없었다. 그는 보고 들은 것을 비교적 담담하게 기록했다. 그런 점에서 북한의 사회상을 엿볼 수 있는 유일한 방문기라 할 수 있다. 그의 방문기는 앞에서 본 북한의 통일정책, 경제 발전상, 주체사상, 북일 관계와 같은 주제는 전혀 언급하지 않았다. 또한, 김일성을 찬양하는 글도 없다. 다만 틈틈이 찬양 없이 김정일의 역할을 지적하고 있을 뿐이다.

3회에 걸쳐 연재된 중국 체류기의 전체 제목은 「84년, 중국·조선·일본」이다. 오다는 자신이 조지 오웰의 『1984』을 염두에 둔 것이 아니라 중국과 북조선을 여행한 시기가 1984년이고, 1984년이 "역사의 전환점은 아니지만, 중요한 역사의 경과점"으로 믿기 때문에 '1984년'을 제목으로 달았다고 설명했다. 하지만 설명 자체가 조지 오웰의 작품을 염두에 두고 있었음을 알 수 있다.[54]

「눈물의 의미 ナミダの意味」라는 부제를 달고 있는 첫 회는 중국과 북조선의 관계를 폭넓게 다루고 있다. 중국과 북한의 관계는 '피와 피로

54　小田實, 「84年·中國, 朝鮮, 日本-ナミダの意味-」, 1984.12.

연결된 형제'의 관계이고, 그 사이에 일본의 자리가 없다는 것을 그는 여행길에서 여러 차례 확인할 수 있었다. 중국과 북한은 일본의 지배 아래서 연결된, 그리고 한국전쟁 당시 맺어진 특수한 관계의 연장선상에서 일본을 향하여 여전히 눈에 보이지 않는 중조中朝공동전선을 펴고 있다는 것이다. 그러면서도 그는 역사적 관계에서 만들어진 '종적從的 서열 관계'가 지금도 여전히 중국과 북한의 관계를 정신적으로 지배하고 있음을 지적했다.

「백두산의 양측에서白頭山の兩側で」라는 부제의 두 번째 여행기는 중국 내 소수민족의 자치주自治州, 특히 조선족朝鮮族 자치구에 관한 이야기다. 중국의 자치구정책은 "정부나 '인민대회'의 중요 인사는 '소수민족'이지만, '지역 당'의 총서기는 반드시 한족漢族이 차지하고 있다"라는 중국의 '교묘한' 이중적 소수민족 지배정책을 설득력 있게 설명했다. 즉, 당에 의하여 움직이는 중국의 행정은 자치구에서는 표면적으로 소수민족을 내세우고 있지만, 실질적으로는 중국의 한족이 지배한다는 것이다. 지린 성吉林省과 헤이룽장 성黑龍江省에 집중돼 있는 조선족 자치구에서 살아가고 있는 조선족의 교육, 문화, 삶의 모습과 한족 또는 다른 소수민족과의 관계를 설명했다.[55]

오다가 중국에 체류하면서 깨달은 현상의 하나는 같은 공산주의 국가임에도 중국인은 북한에 대하여 무지한 상태라는 것이다. 북한의 사정을 자신에게 물어볼 정도였다. 그는 그 원인은 중국과 북한 사이에 민중 교류가 없기 때문이라고 판단했다. 오다의 관찰에 따르면 과거와 달리 개방정책의 결과로 옌볜延邊에 사는 조선족은 두만강 다리를 건너 친척을 만나기 위하여 북한에 가는 것이 비교적 자유로워졌

---

55 小田實, 「白頭山の兩側で-84年 中國, 朝鮮, 日本 II-」, 1985.1.

고, 중국에 있는 친지를 만나기 위하여 중국으로 여행하는 북한인이 늘어나고 있었다. 이처럼 친척 간의 교류는 가능했으나, 상대 국가에 친지가 없는 사람이 북한에 간다거나 중국을 여행한다는 것은 '절대로 불가능한' 것이 현실이었다. 즉, 사회주의국가에서 자본주의국가로의 외출이 아니라 사회주의국가들 사이에도 외출이 자유롭지 못하다는 것이다. 오다는 "민중 사이에 교류가 없다는 것은 서로 '무지'의 커다란 원인이 된다. 물론 일본인도 조선에 관하여 아무것도 알지 못하고 있지만 이에 못지않게 중국인 역시 조선에 대하여 무지하다"라고 전했다. 물론 오다가 의미하는 북한에 대한 중국인의 무지는 문화나 풍습이 아니라 북한 사회의 구조나 사회주의 양태를 뜻한다.

세 번째로 연재한 「풍요와 자유ゆたかさと自由」는 전적으로 북한에 관한 기록이다.[56] 베이징과 평양 사이를 주 2회 왕복하는 국제열차로 평양에 도착한 오다의 눈에 비친 평양과 거리를 오가는 사람의 모습은 8년 전의 방문과 비교해 볼 때 사회 전체의 공기가 대단히 부드럽고 사람들의 표정도 편안해져 있었다. 평양의 거리를 오가는 사람에게 말을 걸면 과거에는 도망가거나 험상궂은 표정으로 대응하는 사람이 대부분이었으나, 이번에는 충분히 대화가 가능했을 뿐만 아니라 그중에는 일본어로 대답하는 사람이 있을 만큼 달라져 있었다. 이러한 변화의 근본 원인을 오다는 "사람들의 생계가 많이 좋아지고, 소비물자도 증가했기 때문이다"라고 평가했다.

오다는 북한 주민이 대체로 생활을 즐길 수 있는 여유를 가지기 시작했다고 평가했다. 그 예로 8년 전에는 평양에 두 개밖에 없었던 식당이 지구마다 하나씩 있을 정도로 늘어난 것을 제시했다. 평양 시내

56　小田實, 「ゆたかさと自由-84年·中國, 朝鮮, 日本 III-」, 1985.2.

에서 사진관을 운영하는 친척 가운데 한 사람은 2년 전 대동강변에 지은 아파트 8층에 있는 4DK의 넓은 곳에 입주할 정도로 현대식 아파트가 보편화했음을 지적했다. 그러나 8층의 아파트임에도 "엘리베이터가 없어서 늙은 어머니를 위시해 모두가 걸어 올라가지 않으면 안 되고, 수압이 낮아서 수돗물과 온수가 올라오지 않고, 부엌의 취사는 가스가 아니라 석유곤로를 사용해야만 하는 불편함이" 있었다.

이는 앞에서 전한 구로다 히사오가 1954년에 "위생적인 수세 변소가 설치되어 있고, 겨울에는 난방설비로 스팀이 완비돼 있고 …… 노동자가 트렁크 하나만 가지고 입주하면 바로 그날부터 가정생활을 영위할 수 있도록 완벽했다"라고 전한 것이 얼마나 허구였는가를 보여 준다.

문화적으로도 점차 개방의 길을 가고 있는 것으로 오다는 평가했다. 젊은 세대들은 매주 수요일 저녁 공원이나 광장에 모여서 야외 무도회를 즐기고 있었다. 8년 전의 흑백 TV와 고정된 프로그램과 달리 컬러 TV에 다양한 방송 프로그램뿐만 아니라 소련의 안나 카레리나와 같은 불륜의 사랑 이야기도 방영되고 있었다. 출판된 세계문학전집이 몇 권 되지는 않지만, 그 가운데에는 『일리야드』와 『돈키호테』가 포함돼 있었고, 조선 문학의 고전도 전집으로 나오고 있었다. 그는 북한에서 나타나는 이런 모든 변화를 '일종의 해빙雪どけ 현상'으로 평가했다.

오다는 앞에서 본 방문기들과 달리 북한이 결코 '지상의 낙원'이 아니라는 것과 앞으로 넘어야 할 어려움이 많다는 것을 다음과 같이 강조했다.

 '북'의 당국자가 말하는 것과 같이 '북'의 사회 전체가 좋은 것만 있는 '지상의 낙원'은 아니다. 생활 문제를 봐도 결코 지상의 낙원이라 말할 수 없다. 그것은 도시민이 살고 있는 아파트 내부를 보면 잘 알 수 있다. 한마디로 '북조선'의 사람들은 그동안 어렵게 실행해 온 자력갱생의 결과로 8층의 아파트 단지에서 살게 됐다. 이것은 참으로 훌륭한 것이라고 생각한다. 그러나 8층까지 엘리베이터 없이 걸어서 올라가는 것과 같은 노력은 지금부터도 계속해야 한다.[57]

 오다는 지금까지 북한이 걸어온 길을 평가하면서 미래의 북한에 대해서도 희망을 품고 있음을 볼 수 있다. 그러면서도 그는 북한 사회의 문제점을 간접적으로 지적했다. 귀국자들은 동년배 일본인의 얼굴에 비해 훨씬 늙어 보이는 만큼 북한에서 고생한다는 것, 생활이 풍족해졌다지만 귀국자의 가족이나 친척이 방문할 경우 특별 식량 배급을 받아야 대접할 수 있다는 것, 암시장이 존재한다는 것, 시골이나 평양의 뒷거리에는 몹시 가난하게 살고 주거 환경이 나쁜 곳이 많이 남아 있지만, 일반 관광객은 절대로 볼 수 없다는 것, 방문객은 안내인의 통제에서 절대로 벗어날 수 없다는 것 등을 지적했다.

 그러나 오다가 조심스럽게 제기하는 문제는 '자유'에 관한 것이었다. 그에 따르면 북한에서 '자유'는 일본과는 다른 양상으로 나타나고 있었다. 즉, 일본에서는 재일교포를 포함하여 아들이 후계자로 출현하는 것은 무엇인가 '어두운 이미지'를 의미하지만, 북한 사회에서는 정반대로 받아들인다는 것이다. 일련의 '해방' 현상의 주역은 아들이

---

57 위의 글.

고, 아들이 '후계자'로서 출현한 것은 일반적으로 '밝은 이미지'로 받아들인다는 것이다. "극단적으로 말한다면, 그(김정일)는 '자유'의 상징이다. 바로 그 자체가 강력한 개인숭배의 대상이 되는 원인이기도 하다." 오다가 의미하는 자유는 북한 사회에서 디스코 춤을 출 수 있다거나 하는 형식적이고 외형적인 것이 아니라 좀 더 인간의 본원本願과 본질에 뿌리를 둔 자유였다. 그리고 오다가 기대하는 것은 이러한 인간의 본질에 뿌리를 둔 자유가 북한 사회에 확대되는 것이었다. 하지만 오다의 기대는 꿈이었다. 북한 사회는 더욱 통제된 사회로 진화하고 있다.

6. 허상의 지상낙원

미야자키 슌스케宮崎俊輔는 1960년 열세 살의 어린 나이에 조선인 아버지와 일본인 어머니를 따라 '지상의 낙원'을 향하여 북송의 길을 택했다. 그러나 그를 기다리던 북한은 '지상의 낙원'이 아니었고, '기아와 억압'의 철저히 통제된 사회였다. 1996년에 그는 천신만고로 죽을 고비를 넘기고 북한에서 탈출하여 일본으로 귀환한 최초의 일본인이 됐다. 다시 일본으로 돌아오는 데 36년이라는 시간이 걸렸다. 미야자키는 그들이 북송을 택하게 된 이유와 일본 언론이 북한을 '지상의 낙원'으로 그린 이유를 다음과 같이 설명했다.

> 지금에 와서는 왜 빈곤으로부터 탈출하기 위하여 약 10만 명에 가까운 재일교포와 약 2,000명의 일본인 처가 북조선으로 이주했는지 도저히 이해하지 못하는 사람도 있을 것이다. 그 이유는 우리 집뿐만 아니라 당시 재일교포의 가정은 빈곤에 허덕이고 있었기 때문이었다. 이를 자극한 것이 '귀국사업'과 소위 '지상의 낙원' 캠페인이었다. 일본 메스컴과 총련은 북조선을 '지상의 낙원'이라고 선전했다. 지금에 와서 생각해 보면 특히 일본 매스컴의 (지상낙원 캠페인은) 사회주의에 대한 환상과 그 위에 식민지 지배에 대한 속죄 의식 때문에 북한의 실정을 확

인하지 않은 채 무조건 노골적으로 찬미한 것이었다.[58]

『북조선대탈출』
미야자키 슌스케 저

'지상의 낙원'을 그리며 바다를 건너간 재일교포와 일본인 처를 기다리던 것은 상상을 초월한 굶주림과 억압이었다. 그러한 의미에서 '지상의 낙원'이나 '노동자의 천국', 또는 '극락정토'라는 북한에 대한 환상은 북한의 선전 때문에 만들어진 것이 아니라, 모리스-스즈키가 파헤친 것처럼, 오히려 일본을 실질적으로 움직이는 정부와 지식인의 적극적 지지를 받는 주류 언론에 의하여 만들어졌다.[59] 〈세카이〉도 그 주류 언론의 하나였다.

〈세카이〉는 그동안 '조선 문제'를 다루어 온 자신의 일관된 자세가 진실을 바탕으로 평화와 화해, 연대와 협력을 이루기 위함이었다는 것을 강조했다. 그러나 앞에서 보았듯이 〈세카이〉가 보도했던 북한 방문기는 진실이나 사실과는 거리가 멀었을 뿐만 아니라, 마치 북한을 '지상의 낙원'인 것처럼 각색하고 조작했다. 일본의 진보적 지식인을 대변하는 〈세카이〉는 무비판적으로 북한을 찬미하고 선전하는 '북한 대변지'에 불과했다.

끊임없는 찬사로 가득 찬 북한 방문기에 의해 만들어진 북한의 이미지는 전지전능한 '위대한 수령' 김일성을 중심으로 뭉쳐진 소독消毒된 사회였다. 〈세카이〉가 그리고 있는 북한 사회는 일본의 상업주의

58　宮崎俊輔,『北朝鮮大脫出: 地獄からの生還』(新潮社, 2000) ,p.11.
59　Tessa Morris-Suzuki, The Forgotten Victims of the North Korean Crisis. http://japanfocus. org/products/topdf/2382

나 퇴폐적 자본주의 풍조로 각색해서는 안 될 뿐만 아니라 존경심을 가지고 대해야 하는 사회였다. 그 반대로 한국은 반통일적이고 반민족적일 뿐만 아니라 국민은 자본주의에 의하여 착취당하고 '미 제국주의의 주구'가 이끄는 사회였다.

북한이 일본을 반동주의자, 침략자, 독점자본주의자, 군국주의자 등으로 비판하고 몰아세웠음에도 일본의 진보 진영을 대변하는 〈세카이〉는 북한 당국의 황당무계한 통계나 설명을 아무런 검증 없이 전적으로 진실로 받아들였다. 또한, 놀라울 정도로 북한을 찬양하고 지지하며 조건 없이 성원하는 열의를 보인 것은 참으로 이해하기 어려운 현상이다. 이념적으로 사회주의와 공산주의 노선에 심취해 있었던 전후의 많은 지식인과 그들을 대변하는 〈세카이〉는 북한이 자신들을 대신해서 이상향을 지향하는 혁명적 낭만주의를 성취해 주기를 원했는지도 모른다. 그러한 환상이 35년간의 식민지 통치에 대한 죄책감을 상쇄하고, 차별 대우를 받는 '재일在日'의 문제를 위장할 수 있다고 믿은 것은 아닐까?

이 글을 시작하면서 몇 가지 의문점을 제기했다. 그러나 여전히 의문으로 남아 있다. 그 의문에 대한 해답은 방문기를 통하여 북한을 '지상의 낙원'으로 그린 〈세카이〉의 몫이 아닐까 생각한다.

3장

김일성 회견기

"공산당이 범한 최대의 죄악은 순진무구한 청년들을
그들의 야망을 달성하기 위한 그 목적만으로 민족의
적敵으로 만들었다는 바로 그 사실에 있다……
아, 허망虛妄의 정열."

_이병주,『지리산』

1. 김일성과 〈세카이〉

김일성은 1948년 북한 정권을 장악한 후 1994년 사망할 때까지 신격화된 절대적 권력을 행사했다. 하지만 그의 실체는 외부에 잘 알려지지 않았다. 반세기 가까이 권력을 장악하고 북한 사회를 철저히 통제하면서 지배했으나 그는 외부 세계에 자신의 모습을 잘 드러내지 않았다. 서방의 언론 매체와 인터뷰를 가진 경우는 더더욱 없었다. 다만 틈틈이 일본의 혁신계 인물들과 비공식적으로 접촉을 가졌을 뿐이다. 그러한 그가 1970년대에 들어서면서부터 〈세카이〉를 매체로 일본의 사회(공산)주의자 또는 혁신계 좌파 지식인들과의 공식적인 회견을 통하여 자신의 사상과 북한의 의도를 서방세계에 전했다. 〈세카이〉는 1972년부터 1991년까지 10차례에 걸쳐「김일성 주석 회견기」를 게재했다. 이것은 김일성이 자유 진영의 언론 매체와 여러 차례 회견한 유일한 사례라 할 수 있다. 그러한 의미에서 〈세카이〉는 김일성과 북한의 대서방 창구 역할을 했다고 할 수 있다.

김일성 회견

〈세카이〉에 게재된 회견기는 10회이지만 실질적 회견자는 6명이었다. 1·3·4·6·8차 회견기를 제외한 나머지 5회는 모두 〈세카이〉 편집장과 이와나미 서점 사장을 역임한 야스에 료스케와의 회담 기록이다. 최초와 최후의 회견기를 제외하고는 거의 모두가 사전에 서면으로 질문서를 작성하여 제출하면, 김일성이 이에 대하여 답변하는 형식으로 만들어졌다. 회견 날짜와 장소, 회견에 걸린 시간은 다음과 같다.

1. 최초의 회견은 미노베 료키치美濃部亮吉 도쿄도지사와 이틀에 걸쳐 이루어졌다1971년 10월 30~31일. 평양시 만수대의사당에서 3시간 15분 동안 진행된 첫 번째 회견은 김일성이 주최한 오찬을 겸했다. 둘째 날은 김일성이 미노베 지사의 숙소인 모란봉 만수대 영빈관을 방문하고 미노베가 주최한 오찬을 겸했다. 회견은 2시간 30분 동안 계속됐다. 회견에는 북한의 김일 부수상과 미노베와 동행한 도쿄 도정 조사위원회 상무이사 고모리 다케시小森武가 동석했다.「金日成首相會見記」전문은 〈세카이〉 1972년 2월호에 수록됐다.

2. 두 번째 회견은 당시 〈세카이〉의 편집장이었던 야스에 료스케와의 단독 회견이었다. 1972년 10월 6일, 평양 근교 산속에 있는 정부 초대소에서 이루어진 이 회견은 6시간 30분 동안 계속됐다. 이후 진행된 야스에와의 회견은 모두 단독 회견이었다. 회견기는 〈세카이〉 1972년 12월호에 수록됐다.

3. 세 번째 회견은 〈세카이〉를 출판하는 이와나미 서점의 편집 담당 상무취체역인 미도리카와 도루(綠川亨) 사이에 이루어졌다. 〈세카이〉 편집장을 역임한 미도리카와는 뒷날 이와나미 서점 사장직을 맡았다. 미도리카와는 평안남도 온천군溫泉郡의 한 협동농장에서 '현지지도'를 실시하고 있는 김일성을 직접 찾아갔다. 1973년 9월 19일이었다. 이 회견에는 북한의 김중린, 김관섭이 동석했고, 점심에는 김일성의 처 김성애가 함께했다.「金日成主席會見記」는 〈세카이〉 1973년 11월호에 수록됐다.

4. 〈세카이〉에 게재된 네 번째 회견기는 1975년 11월 6일 평양 교외의 산속 호숫가에 있는 노동당 초대소에서 와세다 대학의 마르크스

경제학자인 니시카와 쥰西川潤과 이루어진 것이다. 2시간 30분 동안 진행된 이 회견에는 〈세카이〉 편집부의 한 사람이 동행했다. 「革命과 建設의 道程」이라는 회견기는 〈세카이〉 1976년 2월호에 수록됐다.

5. 야스에와의 두 번째 회견은 1976년 3월 28일 청진淸津 교외의 한 산장에서 이루어졌다. 점심을 함께하면서 진행된 이 회견은 4시간 30분 동안 계속됐다. 회견은 앞에서 언급한 대로 미리 서면으로 제출한 질문에 답변하는 형태로 편집됐으나, 마지막 일부는 대담으로 편집됐다. 회견기는 「朝鮮의 平和와 統一」이라는 제목으로 〈세카이〉 1976년 6월호에 수록됐다.

6. 여섯 번째 회견은 소가創價 대학의 기도 마타이치城戶又一 교수가 담당했다. 1976년 11월 24일 함흥咸興에서였다. 다른 회견기와 달리 이 회견기는 사전에 질문서를 제출한 것이라기보다 김일성과의 대화를 회상하는 형태로 기록했다. 「金日成主席會見記」는 〈세카이〉 1977년 1월호에 수록됐다.

7. 1978년년 10월 21일 평양에서 이루어진 야스에와의 세 번째 회견은 저녁을 포함하여 4시간 30분 동안 계속됐다. 이 회담 역시 사전에 제출한 질문서에 대한 답변이 중심이었으나 마지막 부분에는 대담이 포함돼 있다. 이 회견기를 포함한 이후의 회견기 특징은 기록과 정리와 번역을 북한이 담당했다는 것이다. 〈세카이〉는 다만 북한이 정리하고 번역한 기록을 게재했을 뿐이다. 회견기록은 「조선의 통일과 국제정세」라는 제목으로 〈세카이〉 1979년 1월호에 수록됐다

8. 〈세카이〉에 실린 여덟 번째의 회견기는 자민당 내에서 대표적 친북 정치인으로 알려진 우쓰노미야 도쿠마와 이뤄졌다. 1981년 9월 10일, 2시간에 걸쳐 평양 만수대의사당에서 진행된 이 회견기는 앞의

상당 부분에서 우쓰노미야가 북한의 발전상과 제3세계 지도자로서의 김일성을 부각했고, 마지막에 김일성과의 대담 요약을 포함했다. 우쓰노미야의 북한 찬양과 회견 요약문은 「무엇이 朝鮮情勢를 緊張시키고 있나?」라는 제목으로 〈세카이〉 1981년 12월호에 수록됐다.

9. 아침부터 밤까지 온종일 계속된 야스에의 네 번째 회견은 1985년 6월 9일 이루어졌다. 회견 장소는 밝히지 않았으나, 광복 40주년을 기념하기 위한 회견의 내용으로 미뤄 볼 때 평양임을 알 수 있다. 「解放 四十年을 맞으면서」라는 회견기록은 〈세카이〉 1985년 8월호에 수록됐다.

10. 김일성 생전의 마지막 회견기이자 야스에의 다섯 번째 회견은 1991년 9월 26일 강계江界에서 진행됐다. 회견에 걸린 구체적 시간은 밝히지 않았으나, 야스에에 따르면 '대단히 긴 시간'이었다. 이 회견기의 특징은 사전 질문에 대한 답변이 아니라 미노베와의 회견과 같이 대담으로 이루어진 기록이라는 점이다. 「歷史의 轉換을 찾아서」라는 회견기록은 1991년 12월호 포함됐다.

회견의 배경

김일성 회견기를 분석하기 전에 그가 이제까지와 달리 1970년대에 접어들어 전면에 나서게 된 이유를 알아보자. 물론 그 이유는 정확하게 알 수 없다. 다만 격변하는 세계정세가 김일성으로 하여금 외부와 단절하고 철의 장막 속에만 머물러 있을 수 없게 만들었고, 또한 일본과 중국의 관계 정상화를 보면서 일본과의 관계 개선을 위한 주도적 시도가 필요하다는 인식을 하게 되지 않았나 유추해 볼 수 있다.

1970년대는 세계사뿐만 아니라 한반도를 둘러싼 동아시아 역사에 지각변동이 일어난 격동의 시대였다. 그 격동의 시작은 미국과 중국의 관계 개선에서 시작됐다. 미국의 헨리 키신저Henry Alfred Kissinger 국무장관이 비밀리에 중국을 방문하여 저우언라이周恩來와 회담1971년 7월 9일을 가짐으로써 오랫동안 적대적 관계에 있던 두 나라 사이에 화해의 조짐이 구체적으로 나타났다. 키신저의 중국 비밀 방문이라는 사건을 계기로 마오쩌둥毛澤東의 중국은 화려하게 국제무대에 등장했다. 유엔의 중국대표권 획득10월 25일, 닉슨의 중국 방문과 닉슨-마오 회담1972년 2월 21일, 상하이上海 미중 성명 발표2월 27일 등을 계기로 미국과 중국 두 나라는 그동안의 적대적 관계를 끝냈다. 그리고 미국은 오랫동안 계속된 베트남과의 전쟁에 종지부를 찍을 수 있었다.

미국과 중국의 관계 정상화는 동아시아에도 해빙의 기류를 몰고 왔다. '닉슨 쇼크Nixon Shocks'로 알려진 중국과의 관계 개선 과정에서 미국이 일본에 보여준 태도와 일련의 대일 경제정책, 그리고 베트남에서 미국의 패배는 일본으로 하여금 미국에 대한 불신을 증폭시켰고 국제무대에서 독자 노선을 모색하게 했다. 1972년 7월 '결단과 실행'을 내걸고 등장한 다나카 가쿠에이田中角榮 내각은 중국과의 관계 정상화를 가장 시급한 당면 과제로 삼고 적극적으로 추진했다. 다나카 총리의 중국 방문을 계기로 일본과 중국은 그동안 지속된 "비정상적인 상태를 끝내고 정상적인 외교 관계를 수립한다"라는 공동성명을 발표했다1972년 9월 29일. 그리고 일본은 북한에도 새로운 눈길을 주었다.

미중, 일중 관계의 변화는 냉전의 현장인 한반도에도 커다란 파급을 몰아왔다. 완전히 단절돼 있던 남·북한도 거스를 수 없는 세계정세의 소용돌이에서 대화의 길을 모색했다. 한국 정부는 1970년부터 남북 교류를 제의하여 1971년에는 이산가족찾기운동을 위한 남·북한 적십자대표의 예비회담이 진행됐다. 남북대화가 열리는 사이에 이후락 중앙정보부장의 평양 비밀 방문이 이루어졌고, 이는 1972년 역사적인 7·4남북공동성명으로 이어졌다.

세계, 동아시아, 한반도에서 전개된 이러한 변화에서 북한도 유화적 태도를 취하며 변화의 모습을 보였다. 이제까지와 달리 북한은 극히 제한적이기는 하지만 자유 진영의 언론 매체와 접촉을 시도하면서 자유 진영을 향하여 메시지를 보냈다. 하지만 북한의 개방은 자유 진영 전체를 대상으로 한 것이 아니라 일본, 그것도 좌파 지식인과 언론인, 혁신계 정치인만을 선별하여 문을 열었다.

김일성은 그동안 북한에 우호적 논조를 펴온 친북 진보적 지식인들의 집결장인 〈세카이〉를 선택했다. 김일성은 〈세카이〉를 통하여 주체사상과 자력갱생을 전파했고, 북한의 발전상을 선전했고, 사회주의식 통일정책을 홍보했고, 반미 사상을 고취했다. 이뿐만 아니라 그는 〈세카이〉를 일본 내 좌파 세력과 한국내 반체제 세력의 이념적·행동적 연결고리로 활용했다. 그리고 1970년대에 들어서면서부터 김일성 스스로가 전면에 나섰다. 일본의 종합잡지인 〈세카이〉에 게재된 「김일성 주석 회견기」도 이러한 변화에서 나타났고, 그 첫 대상이 미노베 료키치 도쿄도지사였다.

3장에서는 〈세카이〉에 게재됐던 10편의 회견기를 분석했다. 그러나 편의상 미노베 회견기, 미도리카와와 니시카와 회견기, 기도와 우쓰노미야 회견기, 그리고 야스에 회견기 순으로 네 부분으로 나누어 정리했다.

2. 미노베 료키치 회견기

　미노베 료키치는 헌법학자 미노베 다쓰키치美濃部達吉의 장남이다. 천황기관설天皇機關說 주창자로 알려진 다쓰키치는 1920년대 정당 중심의 의회주의 선풍을 일으켰던 '다이쇼 데모크라시'의 대표적 이론가였다. 사회주의자이며 마르크스 경제학자인 미노베 료키치는 전후 마이니치每日신문 논설위원과 내각통계위원회 사무국장을 역임했다. 그는 마르크스 경제학자이면서도 소득배증정책을 주도했던 이케다 하야토池田勇人 총리의 브레인으로 역할 할 만큼 활동의 폭이 넓었다. 그는 1967년 혁신계 통일 후보로 추대되어 도쿄 도지사에 출마하여 당선됐고, 그 후 1979년까지 3기 연속으로 당선됐다.[01]

　미노베는 1971년 10월 25일부터 약 3주간 조선민주주의인민공화국과 중화인민공화국을 방문했다. 김일성과의 회견은 그가 북한에 체류하는 동안에 이루어졌다. 미노베의 회견기는 몇 가지 중요한 의미를 지니고 있다. 첫째는 그가 비록 사회주의자였지만 자유 진영의 정치인으로서는 평양을 방문한 최초의 고위 인사였다. 그뿐만 아니라 패전 후 국교 단절 상태에 있는 북한을 방문한 일본의 고위 정치인이라는 점에서 실질적으로나 상징적으로 중요한 의미를 지니고 있다. 두

01　미노베 료키치(1904-1984)는 도쿄 대학 경제학부 졸업 후 잠시 도쿄 대학의 강사로 있었으나 1932년부터 호세이(法政) 대학의 교수로 취임했다. 1938년 '인민전선사건'으로 검거되면서 교수직에서 사임했다. 전후 1950년부터 도쿄 교육대학의 교수로 재직하면서 행정관리청 관료로 활동했다.

사람의 대화는 상당한 공신력을 지닌 것이라고 할 수 있다.

둘째, 미노베의 북한 방문과 김일성과의 회담이 사적私的인 것이 아니라 공적公的인 성격의 행사였다는 점이다. 미노베가 두 차례에 걸쳐 김일성과 회담을 가지고 광범위한 영역, 특히 북한과 일본의 교류 확대를 위하여 구체적으로 논의한 것은 도지사의 지위를 넘어 국가 외교정책의 일환이라는 의미를 지니고 있다. 따라서 미노베가 제시하는 북한과의 교류 확대 방안은 '도지사' 미노베의 구상이라기보다는 일본 정부의 의지가 반영됐다고 해석할 수 있다.

셋째, '회견기'라고 제목을 달고 있지만, 실제는 '회담록'과 같다. 이 기록은 미노베가 묻고 김일성이 답하는 일방적 형식의 회견이 아니라, 두 사람이 논의의 주제와 사안에 대하여 서로 자신의 의견을 피력하고 상대방의 의견을 듣는 쌍방적 회담의 형태를 갖췄다. 즉, 미노베의 의견도 충분히 반영되고 있다는 것이다. 이는 미노베 이후에 진행된 거의 모든 「김일성 주석 회견기」가 일방적으로 묻고 답하는 형식이었던 것과는 전혀 다르다.

이틀에 걸친 회견은 상당히 광범위한 주제를 포함하고 있다. 과거 일본 군국주의에 대한 평가, 전후 건설과 발전, 공업화, 협동농장과 협동조합, 교육제도와 내용, 요도호 납치사건, 가극 「피바다」 등 많은 주제를 다루고 있다. 그러나 회견의 중심 주제는 두 가지, 즉 사회주의 국가 건설과 미중, 일중 관계 정상화에 이은 북일 관계 개선의 가능성이었다.

사회주의국가 건설

김일성 수상은[02] 미노베가 도지사의 직무를 수행하면서 '조총련朝總聯 사업'이라는 재일교포 북송과 조선인학교 인가를 위하여 적극적으로 지원해 준 데 대한 감사로 회견의 말문을 열었다. 이에 미노베는 자신이 5년 전 처음 도지사로 선출된 직후부터 북한을 방문하고 싶었는데 드디어 실현돼서 기쁘다고 답했다. 그리고 그는 북한 방문에는 세 가지 목적이 있음을 밝혔다. 첫째는 식민지 시대에 일본이 저지른 잘못을 북한의 인민에게 사죄한다는 것이다. 그는 "1,100만의 도쿄 도민과 뜻을 같이하는 일본 국민을 대표하여 조선민주주의인민공화국을 대표하는 김일성 수상에게 마음으로부터 사죄의 뜻을 전합니다"라고 진지하게 사죄했다. 일본의 고위층이 북한에 공식적으로 표시한 최초의 사죄라 할 수 있다.

김일성과 미노베 료키치

북한을 방문한 미노베의 두 번째 목표는 북한과 일본의 비정상적인 관계를 정상화하기 위한 길과 방안을 타진하고 모색하기 위함이었다. 미노베는 도쿄와 평양은 '대단히 가까운 거리'에 있음에도 평양을 방문하기 위하여 제3국을 경유하고 2~3일이 걸리는 것은 부자연스럽고 비합리적

---

02 미노베와 회담을 가질 때에는 김일성의 공식 직함은 '주석'이 아니었고 '수상'이었다. 국가의 수반이며 국가주권을 대표하는 지위의 '주석'이 확립된 것은 1972년 12월 기존의 '조선민주주의인민공화국헌법'을 폐기하고 '조선민주주의인민공화국사회주의헌법'을 새로 제정하면서부터였다.

이라고 했다. 이를 시정하기 위하여 북한과 일본은 "하루빨리 양국의 관계를 정치적으로 정상화하고, 문화, 경제 등 모든 분야의 교류를 확대해야 하며, 이를 위하여 자신이 '기여'할 수 있는 길을 찾아보겠다"라는 것이다.

셋째는 북한에서 진행되고 있는 사회주의국가 건설의 현황을 직접 보고, 사회주의적 경영에서 어떤 교훈을 받을 수 있지 않을까 하는 기대였다. 즉, 북한의 사회주의국가 건설에서 '도쿄 도정都政에 필요한 교훈'을 찾겠다는 것이다.

대학 졸업 후 40여 년 동안 마르크스 경제학을 공부했고, 사회주의국가 실현을 이상으로 삼고 있는 미노베는 북한에서 진행되고 있는 사회주의 건설의 빠른 속도를 대단히 존경하고 있었다. 그리고 그는 "직접 내 눈으로 사회주의 건설 상황을 보고, 또한 직접 내 몸으로 체험하기 위하여 평양을 방문했다"라고 밝혔다.

북한의 사회주의 건설에 대한 미노베의 찬사는 레토릭이 아니라 솔직한 심정이고, 상당한 기대를 가지고 있었음은 그의 발언에서도 확인할 수 있다.

> 두말할 필요 없이 귀국과 일본은 사회주의와 자본주의라는 체제가 다른 나라입니다. 그러나 귀국에서 진행되고 있는 사회주의 건설이 여러 가지 의미에서 우리에게 대단히 참고될 수 있다고 생각하고, 그 실체를 볼 수 있게 된 것을 기쁘게 생각합니다. 그제부터 여러 곳을 참관했습니다. 공업농업전람관, 김일성종합대학 등을 돌아보고, 어젯밤에는 노래와 무용을 관람했

습니다. 다만 인사치레로 말하는 것이 아니라, 김일성 수상의 지도에 따라 진행되는 사회주의 건설에 머리가 숙어질 정도로 감동하고 있습니다. …… 나와 동행한 고모리 다케시 군과도 의견을 나누었습니다마는 평양의 현상을 볼 때 자본주의와 사회주의의 경쟁 결과는 명확해졌습니다. 이 경쟁에서 자본주의의 패배가 확실해졌다는데 의견이 일치했습니다. 앞으로 며칠 동안 될 수 있으면 많은 것을 돌아보고 대단히 어려운 상황에 있는 도쿄도 건설에 우리가 활용할 수 있는 것은 모두 이용하고 싶은 생각을 가지고 있습니다.

평양이 생각했던 것보다 발전된 모습을 하고 있었는지는 모르지만, 미노베가 "자본주의가 패배했다"라고 단정할 만큼 북한 사회에 대한 충분한 정보와 자료를 가지고 있었다고 생각하지 않는다. 그럼에도 북한의 변화와 건설을 사실 이상으로 과대평가하고 있었던 것은 북한에 대한 인식이 '실체'에 근거한 것이라기보다 심정적 '바람'에 두고 있었음을 보여 주고 있다. 북한에 대한 이러한 '환상적' 평가와 인식은 미노베뿐만 아니라 전후 일본의 사회주의 지식인들에게 공통된 것이라 할 수 있다.

1960년대와 1970년대의 일본은 고도경제 성장을 이룬 시기였고, 환경 파괴와 공해와 오염은 성장의 부산물이었다. 그리고 도쿄가 가장 심했다. 미노베는 도쿄의 오염된 공기와 물에 비하여 맑고 깨끗한 평양을 체험하면서 경탄했다. 또한, 도지사로서의 업무와 생활 과정에서 경호원이 아침부터 밤늦게까지 항상 경호하고 있어서 좀처럼 자유로운 시간을 가질 수 없는 자본주의적 생활환경을 불평하면서 비판

하기도 했다.[03]

김일성은 미노베의 방문 목적을 적극적으로 지지하면서도 "도쿄 도민과 또한 도민과 뜻을 같이하는 일본 국민을 대표한 사죄는 불필요"하다는 것을 강조해서 설명했다. 김일성은 한반도를 침략하고 식민지로 지배한 것은 일본 국민이 아니고, "일본 제국주의 반동 집단"이기 때문에 일본 국민을 대표한 미노베의 사죄는 적절치 않다는 것이다. 사죄해야 할 당사자는 과거의 일본 제국주의자이고 그 맥을 잇고 있는 자민당을 위시한 보수 지배계급이라는 것이다. 김일성은 이를 다음과 같이 표현했다.

> 조선 인민도 일본 인민도 인민은 모두 선량하기 때문에 조선 인민과 일본 인민 사이에는 사죄해야 할 이유가 없습니다. …… 나는 일본 제국주의에 반대하여 수십 년 동안 투쟁했지만 일본 인민에 반대하여 싸운 일은 한 번도 없습니다. …… 우리는 지금도 우리 인민에게 일본 제국주의와 군국주의에 대해서는 반대해야 하지만 일본 인민과는 어디까지나 친선 관계를 강화하지 않으면 안 된다는 것을 교육하고 있습니다.

미노베 이후에 진행된 모든 회견기에서 김일성은 항상 일본 정부와 국민을 분리하여 설명하는 형식을 취했다. 즉, 자민당이 이끄는 일본 정부는 미국과 연대하여 북한을 압박하는 집단으로 규정하고 투쟁의

---

03 이에 대해 김일성은 건설 현장이나 공장, 학교나 상점 등 모든 곳에 '경호원 없이' 자유롭게 다닌다고 설명하면서 자신에 대한 암살 시도나 테러와 같은 것은 전혀 없었다고 강조했다. 그 이유를 "인민을 위해서 일하고 있기 때문에 인민이 나를 저격할 필요가 없고, 또한 나는 인민을 두려워하지 않기 때문"이라고 설명했다.

대상으로 삼았지만, 일본 국민은 연대의 대상으로 삼고 있다는 것을 거듭 강조했다.

김일성은 북한이 추진하고 있는 사회주의국가 건설의 현황을 길게 설명했다. 그의 설명을 한마디로 요약하면 북한은 복지가 보장된 안정된 사회였다. 김일성은 북한 사회를 다음과 같이 묘사했다.

> 모든 인민은 먹고 입는 것으로 고통을 받지 않습니다. 모두 살 집이 있고 배우고 치료받을 자유가 있습니다. 바꾸어 말한다면 (북한에는) 직장이 없는 사람은 한 명도 없고, 먹고 입는 것이 부족한 사람도 없습니다. 그렇기 때문에 돈에 관심을 가지는 사람이 거의 없습니다. …… 또한, 일할 수 있는 조건이 항상 보장돼 있어서 불안해하는 사람이 하나도 없습니다. 우리 인민은 밤에 문을 잠그지 않고 자는 것이 일상이고, 상점에서도 금고를 지키기 위한 수위가 없습니다. 우리나라에는 도둑이 없습니다.

생활이 궁핍하면 도둑이 생기는 것인데, 북한에서는 한 시간만 일해도 생활이 보장되기 때문에 도둑이 있을 수 없다는 것이다. 농민에게서 농작물을 국가가 비싸게 매입하여 도시와 공장의 노동자계급에 싸게 공급(농민에게서 65전에 구입하여 노동자 사무원에게 8전에 공급)하기 때문에 주민은 먹는 일에 염려하지 않고, 따라서 나쁜 일을 할 필요가 없다는 것이다. 그리고 의료사업은 의사의 구역 담당제와 인민 담당제가 실시되기 때문에 불평불만의 여지가 없고, 공장을 지방에 분산하여 설립·운영하기 때문에 공해와 오염이 있을 수 없다는 것이다. 미노베가 이를 어디까지 믿었는지 확인할 수 없으나 김일성의 북한은 '지상의 낙원'이었다.

　미노베 도지사는 자본주의사회에서 나타나는 정치에 대한 불신, 물질만능주의로 인한 사회적 퇴폐 현상과 불안에 상당한 우려와 회의를 가지고 있었다. 일본이 패전 후 어려운 시기를 지나 고도경제 성장을 이루는 과정에서 나타난 사회적 병리 현상과 환경오염을 직접 체험한 미노베는 북한의 사회주의국가 건설을 일본이 지향해야 할 하나의 대안으로 생각하고 동경한 것 같다. 그리고 그의 눈에 비친 북한의 사회주의국가 건설은 국가 주도로 일사불란하게 진행되는 듯했다. 자본주의사회에서 흔히 볼 수 있는 부패와 부조리, 사회적 갈등을 극복한 것처럼 보였을는지도 모른다.

　미노베는 일본이 북한과 달리 '잘못된' 방향의 길을 가고 있다고 단정하고, 그 근본 원인은 정치와 정치에 대한 국민의 불신에서 비롯됐다는 것을 김일성에게 강조해서 설명했다. 그에 따르면 자본주의사회인 일본과 사회주의 체제인 북한의 커다란 차이는 정치에 대한 국민의 불신이었다. 일본과 같은 자본주의국가에는 정치에 대한 국민의 불신이 대단히 강하게 지배하고 있는 반면에 북한과 같은 사회주의국가에서는 국민의 신뢰가 두텁다는 것이다. 즉, 사회주의국가, 특히 북한에서는 김일성을 중심으로 한 사회관계가 확립돼 있고, 정치에 대한 국민의 신뢰가 대단히 두텁다는 것이다. 그리고 바로 여기에서 북한과 일본의 근본적 차이가 생긴다는 것이었다. 미노베는 이를 다음과 같이 말했다.

소련도 혁명 후 반혁명 세력이 강해서 레닌은 '일보 전진, 이보 후퇴'라는 전술을 사용하지 않으면 안 됐습니다. 그러나 조선민주주의인민공화국에서 사회주의 건설이 대단히 원활하게 진행된다는 것은 참으로 놀랄 일입니다. 우리가 특히 감탄하는 것은 귀국의 청소년들이 김일성 수상과 일체가 되어 조선민주주의인민공화국 건설에 전력을 기울이고 있다는 것입니다. 일본이나 미국의 청소년들은 정치에 전혀 관심이 없고, 심하게는 허무적 경향이 있습니다. 이러한 경향은 자본주의가 퇴폐하고 있는 것과 무관하지 않다고 생각합니다. 참으로 우려하지 않을 수 없다고 생각합니다. 이러한 점에서는 사회주의국가, 특히 조선민주주의인민공화국이 부럽습니다.

하지만 미노베가 높이 평가한 '일체감'은 자생적인 것이 아니라 훈련과 주입의 결과였다. 정치에 대한 국민의 '신뢰'와 청소년의 '일체감'에 대하여 김일성은 사상 교육을 강조하고 있음이 이를 설명하고 있다. 그는 정치에 대한 불신이나 청소년의 부패는 반드시 자본주의 사회에서만 볼 수 있는 것이 아니라, 사회주의국가에서도 나타나는 현상이라고 진단했다. 그러나 사회주의 체제에서 나타나는 이러한 현상은 본질적인 것이 아니라 자본주의에서 공산주의로 이행하는 과도기에 '문화와 사상 활동'을 적절하게 실행하지 못하기 때문에 나타나는, 시정이 가능한 현상이라는 것이다. 따라서 이를 극복하기 위해서는 끊임없는 '사상 교육'이 필요하고, 북한은 이를 철저히 수행하고 있다는 것이다. 이를 김일성은 다음과 같이 설명했다.

우리는 물질생활 한 면만을 강조하는 것으로 사회주의 건설을 훌륭히 성취할 수 있다고 생각하지 않습니다. 조선노동당 제5차 대회에서 밝힌 바와 같이, 자본주의에서 사회주의·공산주의로 이행하는 과정에서 두 개의 요새를 반드시 함께 점령하지 않으면 안 됩니다. 즉, 사상적 요새와 물질적 요새를 반드시 함께 점령해야만 합니다. 그중에 하나만 점령하는 것으로는 불충분하다는 것을 지적하고 싶습니다. …… 물론 인민의 풍요로운 생활을 가능하게 할 수 있는 물질적 기초를 튼튼히 하기 위한 건설이 필요합니다. 그러나 동시에 사상적 요새를 점령하지 않고는 물질적 요새를 점령할 수 없다는 것을 알아야 합니다. …… 물질적 요새와 더불어 사상적 요새를 점령하기 위해서는 교육 전반을 강력하게 실천하지 않으면 안 됩니다.

김일성은 '두 개의 요새'를 점령하기 위하여 북한에서 실시하고 있는 사상 교육의 세 가지 기본 방향을 설명했다. 첫째는 "과거의 어려웠던 생활을 잊어서는 안 된다는 것을 교육"한다는 것이다. 즉, 과거 지주나 자본가로부터 받은 압박, 또는 제국주의 침략을 잊어서는 안 된다는 것을 철저하고도 지속적으로 교육해야 한다는 것이다. 특히 지난날의 굶주림이나 조국 해방 투쟁을 알지 못하는 젊은 세대에게는 이러한 교육이 절대로 필요하다는 것이다.

둘째는 "공산주의 도덕교육과 병행하여 사회주의 제도의 우월성과 사회주의적 애국주의 사상을 교육"한다는 것이다. 즉, 이기주의, 개인주의, 개인향락주의, 기관본위주의, 지방주의, 분파주의 등 자본주의 사회와 봉건사회에 남아 있는 독소를 제거하기 위하여 사회주의적 애국주의 교육을 실시한다는 것이다.

셋째는 "남조선을 잊어서는 안 된다는 것을 교육"하는 것이다. 즉, 남한을 해방시켜 통일을 완수하고 공산주의 미래에 대한 확신과 신념을 심어주는 교육을 실시한다는 것이다. 모든 활동과 연결돼 있는 이러한 사상 교육을 철저하게, 그리고 지속적으로 수행하기 위하여 9년제 의무교육, 이어지는 고등교육, 그리고 때와 관계없이 "전당全党이 학습하고, 전인민全人民이 학습하고, 전국가全國家가 학습하고, 전군全軍이 학습하는 제도를 확립"했음을 강조했다. 북한은 '사상 교육의 국가'였다.

미노베는 북한의 이러한 철저한 사회주의 교육 이념과 제도에 적극적으로 동조하면서 일본의 교육을 비판했다. 그에 따르면 일본 문부성이 실시하고 있는 교육의 기본 방침은 "김일성 수상이 설명한 것과는 정반대로 과거의 것을 빨리 잊어버리게 하는 식의 교육을 실시"하고 있었다. 그리고 자민당의 이러한 교육 방침이 결국은 또다시 일본으로 하여금 군국주의의 길로 가게 하려는 것이 아닌가 하고 불안하게 생각한다고 말했다.

사회주의자라는 의미에서뿐만 아니라 실질적으로 도쿄의 행정을 담당하고 있는 최고 책임자로서 미노베는 전권을 장악하고 일사불란하게 정책을 집행하는 김일성식의 사회주의국가에 매력을 느꼈음을 알 수 있다. 모든 생산수단을 국유화한 사회주의 권력 운영에 대한 부러움이었다.

둘째 날 회견에서 미노베는 도쿄의 행정을 추진하면서 각 계층에서 요구하는 상반된 이해관계의 충돌로 일사불란한 정책을 집행할 수 없다는 고충을 털어놓았다. 도쿄의 '쓰레기 처리' 문제를 그 예로 제시

했다. 미노베가 북한과 중국을 방문하기 직전 발생한 쓰레기 처리 문제가 커다란 사회문제로 등장했다. 도쿄에는 매일 1만 3,000톤의 쓰레기가 나오고 있으나, 이를 신속하게 처리할 수 있는 시설이 마련돼 있지 않아서 도쿄 도민의 불만이 누적됐고, 이를 해결하기 위하여 미노베는 '쓰레기와의 전쟁ゴミ戰爭'을 선포할 정도였다. 물론 장기적 차원에서 이를 해결하기 위하여 도쿄만을 매립하고 있으나 쓰레기 증가 속도가 빠르기 때문에 매립으로 처리하는 데에는 한계가 있었다. 이러한 한계를 극복하기 위해서는 쓰레기를 소각할 수 있는 소각로를 건설해야 하는데, 도쿄도 모든 지역의 주민은 자기 지역에 소각로를 건설하는 것을 반대하고 있어 정책을 집행하지 못하고 있는 형편이었다. 소각로가 건설될 경우 지역의 땅값이 떨어지기 때문에 주민들이 반대한 것이다.

미노베는 이러한 어려움을 설명하면서 "쓰레기 문제를 위시하여 대도시가 안고 있는 문제 해결의 기본은 결국 토지문제이기 때문에 도쿄가 사회주의국가와 같이 토지를 국유화할 수 있다면 이와 같은 문제가 일어나지 않으리라고 생각합니다. 제가 이곳에 와서 보고 이것을 한층 더 통절痛切하게 느꼈습니다"라고 김일성의 절대 권력을 부러워했다.

정책을 집행하는 위치에서 미노베도 다양한 이해가 상충하는 민주주의보다 일사불란한 북한식 통제정책을 선호하고 있음을 보여주는 대목이다.

북일 관계

김일성과 미노베 두 사람이 깊은 관심을 가지고 많은 시간을 할애하여 논의한 실질적인 주제는 북한과 일본의 관계를 어떻게 하면 더 확대할 수 있는가였다. 특히 이 주제에 대하여 미노베 도지사가 더 의욕을 보였고 긍정적인 자세를 취했다. 이는 미국과 중국의 예상을 뛰어넘는 관계정상화를 보면서 북한과의 관계 개선은 일본이 미국에 뒤져서는 안 된다는 일본 정부의 의지가 작용했고, 미노베의 방북은 그 가능성을 탐색하기 위함이었음을 알 수 있다. 집권 자민당과는 이념과 노선을 달리하고 있지만, 미노베는 북일 관계 정상화가 국익에 유익하다는데 견해를 같이했고, 정부 당국 또한 북한과 좀 더 쉽게 대화가 가능한 미노베를 통하여 북한의 의도를 타진하려 했다.

북한을 방문하기 전에 이 문제에 관하여 정부 당국과 미노베 사이에 의견 조율이 있었음을 알 수 있다. 그의 방북과 때를 맞추어 당시 외상이었던 후쿠다 다케오福田赳夫나 법무상 마에오 시게사부로前尾繁三郎가 일본 정부는 지금까지와 달리 앞으로 북한 정부의 관리나 언론인에게도 입국 비자의 허용을 검토할 것이라고 암시하면서 미노베의 평양 방문을 암묵적으로 지원했음이 이를 설명해 주고 있다. 그러한 의미에서 미노베의 평양 방문은 북한과의 관계 확대와 정상화 가능성을 타진하고 역할을 모색하는 것이 중요한 사명의 하나였음을 알 수 있다.[04]

북일 관계 개선에 대하여 미노베가 먼저 말문을 열었다. 미노베는 김일성 수상이 이끄는 '북조선'이라는 훌륭한 국가가 일본의 가장 가까운 이웃이라는 사실을 일본 국민과 도쿄 도민에게 알리는 것은 일본이 평화의 길로 나아가는 데 가장 중요한 요인이 될 것이라고 북한

---

04 일본의 다나카 내각이 중국과의 국교정상화를 추진할 때에도 공명당, 공산당, 사회당의 유력 인사들이 사전에 중국을 방문하고 다나카 총리 방중의 길을 닦았다.

의 위상을 높였다. 바로 그러한 연유에서 미노베는 어떻게 해서라도 이른 시일 내에 북한과 일본의 관계 정상화를 희망하고 있음을 피력했다.

하지만 미노베도 한일 관계나 세계정세를 감안할 때 가까운 장래에 북한과 일본의 국교 정상화를 기대하는 것은 현실적으로 쉽지 않다는 것을 잘 알고 있었다. 그는 이러한 현실적 어려움을 피해가기 위한 하나의 대안으로 국교 정상화에 앞서 각 분야에서 먼저 '교류를 확대'할 것을 제안했다. 즉, 경제, 문화, 체육 등의 분야에서 교류할 수 있는 '사업'을 선정하고, 이들 분야의 교류를 시행하자는 것이었다. 그는 김일성과 논의하고 서로 합의가 이루어진다면 귀국하여 "조선과 일본 사이의 교류를 촉진하기 위하여 모든 노력을 투입하겠다"라고 약속할 정도로 교류 확대에 강한 의지를 보였다.

미노베가 제안한 '관계 정상화'와 '교류 확대'에 김일성도 적극성을 보였다. 그러나 김일성은 '정상화'로 가기 위해서는 '한 가지 중대한 난관'이 먼저 극복돼야만 한다는 것을 강조했다. 즉, 1965년 맺은 한일기본조약이었다. 김일성은 특히 '한반도의 유일한 합법 정부는 대한민국'이라는 한일기본조약 제3조의 문제성을 지적했다. 분단된 한반도의 남쪽, 즉 대한민국만을 유일한 합법 정부로 일본이 인정한 것은 협정을 체결한 "사토 내각의 침략성"을 보여주는 것이고, 북한에 대한 "내정간섭"이고, 그리고 "미 제국주의의 지시"에 따른 것이라고 강력하게 비난했다. 김일성은 다음과 같이 말했다.

조선민주주의인민공화국 정부 성명에도 '한일협정'을 인정하지 않고 무효라는 것을 명확히 했습니다. 물론 군사동맹의 성격을 가진 것은 아닙니다. 그러나 조선반도 유일의 정권을 '대한민국'으로 인정하는 것은 내정간섭으로 '대한민국 정부'의 '승공통일', 즉 '북진통일'을 지원하는 것입니다. 그렇기 때문에 거기에는 침략성이 숨어 있다고 생각합니다. 조선반도의 유일 정부가 '대한민국'이기 때문에 결국 조선민주주의인민공화국은 소멸해야만 한다는 것을 뜻하는 것입니다.

그러면서 김일성은 미노베와 같은 '일본의 친구'들이 한일기본조약의 파기를 적극적으로 지원할 것을 당부했다. 하지만 그도 한일기본조약 파기를 교류 확대의 전제로 내세우지는 않았다. 다만, 그는 국교 수립을 위한 노력과 더불어 한일기본조약 파기 문제도 일본 정부가 진지하게 '검토'해야 한다는 것을 강조할 뿐이었다. 김일성도 '지금의 상태'에서 교류와 무역의 확대를 희망하고 있었다.

미노베는 김일성의 주장에 동조하면서도 한일기본조약 파기가 현실적으로 어렵다는 것을 지적했다. 사토 정권이 문제가 아니라 자민당 보수내각이 정권을 장악하고 있는 한, 또한 미국이 개입돼 있는 동아시아의 특수한 상황을 고려할 때 조약 파기와 같은 '획기적인 변화'를 현실적으로 기대하기 어렵다는 것을 설명했다. 그러므로 '오늘'의 한일 관계를 현실로 인정하면서 북한과 일본의 교류를 확대하는 방안을 택할 것을 제시했다.

'일한조약(한일기본조약)'이 당장 폐기될 가능성은 대단히 작습니다. 거기에 도달하기까지는 일정한 시간이 필요하다고 생각합니다. 물론 우리는 인내심을 가지고 (일한조약의 폐기를 위하여) 노력할 것이고 또한 노력해야만 한다고 생각합니다. 그러나 '일한조약' 폐기 단계에 이르기까지 문화, 경제, 기자의 교류를 확대하고 자유롭게 재일교포의 왕래를 실현해야 할 것입니다. 이런 조치들이 점차 축적되면 조약 파기까지 이르게 될 것입니다. 이번 우리의 방문도 그 첫걸음입니다.

이는 국교 정상화를 전제로 한 교류 확대를 의미했다. 김일성도 일본과의 관계 개선과 교류 확대를 희망하고 있었으나, 이 문제에 대해서는 미노베 도지사가 더 적극적이었다. 북한과의 관계 개선은 도지사인 미노베의 권한 밖의 일이었다. 그럼에도 미노베가 적극적인 자세를 보이면서 방안까지 제시할 수 있었던 것은, 그가 북한을 방문하기 전 일본 정부와 충분한 논의가 있었고, 또한 상당 부분 권한을 위임받았음을 의미하는 것으로 유추할 수 있다. 미노베 일행이 평양을 방문하면서 북한과 일본의 관계 개선에 관하여 자민당 정부는 물론 재계와도 사전 협의가 있었음은 둘째 날 회견에서 더욱 명확히 드러났다.

일본이 의도한 교류의 구체적 내용과 방안은 둘째 날 회담에 동석한 고모리 다케시를 통하여 김일성에게 제시됐다. 그 제안은 크게 인적 교류와 물적 교류 두 가지였다. 먼저 고모리는 김일성 수상에게 미노베 도지사의 이름으로 북한의 '요인'을 초청할 경우 그를 일본에 파견할 것인가를 물었다. '요인'이 누구인지는 명확히 밝히고 있지는 않지만, 회견의 내용으로 보아 미노베가 초청할 '요인'이 이미 정해져 있었음을 알 수 있다. 또한, '요인'을 초정할 경우 그를 수행할 기자와 사진기자도 함께 초청할 뜻이 있음을 밝혔다. 물론, 고모리는 이러한 제안은 도지사 개인의 의지가 아니라 정부 당국과 사전에 협의했음을 다음과 같이 밝혔다.

> (요인 초청을 위하여) 미노베 도지사는 후쿠다 다케오 외상과 충분한 교섭과 대화를 거듭했습니다. 그 결과 후쿠다 외상도 이번에 미노베 도지사가 (북한) 손님을 일본에 초청하면 이를 받아들이고 싶다고 답했습니다. 물론, 그는 입국을 최종적으로 허가할 수 있는 권한은 자신이 아니라 법무대신이라고 대답했습니다마는 우리가 일본에 돌아가면 어떻게 해서라도 이 문제를 성사시키기 위하여 노력하겠습니다.

고모리는 도지사의 초청이 그대로 이루어질 가능성이 크다는 것을 밝히고, 김일성이 이 문제를 진지하게 검토해 줄 것을 당부했다. 미노베도 김일성에게 북한의 '요인' 초청 문제를 성사시키고 싶다는 것, 그리고 이것이 북한과 일본이 정상화의 길을 가는 데 대단히 중요한 계기가 될 것이라는 점을 다시 한번 강조해서 설명했다. 물론 김일성은 고모리와 미노베의 제안을 받아들이고 적극적으로 지원할 것을 약속했다.

미노베 측은 물적 교류, 즉 무역을 확대하기 위한 구체적인 방안도 제시하고 김일성의 의견을 타진했다. 고모리는 다음과 같은 세 가지 방안을 제시했다. 첫째는 한국과 거래하고 있는 일본 상사와의 거래 가능성 여부였다. 중국의 경우에는 대만과 무역을 하고 있는 일본

상사와는 무역을 실행하지 않는다는 원칙을 세우고 있는데, 북한의 입장은 어떠한지를 묻는 것이다. 둘째는 무역의 실행 방법으로 중국과 같이 일본에 특정 무역기관을 설립하고 이를 통해서 할 것인지, 아니면 각 회사가 독자적으로 거래하는 방법을 택할 것인지 하는 것이다. 일본은 하나의 기관을 만들어 이를 통하여 실시하는 것을 선호했다. 셋째는 한국과 정상적인 국교 관계를 맺은 일본 정부로서는 북한과 무역을 실행할 용의가 있다고 해도, 한국과 적대 관계이고 일본과 국교가 없는 북한과의 무역을 '공식'으로 인정할 수 없는 입장이라는 현실적 이유를 설명했다. 그리고 일본 정부가 북한과의 무역을 승인하는 공식 견해를 밝히지 않지만, '묵인'한다는 것을 전제로 일본과의 무역을 크게 진전시키는 것이 가능하겠는가 하는 것이다.

김일성은 일본과의 무역을 긍정적으로 받아들이면서 앞의 두 질문에 대하여 융통성 있는 무역 관계를 이어갈 수 있는 가능성을 열어 놓았다. 그는 그동안 북한과 일본의 무역량이 많지 않았기 때문에 중국과 같은 원칙과 조건을 취할 것인지는 좀 더 검토해야 한다고 답하면서, 일본 정부가 북한과의 무역을 진지하게 검토한다면 북한도 융통성을 가지고 정책을 조정할 수 있다는 것을 명확히 했다. 그는 한 걸음 더 나아가 일본 정부가 북한과의 무역에 제약을 가하지 않는 한 북한은 반대하지 않을뿐더러 확대할 의향이 있음을 밝혔다. 특히 김일성은 북한이 "유럽의 자본주의국가에서 구매하고 있는 대형 발전기, 화학공장 설비, 공작기계 등을 일본에서 수입하고 싶다"라는 뜻을 밝혔다.

세 번째 질문에 대하여 김일성은 확실한 입장을 표시하지는 않았지만, 다음과 같이 답변함으로써 가능성을 보여주었다.

> 그렇게 하는 것(묵인하는 것)도 나쁘지는 않다고 생각합니다. 일본 정부도 그렇게 했으면 하는 의도가 아닌가 생각합니다. 남조선이 끊임없이 시끄럽게 하고 있으니, 그와 같이 묵인하는 방향으로 하는 것도 생각해 볼 수 있습니다. 조선대학교 인가 문제도 그런 것이라 생각합니다. 일본 정부가 법적으로는 조선대학교의 인가를 인정하지 않지만, 현재 실질적으로는 묵인하고 있습니다. 일본 정부는 우리나라에 저지른 죄가 크기 때문에 그것을 한 번에 고치기는 어렵다고 생각합니다. 어떤 문제는 묵인하면서 서서히 고쳐 나가는 방침을 취하는 것이 좋을 수 있습니다.

고모리는 미노베 도지사가 일본 사회당과 공산당의 전폭적 지지를 받고 있으며, 또한 일본 재계의 많은 지도자와 개인적으로 친밀한 유대 관계를 맺고 있다고 강조했다. 그리고 미노베가 귀국하면, 일본의 유력한 재계 지도자들로 구성된 사절단을 북한에 파견할 뜻이 있다고 밝히고, 북한이 적극적으로 호응해 줄 것을 당부했다. 미노베는 특히 자신의 우인友人인 일본항공 사장이 북한을 방문하여 도쿄와 평양 사이의 항로를 열고 북한과 일본의 비행기가 상호 비행할 수 있는 계기를 만들고 싶다는 뜻을 전하고, 이를 긍정적으로 검토해 줄 것을 당부했다. 그리고 그는 이와 같은 경제 및 인적 교류를 통해서 두 나라의 정치 교류가 확대될 수 있다는 것을 강조하면서, 일본의 재계 역시 북한과의 경제 교류를 희망한다고 전했다.

미노베는 자신의 평양 방문이 북일 관계 발전에 첫걸음이 되고 기회가 있는 대로 다시 북한을 방문하고 싶다는 뜻을 전하고 회견을 끝냈다. 하지만 그의 희망과 달리, 그가 평양을 방문한 지 반세기가 지났어도 북일 관계의 호전 기미는 전혀 보이지 않는다.

의미

미노베 도쿄도지사가 철의 장막으로 가려져 있던 북한을 공식적으로 방문하고 두 차례에 걸쳐 김일성과 회담을 가질 수 있었던 것은 당시 북한의 상황으로 보아 파격적이고 이례적이었다. 이 회견을 통해서 몇 가지 시사점을 찾아볼 수 있다.

첫째는 이 시기 일본은 북한과 관계 정상화로 갈 수 있는 길을 모색하고 있었다는 점이다. 앞에서도 지적했지만, 미노베가 제시한 북일 관계 정상화의 필요성과 방안은 도쿄도지사 미노베의 생각이라기보다 일본 정부의 의지이고 희망이었음을 알 수 있다. 미노베는 평양을 방문하기 전에 정부 당국과 이 문제를 충분히 검토하고 상당한 재량권을 가지고 있었다. 이는 정치적 이념이나 정당을 뛰어넘어 국익을 추구한다는 일본 특유의 대외 정책의 기조를 여실히 드러내는 대목이라 할 수 있다.

둘째는 김일성의 북한 또한 일본과의 관계 정상화를 강력하게 희망하고 있었음을 알 수 있다. 이는 외부 세계와 단절돼 있던 북한은 빠르게 변화하는 세계정세에 적응하기 위해서는 자유 진영과의 접촉이 필요했고, 이를 위해서는 이념적으로나 물리적으로 지지 세력이 가장 많은 일본과의 관계를 발전시키는 것이 당면 과제라고 판단했다. 그리고 이 과제를 김일성이 직접 진두지휘했다. 미노베와 회담 이후 김일성은 일본의 많은 친북 언론인, 좌파 지식인, 사회주의 및 공산주의 정당 정치인을 불러들여 북한을 선전하고 북일 관계 발전을 역설했음이 이를 설명해 준다.

셋째는 미노베의 평양 방문은 북한과 일본 사이에 본격적인 교류의 길을 텄다. 미노베의 김일성 회견 후 정치권에서 북한과의 우호 관계를 촉진하는 의원연맹단이 구성됐고, 사회당과 공명당 사절단이 평양을 방문했다. 특히 1972년 1월 평양에 파견된 초당파 방북의원단은 김일성을 예방하고 무역협정각서에 서명했다. 경제적으로도 북한에 대한 일본 수출 대금의 상환 연기와 북한의 교역 회사들에 대한 우호적 유치도 취해졌다. 언론인의 상호 방문도 활발하게 진행됐다.[05]

넷째는 미노베로 상징되는 일본의 좌파 또는 혁신계 지식인이나 정치인들이 가지고 있던 북한관의 오류이다. 이 회견록에서도 미노베가 북한의 사회주의국가 건설을 과대평가하고 동경하고 있음을 알 수 있다. 정치적 언행이라는 점을 감안하더라도 미노베는 단편적이고도 짧은 시간에 보고 체험한 것을 바탕으로 김일성이 설명하는 북한 사회 현상의 상당 부분에 공감하고 이를 수용하고 있을 뿐만 아니라 김일성식 사회 건설을 일본이 모방할 것을 염두에 두고 있음을 보여주었다. 물론 1950~1960년대의 북한은 중공업 우선의 경공업, 농업의 동시 발전 노선을 바탕으로 전후 복구 건설을 추진했고, 어느 정도 효과를 거두었다. 또한, 1958년에 이르러서는 농업협동화를 마무리함으로써 외형적으로는 사회주의사회를 이룬듯해 보였다. 하지만 70년

---

05 미노베의 귀국 직후인 1971년 11월 246명의 의원이 참여한 의원연맹단이 구성됐고, 자민당의 久野忠治를 단장으로 하는 초당파 방조의원단은 1972년 1월 16일부터 25일까지 평양을 방문했다.

대에 들어서면서부터 나타난 경제 침체와 과대한 국방비 지출 등으로 인한 생활환경 악화는 예상을 훨씬 뛰어넘었다. 경제 7개년계획을 1967년에 마무리 지어야 했지만, 3년을 연장한 1970년에야 겨우 완료를 선언할 정도로 북한 경제는 어려움을 겪고 있었다. 그럼에도 불구하고 경제학자이기도 했던 미노베는 김일성이 '지상의 낙원'으로 선전하고 있는 북한 사회를 정확한 자료와 통계보다 감상적으로 받아들였다.

이러한 현상은 다만 미노베 개인만이 아니라 당시 거의 모든 좌파 지식인이나 혁신계 정치인들이 가졌던 '북한관'이기도 했다. 혁신계 인사들의 이러한 북한관의 근본에는 자신들이 이상으로 삼고 있으면서도 일본에서 이루어낼 수 없는 사회주의국가 건설을 북한이 만들어 가고 있다는 '환상'과 '바람'이 자리 잡고 있었다. 그럼으로써 그들의 의식의 밑바탕에 자리 잡고 있는 식민지 지배의 죄의식을 씻어내는 심리적 보상을 기대하고 있었는지도 모른다. 이러한 오류와 심리가 일본의 친북 좌파 지식인의 몰락을 가져왔다. 또한, 이는 오늘과 같은 최악의 북일 관계를 형성하는 데 일조하기도 했다.

3. 미도리카와 도루, 니시카와 쥰 회견기

1973년 11월호에 실린 세 번째「김일성 주석 회견기」는 〈세카이〉 편집장을 역임한 미도리카와 도루와 이루어졌다.[06] 조선민주주의인민공화국 창건 25주년1973년 9월 9일 기념식에 참석하기 위하여 북한을 방문한 미도리카와는 3주 동안 북한에 체류했다. 그는 9월 19일 평안남도 온천군에 위치한 정부 초대소에서 '현지지도'를 실시하고 있는 김일성과 회견을 가질 수 있었다.

네 번째 회견기인「혁명과 건설의 도정道程」은 와세다 대학의 경제학자 니시카와 쥰에 의해서 이루어졌다.[07] 니시카와는 〈세카이〉 편집부의 한 사람坂卷克巳과 함께 광복 30주년을 맞아 조선대외문화연락협회의 초청을 받아 북한을 방문하고 김일성과 회견을 가질 수 있었다. 물론 회견은 〈세카이〉에 의해서 이루어졌다.

그들이 보고 들은 것이 지극히 단편적인 것임에도 미노베가 북한의 사회주의국가 건설을 찬양한 것처럼 미도리카와와 니시카와 역시 북한의 건설을 높이 평가했다. 미도리카와의 찬사를 그대로 인용하면

---

06 綠川亨,「金日成主席會見記」, 1973.11. 〈세카이〉 편집장을 역임한 미도리카와는 이와나미 서점 상무를 거쳐 1978년 이와나미 가문 이외 최초의 사장으로 취임하여 1990년까지 운영을 맡았다. 야스에 료스케가 1990년부터 미도리카와를 이어 서점의 사장직을 맡았다. 1971년 10월유신을 계기로 박정희가 대통령의 권력을 강화하는 '유신체제'로 전환하자 김일성도 헌법을 개정하고 통치권과 군 통수권을 모두 장악하는 주석 제도를 신설하여 스스로 취임했다. 이후 김일성은 주석으로 불렸다. 〈세카이〉의 회견기도 두 번째까지는 '수상' 회견기라고 했으나, 세 번째부터는 '주석' 회견기라고 제목을 달았다.

07 西川潤,「革命と建設の道程」, 1976.2.

다음과 같다.

> 이 나라의 혁명은 사회도, 인간도, 산하山河도 변화시켰다고 사람들은 자랑스럽게 말한다. 그렇다. 돌산이 과수원으로 변했고, 평양은 근대도시로 정비되고, 어린이는 밝게 쭉쭉 뻗어나고 있다. 민족 분단은 여러 가지 불행을 사람들의 가슴속에 드리우고 있지만, 통일 달성은 '민족 최대의 과제'이고, 이를 적극적인 의욕을 통하여 표현하고 있다. 이 나라의 사람들에게는 밝은 미래가 약속돼 있을 뿐, 일본이나 다른 나라에서 유행하는 '종말론'이 받아들여질 여지가 없다 …… 사회주의 건설로 하루가 다르게 발전하고 있는 나라이다.[08]

미도리카와 회견기

니시카와 역시 김일성 지도하의 사회주의국가 건설은 "광복 후 30년의 많은 고난을 넘어서 인민의 생활수준이 크게 향상됐고 평화적 건설의 분위기가 넘쳐흐르고 있다"라고 칭송했다. 미도리카와와 니시카와 역시 미노베와 같은 환상에 젖어 있었다.

두 회견기의 내용은 대동소이하다. 두 사람이 사전에 제출한 질문은 건국 25주년과 광복 30주년을 맞이하면서 느끼는 김일성의 회고와 전망, 경제 발전, 통일 문제, 그리고 북일 관계의 순서로 이루어져

---

08 綠川亨, 「會見記に關聯して」 1973. 11.

미도리카와 도루(1923~2009)

있다. 이후에 볼 수 있는 회견기도 대체로 이러한 순서로 돼 있다.

김일성은 미도리카와가 문서로 제출한 질문에 답하기 전에, 이와나미 출판사와 〈세카이〉가 북한 편에 서서 우호적 논지를 지속해 주는 것에 깊은 감사의 뜻을 표시했다. 김일성에 따르면 이와나미 출판사는 "형제적 입장"에서 "조선민주주의인민공화국의 모든 성과를 세계에 폭넓게 소개"하고, "공감하는 입장"에서 북한을 위하여 좋은 일을 많이 해주고 있었다. 특히 그는 〈세카이〉가 한국의 부패 현상을 파헤치는 것에 큰 의미를 부여했다.[09]

얼마 전 이와나미 출판사에서 출판하는 잡지 〈세카이〉가 「한국의 현상을 근심하다」라는 특집을 꾸몄는데 나는 그 논문 전부를 읽었습니다. 대단히 흥미로운 논문들입니다. 그 가운데에는 우리에게 참고가 되는 자료도 많이 있었습니다. 우리도 남조선에 대하여 많은 자료를 가지고 있으나, 논문을 통하여 〈세카이〉가 폭로하고 있는 남조선 당국자의 부패는 우리로 하여금 민족

---

09 〈세카이〉는 1973년 5월호에 「韓國の現狀を憂える」라는 특집을 꾸몄다. 이 특집에는 宇都宮德馬, 「韓國の現狀と日本の朝鮮政策」, 野崎克二, 「アメリカの對韓政策と朴政權」, 野口雄一郎, 「日韓條約體制の再檢討」, 大江志乃夫, 「日韓'經濟協力'の底にあるもの」, 金淳一, 「軍政からファシズムへ」등의 논문이 게재됐다. 또한, 9월호에는 특집 「韓國の現狀と日本人の朝鮮觀」을 꾸렸다. 특집에는 金大中, 「韓國民主化への道」, 小幡操, 「朝鮮の統一と日本外交の再出發」, 中川信夫, 「'二の朝鮮'政策と日本」, 大江志乃夫, 「支配秩序の動搖と'民衆の敵'」, 鄭敬謀, 「韓國第二の解放と日本の民主化」 등이 실렸다.

적 분노를 일으키게 합니다. 〈세카이〉가 필봉을 휘둘러 남조선 당국자의 죄상과 부패 모습을 폭로하고 비판하는 것은 정의로운 일입니다. 〈세카이〉의 폭로와 비판은 일본 인민과 남조선 인민, 그리고 전 세계 인민의 자각을 높이는 데 도움을 주고 있습니다. 그리고 조일朝日 인민의 친선 강화에 크게 기여하고 있습니다. 〈세카이〉는 이와 같은 활동을 통하여 진보적 사상을 전 세계에 소개하는 중요한 역할을 담당하고 있습니다.

〈세카이〉 1973년 5월호. 한국의 현상특집

김일성은 니시카와와 사카마키 두 사람에게도 "〈세카이〉는 우리가 알지 못하는 자료를 많이 제공하고 있습니다. 〈세카이〉에 게재된 기사가 대단히 흥미로워 나는 매호 번역해서 읽고 있습니다"라고 찬사를 아끼지 않았다. 그리고 〈세카이〉가 "정의감을 가지고 조선 인민의 투쟁을 적극적으로 지지해 주는 데 대하여 야스에 료스케 선생을 위시하여 〈세카이〉 편집부 모두에게 마음으로부터 감사"한다는 뜻을 전해줄 것을 당부하기도 했다.

북한의 건국 25주년, 광복 30주년을 맞이하면서 느끼는 회고와 전망에 대하여 김일성은 북한이 걸어온 투쟁 노선과 정책이 "절대적으로 옳았다"라고 높이 평가했다. 특히 당이 그동안 실시해 온 정치에 있어서 자주, 경제에 있어서 자립, 국방에 있어서 자위 노선이 올바른 국가 진로였고, 또한 성공적으로 추진되고 있다는 것이 '실증적으로 증명'됐음을 강조했다. 그러나 그는 그 실증적 증명을 구체적으로

니시카와 쥰 (1936~2018)

제시하지는 않았다. 다만 이와 같은 성공은 "인민이 주체사상으로 일치단결한 결과"이며, "당이 주체사상을 근거로 항상 인민대중 속으로 뿌리를 내리고 인민 스스로의 힘으로 혁명과 건설을 추진하기 때문"이라는 것을 설명함으로써 '당과 인민의 일체성'을 강조했다. 김일성의 표현에 따르면 "우리나라의 모든 사람이 사상적으로 단결하고 스스로의 주권을 강화하고 국가를 더욱 부강하게 만들기 위하여 주인 의식을 가지고 투쟁하고 있기 때문에 이처럼 융성하고 발전할 수 있다"라는 것이다. 그리고 앞으로도 지난날과 같이 지속적으로 "혁명과 건설의 광채가 빛나는 성과"를 거두게 될 것으로 전망했다.

주체사상과 주인 의식을 바탕으로 한 혁명과 건설은 완전한 자립적 민족경제 건설을 가능하게 한다는 것이다. 당시 추진되고 있었던 6개년계획이 성공리에 진행되고 있음을 강조해서 설명했다.[10] 그는 6개년계획이 성공리에 완료될 것을 장담했다. 그리고 미도리카와에게 "6개년계획이 완수될 때 다시 우리나라를 방문하십시오. 차 안에서 당신이 조선민주주의인민공화국은 일 년만 지나도 그 일 년 전이 옛날 같다고 말했습니다마는 6개년계획이 끝나면 우리나라의 모습은 한층 더 달라질 것입니다"라고 자랑했다. 하지만 이미 잘 알려진 것과

---

10 미도리카와가 방문했을 당시 막 시작한 6개년계획(1971~1976년)은 "공업화의 성과를 강화, 발전시키고, 기술혁명을 새로운 고차원의 단계로 전진시키기 위한 사회주의의 물질적 기술적 토대를 다시 강고히 하고 인민경제의 모든 부문에서 노동자를 육체노동으로부터 해방"하는 것을 기본 과제로 제시했다. 이에 따라 중노동과 경노동의 차이를 해소하고, 농업노동과 공업노동의 차이를 축소하고, 여성을 가사노동으로부터 해방시킨다는 3대 기술혁명을 제시했다.

같이 6개년계획은 순조롭지 못했고, 자립 경제는 확실히 사양길로 접어들었다.[11]

니시카와와의 회견에서 김일성은 6개년계획을 "1년 4개월 앞당겨 완수"할 수 있었다고 자랑스럽게 설명했으나, 실은 오일 공급의 차질과 외화 부족으로 1978년 제2차 7개년계획을 실시할 때까지 '완충기'로 설정하고 일찍 중단할 수밖에 없었다. 6개년계획은 결국 실패로 끝났다. 그러나 〈세카이〉는 김일성이 주장하는 경제 발전을 아무런 검증 없이 마치 진실인 양 그대로 보도했다.

김일성은 6개년계획을 추진하는 데 많은 난관이 있었음에도 그 난관을 '인민대중의 힘'과 '혁명적 열의'로 극복할 수 있었음을 강조했다. 즉, 난관 극복은 "인민대중이 당의 노선을 지지하고 스스로 자기의 운명을 헤쳐 나가기 위한 혁명의 주인으로서 적극적으로 투쟁한다는 주체사상의 실천으로 가능"했다는 것이다.

그는 특히 3대혁명 소조운동을 강조했다. 사상, 문화, 기술혁명이라는 6개년계획의 실체인 3대혁명을 효과적으로 추진하기 위해 1973년부터 실시된 운동이었다. 주체사상과 확고한 정치사상으로 무장하고, 또한 근대적 과학기술을 습득한 청년 지식층과 당 간부를 포함한 20~50명 정도가 그룹을 형성하여 각 지역의 공장, 기업 현장, 협동농장에 파견되어 정치사상과 과학기술의 지도를 통해 생산력을 향상한다는 것이다. 김일성은 "지금 우리나라에는 수만의 3대혁명 그룹의

---

11 1973년의 제4차 중동전쟁을 계기로 OPEC 가맹국(걸프만의 6개국)의 원유 생산 가격 인상과 생산 삭감, 그리고 비우호국에 금수 조치로 인한 제1차 오일쇼크는 세계경제를 강타했다. 남한이 받은 타격도 심대했다. 북한은 6개년계획을 실시하면서 추진했던 플랜트 도입의 외채(1970년부터 1975년 사이에 조선은 OECD 회원국으로부터 약 12억 4,000만 달러를 도입했다)를 사실상 변제할 능력을 상실했다. 북한은 이 기간에 일본으로부터 시멘트와 플랜트를, 오스트리아로부터 화학비료공장을, 프랑스와 영국으로부터 석유화학, 플랜트 등 21개 국가와 계약을 체결했다.

니시카와 회견기

멤버가 공장, 기업, 협동농장에 직접 가서 사상혁명, 기술혁명, 문화혁명을 강력하게 이끌고" 있다고 설명하면서, 이러한 운동이 자립 경제와 국가 건설의 동력이 되고 있음을 강조했다.[12] 김일성에 따르면 북한의 경제 발전은 산업기술의 발전, 자본의 축적, 경영 기법의 개선 등과 같은 경제적이고도 과학적인 요인이 아니라 '정신적' 요소에 의존하고 있었다.

김일성은 북한이 지향하는 경제정책의 핵심은 사회주의 건설의 10대 전망 목표 달성에 있음을 설명했다. 이는 오일쇼크를 체험한 북한이 앞으로의 경제정책은 원자재를 외국에 의존하기보다 자국의 원료에 의한 경제 발전을 원칙으로 한다는 것이다. 그리고 이를 위하여 10가지 품목(철강, 비철금속, 석탄, 전력, 시멘트, 방적, 수산품, 화학비료, 간척, 곡물)을 선정하여 충분히 자급자족할 수 있도록 개발한다는 것이었다. 이 계획은 제2차 7개년계획의 중심을 이루었다.

그는 또한 남북유엔동시가입을 적극적으로 반대했다. 그는 동시 가입이 이루어진 1991년까지 모든 회견에서 이를 반대했다. 반대의 논리는 간단했다. 남북유엔동시가입은 한반도를 영구히 분열시키는 것으로 "미 제국주의가 남조선을 영원히 군사기지로 유지하기 위한 책동"이라는 것이 그의 주된 논리였다. 그러므로 국제사회의 그 누구도

---

12 3대혁명 소조운동은 김정일이 이끌었다. 그는 이와 병행하여 "일단 시작한 사업은 지체하지 말고 적극적으로 추진하여 불이 날 정도로 일하고 쉬지 말고 새로운 혁명 과업의 수행에 돌진하자"라는 '속도전' 또는 '70일 투쟁'을 이끌었다. 서대숙, 앞의 책, pp.242~243.

이에 동조하지 않고, 다만 "일본의 반동 세력과 남조선의 괴뢰 정부와 매국분자만이 자신들의 이익을 위하여 찬동하기 때문에 반드시 분쇄"해야 한다는 것이다. 그러나 세계정세의 변화는 김일성으로 하여금 더 이상 고립을 자초할 수 없게 만들었다.

김일성은 통일의 방안으로 1960년 8월 이후 북한이 주장해 온 연방제 통일안을 고집했다. 즉, "당분간 북과 남에 현존하는 두 개의 제도를 그대로 유지하면서 연방국가를 형성"하자는 것이다. 이를 위해서는 먼저 서로가 신뢰할 수 있는 민족적 대단결을 구축해야 하고, 통일 문제를 폭넓게 협의하고 해결해 나갈 '대민족회의의 소집'을 제안했다. 그리고 연방국가의 주된 기능을 남북 경제·문화 발전의 통일적 조절과 전면적 합작과 교류를 제시했다. 그러나 김일성이 추구하는 종국의 통일은 물론 북한식 통일이고, 이를 위한 일본의 지원을 니시카와에게 다음과 같이 요구했다.

> 일본의 인민과 민주 세력이 일본의 반동층에 반대하는 투쟁을 강화하여 박정희 정권의 부정을 파헤치고, 남조선의 민주 세력이 일층 성장한다면 북반부의 사회주의 세력과 남조선의 민주 세력이 단결하여 조국의 통일을 실현시킬 수 있습니다.

〈세카이〉의 역할은 일본에서 반한친북 세력을 강화하고, 북한의 사회주의와 한국의 민주 세력을 연결하는 연결고리였다.

김일성은 북일 관계 정상화가 앞으로 어떻게 진전될 것인가는 전적으로 일본 정부에 달려 있다는 것을 강조하는 한편, '인민' 차원에서의 이해와 교류를 강화하고 경제, 무역 관계를 확대해 나갈 것을 희망했다.

4. 기도 마타이치, 우쓰노미야 도쿠마 회견기

1976년 11월 평양을 방문했던 소카創價 대학의 기도 마타이치 교수는 1977년 1월호부터 3월호까지 세 차례 〈세카이〉에 "평양 재방문"이라는 기사를 연재했다. 그 첫 회가 「김일성 주석 회견기」였다.

〈마이니치신문〉-도쿄대학신문연구소 교수 출신으로 일본신문학회 회장을 역임한 기도가 평양을 방문했을 당시 그는 74세의 원로였고 소카가대학 교수의 직분을 가지고 있었다. 그는 1956년 봉천奉天에서 기차로 압록강을 건너 신의주를 거쳐 평양까지 여행한 경험이 있다. 그래서 '재방문'이 됐다.

조선대외문화연락협회의 초청을 받아 평양을 방문한 기도는 처음부터 김일성 회견이 예정된 여행은 아니었다. 그는 당대 살아있는 정치인 가운데 가장 만나 보고 싶은 인물을 꼽는다면 당연히 '주석'이지만, 신문기자도 아니고 정치가도 아닌 자신이 국무에 바쁜 '주석'을 만난다는 것은 기대할 수 없다고 생각했다. 하지만 예기치 않았던 '주석 회견의 꿈'이 이루어졌다.

기도는 여행이 끝나갈 무렵 김일성 회견이 가능하다는 연락을 받았다. 그는 김일성이 현지지도 중인 함흥으로 안내됐다. 회담에는 대외문화협력위원장 김관섭金觀燮과 통역이 배석했다.

회상록처럼 편집된 회견기는 회견기라기보다는 김일성이 설명하는 북한의 발전상을 마치 '진실'인 것처럼 그대로 옮겨 적은 것이다. 김일성이 먼저 "고령임에도 불구하고" 함흥까지 오게 된 이유를 "실을 평양에서 뵈려고 했는데 현재 동해안 각지에서 현지지도 중이기 때문"이라고 설명했다. 이에 기도가 1956년 북한을 방문했었는데 "20년 전 폐허의 모습이었던 북한은 인민대중의 존경을 한 몸에 받는 김일성 주석의 지도에 따라 몰라보게 부흥했고, 내정에서는 모든 문제가 해결된 사회"라고 북한의 변화를 찬양했다.

이에 김일성은 "1956년은 대단히 어려웠던 시기"라고 하면서 "전쟁의 파괴가 말할 수 없이 컸기 때문에 인민의 의기가 크게 떨어졌습니다. 당과 인민, 영토, 주권이 있는 한 문제 없다고 서로 격려했으나, 지금 와서 되돌아보면 이렇게 빨리 부흥을 이룰 수 있으리라 생각지 못했습니다."라고 답했다.

기도는 북한의 발전상을 설명하는 김일성의 말을 '사실'인 양 그대로 옮겨 적었다. 세계가 식량 부족으로 곤란을 겪고 있지만 북한은 식량 부족의 문제가 없었다. 모든 국가가 물가 상승으로 국민이 어려움을 겪고 있지만 북한의 경우 1년 전의 물가에 비해 30%가 떨어졌다. 북한에는 노동력이 부족하기 때문에 실업자가 한 사람도 없는 완전고용 상태였다. 그리고 공장을 지방에 적절히 분산하여 운영하며 주택지로부터 멀리 떨어져 있기 때문에 공해가 없고 도시와 농촌의 격차가 없었다. 그야말로 '지상의 낙원'이었다.

오일쇼크로 일본 경제는 물론 세계 경제가 대단히 어려운 상황에 처해 있었음에도 북한의 경제만이 이렇게 좋았다는 김일성의 설명을 기도는 정말 믿었을까?

기도 회견기

자신은 사실로 생각했다고 기록했다.

　　1976년의 곡물 생산량은 800%에 달했다. 이는 지금까지 최대의 기록이다. 이에 대하여 귀국 후 한 조선 전문가로부터 사실이라고 들었다. 짧은 기간의 여행자인 나로서는 그 정확함을 알 수는 없으나 내가 들은 이야기와 직접 눈으로 본 농촌에 근거해서 생각해 본다면 사실이라고 생각한다.

남북통일 문제도 김일성의 설명을 그대로 전했다. '내정'과 달리 '남북통일 문제'는 주변 강대국과 관계가 있기 때문에 복잡하고 난관이 있다는 것을 김일성도 인정했다. 그러나 그는 '유동적인 세계정세'가 한반도의 통일을 촉진할 것으로 평가했다.

김일성은 '유동적 세계정세'로 인한 몇 가지 변화를 제시했다. 우선 그는 자본주의의 붕괴 위기를 지적했다. 그에 따르면 오일쇼크와 석유 가격 인상은 원료와 물가를 자극하고 실업자를 양산함으로써 자본주의국가 전체가 어려움에 직면해 있고, 결국에는 자본주의의 붕괴를 가져올 것으로 보았다.

둘째는 한반도 통일에 가장 커다란 장애인 미국이 많은 난관에 직면해 있다는 것이다. 안으로는 경제적 위기가 가속하고 이로 인한 미국인의 불만이 증대하고 있으며, 밖으로는 미국의 힘(군사력)이 일본, 한국, 서독, 그 외의 유럽에 분산되어 점차 통제력을 상실하고 있었다. 통일에 유리한 또 다른 유동적 세계정세는 제3세계와 신생독립국가가 새로운 세계 질서를 요구하면서 미국의 국제적 리더십에 중대한 타격을 가하고 있었다. 특히 개발도상국가의 강한 단결이 한반도의 통일을 요구하고 있다는 것이었다. 김일성의 표현을 빌리면 "실질적으로 오직 박정희와 일본과 미국의 전쟁광만이 미군의 한국 주둔을 지지"하고 있었다. 그러므로 통일을 결정적으로 만들어 가기 위해서는 "일본의 인민과 진보적 지식인들의 적극적인 투쟁이 필요"하다는 것을 강조했다.

기도는 한반도 통일은 일본인에게는 무관심할 수 없는 중요한 문제라는 김일성의 주장에 적극적으로 동조하면서 자신의 역할을 모색할 것을 약속했다.

우쓰노미야 도쿠마는 김일성이 가장 자주 만난 일본 원로 정치인의 한 사람이다.[13] 그는 1981년의 회담 이전에 벌써 세 차례 김일성과 회담을 가졌다. 1960년대부터 중일국교정상화에 앞장섰던 그는 보수정당인 자민당에 속해 있으면서도 친사회주의 노선을 걸었고, 북한과의 대화 창구로서의 역할을 했다. 그는 1960년부터 동아시아 정치, 일본 정치, 군축 문제 등에 대하여 꾸준히 〈세카이〉에 기고한 고정 필자이기도 했다.

그는 1919년 3·1운동 당시 조선군 사령관이었던 우쓰노미야 다로宇都宮太郞 대장의 장남이다. 그는 한국 문제에 깊은 관심을 가지고 있었고, 특히 1972년 김대중 납치사건 이후 일본에 거점을 둔 반한 단체인 한국민주통일연합韓國民主統一聯合 활동에 적극적으로 관여하면서 〈세카이〉와 함께 반한친북의 노선을 이끌었다.

우쓰노미야의 회견기는 이제까지의 회견기와는 다른 형태로 편집

---

13 우쓰노미야는 1952년 이래 도쿄의 한 선거구에서 10차례 연속해서 중의원에 당선된 정치인이다. 그의 정치 경력은 보수당(진보당, 민주당, 자민당)에 몸을 담고 있었으나, 보수당 안에서 진보파의 노선을 걸었다. 1976년 록히드사건과 김대중 납치사건 처리에 불만을 가지고 자민당을 떠났고 의원직도 사임했으나, 1980년부터는 무소속 참의원으로 활동했다.

우쓰노미야 도쿠마(1906~2000)

됐다. 모든 회견기가 사전에 질문서를 제출한 것과 달리, 부분적인 대화록과 함께 자신의 주장과 북한의 발전상을 설명했다.

그의 회견기는 먼저 미국의 한국 지원 정책과 한국 정부의 민주 탄압을 비판하는 것으로 시작했다. 한국에서 박정희 체제가 붕괴됐으나 레이건 정부는 한국의 민주화를 지원하기보다 한국을 더욱 강력한 미국의 대아시아 전략근거지로 삼으려 한다고 우쓰노미야는 비판했다. 그는 "레이건 정부는 김대중사건과 광주사건을 흐지부지 처리하고 많은 민주주의자를 감옥에 묶어놓은 채 전두환 정권에 군사·경제원조를 증강하여 군사력을 강화하고 전두환 정권의 안정을 위하여 광분하고 있다"는 것이다.

그가 미국을 보는 시각은 김일성과 크게 다르지 않았다. 동질의 문화적 배경을 가진 한국, 일본, 중국, 베트남이 공존하는 동아시아가 평화롭지 못하고 한반도의 불안이 이어지는 것은 오로지 미국 때문이었다. 우쓰노미야에 의하면 한국과 베트남이 겪어야 하는 어려움은 미군이 "대량의 파괴 병기를 가지고 참가하여 피를 흘린 전쟁의 후유증이 강하게 남아 있기 때문"이라는 것이다. 달리 표현하여 한국전쟁과 베트남전쟁의 책임은 미국에 있으며, 동아시아가 평화롭지 못한 것도 전쟁의 후유증과 더불어 미군이 한국과 일본에 계속 주둔하고 있기 때문이라는 것이다.

1981년 김일성과의 회견에서도 우쓰노미야는 대부분의 좌파 지식인들이 주장하는 것처럼 1950년 한국전쟁은 남침이 아니라 북침이라고 주장했다. 그는 북침이라는 것을 다음과 같이 설명했다.

> 이승만 대통령은 만일 한국군이 북진하면 아침은 개성에서, 점심은 평양, 저녁은 신의주에서 먹는다고 호언장담했고, 또한 개성 부근에서 한국의 정예 사단이 먼저 공격했다.[14]

그리고 한국전쟁을 국제 전쟁으로 발전시킨 것은 미국이 펼친 동아시아 전략의 하나로 평가했다. 특히 유엔의 안전보장이사회가 충분한 조사와 토론을 거치지 않고 4일 만에 북한을 침략자로 결정한 것은 성급하고도 이해할 수 없는 조치였고, 그 배후에도 미국이 도사리고 있었다는 점을 강조했다.

우쓰노미야는 한반도 문제를 해결하기 위하여 두 가지 방안을 제시했고, 그 방안은 김일성의 주장과 다르지 않았다. 하나는 미국에 요구하는 것으로 휴전 당사자이면서 유엔군 사령관인 미국이 휴전협정을 전쟁 상태를 종식하는 평화조약으로 전환하고, 미군이 한반도에서 철수하는 것이다. 이는 미국 정부가 결심만 하면 지극히 쉽게 이루어질 것으로 보았다. 다른 하나는 한국에 제시하는 것으로 김일성이 주장하고 있는 것과 같이 남북이 체제의 차이를 용인하고, 두 개의 체제가 공존할 수 있는 연방제를 실시해야 한다는 것이다.

우쓰노미야는 김일성에게 남북 상호 군축의 가능성을 타진했다. 김일성은 한반도의 평화를 위해서는 무엇보다 군축이 절실히 필요하다는 것에 전적으로 동의했다. 하지만 레이건 대통령이 한반도에서 '군사우선정책'을 택하고 있기 때문에 현실적으로 어려움이 있다는 점을 설명했다. 그리고 그는 미국이나 한국에서 '남침'을 말하지만 "우리

---

14 우쓰노미야는 1974년 인터뷰에서도 같은 입장을 취했다. 宇都宮德馬, 「卓越した政治家 金日成主席」, 金日成主席傘壽出版刊行會, 앞의 책, pp.159~170 참고.

나라는 무력으로 남진할 의지도 없고 혁명을 수출할 생각도 없다"라는 것을 강조했다. 우쓰노미야는 김일성의 남침불가론을 덩샤오핑鄧小平과 리셴녠李先念의 말을 빌려 다시 확인했다. 즉, 자신이 덩샤오핑과 리셴녠을 만났을 때 두 사람 다 "북조선은 남진의 의도가 없고, 또한 침략하기 위한 무장력도 없다"는 것을 확인해 주었다는 것이다. 김일성은 남북회담에 대해서도 회의적이었다. 그에 따르면 "새로 들어선 전두환 정권은 박정희 정권보다 더 미국의 괴뢰성傀儡性이 강하기 때문"이었다.

우쓰노미야는 북한의 발전상을 높이 평가했다. 그는 평양을 세계에서 보기 드문 아름다운 문화도시라고 격찬했다. 평양에는 20~30층의 고층 주택 숲, 그리고 놀라울 정도로 훌륭한 문화·후생시설이 충실히 구비돼 있었다. 모든 주택 건설은 김정일 당서기가 지도하고 있었다. 농업이 획기적으로 개량된 농촌 또한 풍요롭고 주택도 모두 근대식으로 바뀌었다.

우쓰노미야는 김일성에게 6년 전에 비하여 경제와 생활 모습이 크게 발전한 것을 보고 놀랐다고 하자 김일성은 다음과 같이 답했다. "우리의 경제는 6년 전에 비하여 크게 좋아졌습니다. 그 배경에는 30~40대의 기술자가 많이 육성됐기 때문입니다. 또한, 군사용 터널을 뚫지 않고(웃음), 광산에 터널을 파고 있기 때문입니다."

하지만 앞에서도 지적했듯이 1970년대를 지나면서 북한 경제는 우쓰노미야가 격찬하고 김일성이 자랑한 것과 달리 '상당한' 어려움을 겪었다. 북한은 1960년대에 들어서면서부터 GNP의 20~30%를 국방비 지출에 충당하면서 국방력 강화에 역점을 두었다. 그동안 여러 차례에 걸친 경제계획을 초과 달성해 왔다고 자랑해 온 북한이지만 1961년부터 시작된 7개년계획은 국방비 증가와 맞물리면서 부진을 면치 못했다. 군사와 경제 병진 정책이었지만, 경제적 어려움은 예상을 훨씬 뛰어넘는 심각한 것이었고, 1967년에 끝나기로 한 경제계획도 연장하지 않으면 안 됐다. 1970년대에 들어서면서 북한은 사상, 기술, 문화의 3대의 기술혁명을 내걸었으나, 주체사상의 유일 사상화 작업과 김정일 후계 체제 확립, 지속적인 과대 국방비 지출과 맞물리면서 경제는 더욱 심각한 침체 국면으로 빠져들었다.

이뿐만 아니라 김일성과 우쓰노미야가 평화를 이야기한 것과 달리 북한은 무장한 유격대의 서울 침입, 판문점 도끼만행, 땅굴 등이 보여 준 것과 같이 끊임없이 긴장을 고조시켰다. 특히 1974년 11월 서울에서 불과 65km 떨어진 곳에서 발견된 첫 번째 땅굴은 1시간에 1개 연대 이상의 무장병력이 통과할 수 있는 규모로 한국 사회에 커다란 충격을 주었다.[15] 북한은 "지난 20년 동안 김일성 주석의 완전한 영도하에서 무력 남진을 배척하고 긴장 완화를 위한 방안을 진지하게 검토했다"라는 우쓰노미야의 평가와는 상당한 거리가 있었다.

김일성과 우쓰노미야의 대화의 주제인 평화, 경제 발전, 남북대화, 통일정책 등은 모두가 허구였다. 우쓰노미야와 〈세카이〉는 여전히 김일성의 이미지를 부각시키고 위장된 평화정책을 홍보해 주었을 뿐이다.

---

15 땅굴은 그 후 계속 발견됐다. 1시간당 3만 명의 무장병력과 차량, 야포 등 중장비가 통과할 수 있는 규모의 제2땅굴(1975년), 서울에서 44km 떨어진 곳의 제3땅굴(1978년), 양구 동북쪽 26km 지점 비무장지대 안에서 제4의 땅굴(1990년)을 발견했다.

5. 야스에 료스케 회견기

야스에 료스케

〈세카이〉가 한반도 관련 전문 잡지로 뚜렷이 자리매김하기 시작한 것은 1972년 야스에 료스케安江良介가 편집장으로 부임하면서부터다. 그가 이끈 〈세카이〉의 논조는 남한은 미국에 종속된 박정희 독재자 체제와 이에 저항하는 민주화 세력 사이에 끊임없는 투쟁이 이어지는 사회이고, 반대로 북한은 위대한 지도자 김일성의 주체사상과 현지지도로 발전하고 있는 자주적 국가였다. 그리고 일본은 남한의 반독재 세력과 연대하여 남한 독재정권을 무너뜨리고 통일의 기틀을 마련하는데 이바지해야 한다는 것으로 일관했다. 이러한 편집 노선은 그 후 약 반세기 가까이 계속됐고, 그 중심에 야스에 료스케가 있었다.

야스에는 1935년 이시카와현石川縣 가나자와시金澤市에서 태어났다. 그는 대학까지 가나자와에서 성장하고 교육받았다. 고등학교 시절 웅변부와 미술부에서 활동했는데 특히 웅변에 자질이 있었던 것 같다. 그는 가나자와대학이나 도시샤同志社가 주최하는 전국고등학교 웅변대회에 출장하여 여러 차례 입상했다.

야스에는 1954년 가나자와대학 법문학부(정치학)에 입학했다. 학생 시절 그의 '사상적 경향'을 알 수 있는 뚜렷한 기록은 찾아볼 수 없다. 다만 그가 선택한 웅변대회의 주제가 주로 미군기지 반대였다는 점, 대학 시절 야당 후보의 비서로 선거운동을 도왔다는 점, 〈세카이〉 편집부에 재직하는 시절 미노베 시장의 특별비서로 발탁됐고, 또한 조선학교 법인화에 열중했던 것으로 보아 그는 사회주의-공산주의 사상에 젖어 있었다고 단정해도 틀린 것은 아닐 것이다.[16] 이는 당시 일본 사회의 지적 흐름이기도 했기 때문에 특이한 현상도 아니었다. 하지만 평생을 야스에처럼 '친김일성', '친북한' 노선을 집요하게 걸은 사람은 그리 흔치 않다.

야스에는 대학을 졸업하고 이와나미 서점에 입사하여 〈세카이〉 편집부에서 사회생활을 시작했다. 1967년부터 1970년까지 〈세카이〉를 잠시 떠나 당시 사회당-공산당 추천으로 도쿄시장에 당선된 미노베 료키치의 특별비서로 활동했다. 미노베의 비서 시절, 그는 일본에서 북한을 지지하는 조총련계 산하의 조선학교朝鮮學校를 학교법인으로 인가하고 보조금을 지급하도록 하는 데 결정적인 역할을 했다. 이를 계기로 그가 북한과 직접으로 인연을 맺기 시작했다.

야스에는 1971년 〈세카이〉 편집부에 복직했고, 1972년에는 편집

김일성과 야스에 료스케

---

16 宮本憲一, 「'政治少年'から思想をもつ大編輯者へ」, 安江良介追悼集刊行委員會編, 『追悼集 安江良介-その人と思想』(同刊行委員會, 1999) p.3.

장의 자리에 올랐다. 그리고 1988년 편집장에서 물러날 때까지 그는 16년 동안 〈세카이〉의 편집을 주도했고, 그 후 1998년 사망할 때까지 이와나미 서점 사장으로 활동했다. 야스에가 편집장에서 물러난 뒤 그 자리를 이은 야마구치 아키오山口昭男, 1988-1996나 오카모토 아쓰시岡本厚, 1996-2012도 차례로 이와나미 서점 사장을 이었다. 두 사람 다 야스에의 물리적 또는 이념적 영향 아래 있었다고 보아야 할 것이다.

야스에의 글을 음미해보면 그는 양심적이고 용기 있었던 사람이 아닌가 생각된다. 또한, 그는 진정으로 한국인에 대하여 남다른 관심과 애정을 품었고, 식민지 시대의 일본을 반성했고, 한반도 통일을 염원했던 인물임이 틀림없다. 그가 정성을 기울인 재일조선인에 대한 동정, 차별대우 반대, 식민지 지배에 대한 죄의식, 한국인과 일본인의 진정한 민족적 화해 등은 보통의 일본인들이 실천하고 받아들이기 어려운 명제들이다. 그러나 그는 이를 실천적으로 수용했다.

한일관계를 내셔널리즘의 긴장과 충돌로 보고 있는 야스에에 의하면 한국을 향한 일본의 내셔널리즘은 '일관해서' 공격적이었음에 반하여 한국은 저항적이었다. 두 나라의 불행은 바로 이 불균형에서부터 시작하기 때문에 이를 바로잡아야 하고, 그 주체는 일본이라는 것이다. 야스에의 표현을 빌리면 "진출적·공격적으로 지속해 온 일본의 내셔널리즘을 주체적으로, 달리 표현해서, 스스로 그리고 말이 아니라 행동으로 고쳐야 합니다. 그리고 이는 누구의 눈에도 확실하게 인정돼야 합니다." 식민지 지배에서부터 남북분단에 이르기까지 그 책임이 일본의 '공격적' 내셔널리즘에 있다는 것이다. 하지만 일본인은

그렇게 생각하지 않고 있다는 데 문제가 있었다.[17]

그가 1995년 처음으로 서울을 방문하고 "구 조선총독부의 건물, 그 악명높은 당당한 서양 건물의 건축방식을 실제로 보았을 때 심한 혐오와 부끄러운 감정에 젖어 들었다."든가, 또는 "일본인은 조선인을 비판할 자격이 윤리적으로 없다."라는 등의 표현에서 '결벽증'에 가까운 그의 '신념'을 볼 수 있다.

1945년 이후의 한반도 역사 전개를 보는 야스에의 시각도 이러한 결벽증에 가까운 신념의 연장선에 있다. 그는 한반도 분단의 책임은 "이승만정권에 있고", 그 후 남북이 걸어온 국가 진로도 "북한은 자주적이고 통일 지향적이었음에 반하여 남한은 외세 의존적이고 반 통일적이다"라고 확신하고 있었다. 그리고 그 확신이 잘못된 것임이 역사의 현장에서 드러났어도 그는 자신의 신념을 끝까지 고집했다.[18]

〈세카이〉에 담겨있는 한반도 문제에 대한 진보적 지식인의 편견과 오류는 바로 자신의 신념을 절대화한 야스에로부터 시작하고 있다. 그런 의미에서 사상평론가 오타 마사쿠니太田昌國가 전후사에서 한반도와 일본 관계를 살펴볼 때 무시할 수 없는 존재인 "야스에〈세카이〉의 문제성은 결국 야스에가 지닌 부동의 신념에 배태돼있다."라는 비판은 적절한 지적이라 할 수 있다.[19]

17　對談: 大江健三郞·安江良介, 『〈世界〉の40年: 戰後を見直す, そして, いま』(岩波書店, 1984), pp.11~12.

18　對談: 池明觀·安江良介, 「二つのシンポジウムを終えて」, 『世界臨時增刊號 敗戰50年と解放50年-和解と未來のために』(岩波書店, 1995), pp.202~224.

19　「明かされていく過去の'眞實': TK生の證言を讀む」, 〈派兵チェック〉131号 (2003.8.15).

야스에와 김일성

〈세카이〉 편집장, 그리고 이어서 이와나미 대표로서 야스에의 가장 중요한 관심사는 한반도 문제였다. 그는 친북 좌파 진보지식인들과 함께 '북한예찬-남한저주'의 논지와 TK생의 「한국으로부터의 통신」을 이어가면서 김일성의 북한을 열렬히 지지했고, 남한 타도의 최전선에 섰다. 야스에의 이러한 편집 노선은 그의 후임인 편집장에 의해서 이어졌다. 야스에-야마구치-오카모토로 이어지는 40년의 〈세카이〉는, 거칠게 표현한다면 김일성 기관지나 다름없었다.

야스에는 김일성이 가장 오랫동안 교류하면서 대화를 나눈 '유일한' 외국인이다. 1970년대 초부터 시작된 야스에와 김일성의 친분은 김일성 사망하는 1994년까지 이어졌다. 공식적으로 〈세카이〉에 공개된 회견기만 20년 동안 1971-1991 다섯 차례였다. 두 사람은 '하루 종일' 함께 시간을 보낼 정도로 가까운 관계를 유지했다.[20] 야스에는 김일성의 에드거 스노 Edgar P. Snow를 꿈꾸었는지도 모른다.[21]

김일성에 대한 야스에의 '신뢰'와 '존경'은 믿기 어려울 정도였다. 야스에는 가장 앞서가는 자본주의사회인 일본에서 진보적 지식인을 대변하는 잡지를 만드는 책임자였고, 대표적 출판사를 경영한 경영자의 한 사람이었다. 그러나 그는 '신기할' 정도로 북한 사회주의 체제와 김일성에게 매료된 인물이었다. 그는 상식과 이성을 뛰어넘어 공산주의 북한을 지지했고, 김일성을 옹호했고, 그리고 김일성의 이념을 서방세계에 전파하는 데 앞장선 인물이었다. 진위를 확인하지도

---

20 다섯 차례의 회견은 1972년 10월, 1976년 3월, 1979년 1월, 1985년 6월, 1991년 9월에 이루어졌다.

21 『중국의 붉은 별들(Red Stars Over China)』(1936)의 저자인 에드거 스노는 마쩌우둥을 최초로 서방에 소개함으로써 일약 국제적 명성을 얻었다.

않고 김일성의 발언이 모두 진실인 양 보도했다. 그는 김일성이 북한 주민 전체를 기아와 비인간적 생활환경으로 몰아넣었음에도 끝까지 주석에 대한 환상을 버리지 못했고 북한 정권에 대해서 비이성적으로 관대했다.

김일성과 야스에는 세계정세의 변화, 사회주의국가 건설, 남북통일, 박정희의 남한 체제, 남한에서의 반체제운동, 미국과의 관계, 북한과 일본의 관계, 북한 주도의 한반도 통일을 위한 일본 지식인의 역할 등 많은 주제를 논의했다. 그러나 회견 기록은 이성적이고 객관적이라기보다 진실과는 거리가 먼, 북한과 김일성을 외부에 선전하는 글로 메워져 있다.

야스에는 북한을 사회주의국가 건설의 모델로 삼았고, 그런 의미에서 북한에서 사회주의 체제 안정과 사회주의경제 발전의 성공을 기대하고 있었던 것 같다. 그에 따르면 일본 식민지 지배에서 해방된 한국인은 한반도의 북반부에 간신히 사회주의국가 건설을 다져나갔으나 1950년의 전쟁이 모든 것을 파괴했다. 북한은 다시 전쟁의 황폐 속에서 자력갱생을 목표로 하여 경제 발전과 국민 생활의 안정을 이루고, 개성이 넘쳐흐르는 사상과 제도를 바탕으로 조선민주주의인민공화국의 역사를 창조해 나갔다. 김일성이 이끄는 북한은 1970년대 초부터 의식주는 물론이고 교육이나 의료와 같은 국민 생활에 필요한 기초적 과제는 충분히 보장돼 있고, 이는 국민에게 자신감을 심어주고 장래에 대한 희망을 자극하고 있었다. 이러한 보장과 자신감과 희망은 북한으로 하여금 국제 교류에서 적극적인 자세를 보여주고 통일에 대하여 더욱 구체적이고 민족적 지향으로 나타난다고 야스에는 평가했다.

야스에는 조선민주주의인민공화국의 역사와 발전 과정, 사상에 대하여 정확한 지식을 가지지 않고, 다만 '가까운 나라'이기 때문에 어떻게 해서라도 북한과 교류를 가져야 한다고 주장하는 일본인의 태도는 너무나 안이한 자세라고 비판했다. 따라서 일본인은 일본 제국주의 치하에서 조선인, 특히 공산주의운동의 투쟁사와 북한의 건국 역사와 사회 변화를 공부해야 한다는 것을 강조했다. 그는 일본인이 한국보다 북한에 더 많은 관심을 가지고 사회주의국가 건설을 이해하고 지원할 것을 촉구했다.

〈세카이〉가 "조선 민족의 통일을 지지하는 것은 본지가 일관되게 지켜온 입장"이라고 강조하듯이, 야스에 역시 한반도 통일 문제에 가장 큰 관심을 가지고 있었다. 물론 〈세카이〉나 야스에가 관심을 가지고 있는 통일은 어디까지나 북한식 사회주의 통일을 의미하는 것이지 민주주의와 시장경제를 지향하는 통일은 아니었다. 야스에의 회견기는 김일성의 주체사상과 이를 바탕으로 한 북한식 통일정책을 외부세계에 알리고, 한국 내에서 북한식 통일 논리의 확산과 반정부·반미 투쟁의 이론을 구축하는 데에도 기여했다.

야스에가 다섯 차례에 걸쳐 가진 김일성과의 회견에는 많은 내용을 담고 있다. 그러나 회견기의 중심 주제는 주체사상, 남북통일, 북일관계, 핵 문제 등이 핵심을 이루었다.

주체사상

야스에의 첫 번째 회견은 1972년 10월 6일 평양 근교의 호숫가에 위치한 정부 초대소에서 이루어졌다. 북한의 절대적 권력을 장악하고 있는 김일성은 일본의 한 잡지사의 편집인인 야스에가 묵고 있는 숙소를 직접 방문하여 그곳에서 회견을 가지는 파격적인 예우를 보였다.

야스에는 직접 북한을 돌아보면서 북한 사람들이 "기와집에서 비단옷 입고 쌀밥 먹는 것이 우리가 오랫동안 기대해 온 꿈이었습니다. 이제 우리는 그 꿈을 우리의 손으로 일궈냈습니다. 옛날 지주의 생활과 같습니다. 아니, 국가의 보장에 의해 대학까지 무료로 교육을 받을 수 있으니, 오히려 옛날의 지주층보다 더 좋습니다"라고 한 말

주체탑

이 결코 거짓이 아니라는 것을 확인했다고 북한의 발전을 찬양했다.

첫 번째 회견기의 상당 부분은 김일성 사상의 핵심인 '주체사상'의 내용과 확립 과정을 홍보하는 데 역점을 뒀다. 김일성은 주체사상을 쉽고 간단히 설명했다. "당과 국가가 혁명적 건설을 수행해 가는 과정에서 나타나는 모든 문제를 자신의 독자적 판단과 결심에 따라 인민의 이익에 맞게 처리하며, 자기 문제는 어디까지나 자신이 책임지고 자체의 힘으로 해결해 나가는 것"이라고.

이러한 주체사상은 김일성 자신이 성장하면서 품게 된 문제의식에서 태동하여 북한에 사회주의국가를 건설하는 과정에서 완성됐다는 것이다. 자신이 체험한 역사성을 조선민주주의인민공화국 건설과 연결시킴으로써 주체사상의 창시자가 자신이고, 동시에 자신을 조선민주주의인민공화국의 역사와 동격으로 만들었다. 주체사상은 '수령 김

일성' 자체이고, 동시에 성립 과정은 곧 '북한의 역사'였다.

김일성에 따르면 주체사상의 맹아는 자신이 성장기에 부딪힌 두 개의 문제에서부터 싹트기 시작했다. 학생 시절에 보고 느낀 '좋지 못한 두 가지 현상'이 주체사상을 키울 수 있는 계기가 됐다는 것이다. 우선 "조선의 민족해방운동을 이끈 공산주의 운동가나 민족주의 운동가 모두가 대중을 떠나서 상층부에서 저희끼리 모여서 떠들고 싸우는" 현상이었다. 그는 이러한 현상에 대하여 의문을 가지게 됐고, 또한 비판적으로 사고하게 됐다. 민족해방운동과 혁명 투쟁의 '주인'은 대중이고, 그 대중을 어떻게 조직하고 동원해야 하느냐가 혁명을 승리로 이끄는 핵심이었음에도 지도자들은 대중을 떠나 공리공론에 매달리고 이론 투쟁에만 몰입했다. 결국, 이런 상황에서 모든 문제를 해결하는 기본은 인민대중 자신이라는 것을 깨우치면서 '주체'를 생각하게 됐다는 것이다.

김일성이 주체사상을 깨우치게 된 다른 요소는 운동에 내재해 있는 '분파주의'였다. 그는 당시 해방운동을 주도한 조선공산주의자들 가운데에는 공산주의운동을 '신비적'인 것으로 생각하는 파벌이 나타났고, 이들 파벌 사이에 헤게모니 쟁탈전이 발생했다. 특히 코민테른으로부터 정통파라는 승인을 받기 위하여 파벌 투쟁이 심화됐고, 이는 민족 속에 뿌리 깊게 박혀 있는 사대주의에서 유래된 것으로 보았다. 혁명운동이라는 것은 스스로 해결해야 할 문제이지 누구로부터 인정받음으로써 완성되는 것이 아니라는 것을 깨우치며 '주체' 문제를 생각하게 됐다는 것이다. 김일성은 이를 다음과 같이 설명했다.

나는 이와 같은 조선의 민족해방운동과 공산주의운동 내부에 파벌 투쟁이 심하고, 또한 상층부가 인민대중으로부터 떨어져 있다는 이 두 가지 현상을 보고, 그래서는 혁명이 이루어지지 않을 것을 확실히 깨달았습니다. 우리는 인민대중 속으로 들어가서, 인민대중과 함께 투쟁하지 않으면 안 된다는 것, 그리고 자기의 문제는 스스로 해결해야만 한다는 것, 자기 자신이 훌륭하게 투쟁한다면 다른 사람으로부터 승인을 받거나 받지 못하거나가 아무런 문제가 되지 않음을 통감했습니다. 이와 같은 두 가지 측면이 나의 혁명 사상 발전에 커다란 충격을 주었습니다. …… 자기 나라의 혁명을 스스로 책임지고 자주적으로 이끌어 갈 때 비로소 다른 나라도 이해하고 인정하고 원조하게 될 것입니다. 이것이 우리의 주체사상의 출발점입니다.[22]

이러한 신념으로 그는 일제 식민지하에서 조국광복회를 조직하고 반제반봉건反帝反封建 통일전선을 결성했다는 것, 광복 후에는 대중을 혁명운동과 조국건설에 자주적으로 참여시키기 위하여 주체사상을 바탕으로 '조선 인민의 실상에 맞는 노선과 정책'을 실천해 갔다는 것, 그 과정에서 자기 자신의 것을 천시하고 남의 것을 좋게 보는 사대주의와 민중의 활동을 행정적 방법으로 규제하려는 관료주의를 극복하기 위하여 민중과 더불어 치열하게 투쟁했다는 것, 그리고 주체사상을 인민 저변으로 확대하고 단련하기 위해서는 무엇보다 지속적이고 철저한 교육이 필요하다는 것을 자신의 지도하에 조선공산당 체

---

22 1972년 회견기.

제 확립과 사회주의국가 건설과 연결하여 길게 설명했다.

특히 그는 주체사상 확립을 위한 교육의 중요성을 깨닫고 당과 정부는 처음부터 교육 문제에 깊은 관심을 가지고 실천해 오고 있다는 점을 설명했다. 그에 따르면 주체사상의 기본 목적은 모든 사람이 '활동을 훌륭하게 하는 것'이고, 그러기 위해서는 무엇보다 먼저 '교육사업을 훌륭히' 하는 것이 필요했다. 또한, 주체사상에 의한 혁명의 최종 목적이 모든 사람이 행복한 삶을 누릴 수 있게 하는데 있다면, 모두가 자기 일은 자력으로 잘 처리해야 하고, 이를 깨달음, 즉 '자각'이 필요했다. 그리고 '자각'을 높이는 것은 결국 학습과 교육에서부터 출발해야 한다는 것이다. 그러므로 '교육사업'은 모든 활동의 시작이었다. 그의 결론에 따르면 "건설사업에도 자각적으로 참여하고 혁명투쟁에도 자각적으로 참여하면 그것은 커다란 위력을 발휘하게 될 것이고, 따라서 모든 사람으로 하여금 더욱 빨리 행복한 삶을 살 수 있게 만드는 것"이었다. 이를 위해서는 '중단 없는 교육사업'이 필수적이었다.

김일성은 주체사상을 강화하기 위한 교육프로그램을 설명했다. 먼저 당 간부가 사상적으로나 문화적, 또는 기술적으로 높은 수준을 유지하기 위해서 "매일 2시간, 매주 토요일 오후, 매해 1개월 학습을 수행"하고 있었다. 청소년 교육을 중요시하여 유치원에서부터 고등중학교, 고등전문학교까지 전적으로 국가가 부담하여 교육을 실시하고, 노동자는 공장에서 주기적으로 필요한 교육을 받았다. 그리고 모든 교육의 목표는 "노동을 사랑하고, 인민의 재산을 사랑하고, 조직과 집단생활을 사랑하는 사회주의 교육"이었다. 김일성의 표현을 빌리자면 미노베 도쿄도지사에게도 강조한 바와 같이 "전국全國이 학습하고,

전당全党이 학습하고, 전인민全人民이 학습"하는 '학습의 나라'였다. 이러한 학습의 결과를 김일성은 다음과 같이 설명했다.

> 자본주의사회에서는 경찰 제도가 있어야만 합니다. 경찰 제도라는 것은 질서를 유지하는 것이지만, 바꾸어 말한다면 경찰은 곤봉을 사용하여 교통 위반을 단속하고 삼림의 도벌을 감시하고 각종의 벌금을 징수하는 일을 하는 것입니다. 장래에 이런 현상을 없애기 위하여 사람의 자각을 높이고 공중도덕을 존중하게 하지 않으면 안 됩니다. 우리나라에는 삼림 도벌을 감시하는 사람이 없습니다. 감시하는 사람이 없어도 도벌과 같은 현상이 없습니다. 우리나라에서 도벌 현상을 볼 수 없는 것은 모든 사람이 자각하고 있기 때문이라고 생각합니다. …… 우리나라에는 경찰이라는 것이 없습니다. 질서를 유지하기 위하여 사회안전요원이 있습니다마는 장래에는 이것도 없어져야 할 것입니다. 모든 것을 인민 스스로가 담당해야만 할 것입니다. 이를 위해서는 교육을 해야만 합니다.[23]

야스에는 '우리나라에는 경찰이 없습니다'라는 김일성의 말을 '진실'이라고 믿었을까?

주체사상은 북한의 경제 건설과도 밀접한 관계가 있다. 주체사상을 바탕으로 한 경제 건설은 희망적이고 발전적이라는 것이다. 전후 폐허 속에서 시작한 경제 건설이 줄기차게 발전할 수 있었던 기초가 바로 주체사상이었음을 김일성은 강조했다. 전후 부흥 3개년계획

---

23 1972년 회견기.

1954~1957년, 천리마운동1957~1961년은 주체사상과 주인 의식, 자각을 바탕으로 인민 각자가 창의성을 발휘하여 경제를 빠른 속도로 발전시킬 수 있는 기초와 조건을 마련했다. 7개년계획1961~1967년과 6개년계획1971~1976년에서는 이미 마련된 기초와 조건에서 공업화의 성과를 일층 발전시키는 것이다. 자동화를 실현하는 방향으로 전진하여 인민을 육체적 노동으로부터 해방시켜 일을 즐기는 사회로 발전시켜 나가는 것을 목적으로 했다는 것이었다.

김일성에 의하면 이러한 경제 발전은 계획대로 잘 추진되고 있었다. 특히 이 기간에 주체사상과 확고한 정치사상을 바탕으로 한 3대 혁명소조 그룹이 각지의 공장, 기업, 협동농장으로 들어가 사상, 경제, 문화혁명을 이끎으로써 획기적인 발전을 이룰 수 있었다. 즉, 경제발전도 주체사상과 주체사상을 내면화한 교육과 학습의 결과라는 것이었다.

그러나 김일성의 주장과 달리 현실로 나타난 결과는 참담한 실패로 끝났다. 김정일 중심으로 진행된 제2차 7개년계획1978~1984년과 제3차 7개년계획1987~1993년도 물론 주체사상을 바탕으로 하고 있었다. 특히 사회주의경제 건설의 10대 전망 목표를 정하고 이를 완수하기 위하여 추진했다.[24] 김일성은 "이를 실현함으로써 사회주의가 완전히 승리할 수 있는 결정적 조건이 완수되고, 우리나라의 경제 수준은 세계 선진제국의 반열에 당당하게 오를 것이다"라고 장담했다. 하지만 주체사상을 근간으로 한 경제정책은 북한을 선진제국의 반열에 당당

---

24 10대 전망 목표는 연간 1,000억 킬로와트의 전력, 1억2,000만 톤의 석탄, 1,500만 톤의 철강, 150만 톤의 비철금속, 2,000만 톤의 시멘트, 700만 톤의 화학비료, 15억 미터의 직물, 500만 톤의 수산물, 1,500만 톤의 곡물생산, 10년 동안의 30만 헥타르의 간척사업 완성이었다.

히 오르게 한 것이 아니라 헤어날 수 없는 침체의 늪으로 빠져들게 했다. 그리고 북한의 주민을 굶주림의 함정으로 몰아넣고, 기민飢民으로 유랑하게 만들었다.

통일 문제

야스에의 회견기에서 가장 많은 지면을 차지하고 있는 주제는 한반도 통일에 관한 문제였다. 김일성은 야스에와 〈세카이〉를 통하여 자신이 구상하는 '통일전략'과 '미 제국주의와의 투쟁 노선'을 한국 사회와 일본인들에게 전했다.

1970년대 들어서면서부터 전개된 아시아를 둘러싼 세계정세의 변화를 김일성은 낙관적으로 전망하고 있었다. 1972년 회견기에서 김일성은 일본에서 사토 정권의 몰락과 다나카 체제의 출범, 일본과 중국의 국교정상화, 베트남전쟁에서 미국의 곤경 등은 아시아의 주인은 아시아인이고, 사회주의가 승리하고 있는 것으로 진단했다. 그리고 이러한 정세 변화는 한반도 통일에 도움이 되는 것으로 평가했다.

그렇다고 해서 그의 정세관이 투쟁적 국제 관계가 종식된 것으로 본다는 의미는 아니었다. 1979년의 회견기에서도 주장하고 있는 것과 같이 그는 여전히 강대국 사이의 투쟁이 전개될 것으로 예상했다. 그 이유는 국제적으로 냉전이 점차 약화되는 모습을 보여주고 있지만, 제국주의와 강대국들은 그들의 지배권을 확장하기 위하여 여전히 책동하고 있기 때문이었다. 즉, 냉전이 서서히 그 막을 내리고 있지만 냉전을 이끌어 온 '본질적 원리'는 조금도 변하지 않았다는 것이었다.

강대국, 특히 미국은 문제를 평화적으로 해결하려는 것처럼 보이지만, 실은 대리전쟁을 유도하고, 제3세계와 신생독립국가들을 장악하기 위하여 암투를 벌이고 있는 것으로 설명했다. 그러므로 아시아에서 "미 제국주의의 지배를 종식시키기 위한 아시아인이 일치단결과 투쟁"이 무엇보다 우선하는 과제였다. 그리고 이를 위하여 일본, 특히 일본의 언론이 아시아인의 단결을 위해 더욱 적극적이고도 주도적 역할을 담당할 것을 촉구했다. 그는 야스에와의 모든 회견기에서 '미 제국주의의 타도'와 '아시아인의 연대'를 위한 일본 언론과 진보적 지식인의 역할을 거듭해서 강조했다.

모든 회견기의 중심 주제 중의 하나인 한반도 통일 문제에 대한 김일성의 논리와 전략은 국내외 정세와 상황에 따라 조금씩 변했다. 하지만 그 핵심은 비교적 간단하고 일관됐다. 한반도의 통일을 위하여 먼저 자주와 주체를 바탕으로 남북의 '민족공조'를 이루어야 하고, 그 '민족공조'를 근거로 한반도에서 미 제국주의의 타도와 미군 철수를 실현시켜 긴장을 완화해야 하고, 북의 사회주의 세력과 남의 민주 세력이 연합하여 통일의 길을 열어야 한다는 주장이다. 그리고 이 과정에서 남한의 민주 세력을 강화하기 위하여 일본의 언론과 진보 세력의 역할이 필요하다는 것이다.

김일성에 따르면 한반도 통일에 가장 커다란 장애는 '미국의 제국주의 전략'과 이를 지지하는 '일본의 반동 세력', 그리고 이와 연계된 '박정희 정권의 민주 세력 탄압'이었다. 미국은 일본을 활용하여 아시아의 여러 나라를 통제하고, 남북을 대치시켜 싸움을 조장한다고 그는 강조했다. 그리고 한반도의 분단을 고정화하기 위한 '두 개의 조선'을 만드는 전략을 짜고 남한에 군사기지를 강화하여 제국주의의 전진기지로 삼고, 다른 한편으로는 한반도에 긴장을 고조시킨다고 비판했다. 김일성의 표현에 따르면 "우리나라 통일 문제에 미국인이 개

입하는 것이 가장 큰 두통거리"였다.[25]

> 지금 미 제국주의자는 남조선에서 미군을 철수시키지 않을 구실을 찾고 있습니다. 내 생각으로는 이것이 (통일에) 가장 중대한 장애라고 생각합니다. …… 미국인도 남북회담을 환영한다고 언명하면서도 뒤에서는 남조선에 계속 병기를 제공하면서 남조선에서 철수할 의사가 없다고 말합니다. 결국 미 제국주의자와 그를 추종하는 반동 세력이 방해하고 있습니다. …… 미 제국주의자는 중국과도 관계를 개선하고 소련과도 관계를 개선하면서도 우리 국토의 절반을 차지하는 남조선에 자신의 군사기지를 유지하는 이유는 무엇입니까? …… 그것은 그들의 침략의 야망을 드러내는 것이고, 그것이 제국주의의 본성입니다.[26]

그러므로 미국을 한반도에서 몰아내는 것이 한반도의 통일은 물론, 아시아 전체의 평화와 안정을 가져올 수 있는 가장 중요하고 확실한 지름길이었다. 결국, 한국에서 미군이 철수하지 않는 한 통일 문제는 해결되지 않는다는 것이다.

김일성이 제시하는 한반도 통일의 또 하나의 중요한 장애물은 박정희 정권의 '폭력성'과 이 폭력성을 미국과 일본이 지원하고 있다는 현실이었다. 즉 '미 제국주의'와 '일본의 반동층'이 박정희 정권을 지지하고, 박정희 정권은 이를 배경으로 민주화운동을 탄압하고 있으며,

---

25 미군의 한반도 주둔이 한반도 통일에 가장 큰 장애물이라는 주장은 모든 인터뷰에서 거듭해서 강조되는 핵심 논리의 하나이다.
26 1972년 회견기. 1976년, 1979년, 1985년 회견기에 같은 내용 포함.

이것이 결국 남북대화가 진전하지 못하는 중요한 원인이었다는 것이다. 김일성과 야스에의 공감에 따르면 박정희 정권은 미국의 조종과 일본의 후원 아래서 "조국의 분열을 반대하고 남조선 사회의 민주화를 위하여 투쟁하고 있는 남조선의 많은 애국적 민주인사와 청년학생을 '반공법'으로 묶어 체포·투옥하고, 야만적으로 탄압"하고 있었다. 이뿐만 아니라 박 정권은 외부 세력을 끌어들여 한반도의 분열을 고정화하려는 '책동', 즉 미국이 제시하는 남북한유엔동시가입 음모를 추종하여 한반도의 영구적 분열을 획책하고 있었다. 특히 김일성은 '두 개의 조선'을 지향하는 남북한유엔동시가입 안은 "민족의 분열을 국제적으로 합법화하고 고정화하는 것"으로서 "조국과 민족을 팔아버리는 매국적 반민족 행위이고, 역사상 씻을 수 없는 죄악"이라고 강하게 비판했다. 1972년의 7·4남북공동성명 이후 남북대화가 실질적으로 진전되지 않는 이유도 바로 이러한 연유에 있다는 것을 다음과 같이 강조했다.

> 지금과 같은 상태에서는 더 이상 남북대화를 지속할 필요가 없습니다. 남조선의 현 당국자들은 정치도 모르고, 민족도 인간도 안중에 없고, 논리도 무엇도 없는 무리이기 때문에 그들과는 의사가 통하지 않습니다. …… 우리는 지금이라도 남조선 당국자가 민주인사에 대한 탄압을 중지하고, 체포 구금한 학생과 애국인사를 석방하고, 파쇼 지배를 폐지하고 민주주의의 길을 택하고, 민족 분열의 책동을 중지하고 통일을 지향하여 나간다면 대화를 지속할 수 있습니다. 우리는 결코 남북의 대화를 파

탄시키려는 것이 아니라 항상 대화의 문은 열어놓고 있습니다. 우리는 남북의 각계각층의 인사와 민주공화당을 포함한 각 정당, 대중 단체의 대표로 이루어지는 대민족회의를 소집하여 민족의 통일 문제를 토의할 것을 여러 차례 제안했습니다.[27]

김일성은 한국에서 일어나고 있는 반정부 투쟁을 높이 평가했다. 그러나 그 투쟁 역시 미국이 박정희 정권을 배후에서 지원하고 있는 한 성공하기 어렵다는 것을 강조했다. 그의 분석에 따르면 한국에서 전개되고 있는 민주화운동은 결국 자주화를 지향할 것이고, 한국에서의 자주화 실현은 곧 미국의 종속에서 벗어나는 것을 의미하고 있다. 그래서 미국은 박정희 정권이 "인민의 민주화 투쟁을 탄압하는 것을 지지하고 비호"하고, 박정희는 정권을 장기화하기 위하여 미국의 요구에 순응하고 있다. 결국 "남조선에 미군이 주둔하고 있는 이상 남조선의 진정한 민주주의는 실현되지 않고 자주화도 실현되지 않는다"라는 것이다. 따라서 북한식 통일로 가기 위해서는 "남조선 인민의 자주화"가 필요하고, 이를 위해서는 "미군의 철수"가 필수 불가결한 요소였다.

그렇다면 이러한 상황에서 한반도의 통일을 위해서 택해야 할 길은 무엇일까? 김일성은 두 가지 투쟁 방안을 제시했다. 하나는 한국의 민주화 세력과 일본의 진보 세력이 연대하여 공동으로 치열한 반미 투쟁을 더욱 강하게 전개하는 것이다. 즉, "남조선 인민과 일본 인민이 각성하여 미 제국주의의 침략과 간섭에 반대하는 공동 투쟁을 전개하여, 미 제국주의자가 남조선과 일본을 더 이상 억압할 수 없게 하

---

27 1972, 1985년 회견기.

고, 최종적으로 한반도와 아시아에서 미국을 몰아내는" 투쟁 방안이다.

물론 김일성도 '지금 당장' 미국을 몰아낼 수 있는 세력이 형성될 수 없다는 것을 인정했다. 그러나 '각성'과 '연대'가 강화되면 강력한 투쟁 세력으로 성장할 것으로 내다보았다. 그의 판단에 따르면 "남조선 인민 가운데 미 제국주의자와 그의 하수인인 박정희 괴뢰 일당의 억압과 탄압하에서 자유와 권리를 찾기 위해 민주화 투쟁을 강화"하는 세력과, "일본 인민 중에도 일본이 미 제국주의의 압력에서 벗어나 자주의 길로 가야 한다고 생각"하는 사람이 점차 늘어나고 있었다. 물론, "미 제국주의자, 박정희 괴뢰정권, 일본 반동 세력의 탄압정책 연대"로 투쟁의 조건이 대단히 어렵지만 "남조선 인민과 일본 인민은 역사적으로 많은 어려움을 극복하기 위하여 투쟁을 전개한 경험이 있기 때문에 목적을 이룰 수 있다"라고 전망했다.

김일성이 제안하는 또 다른 투쟁 방안은 국제적 여론을 환기시켜 미국을 고립시키는 것이다. 즉, "남조선에서 일어나고 있는 미 제국주의자의 범죄적 만행과 파쇼적 압정으로 남조선 인민이 받는 고통과 어려움을 세계 인민에게 널리 알리고, 조선 문제에 대한 국제 여론을 일층 강화하여 미 제국주의자를 국제적으로 철저하게 고립시킨다"라는 전략이다. 특히 김일성은 한국의 민주화 세력과 일본의 진보 진영은 연대 투쟁을 전개하여 '조선 문제'를 '아시아 문제'로, 또한 '세계 문제'로 부각시키고, 한반도에서 미군 철수의 길을 모색할 것을 야스에에게 촉구했다.

이러한 투쟁 과정에서 그는 특히 일본 언론의 역할을 강조했다. 〈세카이〉와 같이 일본 언론은 북한의 통일정책을 국제사회에 알리고, 한국에서 전개되고 있는 '반미'와 '반박정희 투쟁'을 폭로하고 '민족공조'와 자주적 통일을 위해 탄압받는 세력을 변호하는 데 적극적인 역할을 담당할 것을 촉구했다. 김일성에 따르면 한국의 지식인과 정치인 중에는 북한이 제기하는 연방제를 수용할 필요가 있고, 남북의 여러 정당과 대중 단체의 정치 협상을 실현해야 한다는 북한식 통일정책을 지지하는 세력이 늘어나고 있었다. 그러나 박정희 정권의 극심한 탄압과 반공법, 그리고 언론 통제로 이 같은 주장이 언론에 발표될 수 없고, 따라서 대중 속으로 확산되지 못한다는 것이다. 그러므로 일본 언론이 "남조선 인민 사이에 점차 확산되고 있는 (북한식) 통일에 대한 여론을 대변"해 주고, 북한의 통일정책을 지지하는 "남조선 야당의 정당한 목소리를 반영"해 주는 역할을 담당해 줄 것을 당부했다.

그는 또한 일본의 지식인들이 지하에서 탄압받으면서 통일의 실현을 위하여 투쟁하는 한국의 '민주화' 세력을 적극적으로 후원하고 그들과 '반박정희'와 '반미'를 위한 연대 투쟁을 전개할 것을 촉구했다. 이와 같은 연대 운동의 표본으로 김일성은 〈세카이〉가 연재하고 있는 「한국으로부터의 통신」을 제시했다. 그에 따르면 〈세카이〉는 이 연재물을 통하여 "남조선 인민의 민주화운동을 크게 고무"하고, "남조선의 상황을 폭로"하여 국제적 여론을 환기시키고 있으며, 또한 "남조선 내에서 전개되고 있는 반정부, 반미 투쟁을 강화"하고 있다는 것이다. 그는 이와 같은 연대 투쟁을 일본의 언론과 지식인들이 선도해 줄 것을 당부했다.

결국, 한반도 통일 문제를 해결할 수 있는 길은 '민족공조'라는 대원칙을 바탕으로 하면서 '조선 인민의 투쟁'을 지지하는 국제 여론을 한층 더 강화하고, '남조선 인민의 민주화운동'을 지원하고, 그리고

'미 제국주의자'에 국제적 압력을 가하여 그들이 한반도에서 물러나게 하는 이외의 길이 없다는 데 김일성과 야스에가 공감했다. 그리고 이를 위하여 일본 지식인과 언론의 더욱 적극적인 역할이 필요하다는 데에도 의견을 같이했다. 실제로 1970년대에 들어서면서부터 야스에와 〈세카이〉는 김일성이 촉구하는 대로 한국에서 '반박정희'와 '반미'의 씨앗을 뿌렸고, '민족공조'라는 북한의 통일전략을 선도하는 역할을 성실히 수행했다.

북일 관계

야스에의 회견기에서 다루는 또 다른 의제는 북한과 일본 양국 관계의 성격과 지향점이다. 미노베 료키치와의 회견기에서도 보여준 것과 같이 김일성은 북한과 일본의 관계를 논할 때 항상 일본 '정부'와 일본 '국민'을 구분하여 설명하는 전략을 택했다. 관계 정상화가 이루어지지 않은 일본 정부와는 대결적 관계를 지속하면서도 일본 국민, 특히 일본 내의 북한 지지 세력과 연대를 강화하고 그 세력을 확대하려는 전략이라고 할 수 있다.

김일성의 이러한 논지는 야스에와의 회견에서도 일관됐다. 그에 따르면 일본 국민은 북한 국민에게 우호적이고, 북한의 통일정책을 지지하고, 한국의 억압정책을 반대하고 있었다. 즉, "일본 인민은 조선 인민과의 우호를 갈망하고 조선 인민의 조국 통일 위업과 민주적 민족 권리를 위한 재일교포의 투쟁을 지지하고 연대할 것을 희망한다"라는 것이다. 그리고 이러한 연대는 양국 인민의 우호 관계를 더욱 발전시킬 것으로 전망했다.

하지만 김일성의 평가에 따르면 일본 정부는 그렇지 않았다. 북한은 비록 사회제도와 이념이 다르지만 건국 이래 일본과의 선린 관계를 맺기 위하여 노력했으나 일본 정부는 미국과 결탁하여 북한에 '비우호적' 태도를 보여 왔다. 즉, 일본 정부는 일본 국민의 뜻에 반하여 민족 분열을 책동하는 한국 정부를 지지하고, 미국의 '두 개의 조선' 전략을 지원하는 입장을 유지하고 있었다. 그러므로 김일성이 원하는 것은 일본 정부가 "조선의 통일을 바라는 조선 인민과 일본 인민의 요구에 귀를 기울여 조선의 통일에 협력하는 입장"을 취하는 것이다.

김일성은 야스에가 주장하는 북일국교정상화의 필요성을 인정하면서도 '국가적' 외교 관계 수립은 시기상조라는 뜻을 명확히 밝혔다. 그 이유는 간단했다. 1965년의 한일조약에서 일본은 한국을 '유일 합법 정부'로 인정했기 때문이라는 것이다.

'일한조약'의 가장 나쁜 악惡은 제3의 조항입니다. '조선반도의 유일 합법 정부는 대한민국이다'라는 조항은 우리나라에 대한 간섭입니다. 미노베지사가 우리나라를 방문했을 때 나는 '일한조약'을 승인할 수 없다고 말했습니다. (그 이유는) 일본 정부가 '대한민국' 정부만이 조선반도의 유일한 합법 정부라는 것은 일본의 대미추수對美追隨 정책을 의미하고, 또한 우리를 향한 일본 반동反動정권의 적시敵視 정책으로 보기 때문입니다. 그러므로 일한조약이 지금과 같은 상태에서는 일본이 우리를 평등하게 대한다고 볼 수 없습니다. 그것을 무효로 할 것인지, 아니면 취소할 것인지를 택하지 않으면 안 됩니다.[28]

---

28 1972년 회견기. 김일성은 모든 회견기에서 북일관계정상화의 조건으로서 이를 일관되게 주장했다.

그러므로 일본이 북한과 정상적인 국가 관계를 수립하기 위해서는 먼저 일본 정부가 북한을 적대시하는 정책과 정부를 지지하는 정책을 버려야 하고, 그리고 미국의 한반도 정책인 '두 개의 조선' 정책에 동조하지 말아야 한다는 것이다.

야스에와의 회견기에서도 김일성은 일본과 경제·문화적 교류의 중요성을 인정했다. 그러나 그가 야스에에게 강력히 요구한 것은 일본의 북한식 한반도 통일정책에 대한 지원과 한국의 반정부 세력과 연대하는 일본인의 정치적 투쟁이었다. 일본인은 한국에서 진행되는 "미 제국주의자와 박정희 정권의 탄압정책"과 그 탄압의 현상을 세계에 폭로하고, 남한의 민주화 세력과 연대하여 "박정희 반동 세력을 전복시키는 투쟁"에 앞장서 달라는 것이다. 그리고 한반도와 일본에서 미군의 철수를 실현시키기 위하여 "조선 인민과 일본 인민, 한국의 민주화 세력이 연대하여 투쟁"할 것을 촉구했다. 이 '혁명적 과업'을 위하여 김일성은 〈세카이〉를 포함한 일본의 지식인과 언론의 적극적인 역할을 기대했다.

뒤에서 보듯이, 이처럼 김일성과 야스에가 두 나라의 민간, 경제, 문화 교류, 시민 연대 등을 강조하던 바로 그 시기 북한은 일본인을 납치하고 있었다. 북한 공작원들은 13살의 어린아이를 포함한 평범한 일본 시민들을 대남공작에 활용하기 위하여 일본과 유럽에서 납치하고 있었다는 것은 많은 것을 시사한다.

핵 문제

'핵 개발 문제'는 1976년 회견기에 처음으로 등장했다. 야스에는 조심스럽게 북한의 핵 개발 의사를 다음과 같이 타진했다.

> 주석께서는 핵무장은 하지 않고, 또한 핵 개발도 하지 않는다는 것을 거듭 밝혔습니다. 아시다시피 일본 국민은 유일의 피폭 체험을 가지고 있고, 그 비참함을 알고 있습니다. 나는 일본 국민의 한 사람으로서 주석의 (핵을 개발하지 않는다는) 발언에 경의를 가지고 있습니다. 그와 같은 생각에는 변화가 없습니까?[29]

이에 김일성은 "우리는 핵무장을 하겠다는 생각이 없습니다. 우리에게는 핵병기를 생산할 돈도 없을뿐더러 핵병기를 생산하여 실험할 마땅한 장소도 없습니다"라고 핵 개발의 가능성을 강력히 부인했다.

이뿐만 아니라 그는 한반도에서의 전쟁이라는 것은 마치 '사각의 링 안에서 씨름하는 것'과 같아서 핵을 사용할 때는 모두가 함께 멸망하기 때문에 실질적으로 사용할 수 없다는 것을 강조했다. 그의 표현을 빌리자면 한반도에서 핵무기 사용 가능성을 말하는 사람은 "어리석은 자愚か者"였다. 따라서 전쟁이 일어나도 핵무기를 사용할 수 없기 때문에 북한이 구태여 핵을 개발할 이유가 없다는 것을 명확히 했다.

그러나 1985년 회견에서는 전반적인 세계정세가 새로운 세계대전, 핵전쟁의 위험이 증대되는 것으로 전망하면서 핵의 필요성을 은연중 시사했다. 물론 핵전쟁 발발 위험의 '주범'은 미국이었다. 특히 미국이 시도하고 있는 "무모한 별들의 전쟁 계획이 군비경쟁을 우주까지

---

29 1976년, 1991년 회견기.

확대하고 핵무기 증강을 촉진"시키고 있다는 것이다.

김일성은 핵전쟁 위험이 가장 높은 곳으로 한반도를 포함한 동북아시아 지역을 상정하고 있었다. 그 이유는 미국이 전략적으로 중요한 위치에 있는 한국과 일본에 주둔 병력을 증강하고, 핵병기를 위시한 각종 근대적 전쟁 수단을 대대적으로 반입하고, 이뿐만 아니라 핵전쟁을 위한 '대규모의 전쟁 연습'을 주기적으로 실시하고 있기 때문이라는 것을 강조했다.

김일성은 동아시아에서 핵전쟁의 위험을 원천적으로 제거하기 위해서는 이 지역을 비핵지대, 평화지대로 설정해야 한다고 주장했다. 그리고 이를 위해서는 "한반도 주변에 배치된 핵무기를 철거하고, 이 지역에서 핵무기의 실험과 제조, 저장과 반입, 사용을 일절 금지"할 것을 제안했다. 그리고 한국과 일본의 미군 기지를 해체할 것을 요구했다.

동아시아의 비핵지대화를 위하여 김일성은 일본의 역할을 중요시했다. 경제 대국인 일본이 미국의 핵 정책에서 벗어나 자주적이고 독자적인 정책 노선을 추구한다면, 미국은 결코 단독으로 한반도를 포함한 동아시아에서 전쟁을 일으킬 수 없다는 것이다. 일본의 '자주화'를 그는 다음과 같이 강조했다.

> 나는 일본의 각계각층 인사와 각 정당이 일본의 자주화를 위하여 강력한 투쟁을 전개해야 한다고 생각합니다. 일본에서 누가 정권을 잡더라도 자주화의 방향으로 진행한다면 일본은 인민의 평화 위업에 크게 기여할 것입니다. …… 일본은 앞으로

> 미국에 맹목적으로 추수하는 것은 중단할 것을 기대합니다. 일
> 본이 자주화하면 조선 통일에 기여하게 될 것입니다.[30]

1985년 회견기의 특성은 김일성이 핵무기의 폐기와 동아시아의 비핵지대화를 주장하면서도, 핵 개발의 가능성을 은연중에 시사하고 있다는 점이다. 그는 핵 우위의 지위에 있는 강대국도 강력한 파괴력을 가진 핵무기를 두려워하고 있다는 것을 설명하면서, "핵무기는 제국주의자의 독점물이 아니다"라는 점을 강조했다. 이는 핵무기를 보유한다는 자체가 곧 강대국과 대등하게 대치할 수 있는 지위를 확보할 수 있다는 것을 암시하고 있다.

1991년 이루어진 김일성 생전의 마지막 회견기에서도 핵 개발과 핵사찰 문제가 구체적으로 논의됐다. 야스에는 '핵 사찰' 문제가 일본이나 미국과의 관계를 풀어가는 데 중요한 의제일 뿐만 아니라 국제적 관심이 크다는 것을 지적하면서 핵 개발 가능성을 다음과 같이 타진했다.

> 주석 각하는 지금까지 귀국의 비핵보유 방침을 반복해서 밝혀왔고, 조선반도의 비핵평화지대 구상을 확실히 했습니다. 이와 관련하여 핵 사찰 문제에 대하여 어떠한 생각을 가지고 계십니까?

이에 김일성은 앞의 주장을 반복했다. 북한은 비핵국가이고, 비핵국가의 정책을 지속하면서 한반도를 비핵지대이자 평화지대로 만들

---

30 1985년 회견기.

것을 제안하면서 다음과 같이 야스에에게 답했다.

우리는 핵무기를 개발할 의사도 없고 능력도 없습니다. 이뿐만 아니라 우리는 핵 사찰에 반대하지 않습니다. 우리가 반대하는 것은 핵 사찰 그 자체가 아니라, 일부 국가가 국제 정의에 반하여 일방적으로 우리에게 핵 사찰을 강요하는 부당한 행위입니다. …… 이는 우리나라의 자주권에 대한 난폭한 침해가 됩니다.

영변 핵시설

김일성은 핵 사찰 문제는 북한이 국제원자력기구와 자주적으로 해결할 문제이지 국제적 압력에 의해서 처리할 문제가 아니라는 것을 거듭 강조했다. 그는 또한 북한과 우호적 관계를 희망하는 일본이 핵 위협을 받는 북한을 동정하지 않고 오히려 '부당한 요구'에 동조하여 압력을 가하는 것이나 북일국교정상화를 위한 회담에 핵 사찰 문제를 끌어들이려는 것은 잘못된 것이라고 일본을 강하게 비판했다.

야스에는 북일국교정상화 회담에 핵 문제를 의제로 삼으려는 일본 정부를 비판하는 김일성의 입장에 동조하면서, 북한의 핵 문제를 비판적으로 보도하는 일본 언론을 향하여 객관성을 회복할 것을 촉구했다. 그리고 그는 북한이 국제사회가 요구하는 핵 사찰을 적극적으로 받아들여 새로운 상황을 만들어 나가야만 한다는 점도 지적했다. 그러나 야스에는 총체적으로 북한의 핵 문제는 원만하게 해결될 것으로 낙관했다. 즉, 당시 진행되고 있는 북미 간의 대화와 총리급 남북회담(제4차)을 통하여 핵 문제도 자연스럽게 해결될 것으로 전망했다.

하지만 현실은 달랐다. 야스에가 낙관했던 북한의 핵 개발은 오늘날 심각한 국제 문제로 부각되어 있다. 핵을 개발할 능력도 의사도 없다고 여러 차례 강조한 것과는 달리, 1970년대 이후 북한은 꾸준히 핵 개발을 추진해 왔다. 그리고 2006년 10월 9일에는 핵실험을 실시하고 핵보유국임을 선언했다. 일본 또한 핵 위협에 무겁게 짓눌리게 됐다.

마지막 회견기

〈세카이〉가 게재한 열 번째 회견기는 김일성 생전의 마지막 회견기이다. 회견이 이루어진 1991년은 격동의 한 해였다. 공산주의의 종주국이라 할 수 있는 소련이 해체되고, 중국의 경제가 자본주의로 방향을 트는 등 사회주의 체제의 몰락이 확연히 드러났다. 미국을 중심으로 한 다국적군이 제1차 걸프전을 10일 만에 승리로 끝냈다. 또한, 냉전 종식과 함께 전개된 동아시아의 정세는 김일성이 그동안 '두 개의 조선'과 '영구 분단'이라는 논리로 반대했던 남북한 동시 유엔 가입1991년 9월에 동의했다.

야스에의 다섯 번째 김일성 단독회견은 1991년 9월 26일 강계江界에서 이루어졌다. 중국과 국경에 접한 강계는 자강도

김일성의 마지막 회견기

의 행정중심지이고 압록강 중류 지역 자연개발의 거점을 이루고 있는 곳이다. 김일성 생전의 마지막 회견인 이 기록은 사전에 제출한 서면 질문서를 중심으로 이루어졌던 이제까지의 회견과 달리 처음부터 대담 형태로 이루어졌다. 회견 내용의 주제는 급변하는 국제정세, 한반도 통일, 미국과의 관계, 핵문제, 그리고 북일관계였으나, 김일성의 답변은 대단히 추상적이고 모호했다. 먼저 김일성이 입을 열었다.

　　김일성: 귀하의 우리나라 방문을 열렬히 환영합니다. 귀하는 조일朝日 두 나라 민간의 이해가 한층 깊어지고, 두 나라 인민 사이에 조일국교정상화의 요구 목소리가 높은 이때 우리나라를 다시 방문했습니다. 나는 오랫동안 알고 지내온 귀하와 이처럼 6년 만에 다시 만나 대화를 나눌 수 있게 된 것을 대단히 기쁘게 생각합니다. 지금부터 귀하의 질문에 답하겠습니다.

　　야스에: 오늘날 인류가 거대한 전환의 시대 한가운데 있다는 것은 누구나 실감하고 있습니다. 그 전환이라는 것은 다만 제2차대전 후 지속해 온 국제질서의 전환에 그치지 않고, 20세기의 종막과 근대사회의 전환이 겹치는 참으로 격동의 시대입니다. 주석 각하는 제2차대전 후 오늘까지 일관해서 톱 리더로서 민족을 이끌고, 국제정치의 전변轉變을 보아온 세계에서 그 예를 찾아볼 수 없는 정치가입니다. 주석 각하는 오늘의 격동시대를 어떻게 보고 또 어떻게 전망하고 계십니까?

이에 대한 김일성의 답변은 추상적인 '거대 담론'이었다. 그는 현재 인류가 체험하고 있는 전환은 "인류가 자주적인 신세계를 향하여 전진하는 과정에서 일시적으로 일어난 역사의 돌출" 현상이라고 규정했다. 그러면서 '전환'의 의미를 정확히 파악하기 위해서는 다만 드러나고 있는 '현상'만 볼 것이 아니라 역사 진행의 '본질'을 이해해야만 한다고 강조하면서 다음과 같이 계속했다.

> 일부에서는 동서 간 냉전 체제의 붕괴와 일부의 국가에서 사회주의가 좌절하는 것을 보고, 마치 새것과 헌것의 투쟁에서 헌것이 승리하고 역사 흐름의 방향이 변했다고 해석하고 있지만, 문제를 그렇게 보는 것은 잘못입니다. 역사가 전진하는 과정에는 우여곡절이 있지만, 역사 발전의 방향은 변하지 않습니다.

김일성은 '변하지 않는 역사 발전의 방향'이란 '자주적 신세계'를 향한 역사의 진전이라고 강조했다. 하지만 '자주적 신세계'가 구체적으로 무엇을 뜻하는지, 그리고 어떻게 성취할 수 있는지는 설명하지 않고 있다. 다만 "지배와 종속이 없고 침략과 전쟁이 없는 자유롭고 평화로운 세계에서 인류가 행복한 삶을 살아가는 인류사회"를 이루는 것이고, 이는 "인민 대중의 힘을 믿고, 그 힘으로 역사의 진로를 헤쳐 나감으로써" 완수할 수 있다는 지극히 추상적인 논리를 폈다.

대화는 통일 문제로 옮겨갔다. 야스에에 의하면 한반도는 통일의 "구체적 가능성이 보이는 새로운 단계"에 접어들었다. 물론 이는 일관되게 민족통일을 지상 과제로 삼고 통일을 주도한 김일성의 통일 노력에 있다고 찬양했고, 여기에 "남조선에서 어느 정도 민주화와 국제정치의 변화"가 더하면서 통일실현의 가능성이 커졌다는 것이다. 야스에는 "그런데도 실제로 커다란 진전을 볼 수 없는 것은 어째서입니까?"라고 물으면서 "조선 통일의 원칙과 구체적 구상"을 물었다.

김일성은 당과 정부는 통일을 가장 중요한 민족의 지상 과제로 삼고 있다는 것, 이의 실현을 위하여 전력을 기울이고 있다는 점, 그동안의 통일정책이 옳았다는 점 등을 강조했다. 그러면 그는 "조국 통일을 위하여 우리가 일관되게 견지해 온 기본원칙은 자주, 평화통일, 민족대단결의 3대 원칙입니다."라고 기존의 원칙을 되풀이했다. 그리고 남한의 민주세력 성장과 국제관의 변화를 계기로 "남조선 인민과 해외동포도 우리 당과 공화국 정부의 일관된 입장과 조국 통일 방안이 올바르다는 것을 한층 더 깊이 인식하게 됐습니다"라고 주장했다.

그러면서 김일성은 남한과 북한과 해외동포를 하나로 묶는 '범민족적인 조국 통일의 주체'를 확립할 것을 제안했다. 그가 제시하는 명분은 "북과 남, 그리고 해외동포 사이에는 사실상 분단의 장벽이 무너졌고, 민족적 화해와 단결이 실현"됐기 때문이라는 것이었다. 물론 '주체 확립'의 중심은 그동안 민족 공조와 민족대단결을 이끌어 온 김일성의 주체사상이어야 한다는 것은 부언할 필요가 없다.

김일성은 세계정세의 변화로 남한과 북한이 각각 유엔에 가입할 수밖에 없었던 상황을 인정했다. 하지만 그는 "조선은 어디까지나 하나이고, 또한 반드시 하나의 조선으로 통일돼야 한다"라는 주장을 거듭했다. 그리고 지금까지의 주장과 같이 민족공조, 민족자주, 민족대단결의 원칙을 고수하면서 하나의 민족, 하나의 국가, 두 개의 체제, 두 개의 정부를 기초로 한 연방제 방식의 통일을 실현하기 위하여 인내와 노력을 계속해야 한다고 강조했다. 북한식 통일만이 유일한 통일의 길임을 주장하는 것이었다.

마지막 인터뷰에서 가장 두드러지게 나타난 특이한 현상은 미국에 대한 태도와 인식의 변화였다. 예전과 달리 이 회견에서 김일성은 미국을 '제국주의자'라고 부르지 않았다. 한반도 분단의 책임과 전쟁위험의 원인이 미국에 있다는 것을 강조하면서도, 미국과 대화의 필요성을 인정했다. 미국이 '타도'의 대상에서 '대화'의 상대로 바뀐 것이다. 그는 그동안 북한은 미국과의 관계 개선을 위하여 끈기 있게 노력해 왔다는 점을 강조했다. 그 이유는 "우리나라 통일 문제의 해결이 미국의 대조선 정책과 밀접히 연관돼 있기 때문"이었다. 그는 시대의 변화와 함께 북미 대화의 필요성과 가능성, 기대에 대해 다음과 같이 강조했다.

> 우리는 미국이 대조선 정책을 바꾸어야 할 시대가 왔다고 생각합니다. 지금 미국 인민이 그것을 바라고, 그것이 미국 인민과 조선 인민의 이익에도 합치하고, 세계 인민의 공통 염원에도 합치합니다. 미국이 시대의 흐름과 함께 대조선 정책을 재검토하고, 조선의 통일에 도움이 되는 길로 전진하여 조선 인민과 세계 인민으로부터 환영받고 조미 관계의 개선에도 새로운 국면이 열리기를 희망합니다. …… 현재 처음으로 진행되고 있는 조미 외교 접촉이 평화협정 체결의 문제를 위시해서 양국 사이에 존재하는 근본 문제를 해결하는 계기가 될 것으로 기대합니다.

'대결' 구도에서 '대화' 구도로 바뀌고 있음을 읽을 수 있는 대목이다. 미국을 제국주의의 상징이라고 일관되게 비판했던 것과 달리 한반도 통일에 있어서 미국의 역할과 필요성을 인정하고, 북미 사이에 놓여 있는 근본 문제의 해결을 위한 대화를 기대하고 있었다.

야스에는 핵 문제도 제기했다. 북한이 거부하고 있는 '핵사찰'이 북미관계와 북일관계에 중요한 의제임을 지적하면서 핵에 대한 의견을 물었다. 김일성의 대답은 명확하고 간단했다. "조선민주주의인민공화국은 비핵국가입니다……. 우리는 핵무기를 개발할 의사도 없고 능력도 없습니다." 그러면서 핵사찰을 거부하고 있는 명백한 이유는 "일부 국가가 핵사찰을 강요하는 일방적 압력"은 "우리나라 자주권에 대한 난폭한 침해"이기 때문이라는 것이었다.

북한과 일본의 국교 정상화에 대해서 야스에는 1991년 조선노동당, 자민당, 사회당의 공동성명을 계기로 "문이 열렸다"고 긍정적으로 평가했다. 그는 일본 정부의 자세와 잘못된 역사 인식을 비판하면서 '조기타결'의 가능성을 물었다. 김일성도 3당공동선언의 긍정적인 측면을 인정하면서 그동안 반복한 관계정상화의 원칙을 되풀이했다.

> 자주, 평화, 친선을 대외정책의 기본 이념으로 삼고 있는 공화국은 역사적으로 깊은 관계에 있는 이웃 나라 일본과의 관계정상화를 희망하고 있습니다. 이는 너무나도 당연한 일입니다. 나는 조선민족의 해방을 위해 오랫동안 일본제국주의와 싸웠습니다마는 일본 인민에 반대한 적은 없습니다. 정의를 위한 조선인민의 투쟁을 지지하는 일본 친구는 과거에도 있었고 지금도 많이 있습니다. 나는 이런 일본 친구의 의義에 충만한 활동을 높이 평가합니다.

하지만 야스에가 묻는 조기타결의 조건과 요소에 대해서는 구체적으로 답하지 않았다. 다만 그는 추상적으로 북일 관계를 정상화하는 것은 북일 국민의 요구와 이익과 세계정세로 봐도 더 연기할 수 없는 중요한 문제라고 강조할 뿐이었다. 해결의 출발점은 일본이 과거에 저지른 잘못을 반성하는 데에서 시작하고, 자유와 평화의 새로운 아시아를 건설하기 위하여 두 나라의 국민이 서로 이해하고 힘을 합하는 데 노력할 것을 제안했다.

김일성의 마지막 회견기에는 북한을 적극적으로 옹호하고 비판 없이 전적으로 지지하던 야스에의 이제까지 태도와 달리 북한에 대한 회의적 시각이 '회견 후기'에 드러나고 있다. 물론 전반적으로 야스에는 김일성이 이끄는 북한은 통일과 민족의 자주성으로 일관된 원칙과 유연한 현실 대응을 양립시키면서 대국의 억압을 헤쳐 나가고 있다고 평가했다. 또한, 자주성을 침해하는 핵 사찰 요구에 반대하는 김일성의 입장도 지지했다.

그러나 다른 한편으로 야스에는 북한이 세계정세를 현실적으로 파악하고 이에 적응하기 위한 '변화'가 필요하다는 점을 지적했다. 그리고 점점 벌어지고 있는 남북한의 경제 격차 등에 대해 우려했다. 그는 "자력갱생 노선 때문에 점점 더 벌어지고 있는 남북 격차를 고민하는 북조선이 어떻게 움직일까, 불안감도 있다"라며, "6년 만에 방문하는 평양에서, 나는 종전보다 훨씬 더 심각하게 이것을 생각한다"라고 북한의 현상을 우려했다.

야스에가 우려한 것과 같이 북한은 심각한 '위기'로 더욱 깊숙이 빠져들었고, 그가 낙관했던 북한의 핵 문제는 심각한 국제 문제로 발전했다. 김일성이 야스에에게 북한은 핵을 개발할 능력도 의사도 없다고 여러 차례 강조한 것과는 달리, 그동안 꾸준히 핵 개발을 추진해

왔고 핵실험을 감행했다. 그리고 "우리의 강력한 핵 억지력이 있기에 남조선 동포는 마음 놓고 생업에 종사할 수 있다"라고 주장하기에 이르렀다.

6. 〈세카이〉 : 북한의 대변지

김일성은 야스에와의 회견을 통해서 주체사상, 북한의 통일정책, 북한의 발전상, 한국의 독재와 부패와 부조리, 민중의 고달픔, 한국에서의 반미 반정부 투쟁, 이를 위한 일본 지식인과 언론의 역할 등을 거듭하여 강조했고, 〈세카이〉는 이를 충실히 독자에게 전달했다. 이 기간에 〈세카이〉에 게재된 많은 한국 관련 글과 함께 야스에 회견기를 통하여 홍보된 한국의 현상과 통일의 논리는 독자의 한반도 상황 인식에 큰 영향을 미쳤다. 특히 남과 북의 '민족공조'와 외세로부터의 '민족자주', 그리고 미군 철수를 위한 '반제 반미 투쟁'이라는 통일의 논리는 한국 사회에 깊숙이 침투되어 반미 반정부 투쟁의 이론으로 작용했다.

1970년대와 1980년대 운동권에서 투쟁 전략으로 활용된 한국 사회 진단의 틀이나 통일의 논리는 회견기의 논리와 조금도 다름이 없다. 즉, 한반도 분단의 역사는 미국이 38선을 긋고 이남에서 군정을 실시하고, 붕괴 상태에 있는 친일 세력을 재결속하고, 친미 세력을 육성하여 민족자주 세력과 대립 투쟁을 유도함으로써 시작됐다. 미국은 남한을 자국의 군사 기지와 예속 경제구조로 만들기 위하여 한반도의 통일보다 분단을 고착화했다. 그럼으로써 민족의 숙원사업인 통일을 이루기 위해서는 결국 남과 북의 자주독립 세력이 "본질적 투쟁의 대상인 미 제국주의와 이에 기생하고 있는 군사정권과의 줄기찬 투쟁을 전개해야 한다"라는 것이다. 그리고 투쟁을 위한 남북 공조에 대해 다음과 같이 외쳤다. "같은 피를 나눈 우리 동포 외에 그 누가 우리를 도와주려 들겠는가? 이제 같은 핏줄만 남았다. 피를 나눈 형제여 단결하자!"라고.[31]

그로부터 30년이 지난 후, 김일성이 〈세카이〉를 통하여서 뿌린 씨는 열매를 거두는 듯 보인다. 반정부 투쟁 당시 지하에서만 나돌던 민족공조, 자주, 반미 등의 논리가 오늘날에는 정치권이나 학계나 시민운동권에서 공공연하게 주장되고 있다. 2006년 7월 4일 북한이 미사일을 발사하자 '우리 민족끼리'라는 기치 아래 '자주통일, 반전평화, 민족대단합의 3대 애국운동'을 표방한 한 시민단체는 이를 계기로 "미군 철수 투쟁에 모두가 떨쳐 일어나자"라고 선포했다.

이뿐만 아니라 "북한의 미사일은 한 치의 오차도 없이 미국과 일본만을 겨냥했다. 지난 100년간 우리 민족을 무참히 짓밟아 온 외세에 우리 민족의 저력을 보여주었다. 우리는 자주를 지향하고 평화를 추구하는 북한 미사일의 정치적 의미를 냉철하게 이해"해야 한다고 주장하면서 북한의 미사일 발사를 지지했다.

또한, "우리 민족끼리 힘을 합치면 우리를 건드릴 자 지구상에 그 누구도 없다. 남북이 공조하여 통일로 나아가면 미국도, 일본도 부럽지 않다. 자주의 내일이 우리 앞에 있다. 번영하는 미래가 우리를 기

---

31 이러한 내용의 지하 문건은 수없이 많다. 1980년대 운동권에서 돌아다닌 지하 문건의 하나인 「예속과 함성」에 이러한 논리가 그대로 나타나 있다. 「함성」에 따르면 한반도 분단의 역사는 "미국이 38도선을 긋고 이남에서 군정을 실시하면서 붕괴 상태에 있는 친일 세력을 재결속시키고 친미 세력을 육성하고서 민족 자주 세력과 대립 투쟁을 유도"시킴으로써 시작됐다(9). 그리고 미국은 남한을 자신의 군사 기지와 예속 경제구조로 만들기 위하여 한반도의 통일보다 분단을 공고화하고 있었다(28~29). 따라서 "우리의 본질적 투쟁의 대상은 미 제국주의"라는 것이었다(77). 투쟁을 위한 남북의 공조를 「함성」은 다음과 같이 말하고 있다. "같은 피를 나눈 우리 동포 외에 그 누가 우리를 도와주려 들겠는가? 이제 같은 핏줄만 남았다. 피를 나눈 형제여 단결하자!".

다리고 있다"라고 강조하면서, "민족공조로 조국 통일을 하루빨리 실현하여 강국의 위상을 전 세계에 떨치자"라고 외쳤다.[32] 그러한 의미에서 야스에의 회견기는 한국 내에서 자생적 친북 세력을 양성하는 데 크게 기여했다고 할 수 있다.

불특정 다수를 대상으로 하는 언론 매체가 반드시 지켜야 할 가장 기초적이고 중요한 수칙의 하나는 공정성과 정확성이다. 사실과 다른 것을 마치 사실인 양 독자에게 왜곡해서 전달하는 것은 옳지 않다. 그러나 〈세카이〉는 이러한 기본 수칙을 무시했다. 회견기는 북한 당국이 발표한 경제성장, 건설, 사회복지 등의 통계 수치를 확인하지 않고 마치 진실인 양 그대로 보도하여 북한 사회에 대한 좌파 지식인의 환상을 심화시켰다. 그뿐만 아니라 역사적으로 중요한 의미를 지닌 사실에 대한 김일성의 발언도 전혀 그 진위眞僞를 확인하지 않고 그대로 독자에게 전달했다. 사실史實은 물론 사실事實도 호도한 것이다. 그러한 실례는 무수히 많다. 그 대표적 사례가 김구金九에 관한 다음과 같은 황당한 설명이다.

광복 40주년을 기념하기 위하여 가진 야스에와의 네 번째 인터뷰에서 김일성이 "끝으로 김구에 관하여 듣고 싶다고 하셨습니다마는 간단히 설명하겠습니다"라고 대답하는 부분이 있다. 이런 상황을 볼 때 야스에가 김일성에게 제출한 사전질의서에는 김구에 관한 질문이 있었던 것으로 유추된다. 김일성은 다음과 같이 설명했다. 조금 길지만 내용을 더욱 정확하게 확인하기 위하여 전문을 인용한다.

---

32 남북공동선언실천연대, www.615.or.kr, 2006.7.6.

김구는 어린 시절부터 황해도에서 살았습니다. 그는 광복 전 '상하이임시정부'에 앉아서 많은 공산주의자를 살해한 유명한 반공주의자입니다. 당시 공산주의자들은 김구라면 치를 떨었습니다.

광복 후, 남조선에 돌아간 김구는 자신의 비서를 통하여 나를 만나고 싶다는 내용의 편지를 보내왔습니다. 나는 김구의 비서에게 그와 만남을 환영한다는 마음을 전했습니다. 김구는 나를 만나기 위하여 북조선에 오기 전에 다시 자기 비서를 보내 과거 자신이 저지른 죄과에 대한 나의 견해를 물어 왔습니다. 그래서 나는 과거의 것은 모두 백지로 돌렸다고 말했습니다.

그래서 김구는 1948년 4월 38도선을 넘어 북조선에 들어와 우리가 소집한 남북연석회의에 참가했습니다. 남북연석회의에는 이승만계의 정당을 제외하고는 남조선의 거의 모든 정당과 대중 단체의 대표가 참석했습니다.

그때 나와 김구는 여러 차례 만나 담합談合했습니다. 그는 나에게 자신이 중국의 상하이에서 공론空論으로 세월을 보낼 때, (김일성) 장군은 무기를 들고 투쟁하여 나라의 독립을 쟁취했지만, 자신은 공산주의자에 대한 이해가 부족해서 반대한 것을 용서해 달라고 말했습니다. 그는 북조선의 공산주의자는 자신이 본 공산주의자와는 다르다고 말하면서, 당신과 같은 공산주의자라면 손을 잡고 조국의 통일을 위하여 무엇이든지 할 수 있다고 말했습니다. 김구는 남북연석회의에서도 훌륭한 연설을 했습니다.

김구는 남북연석회의에 참가하고 나서 남조선으로 돌아갈 때 나에게 북조선에 남고 싶지만 그렇게 되면 북조선에서 자신을 억류했다고 반동분자들의 데마demagogy가 퍼질 수 있기 때문에 돌아가지 않을 수 없다고 말했습니다. 그러면서 남조선에 돌아가면 민족의 대단결을 위하여 투쟁을 계속하겠다고 약속했습니다. 그때 그는 나에게 몇 가지 당부한 것이 있습니다. 남조선에 돌아가서 투쟁을 못 하고 도저히 활동할 수 없게 되면 다시 (북으로) 돌아오겠지만 그렇게 되면 여생을 보낼 수 있는 과수원이라도 하나 제공해 주면 좋겠다는 것이었습니다. 그는 또 이미 늙었지만 공부하고 싶기 때문에 용지와 필筆을 선물로 가지고 가고 싶다는 것과 남조선의 연백평야에 살고 있는 농민을 위하여 (북한이) 관개용수의 공급을 재개해 주었으면 좋겠다는 것이었습니다. 나는 모든 요구를 해결해 줄 것을 그에게 약속했습니다. 나는 그에게 남조선에 돌아가지만 다시 북조선에 오면 과수원을 만들어 여생을 편안하게 보낼 수 있도록 하겠다는 것, 공부를 한다는 것은 조국과 민족을 위하여 양심적으로 움직인다는 의미로 해석하고 용지와 필을 증정하는 것, 그리고 연백평야의 농민이 요구하는 관개용수를 다시 공급하겠다고 말했습니다.

김구는 남조선에 돌아가자 얼마 안 되어 암살당했습니다. 미제국주의자와 그의 앞잡이들이 자신들의 말대로 따르지 않자

그를 암살한 것입니다.[33]

야스에는 김일성의 '답변'을 믿었을까? 아니면 사실과 다르다는 것을 알고서도 게재한 것일까? 믿었다면 한국 현대사를 모르면서 아는 척한 것이고, 깊이 관심을 두지 않았다면 편집장으로서의 책임을 다하지 못한 것이다. 어느 쪽이든 편집 책임자의 역할을 충실히 다하지 못했다.

〈세카이〉는 북한의 '기관지'이고 김일성의 '대변지'나 다름없다. 이는 회견기 스스로가 밝히고 있다. 앞에서도 지적했지만, 회견기는 사전에 제출한 질문에 대한 김일성의 답변을 확인 없이 그대로 〈세카이〉에 게재한 것이다. 〈세카이〉는 이런 점을 다음과 같이 밝혔다. "이 회견 기록은 회견 전에 제출한 질문에 주석이 답한 것과 그것과 관련하여 문의한 몇 개의 질의에 답한 것이다. 기록은 북한 측이 작성한 것이고 제명題名과 중간 제목은 야스에의 책임에 의한 것이다." "기록의 정리와 번역은 북한 측이 한 것이지만 제명과 소제목은 야스에에 의한 것이다."

모든 회견기의 기록은 물론 번역까지 북한이 담당했고, 〈세카이〉는 다만 지면을 제공했을 뿐이다. 〈세카이〉는 북한이 만들고 번역한 내용에 제목을 다는 것으로 그 임무를 다한 것이다.

야스에뿐만 아니라 〈세카이〉에 게재된 모든 김일성 회견기를 읽으면서 끊임없이 제기되는 의문은 무조건 북한을 찬양하고 남한을 어둡게 그리는 이유가 무엇이었을까 하는 점이다. 명백히 비정상적인 북한 사회의 현실을 눈으로 보면서도 그것을 이상理想사회의 모습이라고 주장하는 이유는 무엇일까? 무엇 때문에 일본의 진보적 지성을 대

---

33 1985년 회견기.

변하는 〈세카이〉 편집장이자 일본에서 가장 신뢰받는 이와나미 출판사 사장인 야스에 료스케가 김일성의 발언을 마치 신의 교시처럼 믿고 그것을 세계에 전파했을까? 그리고 〈세카이〉가 북한의 '홍보지'이고 김일성의 '대변지'로 자처하고 나선 이유는 어디에 있을까? 이에 대한 답은 〈세카이〉가 제시해야 할 몫이 아닐까 생각한다.

4장

「한국으로부터의 통신」과 TK생

"아무리 선한 목적으로 쓰여도 악은 악으로 남는다."

_줄리앙 방다, 『지식인들의 배반』

1. 〈세카이〉와 「한국으로부터의 통신」

1장에서 살펴본 것과 같이 〈세카이〉는 창간 후 상당 기간 한반도 문제에 별로 주목하지 않았다. 그러다 이승만 체제가 무너진 1960년 이후 본격적으로 관심을 보였다. 특히 1961년 박정희 체제의 등장과 1965년의 한일국교정상화를 계기로 〈세카이〉는 일본의 한국 정책은 물론 한국 내의 정치·사회 현상에 대해서도 적극적으로 발언하면서 한반도 전문지로서 그 위상을 굳혀 나갔다.

그러나 〈세카이〉가 한반도 전문지로서 부동의 위상을 확립하고 동시에 독자의 뇌리에 한국 사정에 가장 정통한 잡지로 각인된 것은 1973년부터 연재된 「한국으로부터의 통신」 (이하 「통신」) 때문이다. 특히 1973년 김대중 납치사건을 계기로 한국에 대한 일본의 관심이 그 어느 때보다도 고조됐을 때 등장한 「통신」은 마치 물 만난 고기처럼 활개를 치며 '대한민국 타도'의 기수 역할을 했다.

〈세카이〉 독자의 관심과 흥미를 자극한 것은 「통신」이 신문이나 잡지와 같은 언론 매체를 통하여 접할 수 없는 한국 내의 권력과 관련된 정보를, 그것이 비록 유언비어를 집대성한 것이지만, 공급해 주었기 때문이다. 독자의 흥미를 더욱 극대화한 것은 'TK생'이라는 익명의 '한국인'이 정부의 삼엄한 경계망을 피해 위험을 무릅쓰고 박정희 정권의 부패와 부조리를 일본에 전달한다는 「통신」의 구도와 한국의 민주화를 위하여 일본인에게 도움을 호소하고 있다는 점이었다. 「통신」이 연재되면서 〈세카이〉는 일본 국내외에서 폭넓은 독자를 확보했고

자연히 판매 부수가 크게 늘어났다.[01]

오랫동안 베일에 가려져 있던 'TK생'이라는 익명의 필자가 지명관으로 밝혀졌다. 그는 자신이 TK생임을 밝히면서 "유신체제 출범과 긴급조치 발동 등으로 정권의 서슬이 시퍼렇던 시절, 한국 국민의 민주화 열망을 외부 세계에 알리고 싶어서였다"라고 「통신」의 집필 동기를 밝혔다.[02] 전후 한국

지명관(1924~2022)

지성사에 커다란 영향을 미친 〈사상계思想界〉의 편집장을 역임한 그는 1972년 10월, 1년 예정으로 일본 유학의 길을 떠났다. '유학'이라고는 하지만 "끝을 알 수 없는 '망명'이 되는 것이 아닐까 하는 일말의 불안을 느꼈다"라고 그는 당시의 감상을 회상했다.[03] '일말의 불안'은 현실이 됐다. 그 후 그는 20여 년 동안 일본에서 망명 아닌 망명의 생활을 보냈다. 그 20년 가운데 15년을 「통신」과 함께했다.

〈세카이〉는 「통신」은 한국 민주화운동의 커다란 성과이자 이제까지 예를 찾아볼 수 없는 한일 민중운동의 산물이라고 스스로 높이 평가했다. 즉, 한국 민주화운동에 크게 기여했고, 한국의 민주화를 위하여 국제 여론을 환기시켰으며, 한일 민중의 연대를 가능하게 하는 '고리' 역할을 했다는 것이다. 하지만 실은 왜곡된 정보를 제공함으로

01　岡本厚, 「池明觀 特別インタビュー:國際共同プロジェクトとしての'韓國からの通信'」, 〈世界〉, 2003.9.

02　〈조선일보〉, 2003.7.26; 〈동아일보〉, 2003.7.26. 지명관은 TK생 이외에도 金淳一 또는 李大善이라는 필명으로도 여러 편의 시론과 평론을 〈世界〉에 게재했다고 밝혔다. 「池明觀 特別インタビュー」.

03　그의 유학과 「통신」을 쓰게 된 경위에 관하여, 池明觀, 「池明觀自傳 境界線を超える旅」(岩波書店, 2005), pp.120~141 참고. 이 책은 그가 같은 제목으로 〈世界〉에 연재한 글을 책으로 묶은 것이다.

써 한국 내의 반체제운동을 선동했고, 간접적으로 민중혁명을 촉구하는 북한의 대남 전략을 도왔으며, 나아가서 전후 일본인에게 부정적 한국상像을 심어주는 데 결정적 역할을 했다는 비판을 면할 수 없다. 「통신」은 '민주화'라는 이름으로 거짓 정보, 근거 없는 소문, 반정부 집단이 의도적으로 조작한 유언비어, 남한에서의 민중혁명을 선동하는 북한의 대남방송 등을 마치 '진실'인 양 전달함으로써 한국에 대한 부정적 이미지를 독자의 뇌리에 각인시켰다. 〈세카이〉 간판 필자의 한 사람이었던 오에 겐자부로도 "(「통신」이) 이처럼 감정적이어서는 안 되는 것 아닌가 생각했다"라고 할 정도로 객관성을 상실했다.[04]

TK생인 지명관 자신도 「통신」에는 정확하지 않은 내용이 있었고, 또한 의도적으로 정보를 각색하여 전달했음을 인정했다. 그는 〈세카이〉 편집장 야스에 이와미서점 사장 미도리카와 도루 모두가 언론 자유를 적극적으로 지지했다고 높이 평가하면서도 「통신」의 내용에 조작이 있었음을 인정했다. 〈세카이〉는 "때때로 정보를 부분적으로 바꾸고, 국내에서 떠돌아다니는 미확인된 이야기를 수집해서 게재하기도 했습니다. 그러나 그것은 이상한 사태에서 일어나는 언론의 불가피한 역할이라고 야스에는 생각하고 있었습니다."[05] 필자가 지적하는 '이상한 사태'가 구체적으로 무엇을 의미하는지 명확하지 않지만, 한국 정권 타도라는 '목적'을 위해서는 거짓을 보도하고 정보를 바꾸거나 조작하는 '수단'은 얼마든지 용인될 수 있다는 의미의 '언론의 자유'를 말하는 것이다.

이뿐만 아니라 〈세카이〉는 거리낌 없이 필요에 따라 정보를 생산하

04　對談: 大江健三郎·安江良介, 『〈世界〉の40年: 戰後を見直す, そして, いま』, p.21.
05　岡本厚, 「池明觀 特別インタビュー」

고 조작하기도 했다. 한때 〈마이니치신문〉의 특파원이기도 했던 시게무라 도시미쓰는 "일본에는 북조선의 스파이나 게릴라사건을 '한국의 날조'라고 거리낌 없이 말하는 언론인, 평론가, 학자가 적지 않았다. 그리고 그 중심에는 잡지 〈세카이〉가 있었다"라고 증언했다.[06] 이는 〈세카이〉가 "진리를 바탕으로 도의와 문화의 새 질서를 창조한다"는 창간 정신과는 달리, 한국 문제를 의도적 거짓과 운동론적 입장에서 취급했음을 보여주고 있다.

1973년부터 1988년까지 15년 동안 계속된 「통신」은 독자의 심리적 충동을 자극하기에 충분한 설득력 있는 문장으로 이어졌다. 때로는 시적이며 감상적이고, 때로는 격정적이고 선동적이다. 직선적인 고발이 있는가 하면 우회적으로 동참을 권유하는 호소력도 지니고 있다. 「통신」을 읽을수록 독자는 TK생과 생각을 같이하고 추악한 한국의 정권, 그 밑에서 신음하는 국민, 그리고 박정희, 전두환 정권을 종식시키기 위한 한일 민중의 연대라는 논리에 몰입하게 된다.

1973년부터 15년이라는 격동의 한국 현대사를 관통하고 있는 「통신」은 200자 원고지 1만 8,000장에 달하는 방대한 기록이다. 그러나 편집 구도와 내용은 비교적 단순하다. 즉, 「통신」은 군부를 중심으로 한 권력의 탄압과 부패와 정경 유착으로 난맥상을 이루고 있는 한국 사회의 부조리를 폭로하고, 민주화를 위하여 거대한 국가권력에 맞서 각계에서 투쟁하는 민중의 모습을 부각했다. 박정희-전두환 정권이 지탱할 수 있는 것은 미국의 군사원조와 일본의 경제원조라고 비판했다. 그리고 일본에 대해서는, 정부 차원에서 한국을 위한 경제협력을 중단하고 민중 차원에서는 연대 투쟁에 동참할 것을 촉구하는 내용으

---

06 重村智計, 『朝鮮病と韓國病』, p.32.

로 채워져 있다. 「통신」은 정치권, 학원, 종교계, 노동계, 언론계에서 끊임없이 일어나는 사건을 이런 구도와 연계시켜 편집했다.

2. '광인'과 '광인 국가'

「통신」은 대체로 '친구', '언론인', '학생', '목사', '외국인' 등으로부터 들은 이야기, 반체제 집단의 지하 유인물과 각 단체의 성명, 유언비어, 그리고 필자인 TK생의 감상과 평가를 편집한 것으로 구성되어 있다. 1973년 5월호 〈세카이〉에 게재된 「통신」의 제1신은 TK생이 10월 유신 직후인 1972년 11월 15일 한국에서 발신한 내용이다. 제1신은 다음과 같이 시작하고 있다.

지난 10월 17일 저녁부터 갑자기 실시된 계엄령하의 한국 상황에 대하여 누구도 말할 자유를 갖지 못하고 있다. 어떤 친구가 「한국 상황에 관한 보고」라는 영문 서류를 보여주었다. 일주일 전쯤 어떤 외국 선교사가 자기 나라로 몰래 보낸 보고서의 사본인 것 같다는 것이었다. 그는 이 외국인의 보고서야말로 가장 객관적으로 신뢰

TK생의 「통신」 제1신

할 수밖에 없는 것 아닌지 모르겠다고 덧붙였다. 그 내용 가운데 몇 구절을 인용하면서 나의 제1신을 쓰기로 정했다

…… 이 사건(10월유신-필자)은 현 정부의 지배를 항구화하려

는 순수하고도 단순한 권력 횡탈이라는 것을 모두가 믿고 있는 것은 물론이다

……모든 계층의 사람들은 대단히 불쾌한 감정이고 대단히 비관적이다.

….미래를 예측한다는 것은 거의 불가능하다

….1945년 이래 이승만에서 박정희에 이르기까지 소위 독재적 성격의 지배였음에도 불구하고 지금까지 없었던 구속의 분위기를 만들고 있다….끝으로 우리는 한국인의 탄력성과 자유를 향한 욕망에 대해 크게 신뢰하고 있다.[07]

박정희 대통령 취임식

「통신」은 한국 내의 정치·사회와 연관된 많은 현상을 담고 있지만, 대체로 세 가지 요소를 포함하고 있다. 첫째는 박정희와 그의 정권이 얼마나 비인간적이고 부도덕하며 극악무도한 정권인가를 모든 수사적 표현을 동원하여 극대화한 것이다. 박정희가 이끄는 한국은 정치, 경제, 사회, 문화 모든 면에서 끝없이 황폐화, 퇴폐화돼 가는 암담하고 처참한 사회였다. 둘째는 포악한 박정희 정권을 붕괴시키고 인간다운 사회를 다시 만들기 위해서는 결집된

---

07 '悲劇と拒絶', 1973.5. 이렇게 시작하고 있는 「통신」은 1988년 3월까지 계속된다. 총체적 내용은 유신이 시작된 1972년부터 박정희 암살로 이어지는 1979년까지, 그리고 '80년의 봄'으로 알려진 1980년부터 직선제 대통령 선거가 실시된 1987년까지의 두 시기로 구분해 볼 수 있다. 「통신」 전체를 분석하고 있지만, 박정희 시대의 「통신」에 더 역짐을 두었다.

민중적 저항운동을 전개하고, 나아가 민중(폭력)혁명을 성취해야 한다는 것이다. 박정희와 그를 둘러싼 지배계급이 너무 권력화해 있고 구조적으로 부패해 있기 때문에 순리적 변화와 제도적 개선을 통한 민주화를 기대할 수 없었다고 했다. 셋째는 박정희 정권을 타도하기 위하여 일본의 의식 있는 사람은 한국 민중과 더불어 연대 투쟁을 양국에서 전개할 것을 촉구했다.

「통신」의 TK생이 거듭해서 강조하는 것은 박정희와 그를 떠받들고 있는 지배계급의 부도덕성과 비인간성과 폭력성이다. 박정희는 '악의 상징'으로서 그를 비난할 수 있는 모든 단어가 동원됐다. 그는 악성피해망상증 환자, 광인狂人, 편집광偏執狂, 짐승, 또는 미친개狂犬였다. 그리고 그가 이끄는 한국은 거대한 정치 감옥, 겨울공화국, 병영국가, 광인국가였다. TK생의 표현을 빌리자면 "이 나라 전체가 한 사람의 광인 아래에서 '광인국가'로 변해 가고" 있었다.[08]

TK생은 박정희의 성품을 일본군의 옥쇄사수玉碎死守정신과 한국의 권위주의가 결합하여 이루어진 '독종毒種'으로 규정했다. 박정희는 전전의 일본육군사관학교에서 습성화된 철저한 옥쇄정신과 한국의 유교적 형식주의의 권위주의, 명예욕, 권력욕 등이 뒤섞인 특이한 성격의 소유자였다. TK생이 인용하는 '어떤 친구'의 표현에 따르면 박정희는 "한국의 역사에 특기할 만한 인물로서, 그와 같은 독종의 왕은 한국인도 도저히 이해할 수 없는" 사람이었다.[09] 많은 사람이 박정희를 독재자로 규정하고 있지만 TK생에 따르면 그는 독재자로 불릴 자격도 없는 야비한 인간이었다. 그는 항상 "배신하는 사람, 숨어서 악

---

08 「聲なき民」, 1975.9.
09 「殉教の時代」, 1974.6.

을 행하는 사람, 국민에게 등을 돌리는 사람, 정권 유지를 위해서는 무슨 짓이라도 하는 사람"이었다.[10]

> 한국인 사이에는 박정희 씨를 독재자라고 부르는 것에 어떤 종류의 망설임이 있다. 독재자에게는 무엇인가 거대한 이미지, 어리석지만 다소 영웅적인 이미지가 있다. 그러나 박정희 씨에게는 그런 것이 없다. 다만 왜소하고 비열하다는 인상뿐이다. 당당한 모습은 없고 뒤에 숨어서 몰래 악한 일을 저지르는 인상의 인물이기 때문이다.[11]

그럼에도 한국의 관제 언론과 관료들은 박정희를 '영웅'으로 만들기 위하여 모든 노력을 기울이고 있었다.[12]

군인 습성이 강하게 밴 박정희는 국민을 '적'으로 상정했기 때문에 그의 통치술은 항상 '무자비'하고 전쟁하듯 '기습적'이었다. TK생은 자신에게 정보를 공급해 주고 있는 잘 아는 '언론인 친구'의 입을 빌려 박정희 정권은 "국민을 잠재적인 적이자 업무로 싸인 스트레스를 해소하는, 그리고 수탈의 대상으로 삼고" 있다고 전했다.

박정희를 둘러싼 권력 집단 또한 폭력적이고 수탈적이었다. 그들은

---

10 「審く者審かれる者」, 1974.8.
11 「この心の悶えを」, 1976.6.
12 '어느 외국인 기자'가 TK생에게 보여준 「아시아에서 일어나고 있는 하나의 새로운 영웅숭배」라는 미발표 원고에 박정희 영웅 만들기와 관련하여 다음과 같은 글이 있다고 전했다. 즉, 박정희는 "그의 모든 생각과 지칠 줄 모르는 에너지를 우리 국민의 미래를 위하여 쏟아 넣고 있다. 그리고 그의 광대한 친절과 완전한 성실성에서 우리는 좀 더 밝은 내일을 향한 전진을 계속할 수 있다고 말하고 있다……. 이는 위대한 영웅 모주석(毛主席)인가? 김일성? 초인? 그와 같은 인물이 아니다. 이와 같은 칭찬의 대상은 대담무쌍한 한국의 박정희다." 「個人崇拜のマニア」, 1973.11.

국리민복國利民福에는 조금도 관심이 없고 오직 정권 연장을 통해 자신의 이익을 불리는 존재였다. 그리고 그들은 목적을 위해 민중을 탄압하고 조작하고 매수하기를 주저하지 않았다. TK생은 박정희 권력 집단의 본질을 다음과 같이 규정했다.

> 대통령 관저인 청와대에는 정권 안보를 위한 협의회가 있다. 중앙정보부장, 검찰총장, 대통령경호실장, 육군보안사령관, 내무부 장관 등이 박정희의 주재 아래 모인다. 여기서 '적이다, 부숴라'라는 지령을 내리면 그들은 수단과 방법을 가리지 않는다. 그들은 폭력의 권화權化이다. 개인적으로 볼 때 비열하기 이를 데 없고 부패한 인간 집단이다. 그들은 권력과 돈과 향락에 저항하는 것은 무엇이든지 박멸해야 할 적이라고 단정하고 있다. 그들과 개인적으로 접촉해 본 정상적인 사람이라면 누구나 그 비열한 말투에 눈살을 찌푸리지 않을 수 없다. 이러한 인간들 때문에 한국의 비참함은 끝없이 계속되고 있다.[13]

박정희를 중심으로 한 이러한 '광인 집단'이 이끄는 대한민국은 어디를 향해서 가는지 아무도 알 수 없고, 바로 그것이 한국인이 직면하고 있는 최대의 문제였다. TK생에 따르면 박정희는 "정말로 사상도 방향도 없는 통치"를 계속하고 있고,[14] 대한민국은 "박정희 정권의 감옥"이었다.[15]

---

13 「國民聯合への道」, 1979.11. 「통신」은 항상 정권과 국민의 관계를 적대적 관계로 설정하고, 이 구도에서 지배자와 피지배자의 관계로 설명하고 있다. 「亂世を生きる」, 1978.11; 「避けられない危機」, 1979.9. 등 참조.
14 「哀しい証言」, 1974.12.
15 「孤獨な戰い」, 1974.3.

3. '부패 집단'과 '겨울공화국'

　TK생은 박정희가 이끄는 한국 사회의 전체상은 부패와 부정과 무기력 그 자체와 동일시했다. 그러나 TK생을 더욱 절망스럽게 만드는 것은 부패 그 자체도 물론이지만, 한 걸음 더 나가 부정한 박정희 정권에 공조하고 있는 지도층의 행태였다.

　야당은 국민이 희망을 걸 집단이 못 됐다. TK생에 따르면 신민당이나 민주통일당과 같은 야당은 박정희 정권을 무너뜨리기 위해 투쟁하기보다 오히려 박정희가 권력기반을 더 튼튼히 다질 수 있도록 협조하고 있었다. 야당은 국민에게 '야당성'을 보이기 위하여 때때로 정부를 향하여 비판적인 태도를 취했으나 이것은 단지 국민을 속이는 행위일 뿐, 박정희 정권을 타도하기 위한 진정한 투쟁이 아니었다.

　유진산柳珍山시대의 신민당은 국민을 기만하고 있는 야당이라는 이름의 여당이었고, 이철승李哲承시대의 야당은 막후에서 중앙정보부와 협력하여 실질적으로 정부의 정책을 지원하는 집단이었다.[16] 김영삼 역시 마찬가지였다. 1975년 5월 박정희와 단독 회담에서 박정희 대통령으로부터 "야당 당수의 자리를 영구히 보장"한다는 확약과 정권을 이양할 경우에는 "받을 사람은 당신 이외에는 없다. 절대로 김대중에게 넘기지 않는다"라는 약속을 받고, 그 대가로 박정희 체제를 지지해

---

16 「野黨という名の與黨」, 1973.11.

주었다.[17]

하지만 김영삼의 정치적 경쟁자인 김대중에 대한 TK생의 평가는 달랐다. 「통신」에 따르면 "(한국 내) 상당히 많은 지식인은 김대중 씨를 우려"하고 있었으며, 그 이유는 "김대중만이 박정희 정권에 굴하지 않는 거의 유일한 정치적 가능성"으로 보고 있기 때문이다.[18] 그리고 그가 없으면 한국의 민주화 투쟁도 함께 사라질 것으로 보았다. TK생은 '한 언론인'의 입을 통하여 김대중의 존재를 다음과 같이 부각시켰다. "우리 국민은 지금 마음속으로 김대중 씨를 아주 소중하게 생각하고 있습니다. 그가 없으면 큰일납니다. 그가 승리한다면 아마도 이를 계기로 한국인이 통치자에 대하여 처음으로 특수한 감정을 가지게 될지도 모릅니다."[19]

김대중이 1972년 11월 〈세카이〉에 처음으로 등장한 이후 〈세카이〉는 김대중을 한국의 민주정치를 위한 유일한 대안으로 생각하고 그가 대통령의 자리에 오를 때까지 적극적으로 지지했다. TK생의 「통신」

---

17 「靜かな戰線」, 1975.11. 1987년 대통령 선거 직전 한 재야인사의 말을 빌려 TK생이 전하는 「통신」에 의하면, 김영삼은 "노태우, 전두환과 비밀회담을 가지고 김대중의 사면복권을 반대"했고, "통일교에 정치자금을 요구"했고, 그리고 "군부와 타협하고 지금까지 낮에는 야당, 밤에는 여당을 하는 부패한 일당 모두를 받아들였다."(「民主勢力の結集」, 1988.1). 1987년 대통령 선거 당시 김대중 김영삼 두 사람의 후보 단일화가 이루어지지 않은 것은 "김영삼 후보가 군사정권의 공작에 말려들었기 때문"이라고 비판했다. TK생에 따르면 김대중은 '민주화의 정치인'이고, 김영삼은 '기회주의 정치인'이었다(「類例なき不正選擧」, 1988.2).

18 「わけのわからない政治」, 1973.10.

19 「東問西答」, 1974.1.

도 이러한 큰 틀에서 진행된 프로젝트의 하나라고 할 수 있다.[20]

 TK생은 관료나 야당뿐만 아니라 군인 집단 또한 마찬가지로 부패했다고 단정했다. 박정희 체제에서 군대는 특권계급이었다. 그것은 정권을 뒤엎을 수도 있는 잠재력을 가진 군부를 박정희는 여러 가지 수단을 동원하여 관리했기 때문이다. 보안사나 중앙정보부와 같은 정보기관은 영향력 있는 군인의 일거수일투족을 은밀히 감시했다. 또한, 처음부터 반란이나 쿠데타를 일으킬 마음을 품지 못하도록 군인들을 적당히 부패시켰다. 박정희가 정의롭고 양심적인 군인은 다 몰아내고 체제에 충성하는 군인들을 부패하게 만드는 것은 "박정희적인 부패에 빠지게 되면 공범자가 되고, 박정희 정권의 운명에 목을 걸지 않을 수 없다는 발상"에서 비롯됐다. 부패의 미끼는 금력과 지위였다. 특히 박정희 정권은 고위 장교들이 "호사스러운 생활"을 할 수 있도록 보살펴 줌으로써 그들로 하여금 "뒤를 돌보지 않고 박정희 정권에 충성"하게 만들었다는 것이다. TK생은 유언비어라는 전제를 달았지만, 그에 따르면 박정희는 일제강점기의 국방성금과 같은 방위성금을 국민으로부터 거두어들여 그것을 군인들을 '적당히' 부패시키는 자금으로 사용했다. 즉, 국토방위에 써야 할 방위성금을 고위 장교들을 '특별 관리'하는 비용으로 사용한다는 것이다.[21]

 언론에 대한 TK생의 비판은 가혹했다. 그에 따르면 한국의 언론은

---

20 김대중은 「統制されない權力は惡である」라는 논문을 1972년 11월호에 게재하면서 〈세카이〉에 등장했다. 〈세카이〉는 그 후 김대중의 일거수일투족을 독자에게 전했다. 예컨대 1980년 6월호 〈세카이〉는 "편집부는 TK 씨로부터 4월 18일 동국대학에서 행한 김대중 씨의 강연을 듣기 위하여 10만 명의 청중이 모였고, 그 열기는 무서울 정도로 대단했다. 김대중 씨의 강연 제목은 '4 19정신과 남북통일'이었다는 편지를 받았다"라고 광고를 할 정도로 김대중에 대해서는 특별한 관심을 보였다.

21 「審く者審かれる者」, 1974.8.

아세체질阿世體質, 허약체질, 위선체질에 젖은 집단이었고, 스스로 존재 이유를 알지 못하는 철학 부재의 상인적商人的 체질이 내면화된 무리였다. 박정희 정권하에서 언론은 일본 식민지 시대와 같이 경영자와 기자가 결탁해 금력과 권력을 좇아 움직이고 있을 뿐, 정권을 감시하고 비판하는 사회적 목탁木鐸으로서의 기능은 일찍이 버린 집단이었다. 정권이 신문사에 '이권'을 제공하고, 신문은 정권에 '충성'을 약속한 결탁 관계를 맺고 있었다.[22]

그러므로 언론은 정부와 입장을 같이했다. 나아가 박정희 정권하의 현상유지 노선을 지지하며 사회가 혼란해지면 북한이 침략할 것이라는 정부의 논리를 되풀이했다. 신문은 "정부와 더불어 북의 위협을 강조하여 민중을 불안하게 하는 것 이외에는 아무것도 없다고 해도 좋다. 그리고 3면 기사에는 물가고物價高, 수뢰受賂, 폭력사건 등을 보도하여 더욱더 사회불안을 심화시키는 것이 언론의 일"이었다. 언론은 국론통일, 주체적 안보관과 같은 정부가 외치는 공허한 용어를 거리에 뿌리고 있을 뿐이었다. TK생의 표현에 따르면 한국의 언론은 "북에 대한 공포심을 가중시키는 관보官報"였다.[23]

1974년 8월 15일 벌어진 문세광의 박정희 저격과 육영수 사망을 보

1974년 8월 15일 광복절 경축 기념식에서 박정희 대통령을 저격한 문세광

---

22 「狂氣の支配」, 1974.11.
23 「聲なき民」, 1975.9.

도하는 언론을 TK생은 다음과 같이 비판했다.

한국인의 멘탈리티mentality 속에는 북한과 일본에 대해서는 이성적으로 생각하지 못하게 하는 것이 있다. 그것은 역사적 경험에서 오는 것이라 말할 수 있다. '8·15참변' 때부터 신문이 북한과 일본에 대하여 쓰고 있는 것을 보고 있을 때 거기에 경멸할 수밖에 없는 광기가 있다고 생각한 것이 한두 번이 아니다. 다만 그 증오가 비논리적이고 사실을 확인하지 않고 날뛰기 때문만이 아니다. 그 속에 이 나라의 악한 권력, 오직 위의 한 사람에게 보이기 위하여 노골적으로 드러내는 비열함이 있기 때문이다.[24]

광기의 지배

TK생은 한국의 언론은 이미 진실에 대하여 침묵을 지킬 수 있도록 잘 길들여져 있다는 것을 강조했다. 그에 따르면 군사적으로 한국을 지원하고 있는 미국 언론과 경제적 유착 관계에 있는 일본 언론도 한국 내 정치 상황과 인권 문제에 대해서는 일절 침묵을 지키고 있었다. 그래서 한국 사정을 알기 위해서는 북한 방송에 의존할 수밖에 없었다는 것이다. 주한 미국대사관의 관리를 만나 본 '한 사람'의 입을 통하여 TK생은 한국 내 "미군 TV는 인권에 관해서는 한 마디도 없다. 그리고 미국의 소리VOA 한국어방송도 한국의 정치 문제에 대해서는

---

24 「狂氣の支配」, 1974.11

전혀 거론하지 않는다. 국내 신문 또한 진실에 대하여 침묵을 지키기 때문에 (국내) 사정을 알기 위하여 북의 방송을 들을 수밖에 없다"라고 전했다.[25] TK생은 한국 내의 폭력혁명을 선동하고 있는 북한의 대남 방송을 한국의 상황을 이해하고 판단하는 준거로 삼았다.

교육기관이나 지식인 또한 부패해 있었다. 어느 해직 교수를 통하여 TK생은 "오늘의 교육은 권력에 복종하고 사리사욕을 위하여 진리도 체면도 헌신짝처럼 버리는 파렴치한을 생산하는 공장"에 불과했다. 대학교수는 휴강의 노예가 되고 교수들은 정부의 대변자가 됐다. 지식인들은 진리를 전파하기보다 권력의 시녀로 전락하고 있었다. '어용 지식인'으로 불리는 지식인의 대부분은 권력과 금력, 그리고 특권층을 향한 신분 상승을 위하여 박정희 정권의 정책을 대변하고, 외국에 홍보하는 '접대부'나 '배우'로 전락했다. 지식인들은 '훌륭한 위선자'였다.[26] 결국, TK생의 결론에 따르면 한국은 희망이 없는 사회였다.

---

25 「曉は遠くない」, 1979.12. 한국 언론에 대한 TK생의 불신은 1980년대에도 여전했다. 1987년 대통령 선거를 컴퓨터에 의한 부정선거라고 규정하고 있는 TK생은 "KBS, MBS, 〈서울신문〉, 〈동아일보〉, 〈한국일보〉, 〈경향신문〉, 〈조선일보〉, 〈중앙일보〉 등 관제 언론은 모두 그 이름을 '민정당 방송국', '민정당 신문'으로 바꾸고 자신의 실체를 '당당하게' 밝히지 않으면 안 된다"라고 할 정도로 언론기관은 모두 타락한 것으로 평가하고 있다(「十七年の歲月が流れて」, 1988.3). 또한, TK생은 선거 과정에서 "매스컴은 전면적으로 국민 기만에 동원됐다"라고 주장했다(「民主勢力の 結集」, 1988.1).

26 「待春賦」, 1976.3.

4. 반공反共과 반일反日

〈세카이〉와 같이 TK생도 박정희 정권을 '파쇼' 정권으로 규정했다. 그리고 박정희 정권의 '파쇼적' 탄압 정치가 장기간 가능할 수 있었던 것은 박정희 정권이 조작하고 있는 북한의 허구적 위협과 반일 감정이었다. 박정희 정권은 정책을 통하여 국민적 지지를 확보하는 것이 아니라 항상 '북한의 남침'이라는 공포를 무기로 국민을 위협하고 탄압했다. 그리고 반일 감정을 적절히 자극하여 국민의 통합을 유도했다. TK생의 표현을 빌리면 "반공과 반일은 정권 연장을 위한 박정희 파쇼 체제의 도구"였다.[27]

반공

1960년대 중반 이후 북한은 한국에서 '북괴 위협론'을 정당화하고 안보 의식을 강화할 수 있는 도발 행위를 끊임없이 계속했다. 빈번한 어선 납북, KAL기 납북, 비무장지대에서의 도발, 무장 특공대의 청와대 습격, 울진·삼척지구 침투사건, 판문점 도끼만행사건 등과 같은 사건이 계속됐다.[28] 또한, 문세광의 육영수 저격1974년이나 베트남의 공산화1975년와 같은 사건과 변화는 한국으로 하여금 북한의 위협을 실감하기에 충분했다.

---

27 「狂氣の支配」, 1974.11.
28 주한 유엔군 사령관이 유엔에 보고한 북한의 도발 건수는 1967년 543건으로 나타나고 있다. 박태균, 「1960년대 중반 안보 위기와 제2경제론」, 정성화 편, 『박정희 시대 연구의 쟁점과 과제』(선인, 2005), p.136에서 재인용.

판문점 도끼만행 사건

　이뿐만 아니라 1974년 말부터는 한국으로 침투하기 위한 북한의 땅굴이 발견됐다. 1974년 11월 5일에 발견된 제1땅굴의 위치는 서울에서 불과 65km 거리로, 1시간에 1개 연대 이상의 무장 병력이 통과할 수 있는 규모의 땅굴이었다. 1975년 3월 19일 철원에서 발견된 제2땅굴의 구조는 지하 50~160m 지점의 견고한 화강암층의 상폭 2.1m, 하폭 2.2m, 높이 2m의 아치형 터널로 총연장 3.5km 중 군사분계선의 남쪽으로 1.1km까지 파 내려왔다. 출구는 세 군데로 갈라져 있고 내부에는 병력을 집결시킬 수 있는 광장도 있는데 군사 전문가의 견해로는 시간당 3만 명의 무장 병력과 차량, 야포 등 중장비가 통과할 수 있는 규모였다. 또한, 1978년 10월 17일 판문점 남방 4km 지점 비무장지대 안에서 발견된 제3땅굴은 제2땅굴과 거의 같은 규모의 아치형 터널로 1시간에 3만여명의 무장병력을 이동시킬 수 있는 규모였다.

제3땅굴은 임진강에서 서북쪽으로 4km, 통일촌 민가에서 3.5km밖에 되지 않았고, 서울까지는 불과 44km 거리였기 때문에 제1, 제2땅굴보다 훨씬 위협적이었다.

최초 발견된 땅굴

이처럼 북한의 위협은 '관념'이 아니라 '실체'였다. 그러나 TK생은 '실재'했던 북한의 위협을 인정하려 하지 않았다. 「통신」은 다만 박정희 정권이 이러한 사건이 생길 때마다 놓치지 않고 '대중조작'을 통하여 정권 연장과 민중 탄압의 명분으로 삼고 있다는 데 초점을 맞추어 소식을 전했다. 박정희가 정권을 연장하고 탄압을 정당화할 수 있는 근거는 '북한의 위협'을 끊임없이 생산하고 재생산하여 강화하고 있기 때문이라는 것이다.

TK생은 북한의 위협을 인정하지 않았을 뿐만 아니라, 때때로 북한 정권이 남한 정권보다 더 민족정기가 강하고 민족적인 체제로 평가하기도 했다. 남한에서는 식민지 시대를 청산하지 않았기 때문에 친일파는 해방 후에도 일제 치하처럼 여전히 '상층의 생활'을 영위하는 반민족적 역사가 지속됐지만, 북한은 모든 것을 정리하고 새로운 역사를 만들었다는 것이다. TK생은 '한 교회 지도자'의 다음과 같은 주장을 전하면서 북의 정통성을 은연중 피력했다. "(대한민국은) 일본 통치가 끝났어도 반민족적 인물들을 청산하지 않았다. 그들은 곧 미 군정이나 이승만에게 착 달라붙었다. 바로 여기에 광복 후 역사가 반민족적으로 전개될 수밖에 없는 필연성이 있다. 그 점에서는 북이 옳았다."[29] 이는 1970년대와 1980년대 운동권의 논리와 다를 바 없다.

TK생은 북한이 박정희 정권이 연명할 수 있도록 명분을 제공한다는 점에서 북한을 비판하고 있지만, 박정희 정권이 강조하고 있는 '남침'과 같은 북의 위협은 실존의 것이 아니라 만들어진 조작이고 국민 탄압을 위한 구실에 불과하다고 역설했다.

그러나 "북의 전면 공격도 박정희의 부패한 파시즘의 덕분에 '해방'이라고 칭찬받게 될 가능성도 있다"라고 주장함으로써 박정희 체제를 무너뜨린다면 북의 남침도 정당화될 수 있다는 논리로 비약하기까지 했다.[30] 그리고 베트남의 패망과 통일의 과정이 실질적으로는 한국에서도 진행되고 있다고 주장했다.

1975년 4월 미군의 베트남 철수와 사이공의 함락, 이어진 베트남의 공산화, 계속된 땅굴의 발견, 그리고 한반도에서 미 지상군의 철수 등은 남북이 대치하고 있는 한국 사회에 큰 충격을 주었다. 긴급조치 9호의 발표, 국회의 여야 만장일치의 안보결의문 채택, 박정희-김영삼(신민당 총재) 청와대 회담, 민방위대 편성, 방위세 신설 등과 같은 조

---

29 「待春賦」, 1976.3.
30 「恐ろしい証言の歴史」, 1975.7. TK생의 또 다른 筆名이기도 한 李大善은 1984년 4월호에 기고한 글에서 '선민주 후통일', '선통일 후민주', '외세배제'의 갈등관계를 다음과 같은 통일지상주의의 논리를 전개했다. "남의 폭력 아래에서 고생하는 이상, 북에서 대안alternative을 구할 수 있다고도 말한다. 예컨대 공산주의에 의한 통일이라 하여도, 통일이 이루어진다면 시간을 걸려서 민주화를 달성할 수 있다고 생각하는 것이다. 즉, 민족주의의 입장에서 통일에 의한 반외세를 우선해야만 한다는 것이다." 李大善, 「民主化運動と民族統一の思想-韓國知識人の新しい動向」, 1984.4.

치가 잇따랐다. 이와 함께 반공 의식을 고취하기 위한 정부 주도의 시민궐기대회가 이어졌다. 「통신」은 '총력안보궐기대회'를 지켜본 '한 선배'의 다음과 같은 말을 전했다.

> 이 민족은 중대한 시기에는 언제나 리얼리스틱하게 생각하고 현명하게 대처하는 데 실패했다. 가치도 없는 권력에 달라붙어 역사의 변화를 보지 못했다. 이와 같은 잘못을 또 반복할 것인가? …… 남쪽의 경우 오늘에 있어서 멸공, 승공이라는 것이 무엇인가. 이제는 그러한 어리석음을 모두 다 흐르는 물에 흘려보내야 한다. 사태沙汰로 전체가 붕괴되고 있는 가운데 이 나라의 가장 훌륭한 부분, 양심적이고 이성적인 리얼리스틱한 부분이 밀려나고 있다. 이 민족이 과연 어떻게 될 것인가. 정말로 나는 박정희가 그처럼 악인이라고까지는 생각하지 않았다. 내가 너무 쉽게 생각했다.[31]

이러한 일련의 변화를 보면서 TK생은 베트남의 패배와 북한의 도발적 태도가 오히려 박정희 정권을 도와주고 있다고 평했다. 박정희 정권이 국내외의 비판 세력에 의하여 궁지에 몰리면 북한이 남침의 공포심을 자극할 수 있는 행동을 취하고, 이는 곧 박정희 정권이 반공을 내세워 국민을 탄압할 수 있는 명분을 제공한다는 것이다. 이런 상황을 TK생은 북한의 전략 중 하나로 평가했다. '외국에 있는 친구'는 북한은 "민중의 지지를 잃은 부패한 박정희 정권을 미군이 철수할 때까지 지속시키려는 의도"이고, 그 이유는 한국에 "민주 세력에 의한

---

31 「恐ろしい証言の歴史」, 1975. 7.

민중의 지지와 국제적 지지를 받는 정부가 존재하면 북에 의한 통일이 불가능하기 때문"이라는 것이다.

또 반공과 박정희의 탄압 사이에 끼어 있는 한국 지식인의 고민을 '어떤 언론인 선배'를 통하여 TK생은 다음과 같이 말하고 있다.

> 한국인이 지닌 반공 알레르기가 항상 박정희 정권에 대한 전의戰意를 둔화시키고 있다. 북은 그 반공 의식을 자극하고 있다. 박정희 정권은 그 덕택에 전시라고 거짓 공포를 강화하고 있다. 그뿐이 아니다. 미국과 일본까지도 같은 알레르기 반응을 보인다. 박정희 정권이 무엇을 하더라도 돕지 않을 수 없게 됐다. 파시즘과 공산주의라면 오히려 공산주의를 선택한다는 서구의 자유주의자와 같지 못하다는데 한국 지식인의 불행이 있다.[32]

소리없는 민중

한국을 파시즘 체제와 동일시하면서, 공산주의를 선택하지 못하는 한국 지식인의 나약함을 은연중 비판했다. 북한의 김일성 정권에서 볼 때 「통신」은 외국에서 북한의 노선을 적극적으로 지원하는 '믿음직한 전우'가 아닐 수 없다.

뒷날 TK생인 지명관은 「통신」이 "북에 대해 상당히 긍정적인 문장"으로 기술했음을 인정했다. 그는 북한을 '긍정적인 내용'으로 기술한

---

32 「聲なき民」, 1975.9.

이유를 "북을 움직이고 싶다는 속뜻이 있기 때문이었지요. 지금 돌아보면 순진한 생각입니다만, 그래서 북은 「통신」에 매우 호의적이었습니다"라고 밝혔다.[33] '북을 움직인다'는 것이 구체적으로 무엇을 의미하는지 모르겠지만, 북을 지나치게 안이하게 본 것이 아니라면, 〈세카이〉가 그랬듯이 그도 북한에 추파를 던진 것이 아닐는지. 결국 「통신」은 북으로부터 호의적 반응을 끌어내기 위하여 한국은 '사실'보다 부정적으로 그렸고, 북한은 긍정적으로 묘사했음을 인정한 대목이라 하지 않을 수 없다.

반일

한국인의 내면에 자리 잡고 있는 '반일' 감정 또한 박정희 정권이 국민을 탄압하면서 정권을 지속할 수 있는 강한 무기 중 하나였다. TK생은 한국에서 전개되고 있는 반일적인 분위기나 반일 데모는 모두 박정희 정권의 조작에 의한 것으로 간주했다. 일본은 국민의 관심과 불만을 돌릴 수 있는 가장 효과적인 분출구였고, 국민의 '광기 어린' 반일 데모는 정권을 '연명'시키는 좋은 무기였다. '한 기관의 책임자인 친구'는 TK생에게 "박정희 정권은 필요할 때마다 반일 데모에 동원할 인원을 할당하고, 플래카드에 쓸 글자까지 지시하고, 그리고 데모하는 모양을 사진 찍기 때문에 조심해야만 한다"라고 전했다. 또한, 때때로 데모를 더욱더 치열하게 만들기 위하여 노동조합과 같은 조직도 동원한다는 것을 강조했다.

반일 감정의 격화 → 반일 데모 → 반일 성명 발표 → 일본대사관 난입으로 이어지는 반일운동은 '광적'으로 발전했다. 특히 반일 시위 코

---

33 岡本厚, 「池明觀 特別インタビュ-」.

스의 마지막이라 할 수 있는 일본대사관 난입을 위해서는 미리 사람들을 선정해 놓고, 그들은 정부로부터 보호받고 편의가 주어질 정도로 계획적이라는 것이다. TK생은 이승만 이후 한국 정부는 늘 일본을 정치적으로 활용해 왔다는 것을 다음과 같이 설명했다.

> 확실히 한국인에게는 일본에 관한 것이라면 무엇이나 나쁘게 생각하는 감정이 있다. 실제로 최근에 이르기까지도 일본을 결코 신뢰할 수 있는 국가라고는 보지 않는다. 이와 같은 한국인의 멘탈리티를 합리적이고 이성적인 것으로 (로지컬하게) 전환시키려는 정치가는 지금까지 없었다. 그러기보다는 그것을 이용하려고만 한다. 자신의 실패를 북한에 덮어씌우거나 일본에 지우는 것이 편리한 배출구일 것이다. 그렇기 때문에 이승만도 건설적이고 긍정적인 슬로건보다 반공과 반일로 자기 자신을 유지했다. 박정희 정권도 근대화, 민족중흥, 경제 건설과 같은 슬로건으로 유지할 수 있다고 보았다. 그러나 그것은 기만으로 끝났다. 그래서 박정희 정권 또한 반공·반일이라는 보도寶刀를 휘두르게 됐다.[34]

TK생에 따르면 박정희는 본래 친일적 인물이었다. '10월유신'을 '메이지유신'에서 모방한 것을 보아도 알 수 있고, 일제강점기의 군사교육도 그를 일본의 영향에서 자유롭지 못하게 했다. 또한, 한일국교 정상화 과정에서와 같이 박정희는 정권을 장악하면서 친일적 태도를 은근히 보였다. 그러나 그 후 그가 반일 데모를 조작하고 동원하는 것

---

34 「狂氣の支配」, 1974.11.

은 한국 정권이 직면한 정치적·경제적 난국을 극복하는 데 일본이 적극적으로 협조하고 지원하지 않기 때문인 것으로 설명했다. 즉, 박정희가 반일 감정을 자극하고 반일 데모를 유도하는 것은 일본의 지원, 특히 경제적 지원을 확보하기 위한 전략이라는 것이다.

1974년 8월 15일 문세광의 박정희 저격과 육영수의 사망은 박정희 정권에 반일을 정치적으로 활용할 수 있는 결정적인 계기를 제공했다. TK생은 이 사건을 계기로 박정희는 민심을 반일로 몰아가는 대중조작을 쉽게 해낼 수 있었고, 또한 '광기'의 반일 데모를 유도하여 일본을 곤궁한 입장에 몰아넣으면서 자신의 정치적 입지를 강화할 수 있었다고 평가했다. 비록 이것이 박정희 정권의 관제官製 반일운동이라 해도 국민의 심층에 깔려 있는 전통적 반일 감정은 이를 더욱 격화시켰고, 박정희 정권은 이러한 여론의 순환과 논리적 구조를 잘 알고 있었기 때문에 이를 최대한으로 활용했다. 즉, 박정희 정권이 "문세광은 북의 지시에 의해 일본 공산주의자의 지원으로 테러를 한 것"이라고 선동하면 "정보가 차단된 민중은 곧 폭도"로 변하여 반일을 외치게 된다는 것이다. 그리고 TK생에 따르면 박정희 정권은 이를 이용하여 "불꽃놀이를 즐기고" 있었다.

이러한 '광적'인 반일 데모에 비하여 일본인의 대응은 이성적이라고 TK생은 일본을 높이 평가했다. 일본 국민은 한국에서 번지는 반일 데모를 지켜보면서도 전혀 흥분하지 않았다. TK생은 "지금 한국에서 번지고 있는 반일운동에 대한 카운트 데모가 일본에서 일어나지 않을까 염려했다. 그러나 일본은 이 광기의 데모를 냉정히 바라보고 있다. 나는 일본도 성장했다고 생각하지 않을 수 없다. 관동지진 당시 한국인을 학살한 것을 기억하기 때문이다. 일본의 경찰, 그리고 일본이 성장했다는 것이 '눈에는 눈'이라는 복수의 도식을 파기했기 때문일까."[35] 일본의 상황 대처를 보다 이성적이고 현명한 것으로 평가했다.

---

35 「哀しい証言」, 1974.12.

5. 데마고기(Demagogy)

위키피디아 백과사전은 데마고기를 다음과 같이 설명하고 있다. "약칭 데마는 아무런 근거가 없는 허위의 유언을 의미하는 유언비어와 같은 뜻이다. 가장 원시적이고 비합리적인 방법이지만 단순한 가십gossip보다 훨씬 강한 효과와 의미를 갖는다. 전달 범위도 그 지방이나 국가 전체에 미칠 수 있다…매스컴이 발달된 현대에서는 데마가 확대 재생산될 위험성을 지닌다…데마를 퍼뜨리는 사람을 데마고그demogue라한다."

「통신」은 데마를 집대성한 것이고, TK생은 데마를 전파하는 데마고그였다. 황당무계한 '데마'에는 이런 것들이 있다.

- 육영수 피격 사망 후 박정희 정권은 대학교수들에게 분향을 강요하고 분향 여부를 확인하기 위하여 사진을 찍는다.
- 서울로 수학여행 오는 시골 학생들은 국군묘지에 있는 육영수 묘를 참배해야만 한다.
- 반일데모를 극화하기 위하여 죄수들에게 '10~15만 원과 감형을 약속'하고 손가락을 자르게 한다…전율戰慄할 수밖에 없는 단지애화斷指哀話다.
- 일본의 고위정치가들은 뒤로 박정권과 결탁하고 부하를 시켜 제주도, 부산, 인천 근처에 땅을 사들이고 있다.
- 박정희가 군대를 동원하여 북한을 공격함으로써 위기를 조성

하려고 했는데 미국이 이 음모를 사전에 알아서 취소했다

-새마을운동은 '혼 빼기 작전魂奪の作戰'이고, 매일 아침 '박정희 사상을 명상'하는 것으로 시작한다.

물론「통신」이 전하는 모든 소식이 이러한 유언비어만은 아니었다. 정부 당국의 강압 정치 실태와 민주화를 위한 국민적 저항의 모습도 전달했다. 하지만 유언비어가 훨씬 강한 효과를 보였고 확대 재생산되어 전국적으로 번져나갔다.「통신」은 민중폭력혁명 세력 배양에 공을 들였다.

「통신」이 계속되는 동안 TK생은 민중폭력혁명을 기대했고 또한 촉구하기도 했다. 이승만 정권을 무너뜨린 4월을 맞으면서 TK생은 혁명을 기다리는 마음을 다음과 같이 시적으로 표현했다.

> 4월이 되면 가슴이 설렌다. 봄바람이 마음을 부드럽게 해서가 아니다. 3월 1일은 독립운동 기념일, 4월 19일은 학생혁명 기념일이다. 정치적으로 암담한 시기에는 4월을 기다리는 마음이 한층 더해진다. 그것은 4월과 5월 사이에는 불교의 석가탄신일, 기독교에는 예수의 부활을 기리는 날이 있다. 정치적으로 어두운 시기에는 이와 같은 종교적 행사도 무엇인가 혁명에 대한 기대와 연결된다.[36]

정부의 탄압, 국민과 국민 사이의 갈등과 증오, 서민의 어려운 생활 등이 한 곳에 모일 때 생각지 못했던 사태가 일어나게 될 것이고, 그

---

36 「四・一九前後」, 1973. 7.

러면 정부의 탄압은 더욱 강화되고, 여기에 학생의 데모가 합류하여 사태는 더욱 심각한 상황으로 발전될 것을 기대했다. 더욱이 정부에 대한 국민적 단체행동이 전혀 허용되지 않는 상황에서의 민중적 저항은 "테러와 순교" 이외의 다른 대안이 없으므로 더욱 치열해질 것이고, 결국 박정희 정권은 종말을 맞이하게 될 것으로 예상했다. 반정부 활동에 참여했던 한 학생의 입을 빌려 TK생은 "나는 폭력혁명에 동정적이다"라고 밝혔다.[37]

「통신」에 묘사된 한국의 모습은 참담하기 그지없고 끝없이 황폐해지고 있었다. '악의 화신'인 박정희와 그를 둘러싸고 있는 지배계급의 억압과 통제 밑에서 착취당하며 신음하는 한국인에게는 아무런 희망도 없었다. 오직 희망이 있다면 반체제의 '영웅적 투쟁'으로 박정희 체제가 붕괴되기를 기다리는 것뿐이었다. TK생이 그리고 있는 한국은 지구상에서 가장 낙후되고, 야만적인 곳이며, 한국인은 짐승과 같은 삶을 살고 있을 뿐이었다.

「통신」은 일본인과 제3국인에게 한국이 얼마나 참담하고 암울한 곳이고, 한국인이 얼마나 고달프고 인간 이하의 삶을 살고 있는가 하는 부정적 이미지를 심어주는 데 크게 기여했다. 〈세카이〉는 한일 두 나라 사이의 국민적 화합, 국민적 이해, 또는 국민적 연대를 강조하고 있으나 의식적이든 또는 무의식적이든 실질적으로는 일본 독자에게 한국에 대한 이질감을 더욱 심화시켰다.

「통신」에 나타난 한국의 통치자와 권력층은 정권 연장과 수탈을 위하여 수단과 방법을 가리지 않고 국민을 탄압하는 집단이었다. 사회는 부도덕, 불의, 부조리로 뭉쳐있었다. 국민과 지배계층은 투쟁적·대

---

37 「曉は遠くない」, 1979.12.

결적 관계였다. 그리고 지배의 방법은 법치가 아니라 강압, 투옥, 고문, 살상이었다. 일본인, 특히 1970년대 식민지 시대를 체험하지 않은 새로운 세대에 비친 한국은 결코 선린과 연대의 대상이 될 수 없었다.

약 1년 반 동안 「통신」을 애독하고 이를 '고발문학'이라고 높이 평가한 메이지明治 대학의 구라쓰카 다이라倉塚平 교수는 「통신」을 통하여 "박정희 정권의 행상行狀을 알고서 독자는 먼저 소름 끼치는 생각에 사로잡히지 않을 수 없다"라고 토로하면서 「통신」을 매개로 인지한 박정희 체제를 다음과 같이 평가했다.

> 어떠한 권력을 말해도 거기에는 악마적 성격이 있게 마련이다. 그러나 박정희 정권처럼 이성을 잃고 악덕의 응집물화한 권력은 대단히 드물다. 모든 국민의 신뢰를 상실한 그들에게는 오직 거짓과 폭력만이 남아있을 뿐이다. 틀림없이 이 정권은 심판의 날이 가까운 것이 두려워 추악함을 천하에 들어내면서 맹렬히 미쳐 단말마斷末魔의 루시퍼 모습을 드러낼 수밖에 없다. 그러므로 「통신」의 독자는 이러한 권력 아래 있는 한국 국민의 수난과 고뇌에 침통한 생각을 금할 수 없다.[38]

서양 정치사상사를 전공한 구라쓰카 교수는 그 후 일본에서 전개된 박정희 정권 타도운동에 참여했다. 그는 일본의 언론, 정당과 노동조합, 그리고 학생과 지식인에게 한국의 각 계층과 연계하여 투쟁할 것

---

38 倉塚平, 「'韓國からの通信'を讀んで」, T·K生/〈世界〉編輯部編, 『韓國からの通信, 1972.11-1974.6』(岩波書店, 1974), pp.231~233.

을 제안하는 글을 〈세카이〉에 게재했다.[39]

한국에 대한 어두운 이미지는 독자들이 편집자에게 보낸 편지에도 잘 나타나 있다. 「통신」을 읽은 21세의 한 학생은 '흰 것은 희다'라는 자명한 진리를 말하기 위해서 생명을 걸어야 하는 한국의 현상에 격분하고 있다. 20대 후반의 한 회사원은 박정희 정권은 "남조선 인민의 투쟁에 미증유의 파쇼적 탄압을 가하고 있다"라고 비판하면서, 한국의 이러한 현상에 대하여 일본 정부는 방관만 하지 말고 적극적으로 제재할 것을 촉구했다.[40] 한국에서 전개된 민중의 투쟁에 크게 감동했다는 30대 중반의 한 주부는 TK생의 노력과 통신의 역할을 다음과 같이 쓰고 있다.

> … (한국 상황에 대한) TK 씨의 절망적인 코멘트와는 반대로 이 「한국으로부터의 통신」은 독자의 가슴에 커다란 자리를 차지하게 되었다. … 한국 민중의 끊임없는 저항과 TK생의 끊기지 않는 「통신」을 기대해 마지않는다. 「통신」이 끝날 때는 한국에 민주화가 이루어질 것을 믿어 의심치 않는다.[41]

「통신」은 일본인이 한국을 왜곡해 인식하도록 하는 길잡이가 됐다. 1981년 연구팀을 만들어 「통신」의 내용을 분석한 니시오카 쓰토무西岡力는 "통신은 한국 반체제파의 발언, 지하 문헌, 소문을 TK 씨가 자

---

39 倉塚平, 「民主主義のための連帯·韓國民主運動のアピールに応えて」, 1974.5. 구라쓰카는 1975년 5월에는 「連帶を求める草の根の聲」이라는 제목의 글을 게재했고, '일본의 대조선정책의 전환'을 요구하는 모임에도 적극적으로 참여하면서 활동했다. 1978.11 「통신」 참고.
40 「編集者への手紙」, 1975.8.
41 「編集者への手紙」, 1975.4.

기의 코멘트를 붙여서 소개하는 스타일이었다. 그러나 대부분은 정확한 출처를 알 수 없는 거짓 이야기"라고 결론지었다. 즉「통신」의 상당부분이 '유언비어'였고 '거짓'이었다는 것이다.

그러나 비록 '거짓 이야기'였다 해도 한국어를 이해하지 못하는 일본인이 대다수였던 시대, 또한 김대중 납치사건 후 한국에 관한 관심이 급속도로 높아졌던 1970년대 초 이후, 매달 한국의 상황을 일본어로 자세히 전하는「통신」은 많은 일본인에게 한국에 관한 관심을 불러일으키기에 충분했다. 1970년대에 학생이었던 〈세카이〉 편집장 오카모토 아쓰시岡本厚는「통신」이 "(한국에 관한) 공통의 시대 인식을 형성하는 역할"을 담당했고, "당시 일본인의 한국인식에 대단히 큰 영향"을 미쳤다는 동의했다.[42] 물론 그 영향은 부정적이었다.

"틀린 지도를 가지고 항해를 하는 배는 목적지에 도착하지 못하고 조난"당할 것이라고 비유해서 설명하는 니시오카는 "TK생 씨의「통신」은 확실히 잘못된 지도"였다. '잘못된 지도'는 결국 '한일 상호이해'라는 목적지에 도달하지 못하게 했다. 그는 "「통신」이 지하문서나 소문에 적당히 거짓을 보태서 (일본사회에) 전하면 한국상이 어떻게 보일까는 명백하다."라고 하면서, 결국「통신」은 "일본인의 한국 이해를 10년 지연시키는 죄"를 범했다고 비판했다.[43]

「통신」이 전하는 1970년대와 80년대의 한국정치권력은 철저한 독재와 민중탄압의 도구였고 한국 사회는 전체적으로 부패해 있었다. 정치, 경제, 지식인 사회, 언론, 군부 그 어느 곳 하나 정상적인 곳이 없었다. 이 지구상에서 볼 수 있는 가장 처참한 곳이고 삶의 모습이었

42　岡本厚,「池明觀 特別インタビュー」.
43　西岡力,「'TK生'は'北'の手先だったか」, 〈諸君!〉, 1988.7, pp.90~101.

다. 조지 오웰의 『1984』에 등장하는 가상 국가인 오세아니보다 더 비참했다. 「통신」의 내용이 사실이었다면 결코 오늘의 한국은 존재할 수 없었을 것이다.

1960년대와 1970년대는 밝음과 어둠이 공존했던 시대라 할 수 있다. 당시 한국은 빈곤으로부터의 탈출, 자립경제 건설, 냉전의 최전선에서 안보체제 확립, 민주주의의 실천, 자유와 인권의 확대 등과 같은 많은 과제에 직면해 있었다. 5·16 군사 쿠데타로 권력을 장악한 박정희 정권은 경제자립과 안보를 최우선의 과제로 설정하고 이를 성취하기 위하여 강력한 리더십을 발휘했다. 이 과정에서 정치적 민주주의나 자유가 유보됐고 인권의 침해가 나타났다. 특히 유신 이후의 권력은 억압성과 폭력성마저 드러냈다. 이러한 어두운 부분에 대해서는 마땅히 비판하고 역사의 교훈으로 삼아야 할 것이다.

그러나 동시대에 역동적으로 추진된 경제적 자립화와 공업화된 근대산업 국가를 건설하기 위한 개발정책은, 비록 그것이 '군대식' 논리와 양식으로 진행된 것이지만, 빈곤에서 벗어나 선진국으로 진입할 수 있는 인프라를 구축했다. 이를 바탕으로 북한의 위협을 극복할 수 있는 확고한 안보체제를 구축했다. 또한, 전자, 철강, 조선, 자동차와 같은 중화학공업을 선도함으로써 10대권 산업국가로 도약할 수 있는 기틀을 마련했다. 그리고 선진국으로 갈 수 있다는 '가능성'을 실천적으로 보여주었다. 이런 면은 긍정적으로 평가해야 할 것이다.

한 시대를 평가하는 데는 빛과 그림자를 포함한 총체적이고도 복합적인 시각과 분석이 필요하다. 목적이 어디에 있었던 박정희가 장기집권을 위하여 계획을 세웠고 이를 실현하기 위하여 민주적 절차를 무시한 것은 사실이다. 그렇다고 해서 그는 〈세카이〉나 「통신」이 주장하는 것과 같이 자신의 권력을 극대화하고 민중을 수탈하는 데 전력을 다한 '권력광'이나 '과대망상'의 정치가는 결코 아니었다. 그는 산업화와 자주국방의 초석을 다지는 것이 시대정신이라고 확신한 민족주의자였다. 1960년대와 70년대를 거치면서 그의 신념은 현실로 나타났다. 그러나 경제개발 과정에서 함께 자란 자유와 평등에 대한 국민의 욕구는 결국 박정희 자신의 몰락을 가져왔고, 그 위에서 오늘의 대한민국이 가능할 수 있었다.

6. 박정희 시대의 재평가

한 개인이 살아온 길에도 밝음과 어둠이 있듯이, 한 나라의 역사 또한 마찬가지이다. 그래서 역사란 빛과 그림자가 한데 어울려서 만들어가는 것이다. 박정희가 통치한 18년의 시간 또한 빛과 그림자가 있게 마련이다.

「통신」이 연재된 1970년대 한국은 격동의 시대였다. 3선 개헌, 남북적십자회담, 10월 유신, 김대중 피랍사건, 박 대통령 저격사건과 육영수 여사 사망, 9호까지 계속된 대통령 긴급조치, KAL기와 어민 납북, 베트남의 공산화, 판문점 도끼만행사건, 주한 미 지상군의 철수 등 수없이 많은 사건이 끊임없이 이어졌다. 그리고 이러한 사건이 이어지는 과정에서 인권과 자유의 제약, 정당을 중심으로 한 의회민주주의의 후퇴, 언론과 노조 탄압, 무고한 희생이 나타났다.

하지만 그것만이 전부는 아니었다. 1970년대를 지나면서 한국은 오랜 숙원이었던 굶주림의 문제를 해결하고 중진 산업국가로서의 모습을 드러냈다. 1961년부터 1979년까지의 통계에 따르면 GNP는 21억 달러에서 616억 달러로, GNI는 82달러에서 1,647달러로, 수출은 4,900만 달러에서 150억 달러로 성장했다.[44] 또한, 경부고속도로를 개통하고 중화학공업을 일으켜 산업입국의 기틀을 잡았다. 그리고 경제를 바탕으로 한 확고한 안보의 초석을 놓았다. 이 시대를 현장에서 지켜본 윌리엄 글라이스틴William Gleysteen 주한 미국대사의 표현을 빌

---

44 통계청, 「통계로 본 한국의 발자취」(통계청, 1995).

포항제철의 야경

리자면 "안보를 공고히 하고, 경제 발전을 이룩했으며, 소득과 교육 기회의 균등한 분배, 그리고 국민의 사회적 역동성을 성취한" 시대였다.[45] 즉, 후진국 대열에서 벗어나 선진 대열의 문턱에 도달할 수 있었던 역사의 도약기이며 성장의 전환기였다.

최근에 이어지는 박정희에 대한 평가와 그 시대에 대한 연구가 공통적으로 내리는 결론은 그 시대에 어두운 부분이 있었지만 동시에 오늘의 대한민국이 존재할 수 있는 기틀을 만들었다는 점이다. 박정희를 중심으로 한 지배 엘리트들은 조국 근대화, 자립 경제, 자주 안보라는 시대정신을 구현하기 위하여 전력투구했다. 또한, 이 시대의 경제 발전이 없었다면 그 후에 이어진 민주화의 정착도 더욱 험난했을 것이다.

1961년부터 1979년까지의 약 20년간이라는 박정희 집권 기간 이룬 "혁혁한 경제성장 및 사회 발전"을 세계은행은 "아시아의 기적Asian Miracle"이라고 평가했다.[46] 「통신」이 전하는 것과 같이 처절하고 희망 없는 삶의 모습은 결코 아니었다. 한 비판적 사회학자의 고백과 같이

---

45 William H. Gleysteen Jr. *Massive Entanglement, Marginal Influence: Carter and Korea Crisis*, p.32.
46 조이제, 카터 에커트 편저, 「한국근대화, 기적의 과정」,〈월간조선, 2005〉, pp.5~7.

경부고속도로

"유신독재 시대를 나름대로 치열하게 살았지만 정작 그 시대를 총체적으로 인식하지 못했다"라는 것이 그동안 박정희와 그 시대를 보는 우리 사회의 시각이다.[47]

박정희 사후 30년이 지난 오늘날, 한국 학계는 박정희 시대에 대한 연구를 활발히 진행하고 있다.[48] 이러한 연구가 보여주는 것은 「통신」이 전하는 것처럼 박정희와 그를 둘러싸고 있던 개발 엘리트들이 국민을 '적이다, 부숴라' 하는 식으로 통치하지 않았다는 사실이다. 또한, 박정희는 '광인'도 아니었고, 대한민국이 '광인국가'나 '감옥'도

---

47 조희연, 『박정희와 개발독재시대』(역사비평사, 2007), pp.6, 7.
48 최근의 연구 업적의 일부를 지적한다면, 김형아 지음/신명주 옮김, 『박정희의 양날의 선택』(일조각, 2005); 정성화 편, 『박정희 시대 연구의 쟁점과 과제』(선인, 2005); 김보현, 『박정희 정권기 경제개발-민족주의와 발전』(갈무리, 2006); 좌승희 외 『박정희 시대의 재조명』(전통과 현대, 2006) 등 다수가 있다.

아니었다. 박정희 치하에서 국가 안보와 경제성장이라는 명분 아래 국민에게 순응과 복종, 희생을 강요한 것은 사실이지만, 그렇다고 해서 한국이 「통신」이 그리고 있는 것처럼 암울하고 절망적인 사회는 아니었다. 제약 속에서도 훨씬 역동적이고 미래지향적인 사회였다.

'박정희의 시대'라 할 수 있는 1960년대와 1970년대에 가장 절박한 대중적 열망은 기아로부터의 해방과 공업화된 근대국가를 건설하는 것이었고, 이를 이루기 위한 열망의 상징은 민족중흥과 조국 근대화였다. 그런 점에서 박정희 정권이 제시하고 주도한 경제개발은 '희망'의 징후였다고 할 수 있다. 박정희 시대의 경제개발은 권위주의적 측면이 있었고 일부 계층의 희생이 뒤따랐음을 부인할 수 없다. 그러나 TK생이 말하는 것처럼 강압적이고 수탈적이거나 또는 지배계층만의 축재를 위한 것이기보다는 한 연구자가 결론짓고 있는 것처럼 오히려 자립 경제를 이루기 위한 '민족주의 기획'이었다.

> 박정희 정권기의 경제개발이 하나의 민족주의 기획이었다고 한다면, 우리는 당대 민중이 그 와중에 경험한 고통과 희생을 반민족주의가 아니라 민족주의의 소산이었다고 봐야 한다. …… 당시의 경제개발은 '고통과 희생'의 양산에도 불구하고, 애초에 간과할 수 없는 수준의 상당한 헤게모니를 확보한 프로젝트였다. 그것은 '광복 8년사'의 귀결과 '빈곤 극복'이란 대중적 열망이 경제개발에 따른 자본축적의 성격 변화 및 일자리의 빠

른 증가와 결합되어 낳은 결과였다.[49]

    박정희 시대의 경제개발은 '위로부터' 주도된 것임에 틀림없다. 그러나 그와 동시에 '아래로부터' 열렬한 지지와 지원이 있었기 때문에 이루진 결과이다. 박정히 정권이 제시한 '민족중흥', '조국근대화', '자립경제', '새마을운동' 등은 비록 '위로부터 주도'된 것이고 또한 군대식 개발동원이기는 했지만, 아래로부터의 광범위한 순응과 지지, 그리고 적극적 동참 위에서 현실화된 것이다. 달리 표현하면 박정희 정권은 「통신」이 강조하고 있는 것처럼 '권력광인'인 소수 지배계급의 억압에 의해서 유지된 것이 아니라, "국민들의 뿌리 깊은 애국심과 자존심을 가지고 더 나은 생활을 하고자 하는 끈질긴 소망에 호소하는 데 성공"했고,[50] 그리하여 아래로부터 열렬한 대중적 지지와 호응을 바탕으로 정책을 이끌어 갈 수 있었다. TK생이 주장하는 것과 같이 허구였거나 결코 권력을 연명하기 위한 수단이 아니라 '시대정신'이었던 것이다.

    박정희 시대는 한국 자본주의의 발전과 자립 경제의 확립, 그리고 그것을 통한 안전보장의 틀을 확립했다. 물론 경제적 자립과 발전이 반드시 공평했나 하는 부분에서는 이론의 여지가 있다. 일정한 사회 구성원에게 가혹한 고통과 희생을 강요한 부분이 없지 않았기 때문이다. 그러나 동시에 민중의 오랜 숙원이었던 '빈곤으로부터 탈피'를 이룰 수 있었고, 선진국으로 진입할 수 있는 기틀을 마련했다. 그리고 이 성취는 아래로부터의 자발적인 지지와 참여가 있었기 때문에 가능

---

49   김보현, 위의 책, p.339.
50   김형아 지음/신명주 옮김, 앞의 책, p.348.

할 수 있었다.

그러한 의미에서 한국 현대사의 격동을 옆에서 지켜본 윌리엄 글라이스틴 주한 미국대사의 다음과 같은 '박정희 평가'가 보다 공정하고 객관적이라 할 수 있다.

> 박정희는 쿠데타를 통하여 불법적으로 권력을 장악했다. …… 그러나 그는 전략적 안목을 지닌 뛰어난 인물이었다. 그는 조국 근대화라는 국가 목표에 대하여 확신을 가졌을 뿐만 아니라, 그 확신을 성취시키기 위한 뛰어난 이해력과 기술, 그리고 추진력을 지니고 있었다. 강력한 권위주의자라는 결점에도 불구하고, 그의 삶은 단순했으며 보통 사람들과 공감하며 대부분 한국인이 생각하는 우선순위와 가치관에 동조했다. 불행하게도 그러한 장점은 말년의 잘못된 판단과 망상증에 가려 빛을 잃었다. 훗날 역사가들이 균형을 잡을 때, 그들은 박정희를 현대 한국에서 가장 중요한 지도자로 추대할 것이다.[51]

글라이스틴은 박정희의 죽음으로 한국은 '비범한 지도자 extraordinary leader'를 잃었다고 한국을 위하여 애도했다.

---

51   William H. Gleysteen Jr, 앞의 책. pp.61~62.

7. 「한국으로부터의 통신」과 이와나미신서 岩波新書

한 세기가 넘는 긴 년의 역사를 지닌 이와나미 서점은 일본의 지성을 대표하는 출판사다. 창업자 이와나미 시게오岩波武雄가 1913년 간다神田에서 고서점으로 시작하여 오늘 일본에서 가장 권위와 영향력 있는 출판사로 성장했다. 이와나미의 전기작가 아베 요시시게安倍能成의 표현을 빌리면, 이와나미는 "학문과 식견과 예술을 일본 사회에 산포散佈하고 보급하는 배달부이고 물뿌리는 사람"이라는 철학을 지녔고, "영원한 진리"에 봉사한다는 정신으로 서점을 이끌었다고 한다.

오늘까지 이어지는 서점이 추구하는 이념과 사명은 출판 활동이 지닌 영향력과 사회적 책임을 자각하고 신뢰를 바탕으로 "우수한 학술과 풍부한 문화를 널리 독자에 성실히 보급"하는 것이다. 이 원칙에 기반을 둔 이와나미 서점이 그동안 일본에서 담당해 온 문화적·지적 역할은 대단히 크다.

창업자 이와나미 시게오는 1927년부터 이와나미문고岩波文庫, 1938년부터 이와나미신서岩波新書를 간행했다. 동서고금의 고전과 명작을 값싼 '문고판'으로 간행한 목적은 "지식과 미美를 특권계급의 독점으로부터 다시 빼앗아" 진취적인 민중에 보급하기 위함이었다. 고전보다는 "현대인의 현대적 교양" 보급을 목적으로 시작한 '신서판'은 태평양전쟁 당시 잠시 중단됐었으나 1949년부터 다시 이어져 오늘에 이르고 있다. 문고와 신서는 지식과 교양의 대중화와 일본인의 지적 수준 향상에 크게 기여했다.

신서판, 영어판, 북한판

'신서판' 시리즈는 1938년 11월 빨간 표지赤版로 시작했다. 이와나미 시게오가 직접 작성한 신서 창간사에는 "도의의 정신", "비판적 정신" "양심적 행동", "약진 일본이 요구하는 신지식 제공", "문화건설의 한 병졸" 등의 표현이 이어지고 있다. 그 후 신서는 청판青版, 황판黃版, 신적판新赤版 등으로 표지가 바뀌지만, 여전히 창간의 결의를 다지면서 오늘까지 계속되고 있다.[52]

신서는 판이 바뀔 때마다 뒤표지 이면에 신서 창간 정신과 시대 상황을 염두에 두고 출간사出刊辭를 밝히고 있다. 그 속에 반복되는 어휘는 "정신적 자립의 양식", "비판적 정신", "양심적 행동", "비판적 교양", "도의와 문화의 가치", "인간의 이성과 양심에 대한 신뢰", 등이다.

이와나미 서점은 1974년부터 그동안 〈세카이〉에 연재된 「한국으로부터의 통신」의 일부를 선별하여 이와나미신서로 출간했다. 그 후 1980년까지 총 4권을 출간했다. 첫 번째 이와나미신서로 출간된 『한국으로부터의 통신』의 서문은 "이 「한국으로부터의 통신」은 1973년

---

52 이와나미신서에 관하여, 鹿野政直, 『岩波新書の歷史』(岩波書店, 2006) 참고.

5월호의 〈세카이〉에 처음으로 발표됐다…한국 내의 상황에 관해서 조용하고 차분히 전하는 이 '고독한, 그러나 높은 긍지와 명예를 가지고 싸우는' 기록은 회가 거듭할수록 넓게 독자의 관심을 불러오고 있다. 일본 국민으로서 이 한국 지식인의 목소리에 성실히 호응하는 발언도 늘어나고 있다."라고 의미를 부여하고 있다.

이와나미 서점은 1976년 신서로 출간된 『한국으로부터의 통신』 1권과 2권을 영어로 번역하여 한 권으로 묶어서 출간했다. 물론 「통신」의 내용을 서양에 전파하기 위해서였다. 1977년 출판된 신서 3권의 서문은 "신서로 간행된 앞에 두 권에 근거해서 영문판(Letters from South Korea)이 1976년 봄 간행됐다. 그것을 통해서 한국에서 일어나고 있는 인권억압의 상황과 그 속에서 계속해 온 용기 있는 사람들의 전투를 조용히, 하지만 성실이 전하는 이 기록은 일본 국내뿐만 아니라 해외에서도 많은 독자의 관심을 불러오고 있다."라고 주장했다. 그리고 제4권은 "TK씨의 통신은 회를 거듭할수록 독자의 관심을 확대하고, 일반의 보도가 미치지 못하는 훌륭한 정보원(情報源)으로 주목받고 있다."라고 자랑했다.

앞에서 보았듯이 「통신」은 인권, 자유, 민주, 정의 등등을 내세우고 수많은 온갖 유언비어, 거짓, 조작 등으로 가득 차 있다. 그리고 거짓으로 가득 찬 「통신」은 국제사회를 향한 북한의 한국 비방과 공격의

홍보물로 활용됐다.[53]

「통신」의 신서판 출간은 이와나미 시게오가 1913년 서점 개업인사장에서 밝힌 "옳은正 것은 영원히 옳아야 한다."라는 그의 신념이나, "출판 활동이 지닌 영향력과 사회적 책임을 자각하고, 신뢰에 응하는 일을 한다."라는 서점의 약속과도 맞지 않는다. 물론 신서판 창간 취지에도 맞지 않는다. 「통신」의 신서판 발행은 이와나미 서점의 '흑 역사'가 아닐 수 없다. 그래서일까? 이와나미 서점은 신서판 『한국으로부터의 통신』을 출간하면서 서문 끝에 "편집과 문장상의 모든 책임은 〈세카이〉 편집부에 있다"라는 단서를 달고 있다. 또한, 1980년 이후 신서판 『한국으로부터의 통신』 단행본 출간을 중단했다.

"씨뿌리는 사람"으로서 상징되는 이와나미 서점의 사명使命은 "한 권의 책이 인생을, 세계를 변화시킬 수 있다는 것을 믿고, 그 무게를 무겁게 받아드리고, 우수한 학술과 풍부한 문화를 널리 독자에 성실히 전달해서 사고와 상상과 대화를 떠받치고, 자유롭게 존엄한 세계 실현에 기여한다."라는 것이다. 과연 「통신」의 신서판, 영문판 발행이 이 사명을 수행한 것일까?

---

53 북한은 이와나미가 출판한 *Letters from South Korea*를 여러 책자로 나누어 다시 제목을 달아 인쇄해서 국제사회에 전달했다. Google에서 찾아볼 수 있는 북한의 영문 책자 일부는, *Tottering Military Rule; A Foolish Ruler; Aspiration of the South Korean People; South Korea, A Dark Society(As Seen by Foreigners); Story of Mad Dog; Torture-Ridden Politics, Eruption Warth, Who is Accountable for This Crime* 등이 있다. 그리고 다음과 같은 설명이 붙어 있다. "A volume of the DPRK-published series of English translations of *"Letters from South Korea "* which originally appeared in Japanese in the magazine *Sekai*.

5장

진실과 책임
-「조선 문제 보도에 관하여」

"진리란 아무리 고통스러운 것일지라도,
그것이 비록 상처를 입힐지도 모르지만,
그것은 오직 완전한 회복을 위한 상처인 것이다."

_앙드레 지드, 「소련에서 돌아오다」

1. 사고社告

　이미 앞 장에서 살펴본 것과 같이 〈세카이〉는 1990년대까지 일본에서 그 어느 언론 매체보다 한반도(한국과 북한) 문제를 집중적으로 취급했고, 또한 독자적 목소리를 냄으로써 여론 형성과 정부의 정책 결정에 상당한 영향력을 행사했다.
　전쟁에 대한 반성을 기초로 시작한 이 잡지는 세계의 평화, 일본의 민주화, 핵의 폐기, 아시아인의 화해와 연대를 지향하는 '양심적' 지식인들이 많이 동참했다. 그렇기 때문에 한반도 문제와 관련하여 합병의 적법성 문제, 전후 처리와 과거 청산 문제, 재일교포 문제, 한국-북한-일본의 관계 재정립 등에 대해서도 진지하게 고민해 왔다. 그러나 동시에 냉전이 종식될 때까지 〈세카이〉는 인권과 도덕을 내세워 한국 정권을 저주에 가깝게 비판했고, '반한친북'이라는 일관된 논조를 지속했다. 또한, 진실을 보도한다고 했지만 스스로 사회주의 이념과 '친북'이라는 편집 노선에 매몰돼 '환상적' 북한관을 만들어냈고, 진실과 먼 기사를 독자에게 전달했음을 부인할 수 없다.
　2000년대에 들어 북한을 보는 일본인의 시각에 커다란 변화가 일어났다. 2002년 고이즈미 준이치로小泉純一郎 총리의 북한 방문을 계기로 그동안 끊임없이 문제가 됐던 일본인 납치가 사실로 확인됐다. 일본 열도에서는 반反북한 분위기가 서서히 달아올랐고, 언론의 총체적 '북한 때리기'는 '반북'의 사회적 열기를 더욱 고조시켰다. 창간 이후 '친북' 논조를 지속하면서 북한을 옹호하고 지지해 온 〈세카이〉에 대한 비판 또한 강화됐다.

〈세카이〉의 친북 노선에 대한 사회적 비판과 비난이 집중되자, 〈세카이〉는 편집부의 이름으로 「조선 문제에 관한 본지의 보도에 관하여」라 는 이색적인 '사고社告'를 게재했다.[01] 그간의 논조에 대한 입장 표명이었다.

일본인 납치 문제가 국민 여론을 반북한으로 돌리는 데 결정적 역할을 한 것은 사실이다. 그러나 납치 문제가 적극적으로 수용될 수 있었던 것은 사회주의의 몰락이라는 세계사적 변화와 함께 '잃어버린 10년'이라는 일본의 상황 안에서 우경화된 새로운 내셔널리즘이 내연하고 있었고, 바로 여기에 북한의 일본인 납치라는 구체적 사건이 맞물리면서 폭발한 현상이라 할 수 있다. '사고'의 내용을 찾아보기 전에 먼저 〈세카이〉가 이처럼 '사고'를 발표하지 않을 수 없게 된 시대적 상황과 구체적 사건이 무엇이었는지 간단히 살펴보기로 하자.

01　編輯部,「朝鮮問題に關する本誌の報道について」, 2003.2.

2. 새로운 내셔널리즘의 태동

    1990년대의 일본은 세계사적 측면에서 심대한 변화를 체험했다. 한 세기에 걸쳐서 실험해 본 사회주의는 실패로 끝났고, 소련에서 시작된 개혁과 개방의 바람은 결국 사회주의 체제의 몰락을 가져왔다. 소비에트 연방의 해체, 동유럽 사회주의 체제의 변화, 베를린장벽의 붕괴와 독일의 통일, 냉전의 종식, 그리고 중국의 자본주의화와 화이사상華夷思想의 대두로 이어졌다.

    이러한 세계사조와 국제 환경의 변화는 일본의 정치와 경제, 그리고 사회에 커다란 충격을 주었다. 새로운 국제 환경과 질서에 신속히 적응하는 데 주도적 역할을 하지 못한 정치권과 정당에 대한 불신은 전후 일본을 이끌어 온 '55년 체제'의 종말을 가져왔다. 이와 함께 번영을 구가하던 경제는 끝이 보이지 않는 불황의 늪으로 빠져들었고, 사회는 활력을 잃고 국민은 자신감을 상실했다. 일본인의 표현에 따르면 '잃어버린 10년'이었다.

    하지만 1990년대는 잃어버린 것만 있는 세월은 아니었다. 얻은 것도 있는 시간이었다. 점차 사회 전반에 일반화된 더욱 우경화된 국가의식, 역사를 재정립하려는 움직임, 동아시아에서 일본의 지위를 모색하는 것과 같은 새로운 모습의 민족주의적 분위기가 대중적 멘탈리티를 강화했다.[02] 즉, 일부의 과격한 주장이라고 생각됐던 것들이 별

---

02 한상일, 「내셔널리즘의 동학」, 『일본형 시스템-위기와 변화』(일조각, 2005), pp.599~630.

로 놀라움 없이 '보통'의 입장으로 변하여 많은 사람에게 받아들여지게 됐다.

　냉전이 종식되면 국제 질서가 평화 체제로 전환할 것이라는 인류의 기대는 환상이었음이 현실로 나타났다. 끊임없는 인종·종교분쟁, 걸프전쟁과 이라크 문제, 9·11테러, 중국의 부상, 북한의 핵 개발, 미영 연합군의 이라크 응징, 힘power 중심의 국제 질서 재편 등에서 볼 수 있는 것과 같이 냉전 후의 국제 질서는 냉전 시기보다 더 불안한 상태였다.

　급변하는 이러한 세계정세는 일본인의 위기의식을 자극하면서 사상의 흐름에 새로운 역사의식과 국가의식을 강화했다. 이는 지난날의 역사를 긍정적으로 평가하는 작업에서부터 시작됐다. 그리고 그 위에서 새로운 역사 인식과 국가의식의 일반화를 지향하는 내셔널리즘, 즉 '국민의 역사'를 만들자는 우경화된 내셔널리즘적 경향이 강하게 대두했다.

　전후 일본의 근현대사를 보는 시각은, 메이지유신 이후 전개된 일본의 역사가 천황 중심의 황국사관에 바탕을 둔 제국주의와 군국주의의 지속이었다는 비판적 시각이 주류였다. 이러한 역사 인식은 패전과 점령 통치라는 상황과 전후 영어권 일본 연구가들의 역사 해석과도 무관한 것은 아니지만, 사회주의 이념에 바탕을 둔 전후 진보적 지식인의 역사관과도 그 맥을 같이했다. 물론 전후에도 다케우치 요시미, 하야시 후사오林房雄, 우에야마 슌페이上山春平, 에토 준江藤淳과 같이 전전의 역사를 민족자존과 발전을 위한 투쟁의 역사로 평가하고, 태평양전쟁도 침략적 성격만 갖고 있던게 아니라 서양 제국주의로부터 아시아를 해방시키기 위한 전쟁이라는 긍정적 역사 해석이 없었던 것은 아니다. 그러나 이러한 역사 인식은 '이단'으로 취급됐고 학계나 사회에서 거의 받아들여지지 않았다.

그러나 1990년대의 냉전 종식이라는 세계사적 변화를 맞이하면서 주변부에서 맴돌았던 '이단적' 역사 인식이 서서히 중심부로 진입했다. 소위 민족혁명론의 역사인식이다. 19세기 중엽 전개된 도쿠가와 막부의 붕괴와 메이지유신, 그리고 그 이후 경험한 정치변혁은 민족의 독립을 보존하고 해외로 세력을 확대하기 위한 목적이었다는 것이다. 즉, 메이지유신과 그 이후에 전개된 근대 일본 역사는 외압을 맞아 분열의 위기에 처한 민족을 통합하고, 그 세력을 대외로 확장해 나가면서 근대 국민국가를 형성하고 발전시켜 나갔다는 긍정적 역사 해석이다. 이러한 역사 인식에서 볼 때 청일전쟁은 '야만'을 타파하기 위한 전쟁이었다면, 러일전쟁은 아시아에서 백인을 몰아내기 위한 '황인 대 백인'의 전쟁이었다. 그리고 태평양전쟁은 형태는 침략전쟁의 모습을 띠고 있으나 그 본질은 '해방전쟁'이었다는 소위 대동아전쟁긍정론이 타당한 것이었다.

민족혁명론에 바탕을 둔 긍정적 역사 인식은 일본 문화의 독자성과 연결된다. 일본의 문화는 동양의 것도 아니고 서양의 것도 아닌 일본만의 독특하고 독창적인 것이라는 주장이다. 바로 그러한 연유에서 일본은 서구의 물질문명을 받아들였고, 근대화를 추진했지만, 여전히 일본의 독자적인 문화와 일본적인 것을 보존할 수 있었다는 것이다. 그러나 일본이 이처럼 위대한 역사와 독자적 문화를 가졌음에도 전후의 역사해석과 교육은 오히려 일본인이 이어가야만 할 역사와 문화와 전통을 잊어버리게 만들었고, 일본의 긍지를 상실하게 하는 데 기여했다. 그러므로 과거사에 대한 긍정적 평가와 미래에 대한 준비와 영광의 재현을 위해서는 그동안 부정적으로 평가해 온 일본인의 민족의식과 국가의식을 재평가하고 고취해야 한다는 것이다.

새로운 역사교과서

새로운 역사 해석과 문명적 우월론이 한데 어울려 구체적 운동으로 나타난 것이 '국민의 역사national history'를 재건하자는 새로운 역사교과서 만들기 모임의 활동이다. 이들의 활동은 새로운 역사 인식을 국민 대중으로 확산시키는 것을 그 목적으로 하고 있다. 전후 민주주의의 역사관을 '자학사관'이나 '암흑사관'으로 비판하면서 이를 극복하기 위한 국민적 자각의 함양과 민족의식의 고취, 그리고 일본인으로서 긍지를 가질 수 있는 교육을 위한 새로운 역사교과서를 만들자는 것이다.[03] 패전 후 주류를 이루어 온 자학적이고 반일적이며 어두운 역사관을 극복하고 긍지를 가질 수 있는 역사 해석과 교육을 통하여 21세기 일본의 영광을 재현해야 한다는 것이다.

만화가로서 '국민의 역사' 만들기에 앞장선 고바야시 요시노리小林よしのり에 따르면 "전후 일반 서민이나 지식인, 관료나 젊은이 모두가 서양의 개인주의에서 출발"하고 있었고, "바로 이것이 일본 사회에서 분출하는 여러 가지 문제의 근원"이었다. 일본은 무절제한 서양 모방에서 벗어나 일본의 전통과 역사에서 일본의 미래의 길을 탐색할 필요가 있었다. 그리고 일본인의 혼을 빼앗은 반국가의식을 육성한 전후 민주주의 교육을 극복하기 위해서는 영광의 역사를 다시 만드는

---

03 한상일, 『일본 지식인과 한국』(오름, 2000), pp.377~432.

것이다.[04] 국민의 역사를 재건하자는 운동은 국익 중심의 민족주의적 분위기를 일반화하고 이를 국가 진로의 조타수로 확정하려는 것이다. 이러한 움직임에 '잃어버린 10년'의 시간을 보내면서 국민정서도 적극적인 동조의 모습으로 변했다.

국제적으로 사회주의가 몰락하면서 사회주의 이념에 바탕을 두었던 전후 일본의 진보적 또는 좌파 지식인들은 그 이념적 근거를 상실했다. 그리고 힘 우위의 국제 질서 재편과 잃어버린 10년은 국민의 역사를 만들자는 내셔널리즘을 강화시켰다. 진보적 지식인이 설 땅이 좁아졌고, 〈세카이〉가 왜소해 질 수밖에 없었다. 하지만 우경화된 민족주의 의식을 강화하고 〈세카이〉를 궁지로 몰아간 결정적이고 구체적인 계기는 사실로 밝혀진 북한의 일본인 납치였다.

---

04 田原總一郎·小林よしのり, 『戰爭論』(ぶんか社, 1999), pp.15~20.

3. 북한의 일본인 납치

〈세카이〉가 열렬히 북한을 지지하면서 북한과의 관계 정상화와 북일 국민의 유대를 강조했던 1970년대부터 1980년대 바로 그 시기에, 많은 일본인이 일본 국내나 외국에서 부자연스러운 형태로 '증발하는 기묘한' 사건이 일어났다. 일본 당국의 수사와 망명 북한 공작원의 증언에 의하여 이들 중 많은 일본인이 북한에 납치됐을 가능성이 농후하다는 사실이 밝혀졌다. 1991년 이후 일본 정부는 기회가 있을 때마다 북한에 납치 문제를 제기했지만, 북한은 이를 완강히 부정해 왔다. 그러던 것이 북한의 최고 권력자 김정일 국방위원장의 입을 통하여 사실로 확인됐다. 이는 북일 관계의 새로운 국면을 여는 계기가 됐다.

일본은 1965년 한국과 국교 정상화를 이루었음에도 북한과의 적대적 관계를 풀지 못하고 있다. 그러나 냉전의 해체는 북한과 일본의 교섭 분위기를 만들어 주었다. 냉전이 끝나고 소련과 중국이 한국과 수교하는 것을 지켜보면서 북한 또한 국제사회에서 자신의 위치에 대해서 재고하기 시작했다. 일본 정부도 과거 식민 지배에 대한 유감을 표명하면서 북한의 문을 두드렸다.

1990년 자민당의 실력자인 가네마루 신과 사회당의 다나베 마코토田辺誠로 구성된 사절단은 다케시타 노보루竹下登 총리의 친서를 휴대하고 북한을 방문하여 김일성과 회담을 가졌다. 이를 계기로 일본의 자민당, 사회당, 북한의 노동당은 '3당 선언'을 채택했고 북일 관계의 중대한 이정표를 만들었다. 일본 측은 36년간의 식민 지배가 초래한

가네마루 신, 김일성, 다나베 마코토

고통과 불행, 그리고 광복 이후 45년간 북한 측에 끼친 피해 등에 대한 유감 표명 및 배상 용의와 함께 양국 간의 국교 수립 의사를 밝혔다. 북한 또한 이에 긍정적으로 화답했다.

 북한과 일본의 관계 정상화를 위한 교섭은 1991년 1월부터 시작되어 1992년 5월 중단될 때까지 8차례 진행될 정도로 북한과 일본 양국 모두 적극적인 자세로 임했다. 하지만 예상치 않았던 김정일의 일본인 납치 시인은 교섭을 어렵게 만들었다.

 2001년 참의원 선거에서 압승을 거둔 고이즈미 준이치로 총리는 북한과의 국교 정상화에 적극적인 자세를 보였다. 그는 국교 정상화를 위해서는 해결해야 할 과제가 많지만, 임기 중 할 수 있는 노력을 다하겠다는 뜻을 밝혔다.

 2002년 9월 17일 고이즈미 총리가 평양을 방문함으로써 세계를 깜짝 놀라게 했다. 물론 이 정상회담이 이루어지기까지 북일 양국은 비밀 교섭 등 상당한 정지 작업을 통하여 관계 정상화의 전망을 밝게 했다. 1991년 1월 제1차 북일국교정상화를 위한 교섭이 시작된 지 11년 만의 성과였다.

 회담은 원만히 진행됐고 성과가 나타나는 듯했다. 9월 17일 두 정상은 '평양선언'이라는 4개항의 공동 합의문을 내놓았다. 이 선언에

김정일과 고이즈미 준이치로

서 양국은 이른 시일 내에 국교 정상화를 실현시키기 위하여 모든 노력을 기울이기로 합의했다. 또한, 과거사 문제에 관해서도 일본은 식민지 시대에 대한 '통절한 반성과 사죄의 뜻'을 표명했고, 북한은 과거 청산 문제의 해결을 위한 '경제협력' 방식에 동의했다. 핵 및 미사일 문제는 유관국들과의 상호 신뢰에 기초한 협력 관계를 구축한다는 것을 확인했고 2003년까지로 정해졌던 미사일 발사 실험의 유예도 연장하겠다고 선언했다. 그리고 '납치'라는 구체적 단어는 사용하지 않았으나, 북한은 일본 국민의 생명과 안전에 관련된 '현안'에 대해 비정상적인 양국의 관계에서 발생한 이러한 문제가 앞으로는 다시 발생하지 않도록 적절한 조치를 취할 것을 확인했다.

이와는 별도로 김정일은 더욱 구체적으로 1977년부터 1982년 사이에 일본의 외딴 해변에서 여학생, 미용사, 요리사, 데이트 중이던 3쌍

등의 일본 시민을 납치한 사실을 인정하고 사과했다. 이뿐만 아니라 북한의 요원들이 유럽을 여행 중이던 일본 학생 3명을 납치했다는 것도 확인됐다. 납치 시점에 13세의 소녀였던 요코타 메구미橫田めぐみ도 있었다. 북한 첩보요원들에게 일본어를 가르치거나 해외에서 활동할 북한 요원들의 가짜 신분증을 만들기 위해서였다. 김정일은 당시 일본인 납치 사실을 전혀 몰랐다고 주장하면서 "국가 특수기관의 일부 분자가 광신적 믿음 또는 공명심에서" 그런 일을 저질렀다고 설명했다. 그리고 김정일은 일본이 확인을 요구해 왔던 11명의 생사 여부 외에 확인 요구가 없었던 3명의 생사 여부를 통보해 주었다. 북한은 총 14명의 일본인 중 8명은 사망했고, 5명이 생존해 있고, 1명은 행방불명됐다고 밝혔다.

평양 정상회담이 있은 지 3주일 후인 2002년 10월 15일 납치된 일본인 중 지금까지 생존한 5명이 특별기편으로 일본으로 돌아왔다. 그들은 당초 열흘에서 2주일 정도 일본에 머무를 예정이었다. 그러나 국민의 격앙된 분위기가 고조되면서 이들이 잔류 의사를 밝혔고, 일본 정부도 그들의 영주 귀국, 귀환거부를 결정했다. 이에 북한은 납치 생존자 5명을 평양으로 돌려보내지 않은 것은 약속 위반이라며 강력히 반발했다. 그러면서도 막후 협상의 결과로 2004년 5월 고이즈미 총리가 평양을 다시 방문하여 두 번째 북일 정상회담을 가졌으며, 그 결과 북한 내 잔류 자녀 5명의 추가 송환이 성사됐다.

김정일의 일본인 납치 인정, 5명의 생존자 귀환과 영주 귀국, 이미 사망한 것으로 일본에 통지한 8명에 대한 믿기 어려운 설명, 사망자로 발표된 피랍자를 목격했다는 북한 공작원의 증언, 요코타 메구미의 DNA 검사 결과 등과 같이 이해하기 어려운 사건들이 진행되는 동안 납치 문제는 국민적 이슈로 부상했다.

일본인 희생자의 가족들은 분노했고, 일본의 방송·신문·잡지 등 모든 언론은 피랍자들을 집중 조명했다. 북한에 대한 일본인의 증오와 경멸이 일본 사회를 뒤덮었다. 그리고 북한에 납치된 일본인을 구하기 위한 전국모임이나 피랍자 가족 전국모임과 같은 시민단체가 결성되면서 북한을 규탄하는 분위기가 사회 전체로 확산

요코타 메구미

됐다. 북한에 대한 압력을 촉구하는 움직임이 거스를 수 없는 사회적 힘으로 강화됐다. 이러한 분위기가 앞에서 지적한 우경화된 내셔널리즘과 상승하면서 '북한 때리기'는 국민운동 차원으로 발전했다.

4. 〈세카이〉에 대한 비판과 입장

북한에 우호적이었던 정치가나 논객, 또는 언론이나 단체는 국민적 비난을 면할 수 없게 됐다. 〈세카이〉에 대한 비판이 강화된 것은 당연했다. 「조선 문제에 대한 본지의 보도에 관하여」(이하에서 「보도에 관하여」로 약칭함)에 따르면 〈세카이〉에 대한 비판 가운데 주종을 이루는 것은 "북한 정부에 동조적이면서 찬미"했고, "한국의 인권 문제에 대해서는 온 힘을 경주하면서도, 북의 인권 문제에는 무관심"했고, "한국의 민주화운동을 문제 삼은 것은 북한을 지원하기 위함"이라는 것 등이었다. 또한, 어떤 비판자는 "이와나미 출판사와 〈세카이〉는 무엇 때문에 김왕조金王朝의 '충실한 사도使徒'의 역할을 했는가"라고 공격하기도 했다.

이러한 비판과 비난에 대하여 〈세카이〉는 "기사의 시대적 배경을 무시"한 것이고, 또한 "난폭한 곡해를 바탕으로 가하는 지극히 의도적인 캠페인"이라고 반박했다.

「보도에 관하여」는 대체로 다음과 같은 네 가지의 내용을 담고 있다. 첫째는 〈세카이〉가 현재 시점에서 "조선 보도의 기본적 자세"를 밝히는 중요한 이유는 일본인의 잘못된 '조선 인식'을 바로잡고, 독자에게 〈세카이〉의 기본자세를 확실히 밝힐 필요가 있기 때문이라는 것이다. 즉, 일본인 납치사건이 사실로 규명된 이후 일본 사회에서는 '북조선 때리기'가 보편적 진실로 받아들여지면서 일본인의 '비틀린' 조선 인식이 다시 나타났고, 이러한 현상은 북한과의 국교 정상화를 방해한다는 것이다.

둘째는 〈세카이〉의 조선 문제에 관한 기본자세를 좀 더 정확히 알고 싶어 하는 새로운 젊은 독자가 나타나고 있다는 것이다. 이와 같은 독자에게 〈세카이〉의 과거를 되돌아보고 기본자세를 밝히는 것은 '의미'가 있을 뿐만 아니라 '의무'라는 것이다.

셋째는 「한국으로부터의 통신」에 대한 입장 표명이다. TK생이라는 익명의 필자가 한국의 상황을 전달하는 지하 통신의 형태로 15년간 연재된 「한국으로부터의 통신」은 한국의 진실을 외부 세계에 전달함으로써 한국의 민주화운동에 크게 기여했다는 것이다.

넷째는 북한 편향의 논조에 대한 해명이다. 그동안 〈세카이〉의 일관된 편집 방향은 한국 국내 사정의 변화에 대해서는 가혹하리만치 비판적인 태도로 접근하면서도, 북한의 민주화나 인권 문제에 관해서는 의식적으로 회피하거나 또는 지나칠 정도로 관대한 입장을 취했다. 이뿐만 아니라 북한은 통일 지향적 세력임에 반하여 한국은 반통일 지향적 집단으로 규정했다. 「보도에 관하여」에서 〈세카이〉의 이러한 편향된 편집은 한국과는 '유착 관계'를 맺고 있는 반면에 북한과는 '관계의 기반'이 없기 때문이라고 해명했다. 인간적 관계가 없는 곳에서 생기는 것은 상대에 대한 무지와 편견이고, 이 무지와 편견을 극복하기 위한 노력으로 북한 중심의 보도를 했다는 것이다. 북한과 국교 정상화가 이루어지기 전에는 "될 수 있으면 관계가 없는 측의 의견과 주장을 일본에 소개"하는 것이 대화와 정상화의 길을 앞당길 수 있다는 것이다.

「보도에 관하여」에서 먼저 〈세카이〉가 1970년대에 들어서면서 한반도 문제를 집중적으로 다루게 된 이유를 '반성'과 '이상한 관계'를 바로잡기 위함으로 밝혔다. 〈세카이〉가 과거에 대한 반성과 아시아인의 화해를 목표로 출발했음에도 1960년대까지 중국과의 국교 정상화나 베트남전쟁에 대한 관심에 비해서, 이웃인 한반도에 대한 관심이 대단히 적었다는 것이다. 멀리는 강화도조약1875년, 가깝게는 합병 1910년이라는 과거의 역사에 비추어 볼 때 "조선반도와의 관계야말로 일본인이 짊어져야 할 무겁고도 뿌리 깊은 과제"임에도 불구하고 무관심했다는 것이다. 특히 북한과는 2003년을 기준으로 본다면 120년간 정상적인 관계가 형성되지 않은 놀라울 정도로 이상한 관계에 있다는 것이다. 36년간의 식민지 지배, 패전 후 한반도에 대한 무관심, 정리하지 못한 식민지 시대의 책임, 한국과의 비정상적 국교 정상화와 북한과는 국교 정상화를 이루지 못하고 있는 현실 등에 대한 '심각한 반성'과 '이상함'을 바로잡기 위하여 〈세카이〉는 조선 문제를 본격적으로 다루게 됐다는 것이다.

그럼에도 〈세카이〉의 '조선 문제' 접근이 「보도에 관하여」에서 밝힌 것과 같이 과연 과거에 대한 솔직한 자기반성에서부터 시작했는가라고 묻는다면 그 대답은 부정적이라 하지 않을 수 없다. 〈세카이〉에 게재된 최초의 한국 관련 논문은 창간 5호1946년 5월에 실린 「조선 통치의 반성」이다. 이미 1장에서 자세히 살펴본 것과 같이 마르크스 경제학자인 스즈키 다케오의 이 논문은 '반성'이라는 제목과는 달리, 식민 통치를 적극적으로 옹호하고 식민 정책의 정당성을 강조했다.

전후 진보적 지식인을 대변하는 〈세카이〉의 식민지 시대를 보는 근본 시각은 식민지 지배에 대한 반성이 아니라 찬양으로 시작하고 있다. 〈세카이〉는 그 후 오늘에 이르기까지 이 논문의 내용에 대해 전혀 해명하지 않고 있다. 다만 1995년 한국을 방문한 〈세카이〉의 편집장 야스에 료스케는 "이러한 견해는 스즈키 교수 한 사람에 그치는 것이 아니다"라며 "이를 게재한 〈세카이〉 편집부의 판단 역시 스즈키 교수의 견해와 다르지 않았을 것"이라고 설명하고 있을 뿐이다.[05] 이는 결국 새로운 도의와 문화 창조를 지향하면서 출발한 〈세카이〉도 과거사에 관해서는 여전히 편견과 차별 의식을 밑바탕에 깔고 있었음을 보여주고 있다. 그 후 '조선 문제'에 몰두한 일부 진보적 지식인의 심층에는 스즈키식의 우월 의식과 사명 의식이 그대로 자리 잡고 있었다고 생각한다.

---

05 安江良介,「日韓條約の本質-日韓關係の基本問題」, 臨時增刊號,『戰後50年と解放50年-和解未來のために』, (1995.8.), pp.32~40.

5. 「한국으로부터의 통신」

〈세카이〉가 한반도 전문지로서 확실한 지위를 확보하고, 독자를 크게 확대하는 데 결정적으로 기여한 것은 「통신」이다. 「보도에 관하여」에서 한국의 민주화에 크게 기여하고 '한국의 진실'을 외부로 전달하는 '유일한 보도기관'이었다고 스스로 높이 평가하고 있는 「통신」이 진정으로 '진실'만을 보도했나? 그렇지 않다. 이미 4장에서 살펴본 바와 같이 진실도 있지만, 그에 못지않게 조작과 거짓 '이야기'가 더 많으며, 〈세카이〉도 거짓 이야기라는 것을 알면서도 보도했다. 1987년 대통령 선거의 결과를 전달하는 「통신」의 내용은 이와 같은 거짓 '이야기'의 많은 예 중 하나일 뿐이다.

1987년의 대통령 선거 결과 노태우 후보가 민주화운동의 대표라는 김영삼과 김대중 후보를 누르고 대통령에 당선됐다. 잘 알려진 바와 같이 16년 만에 부활된 대통령 직선제에서 노태우 후보가 대통령으로 당선될 수 있었던 결정적인 이유는 당시 민주화 세력을 대표하던 김영삼과 김대중 사이의 후보 단일화가 이루어지지 않았고, 대통령 선거 구도가 1노 3김으로 만들어졌기 때문이었다. 그러나 〈세카이〉는 대선 결과를 민의의 반영으로 받아들이기를 거부하고, 노태우의 당선을 '전면적 부정선거'의 결과로 몰아갔다. 1988년 2월호와 3월호의 「통신」은 다음과 같은 거짓 '이야기'를 전달하고 있다 .

(이번의 선거는 전면적 부정선거이다.) 금권, 관권 동원에 의한 사전 투표, 투표 상자 바꾸기, 부재자 투표의 조작이 이루어졌다. 한 사람에게 여러 장의 투표용지를 주어서 이중 삼중의 투표가 이루어졌다. 기권자를 위한 대리투표가 실시됐다. 이뿐만 아니라 릴레이 투표라는 것도 자행됐다. 앞의 사람으로부터 노(태우)의 것이 기재된 투표용지를 받아서 투표하고, 다음 사람에게 노를 찍은 자신의 투표용지를 전달하는 방법을 계속하는 것이다. 트럭에 실린 많은 사람이 이번에도 집단으로 촌락 단위로 다니면서 투표하고 돌아갔다. 이러한 투표를 할 경우 1인당 10만 원의 돈이 전달된다.[06]

전두환·노태우 일당은 선거 한 달 전부터 삼성과 금성의 컴퓨터 기술자들을 데리고 컴퓨터 조작에 의한 부정선거를 준비했다 …… (선거 결과는) 컴퓨터 쿠데타였다.[07]

그리고 노태우 후보의 당선을 보도한 한국의 모든 언론을 〈세카이〉는 관제 언론으로 매도했다. "관제 언론은 부정선거 은폐→부정 투표의 은폐→부정 개표의 은폐→구로구청의 살육 은폐로 이어지는 천인공노할 '왜곡', '편향', '어용의 길'을 진행하고 있다 …… MBC, KBS, 〈조선일보〉, 〈동아일보〉, 〈중앙일보〉 등의 관제 언론은 놀랍게도 부정선거와 구로구청의 학살을 '유언비어'라고 속이고 있으나, 이는 유언비어가 아니라 '사실'이다 …… 구로에서의 제2의 광주학살 사건은

---

06 TK生, 「類例なき不正選擧」, 1988.2.
07 TK生, 「17年の歲月が流れて」, 1988.3.

…… 소설책에 나오는 이야기가 아니라 실화이다." 또한, 선거 시기와 맞물려 발생한 KAL기 폭파사건은 진실이 아니라 공포 분위기를 조성하기 위하여 한국 정부가 만들어낸 '자작극'으로 전달했다. 「통신」은 "KAL기 폭파사건은 자작 연극이다 …… 박정희 시대에는 사실을 은폐하기 위하여 공작을 했지만, 지금은 인공적으로 거짓을 사실로 만들고 있다"고 전했다.

13대 대통령 선거가 부정선거였고 컴퓨터 조작이었고, 모든 언론이 관제 보도를 하고 있었다는 〈세카이〉의 주장은 당시 한국 사회에서는 그 누구도 믿지 않았고, 그 후 증명되지도 않았다. 노태우의 대통령 당선은 앞에서도 지적했지만, 정권 교체를 갈망하는 국민의 요구를 수용하지 않고 후보 단일화를 이루지 못한 결과였다. 그리고 KAL기 폭파사건이 한국 정부가 만들어 낸 '자작극'이 아니라는 것은 그 후 명백히 밝혀진 사실로서 더 이상 설명을 필요로 하지 않는다.

〈세카이〉는 이러한 '거짓'을 오늘도 '진실'이라고 주장하고 있다. 그리고 한 걸음 더 나아가 「보도에 관하여」에서 이러한 잘못을 지적하는 데 대하여 오히려 "스스로 냉전 의식과 냉전 사고를 드러내는 것"이라고 비난했다. 그러면서 "바로 그러한 냉전과 대립의 구조를 극복하기 위하여, 그래서 민족 통일과 민주주의라는 한국 국민의 소망과 연대"하기 위하여 「통신」을 연재했다고 강조했다.

6. '반한친북' 논조

「보도에 관하여」는 〈세카이〉가 북한 편향의 논조를 지속하게 된 이유를 북한과 국교 정상화가 이루어지지 않아 '관계의 기반'이 없고, 관계가 없는 곳에서 생기는 상대에 대한 무지와 편견을 극복하기 위한 노력 때문이라고 설명했다. 그러나 〈세카이〉의 반한친북이라는 편집 방향은 한일 관계가 정상화되기 전부터 이미 명확하게 나타나고 있었다.

〈세카이〉는 1950년의 한국전쟁이 '북침'이었을 가능성이 있다고 시사하면서 친북 노선을 보이기 시작했다. 1952년 9월의 한 기사는 "평화적으로 조선 통일을 외치고 있는 북조선 측이 결코 전차로 국경을 돌파한다는 것은 침략자의 역할을 스스로 자인하는 행위로 있을 수 없다고 생각한다"라며 "남조선 측이 먼저 침공했을지도 모른다고 생각할 수 있는 증거를 여러 가지 발견할 수 있다"라고 설명하면서 한국전쟁이 '북침'에 의하여 발생했음을 은연중 내비치고 있다.[08]

재일교포 북송이 한일 양국의 심각한 문제로 대두했을 때에도 〈세카이〉는 북한은 "무료로 공급되는 주택, 국비 부담의 교육, 완전한 사회보장"이 확보돼 있는 곳으로, "인민은 희망에 따라 취업"하는 "극락정토"라고 선전하면서 재일교포의 북송을 촉구했다. 〈세카이〉의 좌파 지식인들은 이승만 정권을 미국의 '앞잡이'로 규정하고, 이승만이 자신의 정치적 생명을 연장하기 위한 수단으로 배일 정책을 택하

---

08 杉捷夫, 「ストーンの'朝鮮戰爭のかくされた歷史'など」, 1952.9.

고 있다는 논지를 폈다. 그리고 재일교포의 북송은 인류 역사상 볼 수 없었던 큰 평화운동이고, 일본과 북한을 연결하는 "우호의 가교"라고 높이 평가하면서 북송을 적극적으로 지지했다. 그러면서 한국에서 벌어지는 북송 반대운동은 이승만이 국내의 불만을 외부로 돌리기 위한 하나의 정치적 '술책'이라고 비난했다.

그 후 1980년대 말까지 〈세카이〉는 남한은 '어두운 사회'로 그리고 북한은 '희망찬 사회'로 그렸다. 북한은 통일 지향적이고 생동적이고 발전적이고 경제적으로 안정돼 있고 복지가 완벽하게 실현된 사회였다. 그러나 한국은 반통일적·사대적·비인도적인 체제이고, 경제적으로 빈곤하기 이를 데 없으며, 정치적으로 혼란한 사회였다. 한일국교정상화가 이루어지기 전에 이를 반대하는 진보적 지식인의 대표 21명이 공동으로 만든 성명서는 남과 북을 다음과 같이 평했다.

> 전후에 조선통일을 향한 운동은 …… 북조선의 적극적인 이니셔티브에 의하여 추진됐다.…… 북조선은 시종 탄력성 있는 태도로 통일을 주장해 왔다. 그것은 경제적·정치적 안정에서 북조선은 남조선에 비하여 항상 자신을 가지고 임하기 때문이다. 이에 비해 시종 소극적·부정적인 반응을 보이는 것은 남조선이고, 그 배후에 미국이 도사리고 있다 ……통일을 염원하는 민족적 요구를 권력으로 근절하려고 해온 것이 이승만 정권이었고, 현재의 군사정권이다.[09]

이와 같은 '반한친북'의 논조는 1965년 한일국교정상화 이후

---

09 「共同討議: 日韓交渉の基本的再検討」, 1964.4.

1970년대를 지나면서 더욱 극명하게 나타났다. 김일성의 주체사상과 현지지도를 높이 평가한 〈세카이〉는 김일성을 "정치, 경제, 사회, 외교, 농수산업은 물론, 도시계획, 예술, 교육 등 모든 분야에서 전문가들이 모르는 것까지 잘 알고 있는 보기 드문 지도자"로서 '전지전능'한 존재로 만들었다. 뿐만 아니라 3장에서 살펴본 바와 같이 〈세카이〉는 김일성의 주체사상, 통일정책, 확인되지 않은 북한의 발전상을 충실히 보도했다. 1990년대에도 〈세카이〉는 시대의 흐름과 상황의 변화를 평가하는 데 김일성의 판단에 의존했다.[10] 그러한 의미에서 〈세카이〉는 '김왕조의 충실한 사도'였다.

「보도에 관하여」에서 부인하는 것과 달리, 〈세카이〉는 한국의 정권을 멸시했고, 지도자를 폄하했다. 북한 지도자에 대한 평가와 달리, 남한 지도자들을 적어도 1980년대까지는 파렴치한으로 만들었다. 이승만은 독재자였고 전쟁 광신자이면서 북진광北進狂 환자였다. 그리고 박정희 이후의 정권을 군사 '파쇼' 정권으로 규정했다. 특히 〈세카이〉는 박정희를 폄하하기 위한 모든 수식어를 동원했다. 박정희는 광인狂人이고 짐승과 같은 존재였고, 그가 이끄는 한국은 거대한 정치 감옥이고 병영국가이고 광인 국가였다. 대한민국은 부패한 인간 집단이 이끌었고, 그 속에서 살아가는 민중의 삶이라는 것은 굶주림과 고통 속에

---

10 1991년 김일성을 만난 야스에 료스케는 남북 관계에 커다란 진전이 있을 것으로 기대하면서 이를 위해서는 "대통령과 주석의 정상회담밖에 없다"라고 주장했다. 그런데 그의 기대와 주장의 근거는 김일성이 야스에에게 두 정상이 "만나게 된다면, 두 사람이 무엇을 하겠습니까? 다만 평양냉면을 먹고 헤어지지는 않지 않겠습니까"라고 한 말에 두고 있다. 또한, 같은 좌담회에 참석한 다케무라 마사요시武村正義 자민당 의원은 세계정세의 변화에 따라 북한도 변할 것이라고 주장하면서 그 역시 주장의 근거를 김일성이 자신에게 "세상이 변했습니다. 세상이 변하면 당연 우리나라도 변합니다"라고 말한 것을 제시했다. 좌담회 내용에 관하여, 「なぜ、いま'日朝'打開か」, 臨時增刊號, 『日朝關係-その歷史と現在』(1992.4), pp.2~29 참고.

서 희망이라고는 찾아볼 수 없는 짐승과 같은 것이었다. 이러한 평가가 「보도에 관하여」에서 주장하는 것과 같이 진실을 바탕으로 한 것이고, 심각한 반성을 근거로 한 것이며, 남과 북의 통일을 위한 것이고, 나아가서 한민족과 일본 민족의 민족 화해를 위한 것이라 할 수 있을까?

7. 〈세카이〉의 책임

　상당한 시간이 흐른 오늘의 시점에서 당시 〈세카이〉의 논조를 평가하는 데에는 많은 편견이 있을 수 있다. 그러나 떨쳐버릴 수 없는 의문은 〈세카이〉가 집중적으로 한반도 문제를 다루었던 1960~1980년대에, 한국은 희망 없는 체제이며 북한은 지상의 낙원이란 자신들의 설정을 진정 믿었을까 하는 점이다.

　그리고 한 걸음 더 나아가 〈세카이〉는 진심으로 김일성을 세계에서 유례를 찾아 볼 수 없는 전지전능한 지도자로 생각했을까 하는 점이다. 정말로 그렇게 생각했다면 굶주림을 견딜 수 없어 생명을 걸고 북한을 버리는 탈북 유랑민이 늘어나는 오늘의 현실을 어떻게 설명할 수 있을까? 또한, 〈세카이〉가 '미친 개狂犬'이라고 불렀던 박정희는 정말로 이성도 국가관도 없고 다만 권력만을 추구한 폭군과 같은 존재라고 확신하고 있었을까 하는 점이다. 만일 확신했다면 오늘날 한국의 경제성장과 더불어 한국인들이 역대 대통령 가운데 가장 능력 있고 국정 수행을 효과적으로 실시한 대통령으로 누구보다도 박정희를 높이 평가하는 현실을 어떻게 설명할 것인가?

　〈세카이〉가 진정으로 한일 양국의 민족 화해를 지향하고, 평화, 화해, 연대, 진실을 추구했다면 이러한 의문에 대해서 "기사의 시대적 배경을 무시한 것"이라고 반박할 것이 아니라 더욱 진솔하게 지금이라도 답해야 하고, 그 해답이 부정적이라면 솔직한 자기반성과 해명이 필요하다.

한국(북한 포함)과 일본은 진정으로 민족 화해가 필요하고 아시아의 평화를 위하여 협력해야 한다. 민족 화해의 길을 열기 위해서는 과거사 문제를 털어버려야 하고, 이를 위해서는 양국 지식인의 역할이 막중하다. 특히 가해자였던 일본 지식인의 '진실'을 바탕으로 한 역할이 더욱더 중요하다. 그동안 〈세카이〉가 과거사에 관하여 비판적 입장을 견지하면서 선린의 관계 정립을 위하여 노력한 점이 있다는 것을 부정하지 않는다. 그러나 그러한 노력은 진정한 민족 화해를 위한 것이라기보다는 심층에 깔려 있는 우월 의식을 바탕으로 인권과 양심을 내세워 북한을 떠받들고, 민주화라는 이름으로 남한을 질타하는 방향으로 나아갔다. 이 때문에 화해로부터 더 멀어지는 결과를 초래했다.

「보도에 관하여」는 〈세카이〉도 북한을 무비판적으로 옹호한 것이 아니라 문제점이 있다는 것을 지적했음을 강조하고 있다. 1990년대 후반부로 넘어오면서 〈세카이〉도 북한의 인권이나 자유, 또는 체제와 경제적 어려움에 대하여 의문을 표시하기는 했다. 그러나 그러한 의문과 문제 제기는 지극히 부분적이고 지엽적인 것에 불과하다.

핵 문제가 현실화된 1990년대에도 〈세카이〉는 여전히 북한의 지도자와 주체사상을 높이 평가했고 체제를 옹호했다. 김일성의 사망 직후 편집한 특집에서 대담을 한 야스에 료스케와 무샤코지 긴히데는 김일성을 "제2차 세계대전 후 아시아의 커다란 존재"로서 "분단국가로 대단히 어려운 상황에서 '민족자결'과 '자력갱생'을 확실히 추진하고 구축한 리더"였고, "전후 제3세계의 리더로서 반파시즘을 위하여 투쟁한 최후의 영웅"이라고 평가하는 데 의견을 같이했다.

김정일 또한 김일성을 이어갈 "평화적인 사회주의 건설의 중심에 서 있는" 강력한 지도자였다. 특히 무샤코지는 김정일 지도하에 북한이 개방 체제로 진입할 것으로 예상하면서, 주체사상이 이 과정에 중요한 역할을 할 것으로 다음과 같이 주장했다.

> (주체사상은 북한이) 개방경제를 채용할 경우 중국 또는 소련이 체험한 것과 같은 혼란에 빠져들지 않게 하기 위한 통제의 사상으로 의미가 있지 않나 생각합니다. 밖에서 보기에는 (주체사상이) 대단히 이상한 사상이라고 생각할 수 있지만, 이는 지금부터 김정일 서기를 중심으로 시장원리를 바탕으로 하는 사회주의로의 이행을 가능하게 할 수 있는 이데올로기적인 준비가 될 것으로 생각합니다.[11]

하지만 김정일의 시대가 끝나고 김정은의 시대가 이어진 오늘도 북한 사회는 여전히 철저한 통제와 감시 속에 있다.

「보도에 관하여」에서 해명하는 것과 같이 〈세카이〉도 1990년대에는 북한의 상황과 현상에 대하여 비판과 의문을 제시했다. 그러나 그 비판과 지적은, 한국 정부를 타도의 대상으로 삼는 비판과 달리, '이해'를 전제로 깔고 있다. 앞의 좌담회에서 야스에 료스케는 북한의 입장을 다음과 같이 이해해야 한다고 밝혔다.

---

11 安江良介/武者小路公秀,「朝鮮を見る眼と日本」1994.9.

북조선 자체에 어떤 문제가 있는지라든가, 인권과 자유의 문제는 어떤가와 같은 북조선 자체의 문제와 북조선을 우리가 어떻게 볼 것인가는 반드시 준별해야 할 것입니다. 이뿐만 아니라 북조선을 리비아와 같은 국가로 보는 경향이 종래부터 있어 왔습니다. 스파이나 게릴라적 공작 등과 같은 것이 흔히 지적되고 있으나 그런 면이 있는지 없는지 나로서는 그것을 증명할 수 없지만, 남·북조선이 냉전 체제 속에 가장 깊이 빠져 있었다는 사실을 이해하지 않으면 안 된다고 생각합니다.[12]

미국의 핵잠수함이 일본 영해에 진입하는 것 자체도 반대할 정도로 일본의 지식인, 특히 진보적 지식인들은 핵 문제에 대해서 강경하고도 민감한 반응을 보여 왔다. 그러나 이상할 정도로 북한 핵 개발에 대해서는 관대한 입장을 취했다.

오랫동안 북한을 적극적으로 지지해 온 야마모토 쓰요시山本剛士는 북한의 경제 사정 악화, 군비 지출 과다, 한국의 러시아 및 중국과의 관계 정상화, 한국과 미국의 군사동맹 등을 감안한다면 "북조선과 러시아 및 중국과의 군사동맹이 유명무실한 상태"에서, 북한이 손쉽게 택할 수 있는 대안으로 "핵병기나 생화학무기의 개발에 관심을 가지는 것은 전혀 놀랄 일이 아니다"라는 것이다. 그러면서 북한으로 하여금 "핵무장의 유혹으로부터 멀리하게 만들고, 미사일 수출을 저지하기 위해서는 북조선의 경제를 향상시키고 군사비를 경감할 수 있는 국제 환경을 만들어야 한다"라는 것이다. 즉, 북한에 대한 제재가 아니라 한국과 북한, 미국과 북한, 그리고 일본과 북한의 관계 정상화를

---

12 「なぜ,いま'日朝'打開か」, 臨時增刊號, 『日朝關係-その歷史と現在』, p.27.

위하여 미국과 한국과 일본은 더욱더 적극적인 자세를 취하고, 공동 지원 방안을 모색해야 한다는 주장이다.[13]

한 걸음 더 나아가 무샤코지는 북한의 핵 개발은 "일본에서는 이해할 수 없는 제3세계의 논리가 있다는 사실"을 알아야 한다면서 북한 핵 문제를 다음과 같이 변호했다.

> 나는 원자력 문제에 대해서도 (북한의) 핵 개발의 주목적은 평화적 이용이지만, 군사적 이용도 가능한 연구 형태로 진행된 것이 아닌가 합니다. (북한의 핵 개발을) 밖에서 보면 대단히 위험한 것이지만 안에서 본다면 사회주의 건설이라는 어려운 길을 가면서, 그 위에서 안전보장의 문제와 모순되지 않는 형태로 만들어 나가는 것이 중요하지 않겠습니까.[14]

야스에도 이에 적극적으로 동조했다. 야스에는 자신이 1972년 김일성을 만났을 때 그가 "우리는 핵무기를 개발할 자금도 없고 생각도 하지 않는다"라고 확약한 발언을 상기시키면서, 김일성은 초기 단계에 핵에너지 개발 자체에도 부정적이었다고 북의 입장을 변호했다. 그러나 소련의 붕괴로 에너지 공급의 문제와 경제적 어려움에 직면하면서 북한은 이 문제를 해결하기 위하여 핵 개발에 착수하지 않을 수 없었다는 것이다.

야마모토, 무샤코지, 야스에 모두가 북한의 핵 개발을 찬성하지는 않았지만 이해하는 입장을 취했다. 그러면서 우려했던 것은 북한의

---

13 山本剛士,「北朝鮮を語る前提とは」, 1993.10;「日本外交がなすべきこと」, 1994.5.
14 安江良介/武者小路公秀,「朝鮮を見る眼と日本」.

핵 개발을 계기로 동아시아에서 미국의 핵무장 강화나 한국이나 일본의 핵 보유라는 형태로 핵이 연쇄적으로 확산되는 것이다. 즉, 북한의 핵 개발이라는 본질적인 문제는 비껴가고 오히려 북한의 핵 개발을 어느 정도 이해하는 입장에서, 북한을 빌미로 한국이나 일본이 핵무장하는 것은 저지해야 한다는 태도이다. 그리고 '저지'하기 위해서 북한의 사정을 이해하고, 그 대안으로 미국과 북한, 그리고 일본과 북한의 관계 정상화를 제시했다.

〈세카이〉가 힘주어 강조하는 것과 같이 북한과 미국 및 일본의 관계 정상화는 속히 이루어져야 한다. 한국도 북일 관계 정상화를 위해서 할 수 있는 모든 노력을 아껴서는 안 된다. 그리고 〈세카이〉가 북한의 상황과 입장을 이해하고 대변하면서 북한이 국제사회의 일원으로 활동할 수 있도록 지원하는 것 또한 바람직하고 앞으로도 지속해야 할 역할이다.

그러나 문제는 남과 북을 보는 〈세카이〉의 이중 잣대와 진보적 지식인의 이중성과 허위의식과 자기기만이다. 1990년대 초까지 〈세카이〉는 양심, 인권, 자유, 민주, 평등 등과 같은 가치를 내세워 한국 정권을 '군사 파쇼'로, 지도자를 '독재자'로 규정하고 비판했다. 그러나 그들은 한 번도 같은 가치 기준으로 북한을 보지 않았다. 그들에게 북한은 항상 평화를 지향하는 사회주의 체제이고, 지도자는 위대한 민중의 영웅이었다. "언제나 정치보다 휴머니즘을 우선했다"라는 야스에 료스케의 휴머니즘은 한국에게만 적용됐지 북한과는 전혀 무관한 것이었다.[15] 한국 사회에서 권력자와 민중의 관계는 끊임없는 갈등과 투쟁의 연속이었지만, 북한은 "지도자를 절대적으로 믿고, 단결하여

15　池明觀,『池明觀自傳: 境界線を超える旅』, p.133.

철저하게 돌격정신에 충실한" 국가였다.[16]

　진보적 지식인들은 재일교포의 북송을 반대하는 한국인의 데모는 이승만의 정치적 조작이라고 비난하면서, 북한은 인도주의에 충실하게 재일교포들을 받아들이고 있다고 찬양했다. 한국에서 전개된 새마을운동은 박정희 체제를 연장하기 위한 대중동원의 수단이라고 비판하면서, 북한에서 전개된 천리마운동은 소극주의를 배제하고 생산을 증가시키기 위한 운동이라고 높이 평가했다. 그들은 북한이 발표한 통계나 성명을 절대시하면서도, 북한 특수부대의 파괴공작이나 KAL기 폭파와 같은 사건은 한국 정부가 조작한 것이라고 보도했다. 또한, 북한은 일관되게 통일이라는 민족문제를 최상위의 과제로 삼아 온 '정통성' 있는 정부이지만, 한국은 반통일적이며 미국에 종속된 '식민지 파쇼 체제'로 선전했다.

　〈세카이〉는 「보도에 관하여」에서 이러한 불균형적 편집을 관계가 없는 북한의 의견과 주장을 일본에 소개하여 북한에 대한 무지와 편견을 극복하기 위한 노력이라고 강변하고 있다. 그러나 〈세카이〉는 진실을 보도하지 않았고, 따라서 무지와 편견을 극복한 것이 아니라 오히려 심화시키는 결과를 만들었다.

　한반도 문제를 통하여 그동안 〈세카이〉가 보여준 진보적 지식인의 이중성과 허위의식, 자기기만의 껍질을 깨지 않는 한 「보도에 관하여」에서 강조하는 "(한일) 민족 간의 화해와 남북분단의 극복이라는 커다란 과제"에 기여하는 역할을 기대하긴 어렵다.

　프랑스 지성을 대표하는 앙드레 지드André Gide는 한때 열렬한 공산주의자였고 소련 찬미론자였다. 그는 1933년에 공산주의의 종주국

16　和田春樹, 「遊擊隊國家の成立と展開」, 1993.10.

인 소련을 찬미하면서 "거기서는 전례 없는 실험이 시도됐고, 우리의 가슴을 희망으로 부풀게 했으며, 우리는 거대한 진보와 온 인류를 송두리째 이끌어갈 만한 일대 비약에 대한 기대를 거기에 걸었다"라고 했다. 그리고 "우리 정신 속에 문화의 흥망은 소련의 운명과 연결되어 있다. 우리는 소련을 옹호할 것이다"라고 할 정도로 공산주의와 소련에 매료돼 있었다.

그러나 소련의 실체를 보고 그는 자신의 희망과 기대가 환상이었음을 깨달았다. 이론異論이 존재할 수 없는 획일성, 당의 무오류성, 스탈린 숭배, 공산주의만을 위한 예술, 빵을 배급받기 위하여 길게 늘어선 인간 행렬. 지드는 이런 상황 앞에서 "정말 저 사람들이 혁명을 일으킨 사람들일까? 아니다. 그들은 혁명의 결과를 이용하고 있는 사람들이다"라고 절규하면서 크게 실망했다. 그리고 그는 소련과 공산주의에서 돌아섰다. 그는 소련과 결별하면서 자신의 과오를 다음과 같이 솔직하게 인정했다.

> 내가 처음에 속았다면 최선의 길은 내 과오를 되도록 빨리 인정하는 것이다. 왜냐하면 나는 이때의 내 과오가 이끌어 넣은 사람들에 대하여 책임을 면할 수 없으니까. 이 경우 자존심 따위는 문제가 아니며, 나는 그러한 자존심은 별로 가지고 있지도 않다. 내 눈에는 나 자신보다 더 중대한 일, 소련보다도 더 중대한 일이 있다. 그것은 인류이며, 인류의 운명이며, 그 문화

이다.[17]

　〈세카이〉나 〈세카이〉에 적극적으로 참여했던 그 누구도 지난날 보여준 한반도 문제에 대한 오류에 대해 솔직한 자기 고백과 반성을 하지 않았다. 그저 침묵하고 있을 뿐이다. 식민 통치를 찬양한 데 대해서도, 인도주의라는 이름으로 10만 명에 가까운 재일교포와 일본인을 북한으로 몰아냈던 비인도적 처사에 대해서도, 북한은 가장 인간적인 생활공동체이며 한국은 거대한 정치감옥이라는 주장에 대해서도, 북한과의 관계 정상화를 열심히 강조했던 1970년대와 1980년대에 발생한 일본인 납치 문제에 대해서도, 북한의 핵 개발에 대해서도 침묵하고 있다. 이는 "천지에는 대의人義가 있고, 인간에게는 양심이 있고, 진리보다 더 부드럽고 강한 것은 없다"라는 발행인 이와나미 시게오의 신념과도 배치되고, 전후 일본 사회에 수준 높은 '도의와 문화를 창조한다'는 창간 취지에도 역행하는 것이다.

17　앙드레 지드/김붕구 역, 「소련에서 돌아오다」, 『앙드레 지드 전집』 IV, (희문출판사, 1965), p.351.

6장

〈세카이〉 리뉴얼

"북한의 통치자들은 말로는 사회주의 지상낙원을 건설하고 청년 학생들의 희망을 꽃피운다고 하지만, 실제로는 독재를 강화하기 위해 개인을 우상화하고 정권을 세습해가며 이 땅의 북반부를 생지옥으로 만들었을 뿐이다."

_황장엽, 『回顧錄』

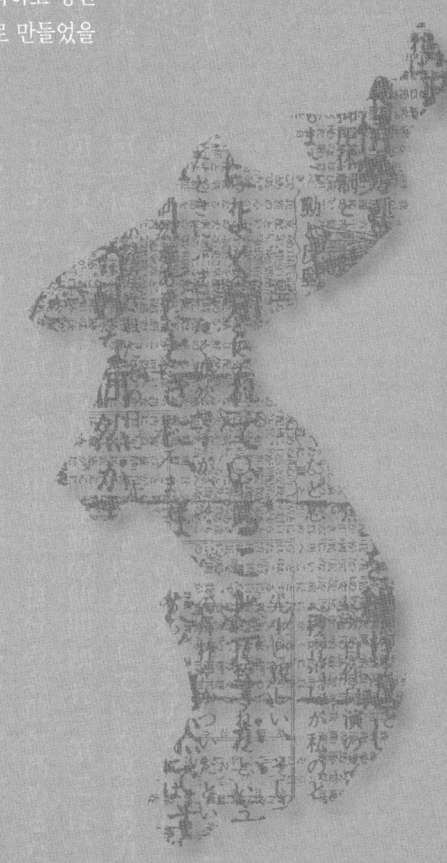

1. 북한의 핵과 〈세카이〉

1945년 8월 히로시마와 나가사키에 투하된 원자폭탄은 한순간에 20여만 명의 생명을 앗아갔고 도시를 초토화했다. 이로 인해 태평양전쟁은 종식됐지만, 일본인이 받은 충격은 가공할 만한 것이었고 그 후유증은 오래오래 계속됐다. 인류 유일의 핵 피해국인 일본은 그 후 핵 개발에 민감한 반응을 보여왔다. 정부는 1967년 "핵무기를 보유하지 않고, 만들지 않고, 반입하지 않는다"는 비핵3원칙非核3原則을 확정하고 오늘까지 이를 국시國是로 삼고 있다.

〈세카이〉 역시 예외가 아니었다. 〈세카이〉는 창간 초기부터 원자력과 핵무기에 관하여 깊은 관심을 보였다. 창간 3월호에 당시 대표적 원자물리학자인 니시나 요시오仁科芳雄의 「원자폭탄」과 K·K생이라는 익명 필자의 「원자폭탄이 가능하기까지」라는 글을 게재함으로써 핵무기에 관한 관심을 보였다. 그 후 미일강화조약, 자위대와 자위력, 재무장, 평화 등의 문제와 연결하여 〈세카이〉는 '핵 문제'를 꾸준히 논의의 주제로 삼아왔다. 특히 1952년 미국의 수소폭탄 실험 후 대량 파괴 무기 개발에 깊은 우려를 보이면서 〈세카이〉는 "특집"을 꾸리기 시작했다. 1955년 "일본의 원자력"7월호이라는 주제의 특집 이후 그 빈도도 잦아졌다.[01]

이처럼 핵 개발과 핵확산에 민감한 반응을 보여온 〈세카이〉가 유독

---

[01] 1956년에는 2월호에 "原子力と今日の問題", 4월호에 "ふたたび世界に訴える-水爆實驗に對する日本人の發言", 두 차례 특집을 마련했고, 그 후 거의 매호 핵 군비와 핵전쟁의 재앙에 관한 글을 게재했다.

북한의 핵 개발에 대해서는 '이상할' 정도로 관대한 태도를 보였고, 국제사회를 향하여 북한의 주장을 대변하고 옹호했다. 1970년대 이후 세계가 의심의 눈초리로 북한의 핵 개발을 주시할 때도 〈세카이〉는 북한의 편에 서서 이를 강력히 부인했다. 그리고 1990년대 북한의 핵 개발이 사실로 드러났을 때는 그 개발의 불가피성을 주장했고, 2006년 핵실험 후에는 미국의 핵 위협 속에서 전쟁억지력을 갖추려는 조치였다고 옹호했다. 1950년대와 60년대 북한을 '지상의 낙원'으로 열렬히 홍보했던 〈세카이〉가 70년대 이후에는 북한의 핵 문제 '대변인' 역할을 자처하고 나섰다.

북한의 핵 개발

북한의 핵 개발이 어떤 과정을 밟아 발전했는지 정확히 알 수 없으나 대체로 소련의 기술지원을 받으면서 시작한 것으로 알려져 있다. 1950년대 초 북한은 소련과 원자력의 평화적 사용에 관한 협정을 체결하고, 이 협정에 따라 1950년대 중반 약 30여 명의 물리학자를 소련의 핵 연구소에 파견했다. 그리고 1960년대 초 소련의 도움을 받아 영변에 원자력연구센터를 설립하고 연구용 원자로를 건설했고, 이를 1967년부터 가동을 시작한 것으로 알려져 있다.

북한이 언제부터 독자적 개발을 실행했는지는 알 수 없다. 다만 1974년 김일성이 원자력 발전소 건설의 필요성을 여러 차례 강조한 것으로 보아 이미 이 시기부터 독자적 핵 개발에 주력했던 것으로 추측된다. 1970년대 말부터는 자체 연구를 통해 자력으로 핵무기의 원재료가 되는 플루토늄을 더 많이 생산하고 채취가 쉬운 흑연로黑鉛爐

를 영변에 건설하고 1986년부터 가동하는 데 성공했다.

　북한은 1985년 핵확산금지조약NPT에 가입했고, 1992년 국제원자력기구IAEA와 핵안전협정에 서명했다. 핵안전협정에 따라 IAEA는 1992년 5월부터 북한이 신고한 14개 핵시설에 대해 임시특별사찰을 시행했다. 사찰 중간단계에 IAEA는 북한이 제출한 보고서에 적시한 플루토늄의 양이 실제량과 일치하지 않았고, 신고한 핵시설 외에 영변 핵 단지의 의심지역 2개를 발견했다. IAEA는 미신고된 2개 시설에 대한 특별사찰 요구 결의안을 채택했다. 그러자 북한은 이에 맞서 1993년 3월에는 유엔 안전보장 이사회에 NPT 탈퇴방침을 통고했다. 이때부터 북한의 핵 문제는 심각한 국제적 위기로 부상했다.

　이미 당시 북한의 핵무기와 미사일 개발은 상당한 진척이 있었던 것으로 알려졌다. 러시아의 블라미디르 쿠마체프 안보연구원 고문은 1994년 2월 AFP통신과의 회견에서 "우리가 입수한 정보에 의하면 북한은 핵무기를 보유하고" 있고, "전체주의 체제 아래 있는 특정 아프리카 국가 여러 곳에서 이미 핵실험을 실시"했고, 또한, 미사일의 사정거리를 늘리기 위해 "독자적으로 완성한 발사 차량도 보유하고" 있다고 확인했다. 제임스 울시 미국 CIA 국장 또한 의회에서 북한은 "미국 서부해안을 공격할 수 있을 정도의 미사일 대포동TD2 개발을 완료"했다고 증언했다.[02]

　그 후 북한은 2006년 제1차 핵실험을 실행하기까지 김일성-김정일-김정은 3대를 거치면서 핵폭탄과 핵탄두를 운송할 수 있는 장거리 탄도미사일ICBM 개발에 총력을 기울였고 성공을 거두었다. 북한은 이 과정에서 한국과 미국은 물론 국제원자력기구나 유엔안전보장 이

---

02 〈경향신문〉, 1994.2.15. 〈동아일보〉, 1994.3.25.

사회뿐만 아니라 소련과 중국에 대해서도 협상과 재협상, 기만, 위협, 시간 끌기, 벼랑 끝 전술 등을 구사했다. 그러면서 NPT 탈퇴 선언, IAEA 사찰관 추방, 핵 동결 해제조치 선언과 핵시설 봉인과 감시 카메라 제거, 탄도미사일 시험발사 등을 강행했고, 2005년 2월에는 "자위를 위해서" 핵무기 제조와 보유를 공식 선언했다. 그리고 2006년 10월에는 1차 핵실험을 실시했고, 그 후 국제적 압력과 반대 속에서 2017년 9월 6차까지 실험을 강행했다. 6차 실험 2달 전인 2017년 7월에는 대륙간탄도 미사일ICBM-화성 14형 시험발사에 성공함으로써 '사실상' 핵보유국의 입장을 다졌다.

북한이 핵 개발을 완수하기까지 〈세카이〉는 핵 개발 부인, 핵 개발 불가피, 그리고 핵 보유 인정 등 세 단계를 거치면서 북한의 핵 개발 프로그램을 옹호했다.

핵 개발 '부인론'

돌이켜보면 북한은 1970년대 이후 비밀리에 독자적으로 핵과 미사일 개발을 본격적으로 추진했음을 알 수 있다. 물론 대외적으로는 이를 강력히 부인했고, 또한 한반도 비핵화를 강조했다. 핵 개발에 관한 북한 정부의 공식 입장은 1990년대 초까지 세 차례 김일성이 직접 확인했고, 〈세카이〉가 이를 충실히 대변했다.

김일성은 1976년 초 처음으로 국제사회를 향하여 북한은 핵 개발에 관심 없고 한반도 비핵화를 위해 노력한다는 주장을 〈세카이〉를 통해서 밝혔다.[03] 〈세카이〉의 편집장 야스에 료스케는 1976년 3월 28일 김일성과의 단독회견에서 핵 개발 문제를 제기했다. 야스에는 핵무기가

---

03 1976년 회견기.

"전쟁억지력이 될 수" 있다는 논리, 미국이 "한국에 많은 핵탄두를 배치하고" 있다는 현실, 그리고 한반도에서 전쟁이 일어날 때 "미국의 핵무기 사용 가능성" 등을 지적하고 핵무기개발에 대한 북한의 견해를 물었다.

김일성의 대답은 간결했고 확실했다. "우리는 핵무장을 하겠다는 생각이 없습니다. 우리에게는 핵무기를 생산할 만큼의 돈도 없을뿐더러 핵무기를 생산하여 실험할 마땅한 장소도 없습니다." 그리고 한반도에서 전쟁이 일어나면 미국이 핵무기로 공격한다는 선전은 "우리를 위협하는 으름장"이라고 평가했다. 그 이유를 김일성은 다음과 같이 설명했다.

> 만일 조선에서 전쟁이 일어난다 해도 미 제국주의자는 핵무기를 사용할 수 없습니다. 조선에 전쟁이 일어나면 이는 적과 아군이 사각 링 안에서 씨름하는 것과 같은데 어떻게 핵무기를 쓸 수 있겠습니까? 적이 핵무기를 사용할 경우 자신들도 죽을 수밖에 없습니다. 그래서 나는 조선에서 전쟁이 일어나면 핵무기를 사용한다고 말하는 사람을 어리석은 자라고 부릅니다.

그러면서 그는 "우리는 남침할 의도를 가지고 있지 않고, 또한 조선에서 전쟁이 일어난다 해도 핵무기를 사용할 수 없으므로 우리에게는 핵무기가 필요치 않습니다."라고 다시 한번 핵 개발 가능성을 강하게 부인했다.

야스에는 김일성의 핵 개발 부인론을 그대로 〈세카이〉 6월호에 전했다. 그러면서 그는 "서방과 일본의 저널리즘은 억측과 고정관념을 토대로 '북의 호전성'이라든가 '남침 가능성'을 보도하고 있다."라고 일본과 미국 언론의 북한 관련 보도 태도를 비판했다.

야스에가 전하는 김일성의 두 번째 핵 개발 부인은 1985년 8월호 〈세카이〉에 보도했다.[04] 해방 40주년을 기념하여 6월 9일 가진 야스에와의 단독회견에서 김일성은 북한은 핵을 개발하지 않고 비핵화를 위하여 노력한다는 기존의 주장을 반복했다. 그뿐만 아니라, 한 걸음 더 나가서, 그는 세계대전으로 발전할 수 있는 핵전쟁을 원천적으로 차단하기 위해서 한반도를 포함한 동아시아를 "비핵지대, 평화지대로 설정"할 것을 제안했다. 이를 위해서 한반도 주변에 배치된 핵무기를 철거하고, 이 지역에서 핵무기의 실험과 제조, 저장과 반입, 사용을 일절 금지하고, 최종적으로 한국과 일본의 미군 기지를 해체할 것을 요구했다.

하지만 1976년 회견에서 핵무기개발의 필요성을 전적으로 부인했던 것과 달리 그는 유보적 태도를 보였다. 김일성은 한편으로는 핵무기 폐기와 비핵지대 설치를 주장하면서도, 다른 한편으로는 핵무기의 유용성을 인정하고 있었다. 특히 '핵 보유'가 강대국과 '힘의 균형'을 유지하는 수단이 될 수 있다는 점을 은연중에 시사했다. 그리고 그는 "핵무기는 제국주의자의 독점물이 아니다"라는 점도 강조했다.

핵 우위의 지위에 있는 강대국도 엄청난 파괴력을 지닌 핵무기를 두려워하고 있고, 또한 핵무기는 오직 미국이나 소련만이 '독점'할 수 있는 무기가 아니라는 것을 강조했다. 이는 1976년 회견에서 부인했던 핵무기의 '전쟁억지력'을 긍정적으로 수용하고 있고, 핵무기를 보유한다는 자체가 곧 강대국과 대등한 지위를 확보할 수 있다는 것을

---

04 1985년 회견기.

암시하고 있다. 2006년 10월 9일 북한이 제1차 핵실험 후 핵과 미사일 개발은 힘의 균형과 평화와 안정을 보장해 준다고 선언한 것과 맥을 같이하고 있다.

김일성은 1991년 말 세 번째 핵 개발 부인론을 국제사회에 전했다.[05] 앞의 경우와 마찬가지로 〈세카이〉의 야스에와 단독회견 방식을 통해서였다. 이 회견에서도 그는 "조선민주주의인민공화국은 비핵국가입니다."라고 핵 개발 가능성을 완전히 부인했고, 또한 한반도에서 핵전쟁의 위험을 원천적으로 제거하기 위한 한반도의 비핵지대 구축을 다시 한번 강조했다. 동시에 그는 IAEA가 요구하는 핵사찰의 부당성을 강하게 비판하면서 수용할 수 없음을 확실히 말했다.

> 우리는 핵무기를 개발할 의사도 없고 능력도 없습니다. 그뿐만 아니라 우리는 핵 사찰에 반대하지 않습니다. 우리가 반대하는 것은 핵 사찰 그 자체가 아니라, 일부 국가가 국제 정의에 반하여 일방적으로 우리에게만 핵 사찰을 강요하는 부당한 행위이기 때문입니다.

김일성이 강조하는 '국제 정의에 반하는 부당한 행위'란 무엇인가? 그의 설명에 의하면 북한은 비핵국가이고, 국제사회에서 누구에게도 핵 위협을 가하고 있지 않다. 오히려 핵 위협을 받는 국가이다. 한국에는 다량의 미국 핵무기가 배치돼 있고 이는 북한을 향하고 있다. 그런데도 북한에 대해서만 "강요"하는 핵사찰은 "우리나라의 자주권에 대한 난폭한 침해"이고, 따라서 북한은 이를 수용할 수 없다는 것이

---

05 1991년 회견기.

다. '공정한' 핵사찰을 위해서는 "남조선의 핵기지에 대해서도 사찰을 실행해야" 한다는 것이었다. 즉 남북한 동시의 핵사찰을 요구하고 있는 것이었다.

김일성 생전의 마지막 회견이기도 한 이 회견록에서도 야스에는 '핵 개발의 의지도 없고 능력도 없다'는 김일성의 주장을 충실히 대변하고 있다. 그는 "주석이 솔직히 말하고 있는 것과 같이" 북한이 핵개발을 하고 있지 않은데도 핵사찰을 요구하는 것은 옳지 않고, 더욱이 북한의 자주성을 침해하는 사찰은 부당하다고 강조했다.

김일성의 핵 개발 부인과 남북한 동시 사찰 요구는 북한 고위층에 의해서 반복됐고, 〈세카이〉가 이를 대변했다. 김일성과의 회담 직후 야스에가 만난 김영남金永男 외상은 북일관계정상화를 위한 회담 의제에 일본이 북한의 핵사찰을 포함하고 있는 것은 대단히 잘못된 것이라고 비판했다. 물론 한반도에서 핵무기가 사용되면 일본도 같이 위험에 빠지게 되기 때문에 일본인이 핵 문제에 큰 관심을 보이는 것을 "충분히 이해"한다고 동의하면서 "우리는 핵 개발을 하고 있지 않습니다. 능력도 없고 필요도 없습니다."라고 강조했다. 이어서 그는 "남한에는 이미 대량의 핵무기를 배치하고 있고, 바닷속에서도 핵 공격을 할 수 있는 시스템을 구축했음에도, 왜 일본은 북한의 '핵'에 대해서는 열심히 문제 삼으면서 남쪽의 핵 공격 체제에 대해서는 문제 삼지 않습니까?"라고 문제를 제기했다. 야스에는 김영남의 이러한 주장에는 "충분히 타당한 이유가 있다"고 동의하면서, 서방 진영에서 북한의 핵 '의혹'을 보는 시각에 문제가 있음을 지적했다.

김일성 회견 직후 조선노동당 비서이며 통일선전부장인 김용순金容淳 또한 국제무대에서 김일성의 주장을 되풀이했다. 그는 1991년

11월 오스트리아에서 개최된 IPU총회에 참석해서 "우리는 핵무기를 개발할 의지도 없고 능력도 못 된다. 우리는 핵무기도 핵무기시설도 없으므로 보장조치협정에 조인하고 국제적 사찰을 받을 용의가 있다."라고 주장했다. 그리고 NPT 조인국가 가운데 핵 위협을 직접 받는 나라는 북한뿐이라는 점을 강조했다. 즉 한국에 배치한 미국의 핵무기를 지적하면서 남북한 동시 사찰을 요구했다.[06]

김일성이 핵개발을 부인하고 IAEA 사찰을 거부할 이 시기에 이미 북한의 핵 개발은 상당히 진척돼 있었다. 1997년 한국으로 망명한 황장엽에 의하면 북한에서는 핵 개발이 상식화되어 있었다. 소련은 북한의 핵 개발을 문제 삼고 북한에 체류하고 있던 핵 전문가들을 모두 본국으로 송환할 정도로 북한은 강력하게 추진하고 있었다. 또한, 미사일의 사정거리를 늘리기 위해 독자적으로 완성한 발사 차량을 가지고 있었다고 한다.

핵 개발 '불가피론'

앞에서 지적했듯이 북한이 1993년 3월 12일 유엔 안전보장 이사회에 NPT 탈퇴방침을 공식 통고하면서 북한의 핵 문제는 심각한 국제적 위기로 부상했다. IAEA의 사찰과 NPT 탈퇴 선언(후에 유보 표시)으로 북한의 핵 개발 '의혹'의 실체가 현실로 드러났다. 〈세카이〉도 더는 김일성의 "우리는 핵 개발 의지도 없고 능력도 못 된다."는 기존의 주장을 계속 지지할 수 없게 됐다. 그렇다고 북한을 비난하거나 핵 개발 중단을 촉구하지도 않았다. 오히려 북한의 핵 개발 불가피성을 전

06　ピーターヘイズ, 「南北朝鮮: 核の難問をいかに解くか」, 1992.1.

개하면서 북한의 입장을 옹호하는 태도로 변했다.

〈세카이〉는 1993년 5월호부터 북한의 핵 개발 '의혹' 문제를 적극적으로 취급했다. 1990년 자민당 부총재 가네마루 신과 함께 평양을 방문하여 김일성과 회담을 가졌던 사회당 위원장 다나베 마코토와의 '긴급' 인터뷰, 물리학자 도요다 도시유키豊田利幸의 북한의 원자력 정책, 아사히 신문의 요시다 후미히코吉田文彦.(뒷날 나가사키 대학 핵무기폐기연구센터장) 등의 북한의 핵 개발 현상을 '추리推理'한 기사를 게재했다. 10월호에는 "북조선의 현재"라는 핵 문제 특집을 꾸몄다. 11월호에는 일찍이 북한을 '지상의 낙원'이라고 홍보했던 언론인 미야타 히로토宮田浩人가 북한의 핵 문제를 보도하는 일본 언론의 보도 양태를 비판하는 글을 실었다. 그리고 1994년에는 1월호에 "북조선의 핵 의혹에 어떻게 대처하는 것이 좋을까?"라는 주제의 좌담회를 시작으로 매호 북한의 핵 문제를 의제로 삼았고 세 차례 특집을 편집했다.[07] 특히 5월호에는 북한의 핵무기 제조 프로그램이 "현 단계에서는 직접 군사적 위기를 불러온다고 보는 것은 적절치 않고", 군사적 분쟁을 피하기 위해서 "교섭의 길을 찾는 것이 생산적"이라는 미국 평화연구소의 보고서를 번역 보도했다."[08]

그동안 김일성의 핵 개발 '부인론'을 충성스럽게 대변했던 〈세카이〉의 논조가 1994년부터는 핵 개발 '불가피론'으로 바뀌었다. 불가피론을 전개한 논객들은 그동안 친북한-반남한 운동을 주도했던 좌파 진보지식인들이다. 〈세카이〉 편집장 지낸 야스에를 비롯해서 스미야 미키오, 무샤코지 긴히데, 사카모토 요시카즈, 와다 하루키, 야마모토

---

[07] 세 차례 특집은 5월의 "韓半島の緊張を考える"; 8월의 "朝鮮半島の危機と日本"; 9월의 "金日成後の朝鮮半島" 등이다.

[08] 米平和研究所,「交渉こそが最も有効なアプローチである」, 1994.5.

쓰요시, 마에다 야스히로, 요시다 야스히코, 미야타 히로토, 오카모토 아쓰시 등, 그리고 핵 전문가로 알려진 요시다 후미히코, P. 헤이즈 Peter Hayes 등이다. 이들 대부분은 그동안 북한을 몇 차례 방문한 경력이 있고, 김일성의 '주체사상'과 '자력갱생' 노선을 적극적으로 지지하면서 한국사회의 어두운 면을 극대화하고 한국정부 타도에 앞장섰던 인물들이다.

〈세카이〉는 북한이 NPT 탈퇴를 선언했고 핵 개발 '의혹'이 현실문제로 등장했음에도 북한의 입장을 옹호하는 태도를 보였다. 즉 북한이 핵무기를 개발할 수밖에 없는 '불가피성'을 인정해야 한다는 논리를 폈다.

앞에서 보았듯이 〈세카이〉의 편집장 야스에는 1990년대 초까지도 김일성의 핵 개발 부인론을 앞장서서 대변한 인물이다. 그는 여러 차례 북한은 핵을 개발할 자금도 없고 생각도 하지 않는다는 핵 개발 부인론을 국제사회에 전했다. 북한의 특별사찰 거부와 NPT 탈퇴 선언 후에도 그는 여전히 북한의 핵 개발을 부인하는 태도를 보였다. 그러면서도, 만일 북한이 핵 개발을 진행하고 있다면 이는 자의에 의한 것이라기보다는 북한이 처한 "어쩔 수 없는 상황" 때문이라는 것이었다.[09]

북한이 처한 '어쩔 수 없는 상황'이란 무엇일까? 이는 20세기의 마지막 10년 동안 벌어진 역사적 대변혁과 북한이 처한 상황을 뜻하고 있다. 1980년대 말의 동유럽 몰락과 천안문 사태, 1990대에 벌어진 베를린 장벽 붕괴와 독일 재통일, 소비에트 연방 해체, 냉전이 종식과

09　安江良介·武者小路公秀,「朝鮮を見る眼と日本」, 1994.9.

공산주의 체제 국가의 몰락 등이 이어졌다.

한반도를 둘러싼 국제환경도 크게 변했다. 한국은 그동안 단절됐던 러시아 및 중국과 국교 정상화를 체결했다. 북한이 의존하고 있던 러시아나 중국과의 동맹 관계는 질적으로 변했다. 러시아와 중국에 의존해온 원유 도입량이 대폭 떨어졌다.

이러한 세기적 변혁에서도 북한은 '주체사상'과 '자력갱생'을 외치며 '우리식 사회주의'를 고집했고, 러시아와 중국을 수정주의로 비판하면서 고립의 길을 자초했다. 이는 당연히 경제적 어려움으로 이어졌다. 1980년 이후 북한경제는 마이너스 성장을 계속했을 뿐만 아니라 마이너스 속도가 빠르고 그 폭도 더 크게 늘어났다. 남북한의 국력 차이는 더욱 벌어졌고 안보적 위협이 증가했다. 북한 전역에서 기아 상태가 최악의 상황으로 진행됐고, 주민의 사회적 이탈을 막기 위한 '고난의 행군'이 시작됐다. 더욱이 김정일 체제로의 권력 이양과 맞물린 이 시기에 경제적 어려움은 날로 가중됐다. 황장엽의 회고록에 의하면 1995년에는 50만 명, 1996년에는 100만 명가량이 굶어 죽는 사태가 벌어졌다.

북한은 직면한 안보적, 경제적 어려움을 타개하려는 방안의 하나로서 핵 개발을 택했고, 그 선택은 어쩔 수 없었고, 그리고 이해해야 한다는 것이 〈세카이〉의 핵 개발 '불가피론'이다. 불가피론에는 몇 가지 내용을 담고 있다. 하나는 '협상 카드론'이다. 격변하는 국제정세와 한반도 상황변화의 핵심에는 미국에 있고, 또한 북한이 직면한 어려움의 근본도 따져보면 미국과의 관계 불화에서 시작된다고 판단했다. 난국을 풀어나가기 위해서는 미국과 관계 재설정을 위한 협상이 필요했고, 핵 개발은 협상 전략의 일환이라는 것이다. 즉 미국과 새로운 관계 정립을 위한 '협상 카드'라는 것이다.

'협상 카드론'을 가장 강력하게 주장한 사람은 그동안 친북-반한 노선을 지속해 온 도쿄대학의 와다 하루키 교수였다. 와다의 분석에 의하면 북한은 군사적으로나 경제적으로 '위기적' 상황에 부닥쳐 있었다. 북한은 한국과 오키나와에 주둔하고 있는 미군과 미군의 핵무기 위협에 직면해있고, 남북한의 경제적 격차가 크게 벌어졌고, 한국이 러시아 및 중국과 국교를 수립했고, 북한은 국제사회에서 완전히 고립됐다. 북한은 이러한 '위기적' 상황을 근본적으로 타개하기 위한 미국과의 협상에서 '어느 정도' 대등한 지위를 확보하기 위해 '독자적' 핵 개발 프로세스를 진행하고 있고, 북한은 이를 부정하려고 하지는 않고 있다는 것이다.[10]

달리 설명하면 북한은 어려운 상황에서 탈출하기 위해서 핵무기 보유를 지향하면서 개발하고 있는 중간단계에 있을 수 있고, 이를 숨기려 하지 않고 있다는 것이다. 미국과의 협상을 목표로 하는 북한이 핵무기개발 과정에 있다는 것이 알려질 때 유리한 입장에서 협상할 수 있다는 것이다. 즉 핵 개발의 '징표'를 미국과 협상 도구로 삼으려 한다는 전략이다. 와다의 표현을 그대로 인용하면 "실제로 핵무기를 개발하고 있냐 하는 것은 알 수 없다. 그러나 개발하고 있다는 흔적이 없다면 유효한 카드로 사용할 수 없으므로 이 두 가지는 결국 이어지고 있다." 협상을 위한 '흔적'은 결국 핵무기개발로 이어질 수 있다는 논리다. 하지만 와다는 북한이 실질적으로 핵무기를 제조하고 보유하고 있다고 해도 미국 핵 위협에 대항한다는 이른바 '상징성' 이외에

---

10 북한의 핵 문제와 관련하여 1994년 1월 이후 〈세카이〉에 게재된 와다의 글은 이러한 협상 카드 불가피론을 근거로 하고 있다. 和田春樹,「北朝鮮の核疑惑にどう對したらいいか」,1994.1.

아무런 실효성이 없다는 것이다. 그래서 '협상 카드'일 뿐이라는 것이었다.

도쿄대학의 노동경제학자 스미야 미키오도 와다의 '협상 카드론'에 동의하고 있다. 1970년대 스미야는 매판자본을 바탕으로 한 '박정희식 수출주도형 모델'의 한국 경제는 결국 몰락할 것이라고 주장하면서 '주체사상'과 '자력갱생'의 북한경제를 지지해 온 인물이었다. 스미야는 러시아와의 관계가 끊어진 상태에서 북한의 핵무기개발은 기술적으로 어렵고, 개발이 진행됐다 하더라도 초보적 상태일 것이라고 단정했다. 그렇지만 핵 개발 의제는 미국을 협상의 장으로 끌어낼 수 있고, 미국과의 관계를 풀어나갈 수 있는 실마리가 될 수 있다는 데 와다와 의견을 같이했다. 스미야에 의하면 당시 진행되고 있던 남북한의 고위급회담이나 가네마루의 평양방문을 계기로 진행되는 북일 관계개선을 위한 회담도 미국이 반대하는 한 이루어질 수 없다는 것이다. 즉 미국과의 관계를 풀어나가지 않으면 "지금의 상황을 수습하기 어렵고", 그래서 "핵 이슈를 지렛대로" 미국과 협상에 임한다는 것이다.[11]

핵 개발 불가피론이 담고 있는 또 다른 논리는 '난국 타개용'이다. 전제를 협상론과 같이하고 있는 '난국 타개용'은 북한의 핵 개발은 직면한 안보적 위협과 경제적 어려움을 한 번에 해결할 수 있는 방안이라는 것이다. 즉 핵무기와 미사일을 개발하여 한편으로는 안보를 다지고, 다른 한편으로는 이를 필요로 하는 중동과 아프리카에 수출하여 경제적 어려움을 해결한다는 것이다.

야마모토 쓰요시는 '난국 타개용'을 강조하는 인물의 한사람이다.

---

11   隅谷三喜男,「瀬戸際外交からの脱却を」, 1994.8.

그는 1970년대 후반부터 한일·북일 관계, 일본의 대한경제정책 등에 관하여 북한을 지지하는 글을 지속해서 〈세카이〉에 발표해왔다. 그의 분석에 의하면 80년대 이후 북한의 경제는 마이너스 성장이 계속됐고, 군사비는 남북의 지위를 역전시켰고, 그리고 러시아 및 중국과의 동맹 관계는 이름뿐이고 실제로는 없어진 것이나 다름없었다. 이처럼 어려운 상태에서 북한이 "핵무기와 생화학무기, 그리고 미사일 개발에 눈을 돌리는 것은 하나도 놀랄 일이 아니다"라고 핵 개발을 당연시했다. 통상전력으로 한국과 미국에 대항하기 어려운 북한으로서는 핵무기와 미사일 개발이 필수적이고, 또한 이를 중동과 아프리카 지역에 팔고 대신 원유를 수입하는 것도 충분히 이해할 수 있다는 것이다. 야마모토에 의하면 "북한은 부인하고 있지만, 이미 80년대 후반 이후 중동지역에 스컷트 미사일을 수출"하고 있었다.[12]

물론 야마모토도 북한이 핵무장을 완성한다고 해도 결코 미국 군사력에 필적할 수는 없다는 것을 인정하고 있다. 하지만 북한은 핵보유국으로 국제무대에서 위상을 높이고, 억지력을 확보하고, 경제적 어려움을 해결하려는 노력을 계속할 것으로 판단했다. 이를 억제하기 위해서는 북한의 경제가 향상할 수 있고 군사비를 경감시킬 수 있는 환경을 국제사회가 만들어야 한다는 것이다.

핵 개발 불가피론을 설명하는 또 다른 논리는 북한의 핵 개발을 '이해'해야 한다는 것이다. 무샤코지 긴히데가 대표적 인물이다. 그는 한때 김일성의 주체사상 홍보역을 담당했고, 사카모토 요시카즈와 함께 북한의 조선노동당과 일본공산당의 관계개선 알선 역을 맡았던 인물

---

12 山本剛士,「北朝鮮の語る前提とは」, 1993.10;「日本外交がなすべきこと」, 1994.5;「平和の枠組みをどうつくるか」, 1994.9.

이다. 철저한 '반한·반미, 친북·친소' 주의자인 무샤코지에 의하면 북한의 핵 개발은 "일본에서는 이해하기 어려운 제3세계의 논리"가 있고, 국제사회는 이를 '이해'해야 한다는 것이다.

그가 뜻하는 '제3세계의 논리'가 구체적으로 무엇인지는 알 수 없다. 다만 그의 설명을 미루어 보면 북한이 국제적 고립과 경제와 안보의 어려움 속에서 사회주의 국가를 건설한다는 목표와 이를 실현하기 위한 수단으로서의 핵 개발이 불가피하다는 현실을 설명하는 것 같다. 그의 표현을 빌리면 북한이 당면한 현실적 과제는 "사회주의 건설이라는 어려운 길을 걸어가면서 그 위에 그것이 안전보장상의 문제와 모순되지 않는 형태로 만들어 나간다는" 어려운 과정을 수행하는 것이라고 했다.

그는 자신이 몇 차례 평양을 방문하면서 받은 인상은 원자력 개발의 주목적은 평화적 이용이지만 군사적 이용도 가능한 방향에서 추진하는 것으로 판단했는데, "이것을 밖에서 보면 대단히 위험한 것이지만, 안에서 보면 사회주의 국가를 건설하려는" 그들만의 당연한 과제이고 이를 이해해야 한다는 것이다.[13] 〈세카이〉 편집장 오카모토 아쓰시가 북한이 1998년 8월 대포동 1호를 발사했을 때 "세계에서 고립돼 있고, 궁지에 몰리고 있다는 느낌을 지닌 나라(북한) 사람들의 심정도 이해해야만 한다. 이해와 동조는 다르다."라는 주장과도 맥을 같이하고 있다.[14]

핵 개발 불가피론을 주장하는 사람들의 공통점은 일본 언론에 대한 불신이다. 〈세카이〉에 의하면 일본 언론은 북한의 핵 '의혹'을 사실

13　安江良介·武者小路公秀,「朝鮮を見る眼と日本」, 1994.9.
14　岡本厚,「編輯後記」, 1998.12.

이상으로 확대해서 보도하고 있었다. 특히 '북한 전문가'로 알려진 사람들의 무책임한 인기 영합 발언과 이것이 일본인 심층에 깔린 '북한 위협론'을 자극하는 일본 저널리즘의 특성이 결합하여 만들어내는 현상이라는 것이다. 〈아사히신문〉 출신인 미야타 히로토에 의하면 일본 언론은 "정확한 정보도 없이 마구 쏟아내는 정부의 정보조작에 춤추고" 있었고, 스미야 미키오나 야스에 의하면 "미국의 강경론을 그대로 반영하는 일본 언론의 반북조선의 태도"가 문제였다.[15]

핵 개발과 '평화외교'

북한은 2006년 10월 9일 첫 핵실험을 실시했다. 〈세카이〉가 김일성의 "우리에게는 핵무기를 개발할 의사도 없고, 능력도 없습니다"라는 핵 개발 부인론을 그대로 보도한 지 30년 만이다.

1998년 5월 인도와 파키스탄이 핵실험을 실시하고 핵보유국임을 선언했을 때 〈세카이〉의 반응은 격렬했다. 〈세카이〉는 18명의 일본 과학자 이름으로 "과학기술의 비무장화를" 주장하는 2통의 성명을 발표했다. 하나는 핵확산의 새로운 위기 상황을 맞아 일본 과학자가 세계의 과학자와 시민에게 호소하는 성명이다. "1998년 5월 인도와 파키스탄의 핵실험 실시의 뉴스를, 피폭국 일본의 자연과학 여러 분야에 봉사하고 있는 우리 18명은 커다란 슬픔과 분노와 유감을 가지고 들었다."라고 시작하는 성명은 과학기술의 비무장화를 목표로 국제적 반핵 시민운동을 전개할 것을 제안하고 있다.

다른 하나는 일본 과학자가 일본 정부에 대한 특별성명이다. 피폭국가이고 핵 군축을 호소하면서도 한편으로는 미국의 '핵우산'에 들

---

15 宮田浩人,「北朝鮮報道を檢證する」, 1994.11.

어있고, 또 다른 한편으로는 핵무기의 원료인 플루토늄을 다량으로 보유하고 있는 현실을 "대단히 부끄럽다."라고 하면서 일본 정부가 "일본 주변의 비핵지대를 넓히고 전 세계의 비핵화를 향하여 성실히 노력할 것"을 요구했다.[16]

하지만 북한의 핵실험에 대한 〈세카이〉의 태도는 크게 달랐다. 이를 비난하지도 않았고 반대 캠페인을 벌이지도 않았다. 북한의 핵무기개발은 전적으로 미국 탓이고, 북한은 핵무기개발로 전쟁억지력을 확보했다고 평했다. 북한의 핵무기 보유를 기정사실로 인정한 것이다.

〈세카이〉 편집장 오카모토 아쓰시의 반응을 들어보자. 그는 북한의 핵실험으로 "조선반도의 위기는 확실히 한 단계 높아졌다"라고 평가하면서, 핵 개발의 의미를 다음과 같이 대변하고 있다.

> 몇 해 전 어떤 해외의 동아시아 연구자에게서 들은 이야기가 기억에 남아있다. '나는 북조선의 정치체제에 비판적인 편이고 혐오하기까지 한다. 하지만 그 나라는 50년 넘게 미국의 핵무기가 언제 머리 위에 떨어질지 모른다는 공포 속에서 살아왔다. 나라면 미치고 말 것이다.'
>
> 3일의 북외무성 성명은 '믿음직한 전쟁억지력'이라고 반복하고 있다. 미국의 핵무기 공포로부터 해방을 맞은듯하다.
>
> 북을 '무뢰한', '악의 축'이라 부르고 선제공격을 협박하면서 대화에도 응하지 않는 부시 정권 네오콘의 정책이 동아시아의

---

16 「聲明·科學技術の非武裝化」; 「日本政府に對する特別聲明」, 1998.9.

위기를 높이는 것은 틀리지 않았다.[17]

북한의 핵실험 후 〈세카이〉 12월호는 "북조선 핵실험과 일본의 선택"이라는 특집을 편집했다. 특집의 기본 논조는 북한은 핵실험과 '벼랑 끝 외교瀨戶際外交'를 통해 미국과의 전쟁억지抑止 관계를 구축하고 새로운 국면을 만들었다는 것이다. 〈세카이〉는 북한의 핵실험을 비난하거나 비판하지 않았다. 오히려 사태가 이처럼 발전한 것은 미국의 오판과 오산이라고 비난의 화살을 미국으로 돌렸다. 그동안 미국이 취한 잘못된 판단과 정책, 즉 북한이 조기에 체제붕괴를 맞이할 것이라는 오판, 북한을 '악의 축'으로 규정하고 취한 봉쇄정책, 그리고 이라크 전쟁에 집중하면서 북한 정책을 소홀히 취급한 것 등이 북한의 핵실험을 가져왔다는 것이었다. 그리고 미국이 '봉쇄' 정책을 강화하든 또는 '교섭'으로 전환하든 북한은 계속해서 핵무기를 증산하고 미사일 개발을 추진할 것으로 전망했다.[18]

북한은 첫 핵실험 후 2017년 9월까지 여섯 차례 핵실험을 실시했다. 핵실험과 함께 대포동, 은하, 화성 등 장거리 미사일을 발사함으로써 미국 본토까지 핵폭탄 공격을 실행할 수 있다는 것을 과시했다.

첫 핵실험 후 북한의 '핵' 문제에 대한 〈세카이〉의 편집 방향과 논조에는 몇 가지 특징을 드러내고 있다. 첫째는 북한이 핵실험을 강행했음에도 불구하고 과거의 편집과 달리 이를 중요한 의제로 다루고 있지 않다는 점이다. 2006년 12월 호 이후 북한의 핵을 주제로 한 기사가 크게 줄어들었고, 2007년 내내 이를 주제로 한 특집을 편집하지

17　岡本厚,「編集後記」, 2006.12.
18　石坂浩, 川崎哲, 金朋央,「對話と軍縮以外に道はない」, 2006.12; 杉田弘毅,「手詰まり感深める米國の對北朝鮮戰略」, 2006.12.

도 않았다. 이는 아마도 북한의 핵 보유를 실질적으로 인정하고 있음을 보여주는 태도가 아닐까 한다.

둘째는 북한의 핵 보유가 일본의 핵무장으로 이어져서는 안 된다는 우려의 목소리다. 물론 일본 사회에서는 '비핵3원칙'이 대세이지만 핵무장을 주장하는 목소리가 없는 것은 아니다. 학계에서는 1980년의 시미즈 이쿠타로淸水幾太郞 이후 니시베 스스무西部邁, 나카가와 야쓰히로中川八洋, 이토 간伊藤貫 등이 일본의 핵무장을 주장해왔고, 또한, 아소 타로麻生太郞가 외상 당시2005년 미국을 방문하여 "북한이 핵을 보유할 경우 일본도 핵무장을 하지 않을 수 없다"라는 발언도 있었다.

북한의 핵 보유가 이러한 일본의 핵무장론자들에게 명분을 주어서는 안 된다는 것이다. 언론인 출신으로 유엔에서도 활동했던 요시다 야스히코吉田康彦는 북한은 "일본과 일본국민을 핵무기로 공격할 의도가 전혀 없기" 때문에 일본은 우려할 필요가 없다는 것이다. 북한의 핵 개발은 미국과의 교섭을 위해서 시작된 것인데 미국이 적절히 대응하지 못해서 결국 북한을 '억지력'으로서의 핵보유국으로 만들었기 때문에 결코 일본의 핵무장으로 이어질 수 없다는 것이다. 그는 해결책으로 일본이 북한의 핵 보유와 일본인 납치문제를 한데 묶어 일본과 북한의 국교정상화를 추진할 것을 제안하고 있다.[19]

셋째 필진의 변화이다. 앞에서 보았듯이 북한의 핵 개발을 부인하고나, 또는 1990년대 핵 개발 불가피성을 전개했던 논객들은 그동안 〈세카이〉를 중심으로 반한국, 친북한 노선을 주도해 온 좌파 진보지

---

19 吉田康彦,「日本は望んでも核武裝できない」, 2007.1. 요시다도 2002년 김정일이 북한의 일본인 납치를 인정하기 전까지는 "한국정보기관의 정보조작"이라고 부인한 납치부정파(拉致否定派)의 한 사람이었다. 그리고 납치사건 해결보다 '국교정상화 교섭의 재개'가 우선이라고 주장한 인물이다.

식인들이었다. 하지만 핵실험 후 이들은 거의 등장하지 않는다. 물론 야스에 료스케나 스미오 미키오처럼 유명을 달리한 사람들도 있지만 생존해 있는 인물들도 거의 등장하지 않았다. 대신 정치학자나 외교관 출신들이 등장하면서 논조도 북한을 옹호하고나 비난하기보다는 협상을 통한 해결방안을 찾는 방향으로 전환했다. 그리고 외국인 필자를 통해서 교섭 이외에는 다른 길이 없고, 인내를 가지고 단계적 비핵화의 길을 모색해야 한다는 주장을 전개했다.

다만 와다 하루키는 여전히 핵 문제를 포함하여 납치, 종군위안부 등 한반도 관련 문제를 중심으로 〈세카이〉 필자의 한 사람으로 활동했다. 앞에서도 보았지만, 그는 90년대 북한의 핵 개발 불가피성을 강조하면서 이는 미국과의 흥정을 위한 '협상 카드'로 규정했다. 하지만 2006년 핵실험 후 그는 북한의 핵 보유를 인정하고, 동아시아에서 핵전쟁이 발발하지 않도록 일본이 '평화외교'를 펼쳐 나가야 한다는 논리를 전개했다. 와다가 주장하는 일본의 평화외교란 한편으로는 미국이 어떤 상황에서도 북한에 군사적 조치를 취하지 않도록 조정하고, 다른 한편으로는 북한을 '달래서' 미국에 대한 '위혁威嚇'을 약화시키는 것이다. 이를 위해서 일본은 "북조선이 희망하고 있는 일조국교수립 단행"을 촉구했다.[20] 하지만 시간이 흐르면서 와다의 글도 사라졌다.

〈세카이〉는 1974년 김일성의 핵 개발 부인으로부터 2006년 첫 핵실험에 이르기까지 북한과 함께했다. 인류 최초의 피폭 국가이고 핵 개발과 핵확산을 강력히 반대하면서도 북한의 핵 개발에 대해서는 그

---

20 와다는 북한의 핵실험 후에는 이러한 논조를 주장했다. 「北朝鮮危機と平和國家日本の平和外交」, 2017.7; 「北朝鮮危機と日本のなすべきこと」, 2017.11; 「米朝首腦會談-何がはじまらなければならないか」 2018.7 등.

기준과 평가를 달리했다. 왜 그랬는지 〈세카이〉는 지금까지 밝히지 않고 있다.

  오늘 북한은 '사실상' 핵보유국의 지위를 확보하고 있다. 그리고 2022년부터 전술핵을 한반도 휴전선 근처 남쪽 전방에 배치하고 있는 것으로 알려져 있다. 〈세카이〉가 북한의 핵 개발을 부인하고 불가피론과 평화외교를 주장하는 동안 한국은 핵무기 위협에 가장 심각하게 노출돼있다.

2. 파주 국제출판포럼

　서울의 외곽도시라 할 수 있는 경기도 파주는 자연과 도시, 출판과 예술이 조화를 이루고 있는 문화도시다. 1980년대 말 출판문화환경을 개선하기 위하여 기획된 출판문화공동체의 도시다. 아름다운 건축물, 박물관과 미술관, 그리고 출판사와 출판 관련 업체들이 단지를 이루고 있다. 대한민국 문화사업의 중심이라 할 수 있다.

　2006년부터 이곳 파주에서 국제 출판시장과 문학 한류의 가능성을 논의하는 "파주북시티 국제출판포럼"이 시작됐다. 2013년 10월 1일에는 제8회 포럼이 개최됐다. 주제는 '아시아, 경계를 넘어서—책으로 소통하는 아시아'였다. 이 포럼에 〈세카이〉와 깊은 인연을 가진 두 사람이 참석하여 강연했다. 한 사람은 도쿄대학교 명예교수인 와다 하루키和田春樹, 다른 한 사람은 오랫동안 〈세카이〉의 편집을 책임졌고, 포럼 참석 당시 이와나미 서점의 대표인 오카모토 아쓰시岡本厚였다.

　두 사람은 남북한을 보는 시각과 신념을 오랫동안 공유했고, '친북한-반남한'의 입장을 지속해왔다. 그들은 북한의 핵 개발과 실험은 동아시아의 불안을 조성하고, 북한의 일본인 납치는 정당화될 수 없는 '범죄'라고 비판하면서도 그 안에는 "합리적으로 설명할 수 없는 어떤 이유가 있을 수 있다"고 북한을 대변했다.

와다 하루키

1938년생인 와다 하루키는 글쓰기와 활동을 계속하고 있는 정력적인 학자이며 운동가이다. 그의 전공은 러시아-소련 역사다. 1973년 김대중 납치사건을 계기로 한반도 문제에 깊이 관심을 가지고 활동하면서 한반도 전문가로서 지위를 굳혔다.

와다는 1970년대 초부터 〈세카이〉 고정 필진의 한 사람으로 등장했다. 소위 '이와나미 문화인' 2세대라 할 수 있다. 본질에서 친북 좌파 진보지식인이라 할 수 있는 그는 야스에가 이끄는 '북한예찬·남한저주'라는 〈세카이〉 노선에 적극적으로 동조했고, 한일연대를 통한 한국 정권의 붕괴라는 '운동'에 앞장섰던 인물이다. 〈세카이〉가 그의 집필과 활동의 기반이 됐다.

역사학자인 와다의 한국전쟁 인식은 전쟁이 남침이냐 북침이냐는 '본질적 문제'가 아니라고 하면서, 남과 북 모두가 무력통일 계획을 하고 있었다고 주장하고 있다. 북한의 남침을 부인하는 것이다. 약 10만 명에 가까운 재일한국인을 동토의 땅 북한으로 몰아낸 '귀국사업'에 대한 그의 인식도 특이하다. 그는 재일한국인들이 북한행은 어디까지나 "보다 좋은 생활을 찾아 다른 지역으로 이주한 행위"이고, "조선민주주의인민공화국을 조국으로 삼고 발전에 동참하기 위한 결정에 따른 결단"이라고 강조했다.[21] 일본 정부가 막후에서 감독하고, 일본적십자사가 주관하고, 〈세카이〉를 위시한 진보적 언론매체가 북한을 '지상의 낙원'이라고 홍보한 것과는 무관하다는 것이다.

와다는 17명의 생명을 앗아간 아웅산폭파 사건 1983년은 북한의 폭탄 테로가 아니라 한국의 "반정부적 청년의 행동"일 가능성이 크다

---

21   和田春樹,「歸國運動とは何だったのか」(下),〈論座〉 2004.6.

아시아, 경계를 넘어서

고 평가했고, 그리고 한국정부가 북한의 범행으로 발표하자, 그는 "이는 일종의 조건반사이고, 또한 (내부) 동요를 막고 체제를 다지기 위한 실로 교묘한 선택"이라고 평가했다.

또한, 대한항공 폭파사건의 중심인물인 김현희의 고백, 『잊을 수 없는 여인忘れられない女』의 진실성을 부인했다. 와다에 의하면 "이 책의 배경에는 일본의 대북한 정책에 강하게 반발한 김영삼 정권의 입장"이 깔려있고, "한국정보기관의 라이터와 합작한 작품"이었다. 조작된 기록일 가능성이 있고, 따라서 신뢰할 수 없다는 것이다.

와다가 남북한을 보는 시각이 오늘날 어떻게 변했는지는 알 수 없으나 그는 상당히 오랫동안 북한이 남한보다 자주적이고 독립적이고 발전적이라고 믿고 있었다. 1982년 발표한 글에서 와다는 남한이 북한보다 자유롭다는 것은 아무런 의미가 없다면서 그 이유를 다음과 같이 밝히고 있다.

> 김일성 씨의 유일사상이라는 공산주의 나라 북조선은 자주독립과 민족자립을 달성하고 있다. 하지만 사상과 표현의 자유는 없다. 자주는 있지만, 자유가 없는 나라라고 말해도 좋다. 박정희 씨를 이어서, 전두환 씨라는 쿠데타 장군을 대통령으로

받들고 있는 자본주의 나라 한국은 자주독립도 민족자립을 달성하지 못했다(미군의 지배와 일본 경제의 종속). 또한, 정치적 자유도 노동운동도 없다. 자주도 없고, 자유도 기본적으로 잃어버린 나라라고 말할 수 있다.[22]

자유라는 관점에서 남과 북을 비교해 볼 때 남한이 더 자유롭다고는 하지만 그것은 다만 종교, 사상, 표현 등의 제한된 자유일 뿐이라는 것이다. 그리고 정치, 노동, 집회 등의 자유가 완전히 통제됐기 때문에 '자유롭다'는 것은 아무 의미가 없다는 것을 강조하고 있다.

와다는 김정일이 일본인 납치 사실을 '고백'할 때까지 북한이 일본인을 납치한 증거가 없다고 주장하면서 김일성-김정일의 대변자 역할을 했다. 그는 일본국민의 반反북한 여론에 기름을 부은 요코타 메구미橫田めぐみ 납치도 "납치됐다고 단정할 수 있는 증거가 없다"라고 부인했다.[23] 납치가 사실로 확인되고 각계로부터 비판이 대상이 되자 그는 "납치 그 자체의 존재를 부정한 것은 아니다"라고 말 바꾸기로 변명했다. 와다는 납치문제 해결의 방안은 "북일국교정상화 이외의 길은 없다"는 논지를 계속하면서 "선 납치문제 해결, 후 국교정상화"를 주장하는 납치희생자 가족과 여론에 맞서고 있다.

그의 관심 영역은 넓고 글쓰기에만 묶여있지 않고 현실문제에 참여하는 활동가이기도 하다. 베트남 반전운동, 김대중 구명운동, 일조국교촉진국민운동, 한국정신대문제대책협의회, 아시아여성금운영 등과

---

22 和田春樹, 「對韓認識にみる現實追隨主義」, 1982.4.
23 和田春樹, 「'日本人拉致疑惑'を檢證する」, 1, 2(《世界》, 2001, 1~2); 「藤井一行, '和田春樹氏の'拉致疑惑檢証'を検証する'. に反論する.」 www.wadaharuki.com/o2003017html

같은 활동에 적극적으로 참여했다. 하지만, 그의 글과 행동에서 역사적 흐름의 통찰력을 보기보다는 시류와 장소, 그리고 필요에 따라 주장을 바꾸는 모습을 볼 수 있다.

와다는 1990년대 이후 평양뿐만 아니라 서울도 자주 왕래했다. 그리고 위안부, 독도영유권, 징용자 피해보상 문제 등 한국인이 민감하게 반응하는 주제에 대해 한국인의 주장을 후원하는 자세를 보였다. 한반도 문제에서도 그는 남과 북을 넘나들면서 때와 필요에 따라서 주장을 바꾸는 '얼굴 없는 지식인'의 태도를 보였다. 한때 같은 길을 걸었던 재일조선인 서경식은, '운동'과 '비판'을 병행해온 와다는 '현실적 이유'로 "물러설 수 없는 진실까지 양보"하는 변절자라고 혹평했다.[24]

최근 한국의 한 언론과 가진 인터뷰에서 와다는 "지금의 한국은 이승만이라는 사람의 끈기가 만들어낸 성과"라고 생각한다면서 "한반도 통일을 위해 노력한 그의 열정에 경의를 표한다"고까지 격찬했다.[25] 한반도 남쪽의 국가건설과 역사를 철저하게 부정적으로 평가하고, 북한의 김일성 정권을 지지했던 그가 지난날 자신의 언설에 대한 아무런 설명 없이 한국에 다가서는 모습은 그의 편력을 아는 사람들에게는 어쩐지 믿어지지 않는다.

와다는 '파주북시티포럼'에서 기조 강연을 맡았다.[26] 주제는 "동북아시아 지역의 위기와 극복을 위한 방안"이었다. 그는 위기의 원인으

---

24 서경식, 「초심은 어디 가고 왜 반동의 물결에 발을 담그십니까」; 「기정사실화해 피해자를 분단하는 레토릭일 뿐」, 〈한겨레〉, 2016.3.12; 2016.5.13.
25 〈문화일보〉, 2023.8.2.
26 출판도시문화재단, 『아시아, 경계를 넘어서』(2013), pp.5~14.

로 6개의 요소를 제시했다. 그 첫 번째 요소가 북한이었다. 북한의 핵실험, 6자회담의 파기, 미국과의 대결 구도가 동아시아가 안고 있는 위기의 근원이라는 것이다. 그리고 남북 간의 긴장도 "북한의 일방적인 정전협정 무효와 선언으로 개성 공업단지도 오랫동안 폐쇄된 상태"2013년라고 진단했다. 두 번째는 일본의 정치적 미숙함을 지적했다. 일본은 '과거사 문제'를 바로잡고 이를 안정적으로 유지하면서 지역 정책에 활용할 만한 정치적 주체가 확립돼 있지 못하다는 것이다. 셋째는 중국 문제이다. 중국은 자본주의 경제발전에는 성공했으나 바로 이 성공으로 인한 빈부격차, 지역 간 격차, 민중의 불만, 사회의 유동성과 불안정성 등을 통제하기 위하여 중국 정부는 공산주의라는 이데올로기보다는 '중화 내셔널리즘'에 의존하고 있다는 것이다. 그의 평가에 의하면, "중국이 눈부신 발전을 이룰수록 중국이라는 나라가 어디를 향해 가는가 하는 불안감도 높아지고" 있었다. 네 번째 위험 요소는 두 개의 국토분단, 즉 한반도의 남북분단과 중국과 대만의 관계, 다섯 번째로 일본과 러시아 사이의 북방 영토, 한국과 일본 사이의 독도, 일본과 중국 사이의 센가쿠를 포함한 '영토문제' 또한 휘발성이 강한 위기 요소로 지적했다. 그리고 끝으로 미군이 주둔하고 있고 오키나와 문제를 제시했다.

　와다가 제시한 위기 해소의 방안은 추상적이고 모호하다. 그는 동북아시아가 안고 있는 이러한 위기는 멀리 1894년 청일전쟁에서부터 베트남 전쟁을 거치는 역사과정에서 남긴 "전쟁의 유산과 과거사 문제"에 있다고 보았다. 한 세기 넘게 이어진 전쟁과 평화 과정에서 축적된 상호불신과 갈등, 그리고 미완의 영토문제를 어떻게 해결하느냐에 달렸다고 한다.

그의 주장과 해법이 새로운 것은 아니다. 한 가지 특이한 점은 그동안 그가 지지해왔던 북한의 불안정과 핵무기개발이 동북아시아 위기의 가장 중요한 요소로 삼고 있다는 점이다. 이는 그가 〈세카이〉의 친북 인물들인 스미야 미키오, 사카모토 요시카즈 등과 함께 1987년 평양을 방문한 후 북한 체제가 점차 "민주적 시스템으로 변하고 있다"고 평가했던 상황진단과는 크게 달라졌다.

오카모토 아쓰시

1954년생인 오카모토 아쓰시는 평생을 이와나미 서점과 함께한 '이와나미 맨'이다. 1977년 와세다대학을 졸업하고 이와나미 서점에 입사하여 〈세카이〉 편집부에서 사회생활을 시작했다. 그 후 1996년부터 2012년까지 16년 동안 편집장으로 〈세카이〉를 이끌었고, 2013년부터 2021년까지 8년 동안 이와나미 서점 대표이사로서 운영을 총괄했다. 그는 44년 동안 이와나미 서점과 함께했다.

오카모토의 파주북시티 강연, "이와나미 서점의 100년과 동아시아"는 세 페이지 조금 넘는 짧은 글이지만 두 부분을 강조하고 있다.[27] 하나는 이와나미 서점 창업자인 이와나미 시게오의 창업정신과 이와나미 '문고文庫'와 '신서新書' 창간과정에 대한 설명이고, 다른 하나는 야스에 료스케와 한반도 문제이다. 하지만 그의 강연은 야스에에 초점을 맞추고 있다.

오카모토는 전후 일본 지식인의 한국인식이 출발점부터 잘못이 있었음을 인정하고 있다. 그의 표현을 그대로 인용하면, "일본 지식인

---

27 출판도시문화재단, 『아시아, 경계를 넘어서』. pp.24~27.

중에는 근대 이전의 문명의 스승인 중국에 대해서는 전쟁을 하면서도 경의와 공포를 느끼고 있던 사람이 많았다. 그러나 이웃 나라 조선에 대해서는 반드시 그렇지만은 않았다. 중국 침략전쟁에는 반성의 뜻을 나타내도 조선 식민지 지배에 대해서는 '나쁜 일을 했다'라고 하는 의식보다는 뒤처진 사람에게 혜택을 베풀었다는 의식이며, 오히려 경모輕侮하는 분위기마저 있었다."

오카모토에 의하면 이와나미 서점도 예외가 아니었다. 〈세카이〉가 출발하면서 민주화, 평화, 헌법 옹호 운동 등에는 열심이었지만, 일본의 한국 식민지 지배에 대해서는 반성이 없었음을 인정했다. 하지만 이처럼 잘못된 '조선에 대한 자세'를 고치도록 한 것은 야스에가 〈세카이〉 편집장을 맡으면서부터였고, 그러면서 일본 안에서 식민지 지배에 대한 반성이 생기기 시작했다는 것이다.

오카모토는 북한과의 관계, 한국의 민주화 돕기, 남북통일 문제 등에 대해서 야스에의 역할을 높이 평가했다. 야스에는 "남북조선의 사람들이 가장 괴로워하고 있는 문제", 즉 한반도 통일을 일본인이 도와 해결한다면 그것이 일본의 식민지 지배에 대한 속죄가 아니냐고 생각하고 있었다고 한다. 이러한 신념을 바탕으로 야스에는 북한의 김일성, 그리고 남한의 김대중과 깊은 '신뢰' 관계를 맺고, 이를 바탕으로 남북분단 극복에 도움을 주기 위해서 일관되게 행동했다는 것이다. 그의 표현을 빌리면 야스에는 "전후 일관해서 '조선문제'를 스스로의 문제로 떠맡아, 남북을 묻지 않고 조선반도의 사람들과 일본의 화해를 진심으로 찾아 추진한 인간의 한사람"이었고, "김대중 씨와 우정

을 맺고, 김일성 주석으로부터도 신뢰받고" 있는 사람이었다.[28]

하지만 앞에서 보았듯이 야스에는 '북한예찬-남한저주'라는 〈세카이〉 편집노선을 주도했고, 남한 타도에 최전선에 섰던 인물이다. 그는 일찍부터 북한을 '조선민주주의인민공화국'이라고 부르면서도, 1992년까지도 한국을 '남조선'으로 호칭했다. 그는 대한민국을 주권국가로 인정하지 않았다.

오카모토는 스스로 인정하고 있듯이 그는 입사 당시 사장이었던 야스에 료스케로부터 '커다란 영향을' 받았다. 특히 야스에가 편집한 「한국으로부터의 통신」을 높이 신뢰했고, 「통신」을 읽으면서 자란 세대다. 야스에를 사표로 삼고 「통신」을 읽으면서 활동한 오카모토가 남북한을 보는 시각이 어땠을까는 설명 없이도 충분히 알 수 있다. 전후 세대임에도 불구하고 그는 이와나미 서점에 입사하기 전부터 '반남한, 친북한'이라는 틀에서 한반도를 바라 보았다. 이처럼 편향된 한반도 인식은 야스에의 〈세카이〉로부터 물려받은 유산이기도 하다.

북한에 대한 그의 환상은 국제정세가 크게 변하고 북한의 실상이 드러난 21세기에도 변하지 않았다. 오카모토는 2002년 5월 평양을 방문하여 수천 명의 어린이가 기계처럼 움직이는 '아리랑 축제'의 매스게임을 관람하고 그 느낌을 다음과 같이 설명하고 있다.

> 나는 그것을 보고 북조선 정부는 국민의 의식을 변화시키고 있는 것이 아닌가 하는 것을 느꼈다. 즉 우리의 삶의 길은 이것이다, 점차 풍요로워지고, 밝아지고, 더욱더 나라를 개방하고,

---

28 岡本厚, 『北朝鮮とどう向きあうか』(かもがつ出版, 2003), p.2;〈編輯後記〉, 2012.5.

또는 과학기술을 발전시키고, 그러한 미래를 향하여 우리는 변하고 있다, 변하지 않으면 안 된다는 라는 이미지를 나타내고 있는 것이 아닌가 하고 생각했다.[29]

하지만 20여 년이 지난 오늘의 북한 모습은 어떤가? 더욱 피폐하고, 암울하고, 폐쇄됐다. 황장엽에 의하면 북한의 주민들은 물질적 생활뿐만 아니라 정신적으로도 "혹심한 기아와 빈곤에 시달리고" 있고, "굶주림에서 살아남아 육체적 죽음을 면했던 북한 동포들도 정신적 굶주림과 죽음에서는 벗어나지 못하고 있다."[30] 민중의 삶은 고달프고 장래는 더욱 어두워 보인다.

오카모토는 야스에가 편집한 「통신」을 높이 평가했다. 강연에서 그는 「통신」은 일본에서도 전혀 보도될 리 없는 한국 내 민주화 운동, 군정의 탄압 양상 등을 전함으로써 한국에 대한 일본인의 관심을 고조시키고 잘못된 자세를 고치게 했고, 그리고 동시에 한국의 민주화를 도왔다는 것이다. 이는 좌파 진보지식인들이 지닌 일반적 평가이다.

앞에서 상당한 지면을 할애하여 「통신」을 분석한 내용에서 알 수 있는 바와 같이 「통신」의 많은 부분이 거짓과 음모와 선동을 위하여 '만들어진' 괴담怪談으로 가득 차 있다. 한가지 예를 들어보자. 「통신」은 1986년 9월 아시아올림픽을 앞두고 일어난 독립기념관 화재와 김포공항 폭탄 테로 사건을 당시 대통령 전두환과 민정당 대표 권력투쟁의 산물로 전하고 있다. 10월호부터 12월까지 '저널리스트 친구'가

---

29 岡本厚, 『北朝鮮とどう向きあうか』, p.6.
30 황장엽, 『회고록』, p.367.

은밀히 전하는 「통신」에 의하면 독립기념관 화재는 "노태우가 전두환을 고립시키고 제거할 수 있다는 힘을 보이기 위해서" 취한 행동이고, 김포공항 폭파는 이에 대한 전두환의 반격으로 "아시아올림픽을 계엄 아래에 치르고 동시에 노태우 부하子分:꼬붕를 배제하기 위해서"였다는 것이다. 이 얼만 황당한 이야기인가.

「통신」의 대부분이 이런 거짓과 음모의 '괴담'으로 채워져 있다. 그런데도 '친북한 반남한'에 앞장섰던 좌파지식인들은 「통신」을 한국 민주화운동의 기록이라고 한다. 앞에서 기조연설을 담당했던 와다도 「통신」은 한국의 민주주의를 위한 "한국과 일본의 양심 있는 사람의 연대 상징"이라고 평가했다.[31] 하지만, 앞에서 보았듯이, 「통신」은 유언비어와 괴담과 거짓이 무수히 나열된 기록일 뿐이다.

많은 시간이 흐른 후 발표한 사상평론가 오타 마사쿠니太田昌國의 진솔한 「통신」 평가는 많을 것을 시사하고 있다. 그것이 체험을 통한 평가이기 때문에 더욱 그렇다. 1943년생인 오타에 의하면 당시 대부분의 같은 세대는 1970년대와 80년대를 보내면서 한반도에 대해 '하나의 공통된 성향'을 지니고 있었다. 그것은 "한국: 군사독재체제와 그 속의 민주화투쟁에 대한 열렬한 관심, 북한: 세습독재체제와 그 지배하의 목소리 없는 민중에 대한 철저한 무관심"이었다. 그리고 이러한 '성향'은 'TK생'이 전한 기록을 접하면서 형성됐고, 이 시대의 한국 '실태'를 파악하기 위해서는 「통신」을 읽어야만 하는 것으로 믿었다고 한다.

하지만 시간이 가고 연재의 회를 거듭하면서 「통신」의 신빙성에 의

31　和田春樹, 『同時對批評: 2002年 9月~2005年 1月: 日朝關係と拉致問題』(彩流社, 2005), pp.222~225.

심을 품게 됐다. 그의 표현을 빌리면, "기술記述에는 전문傳文·추정推定 부분이 많고, 거리의 소문噂話을 모아서 꾸민 것이 아닌가 하는 느낌이 들기 시작"했다. 그는 「통신」이 전하는 기록이 '진실'이라기보다 "한국사회의 고동鼓動이 전해지고 있는 것으로 생각해도 좋다"는 입장으로 태도를 바꿔 읽었다고 한다.

80년대에 들어서서 한국의 실상에 눈을 뜨면서, 그는 「통신」이 "기반으로 하는 '군사정권의 독재지배'라는 키워드만으로는 현대 한국을 전부 이해할 수 없다는 자각自覺"을 하게 됐다. 그리고 북한에 대한 비판 없이 '모략사관'에 근거한 「통신」에 '커다란 위화감'을 가지게 됐다.

오타가 「통신」의 생명이 다했다고 판단한 결정적 보도는 1987년말 대한항공기 폭파사건에 대한 TK생의 '음모적' 시각이었다. 「통신」이 대한항공기 폭파사건을 한국의 자작극으로 보도한 것이다. TK생은 "한국의 민주화 세력의 공통 인식"이라며, 전두환 군사정부는 1988년의 대통령 선거에서 승리하고 올림픽을 원만히 치르기 위해서 긴장을 고조시키기 위한 조작 사건이라는 보도를 보면서 「통신」은 그 생명을 끝내야만 한다고 생각했다고 한다.[32] 실제로 「통신」은 1988년 3월로 마감했다.

오카모토는 강연에서 "진실을 왜곡하지 않고 전하려는 태도가 있으면 사람들의 마음을 움직여 사회를 바꾸어가는 큰 힘을 가지고 있다는 믿음을 가지고 있다"라고 강조했다. 과연 「통신」과 〈세카이〉가 진실을 왜곡하지 않고 한반도 문제를 독자들에게 전했다고 자부할 수 있을까? 그 대답은 자명하다.

---

32 太田昌國, 「明かされていく過去の'眞實'·TK生の證言を讀む」, 〈派兵チェック〉 131號(2003.8.15).

3. 〈세카이〉 리뉴얼

　진보의 가치는 '진실'과 '상상력'에 있다. '진실'을 바탕으로 변화와 개혁을 추구하면서 미래를 설계할 수 있는 '상상력'이 진보가 지닌 힘이고 가치라 할 수 있다. 1945년 창간된 〈세카이〉는 이러한 진보적 노선을 지향하면서 시작했다. "전전戰前 상황에 대한 솔직한 자기반성과 비판", 그리고 "진리를 바탕으로 한 도의와 문화의 새 질서 창조"라는 창간의 의의와 목표가 이를 대변하고 있다. 창간을 주도한 아베 요시시게가 "진실을 인식하고, 진실에 서서, 지혜의 빛을 따라, 강하고 바르게, 침착하게 걸어가는 일본의 앞길에 광명 있다"라는 권두 논문도 같은 뜻이라 생각된다.

　1946년 1월 창간호의 '편집후기'에는 〈세카이〉의 지향점을 명확히 하고 있다. "정신적 고투苦鬪의 공정한 기관", 그리고 "지도적 사상의 본류를 보이는 권위 있는 종합잡지"를 지향하고 있었다. 하지만 〈세카이〉가 걸어온 지난 80년의 역사를 되돌아보면 그렇지 못했다. 특히 이웃인 한반도 문제에 있어서는 진실하지도 못했고 상상력도 상실했다. 또한, 사심 없는 공정한 기관이라기보다는 특정 집단 옹호에 매몰돼 역사의 흐름을 제대로 보지 못했고 사상의 본류에서도 크게 벗어났다.

1

　창간 후 1950년대에 이르기까지 〈세카이〉의 중심 논조는 전전前戰

제국주의에 대한 비판과 전후 일본이 추구해야 할 민주주의, 경제부흥, 새 헌법 등에 역점을 두었다. 1945년 점령과 함께 시작된 미국의 초기 일본 점령통치 기조는 진보적 경향이 농후했다. 이와 함께 일본 사회는 전전 군국주의에 대한 비판의 반작용이라 할 수 있는 공산주의와 사회주의에 대한 환상이 널리 퍼졌고 혁신계 정당의 세력도 확장됐다. 1950년대 이후 〈세카이〉의 논조도 서서히 사회주의적 색채를 드러냈고, 필진도 고전적 자유주의자들에서 혁신계 인물들로 교체됐다.

〈세카이〉는 1950년 '평화문제간담회'를 조직하고 현실 정치문제의 전위 투사로 앞장섰다. 한편으로는 평화문제, 강화조약, 재무장, 자위대 문제 등의 특집으로 꾸며 여론을 유도하면서, 다른 한편으로는 사회당, 공산당, 노동조합, 일본교직원조합日教組 등과 연합하여 정치 '운동'을 전개했다. 그 절정이 1960년 6월의 '안보투쟁'이었다. 단독강화, 경무장(자위대), 경제발전을 중시하는 요시다吉田 노선과의 투쟁에서 전면강화, 비무장 중립, 군사기지제공반대를 외쳤던 〈세카이〉는 패배했다.

안보투쟁에서의 패배 후 〈세카이〉는 창간 정신에서 점차 멀어졌고 진실과 상상력을 회복하지 못했다. 다만 좌파 진보지식인의 거점으로 변했다. 그리고 패배의 기억과 좌절의 탈출구를 한반도에서 찾았다. 얼마 전까지 일본의 식민지였고, 지리적일 뿐만 아니라 이념적으로 분단돼있고, 동족상잔의 전쟁을 치른 한반도는 식민지 시대의 향수가 심층에 그대로 남아있는 그들이 쉽게 안주할 수 있는 곳이었다. 그 첫 작업이 인도주의를 내걸고 북한을 '지상에 낙원'이라고 선전하면서 재일한국인을 북한으로 밀어내는 '귀국사업'이었다. 1984년까지 계속되면서 93,340명을 북한 땅으로 몰아낸 귀국사업은 일본의 좌파와 우파의 '기묘한 유착'이었고 정부의 '기만'이었다. 이에 〈세카이〉가 앞장섰다.

'북송사업'이 본격적으로 시작된 1960년대 초 미도리카와 도루綠川亨가 편집 책임을 맡으면서 〈세카이〉는 '친親북한-반反남한'의 편집 노선을 드러내기 시작했다. 하지만 본격적인 '북한예찬-남한저주'의 편집방침을 확실히 한 것은 1972년 야스에 료스케가 편집장의 자리에 오르면서부터였다. 그는 시대적 이상으로 공산주의나 사회주의에 더 밝은 미래가 있다고 확신했고, 잘못된 확신에서 끝내 벗어나지 못했던 인물이다. 야스에는 1988년까지 16년 동안 편집장의 자리를 지켰고, 그 후 1998년 사망할 때까지 이와나미 서점의 대표를 역임했다. 소위 '이와나미 문화인'으로 알려진 〈세카이〉의 친북 좌파 지식인 필진도 대부분 야스에 시절에 확정됐다. 야스에가 다진 '북한예찬-남한저주'의 편집 노선은 야스에 밑에서 훈련받은 야마구치 아키오(8년)와 오카모토 아쓰시(16년)의 편집장 시대를 거쳐 2012년까지 지속했다.

세계사의 격변과 국제상황이 요동치고 남북한의 위상이 크게 변해도 〈세카이〉는 비이성적으로 '북한예찬-남한저주'에 매달렸다. 지식인을 포함한 일본 사회는 〈세카이〉를 통해 "지상의 낙원 북한, 절망의 땅 남한"; "주체사상과 자력갱생의 독립 국가 북한, 정치와 경제가 총체적으로 미국에 종속된 남한"; "20세기의 위대한 정치가 김일성, 독재자 이승만, 광인 박정희" 등이라는 대조적 이미지가 각인됐다. 진실을 바탕으로 한 것도, 이성과 양심의 근거한 것도 아니다. 대부분 허구였고 거짓임이 역사에서 드러났다. 앞에서도 지적했듯이 해방과 분단과 동족상잔의 전쟁을 치른 한반도의 남쪽 대한민국이 오늘에 이르는 과정에는 많은 '국민적' 아픔과 고통이 뒤따랐다. 특히 〈세카이〉가 집중적으로 비판했던 박정희 시대에 더욱 두드러지게 나타났다. 하지만 그 '고통의 과거'는, 에즈라 보겔의 표현을 빌리면, "오늘 한국인들이 누리고 있는 번영과 자유의 초석"이었다.[33] 그런 의미에서 '북한예찬-남한저주'의 잘못된 시대상과 진실과 거리가 먼 「통신」의 기록은 〈세카이〉 80년사뿐만 아니라 이와나미 서점의 '어두운 역사'의 한 부분이 아닐 수 없다.

〈세카이〉의 이러한 허구와 거짓이 한국 사회의 지적 풍토나 정치 문화에 미친 영향도 적지 않다. 한편으로는 친북 좌파 지식인 또는 반체제 집단에 자양분을 제공했고, 다른 한편으로는 왜곡된 정치 문화를 만들어냈다. 언제부터인가 우리 사회에는, 〈세카이〉가 그랬듯이, 사회정의, 민주, 인권, 자유 등을 앞세우면서 가장 비민주적이고, 거짓과 음모와 모략 등으로 대중을 선동하면서 정치적 목적을 이루려는 풍조가 퍼져있다. 그리고, 〈세카이〉가 그랬듯이, 진실이 밝혀져도 침묵하고나 왜곡된 논리로 잘못을 덮고 지나왔다. 그리고 그 전통은 지금도 계속하고 있다.

2

2023년 10월 4일 이와나미 서점은 "〈世界〉リニューアルのお知らせ"라는 사고社告를 보도했다. 우리말로 바꿔 쓴다면 "〈세카이〉 다시 시작함을 알려드립니다." 정도 되지 않을까? 영어 'renewal リニューアル'의 사전적 해석은 '새롭게 하기, 갱신更新, 재생' 등이다. 〈세카이〉가 초

---

33 Byung-kook Kim & Ezra F. Vogel, ed., *The Park Chung Hee Era*(Harvard Universiti Press, 2011), p.541.

심으로 돌아가 다시 시작한다는 뜻이라 생각된다.

〈세카이〉는 1990년대 초 공산권이 몰락하고 소비에트 연방이 붕괴했을 때, 늦어도 2002년 김정일이 일본인 납치를 인정했을 때 '갱신'을 선언했어야 했다. 그리고 진보의 가치와 편집 노선에 대해 솔직하게 성찰하고 논의했어야만 했지만 그렇지 못했다. 결국, 〈세카이〉는 진보의 동력을 회복하지 못했고, 21세기 새로운 국가를 디자인하고 도전할 이념적 침로針路를 제시하지 못했다. 지난날의 오류에 정면으로 맞서고 진실을 받아들일 용기와 미래로 나갈 상상력의 결여 때문이었다. 그런 의미에서, 이번의 '갱신' 선언은 많이 늦었지만 〈세카이〉를 위해서 다행스러운 일이다.

'사고'는 "2024년 1월부터 월간지 〈세카이〉를 갱신합니다. 사회의 다양성을 반영하는 집필진과 함께 한층 더 가깝고, 친근하고, 살아있는 잡지를 목표로 하면서, 아카데미, 사회운동, 저널리즘과 함께할 것입니다."라고 밝혔다. 그리고 리뉴얼은 세 분야, 표지의 디자인, 잡지의 구성, 잡지의 내용에 역점을 둘 것을 밝혔다.

'리뉴얼'은 30대의 젊은 여성 편집장 호리 유키코堀由貴子가 주도하고 있다. 호리는 전임 편집장 구마가이 신이치로熊谷伸一郎가 기존의 편집방침과 마찰을 빚으면서 중도 하차하자, 그 후임으로 2022년 말 편집장으로 선임됐다. 2009년 이와나미에 입사하여 〈세카이〉 편집부에 배치됐으나, 문화나 인문 분야에 더 관심이 많았던 그는 〈세카이〉의 충실한 독자는 아니었다고 스스로 고백한다. 〈세카이〉에서 8년 동안 일하고, 그 후 단행본 부서로 옮겼다가 다시 편집부에 돌아와 편집장을 맡았다. 그는 편집부에서 〈세카이〉 제작에 참여하면서도 〈세카이〉를 자신의 잡지라는 느낌이 들지 않았고, 또한 전부를 읽지도 않앉다고 한다. 하지만 바로 그 사실이 "편집장의 소임을 맡는 시발점"이라고 각오를 다졌다. 그리고 새로운 편집부는 "새로운 필자의 등장"과 "사회

일본 진보 진형의 대변지 〈세카이〉 1946 창간호, 2024 리뉴얼호

를 바꿀 확실한 '깨달음知'을 독자와 함께 키워 간다"는 두 가지를 다짐했다.

호리는 편집장을 맡으면서, 〈세카이〉의 역사를 이어갈 것인가? 〈세카이〉를 자신의 잡지라고 생각하고 있나? 자신의 잡지로 생각하지 않는 독자에게 〈세카이〉를 보내고 있는 것은 아닌가? 논단論壇 중심의 잡지를 계속할 것인가? 젊은 세대가 읽기 원하는 주제는 무엇인가? 등등의 명제를 생각했고, 그래서 '리뉴얼'이 필요하다고 판단했다고 한다.[34]

〈세카이〉는 일본 군국주의의 쓰라린 경험을 교훈 삼아 패전과 함께 출발했다. 그리고 '인간 이성과 양심에 대한 신뢰', '비판적 정신과 교양', '문화 일본의 약진'이라는 '이와나미 정신'에 바탕을 두고 있다. 하지만 공산주의-사회주의에 매몰돼 역사의 흐름을 올바로 보지 못했고, 진실에 바탕 한 비판적 정신을 잃고, 그 소임을 다하지 못했다.

〈세카이〉가 리뉴얼을 선언하면서 변화를 시도하고 있다. 이와나미

34　堀由貴子·田北眞樹子·五十嵐文,「鼎談.〈世界〉〈正論〉〈中央公論〉編輯長が語る. 多樣な意見が共存: 三誌三樣であっていい」,〈中央公論〉, 2024.4.

6장 〈세카이〉 리뉴얼　437

신서도 창간 50년을 맞으면서 "비판적 정신과 양심적 행동"에 바탕을 두고 "희망의 새로운 세기로 이어지는 시대에 대응할 수 있는 상상력 自覺"을 발휘할 것을 다짐하고 있다. 다시 시작하는 〈세카이〉가 진실을 바탕으로 상상력을 지닌, 그래서 '정신적 고투苦鬪의 공정한 기관'이고, '지도적 사상의 본류'를 이끌어가는 '권위 있는 종합잡지'로 크게 발전할 것을 기대해본다.

에필로그

희망의 길

19세기 중엽 동아시아의 많은 혁명아는 서양문명에 한 걸음 앞서 다가간 일본의 아시아연대론에 매료당했다. 서양이란 공동의 적 앞에서 한중일 세 나라가 연대하여 독립을 유지하고 개혁을 한다는 연대론은 모두의 꿈이었다. 중국의 캉유웨이康有爲, 량치차오梁啓超, 쑨원孫文 등이 일본을 찾았다. 유대치, 김옥균, 박영호, 유길준 등 개화파 인물들도 일본과의 연대를 모색했다. 이뿐만 아니라 인도의 보스Subhas C. Bose, 필리핀의 아귀날도Emilio Aguinaldo 등도 일본을 방문했다.

이런 아시아의 혁명아들에게 연대의 꿈을 심어준 것은 후쿠자와 유키치 같은 진보적 자유주의자나 오이 겐타로大井憲太郎 같은 자유민권론자들이었다. 그들은 '문명'과 '개화'를 앞세우며 일본의 '안내' 속에서의 '연대'를 강조했다. 그러나 그 '꿈'은 일본의 한 역사가가 표현했듯 '배설물의 향응'이었을 뿐이다. 혁명아들의 꿈은 모두 허사로 끝났다. 결과적으로 볼 때 자유주의자나 민권론자들이 강조했던 '문명'과 '개화'는 인접국으로 일본의 영향력을 확장하는 이데올로기적 '수단'이었다. 따라서 연대는 결국 '지배'로 귀결됐다. 그리고 한국과 일본, 일본과 중국의 관계는 현재까지도 갈등을 내포하고 있다.

광복 후 한국 현대사를 되돌아보며 거칠게 시대 구분을 해보자. 대략 1950년대의 시대정신은 '건국', 1960년대는 '빈곤으로부터의 탈출', 1970년대는 '자립 경제'와 '안보 확립', 그리고 1980년대는 '민주화'로 정리할 수 있을 것이다. 많은 우여곡절에도 불구하고 한국은 이와 같은 시대정신을 구현하는 데 성공했다. 불과 반세기도 안 되는 세월이었으며 그런 의미에서 한국 현대사는 성공의 과정이었다.

그러나 〈세카이〉로 대변되는 일본 진보적 지식인들은 사실을 사실로 보려 하지 않았다. 또한, 객관적인 태도와 이성적인 시각으로 한국의 현대사를 평가하지 않았다. 그들은 선진적인 자본주의사회에서 몸으로는 자유와 풍요를 향유하면서, 관념적으로만 사회주의 체제를 동경하는 자기기만의 모순을 보여주었다. 그들은 북한의 사회주의 체제를 이상향으로 설정하고, 북한의 정치, 경제, 사회, 교육 등 모든 영역을 검증 없이 '선'으로 간주했다.

그와는 반대로 그들은 한국을 빈곤과 착취, 탄압과 저항, 허위와 굴종이 가득한 자본주의 사회로 파악했다. 그들은 한국을 양심, 자유, 인권 같은 기준에 터무니없이 미달되는 곳으로 묘사하면서, 한국의 국민이 인간 이하의 삶을 사는 것처럼 보았다. 따라서 그들은 한국의 지배 체제를 종식시키기 위하여 투쟁해야 한다는 '사명 의식'을 강조했다. 이러한 그들의 논리는 1960년대부터 1980년대에 이르기까지, 일본인의 부정적 한국관을 형성하는 데 크게 일조했다. 이뿐만 아니라 〈세카이〉의 '반한친북' 논조와 민중혁명론은 한국 내 반체제운동의 논리로 활용되면서 자생적 친북 세력의 형성에도 영향을 주었다. 그러나 그들의 논리와 주장은 허구였을 뿐이다.

아이러니하게도 1946년 5월호 〈세카이〉에는 일본의 한국 식민 통치 찬미론이 실렸다. 이런 〈세카이〉가 1960년대부터 1990년대에 이르기까지 근 40여 년 동안 민주화, 인권, 평화, 양심 등의 대의명분을 내세워 한국 정부를 철저히 부정했다. 한국은 인권과 자유가 존재하지 않는 병영국가였을 뿐이며, 경제도 나날이 추락하는 곳이었다.

한국에 대한 비판의 강도에 비례하여 북한에 대한 찬양의 강도는 높아졌다. 〈세카이〉에 따르면, 북한은 정통성 있는 정권을 토대로 구축된 정의롭고 풍요로운 사회였다. 모든 인민이 동참해서 활기차게 경제 부흥이 이루어지고 있었으며, 북한으로 돌아간 재일교포와 그들의 일본인 처는 지상의 낙원에서 살고 있었다. 그리고 주체사상과 김일성의 지도력은 위대한 것이었다. 그러나 이런 〈세카이〉의 주장은 사실에 근거한 것도 아니며, 학문적 분석을 바탕으로 한 것도 아니었다. 그들은 한국의 인권 문제에 대해서는 사실 이상으로 확대 해석한 반면에 북한의 비인도적 억압에 대해서는 함구했다.

그들은 진정으로 공산국가들과 북한이 남한보다 더 인권과 자유가 보장된 사회라고 믿었을까? 결코 그렇지 않았을 것이다. 그렇다면 왜 〈세카이〉의 진보적 지식인들은 여타의 국가들에 대해서는 이성적으로 접근했으면서, 유독 한국의 정치와 사회현상에 대해서는 그토록 감정적으로 판단했을까? 그 이유를 정확히 알 수 없다. 그러나 '새로운 도의와 문화 창조'를 창간 정신으로 설정했으면서도, 사실상 식민통치를 칭송하고 있는 스즈키 다케오의 「조선 통치의 반성」을 최초의 논문으로 실었다는 사실에서 해답의 실마리를 찾을 수 있다. 즉, 그들의 심층에는 보수적 지식인과 다를 바 없는 편견이 깔려 있다. 그것은 식민지 시대를 통하여 축적된 남한에 대한 일종의 사명 의식과 차별 의식, 그리고 허위 의식일 것이다.

이 글의 목적은 일본의 진보적 지식인과 〈세카이〉를 비난하는 것이 아니다. 오히려 냉철한 시선으로 과거를 성찰하려는 것이다. 그러기 위해서 양국의 지식인은, 두 나라의 관계가 지배, 피지배로 얼룩진 '특수한 외국'이 아니라 공동의 번영을 만들어가야 할 '보편적 외국'이라는 인식을 가져야만 한다. 〈세카이〉의 진보적 지식인들은 한국을 '특수한 외국'으로 설정하고, 그 틀에서 '가상의 현실'을 구축하고 그것이 마치 진실인 양 확대, 재생산했다. 그 결과는 결국 허위의 축적과 오만과 편견으로 이어졌다. 이러한 오만과 편견을 벗어버리지 않는 한 진정한 이해는 요원할 뿐이다.

근대 중국의 대표적 문인인 루쉰魯迅은 그의 소설 『고향故鄕』을 이렇게 매듭지었다. "생각해 보면 희망이라는 것은 본래부터 있는 것이라 말할 수도 없고, 또한 없는 것이라고도 말할 수 없다. 희망은 지상의 길道과 같은 것이다. 이 지구상에 처음에는 길이라는 것이 존재하지 않았다. 다니는 사람이 많아지면서 길이 만들어졌을 뿐이다." 한국과 일본은 서로가 서로를 보편적 외국으로 간주하고, 희망의 길을 만들어가야 할 것이다. 그 속에서 진정한 민족 화해가 이루어질 수 있을 것이다.

참고문헌

1.한글

김보현, 『박정희 정권기 경제개발-민족주의와 발전』, 갈무리, 2006

김형아 지음/신명주 옮김, 『박정희의 양날의 선택』, 일조각, 2005

동아일보사, 『사진으로 보는 한국백년』, 동아일보사, 1978

문화방송, 『광복30년: 시련과 영광의 민족』, 문화방송, 1975

밀란 쿤데라/송동준 옮김, 『참을 수 없는 존재의 가벼움』, 민음사, 1988

밀란 쿤데라/신현철 옮김, 『지혜』, 하문사, 1997

보리스 카갈리츠키/안양노 옮김; 『생각하는 갈대 Thinking Reed』, 역사비평, 1991

서대숙 지음/서주석 옮김, 『북한의 지도자 김일성』, 청계연구소, 1989

서동만, 『북조선사회주의 체제 성립사, 1945~1961』, 선인, 2005

박명림, 『한국전쟁의 발발과 기원, I, II』, 나남출판사, 1996

앙드레 지드/김붕구 역, 「소련에서 돌아오다」, 『앙드레 지드 전집』 IV, 휘문출판사, 1965

야스에 료스케/지명관 옮김, 『칼럼으로 본 일본 사회』, 도서출판 소화, 2000

양순직, 『大義는 권력을 이긴다』, 에디터, 2002

이병주, 『지리산』, 기린원, 1985

이종석, 『현대 북한의 이해』, 역사비평, 2000

정성화 편, 『박정희 시대 연구의 쟁점과 과제』, 선인, 2005

조이제, 카터 에커트 편저, 『한국 근대화, 기적의 과정』, 월간조선, 2005

조희연, 『박정희와 개발독재시대』, 역사비평사, 2007

좌승희 외, 『박정희 시대의 재조명』, 전통과 현대, 2006

지명관, 『벚꽃은 오래 피지 않는다』, 동아일보사, 1993

한국일보사, 『사진으로 본 해방30년』, 한국일보사, 1975

한상일, 『일본지식인과 한국』, 오름, 2000

황장엽, 『북한의 진실과 허위』, 통일정책연구소, 1998

황장엽, 『회고록』, 시대정신, 2010

2. 일본어

安倍能成, 『岩波茂雄傳』, 岩波書店, 1957

池田文子編, 『鳥でないのが殘念です-北鮮歸還の日本人妻からの便り』, 日本人妻自由往來實現運動會, 1974

石田收, 『北朝鮮の日本人妻からの手紙』, 日新報道, 1994

今村弘子, 『北朝鮮 '虛構の經濟'』, 集英社, 2005

岡本厚, 『北朝鮮とどう向きあうか』, かもがつ出版, 2003

吳日煥, 「引揚·送還をめぐる1950年代の日中·日朝交涉に關する硏究-交涉戰略と交涉理論-」, 筑波大學博士論文, 2006

鹿野政直, 『岩波新書の歷史』, 岩波書店, 2006

小島晴則編, 『幻の祖國に旅立った人びと』, 高木書房, 2014

金時鐘, 『'在日'のはざまで』, 平凡社, 2001

金元祚, 『北朝鮮幻滅紀行-凍土の共和國』, 亞紀書房, 1984

金日成主席傘壽出版刊行會, 『主席金日成: 生誕八十周年記念』, 金日成主席傘壽出版刊行會, 1992

高崎宗司, 「〈世界〉は北朝鮮をどう論じたか」, 〈論座〉, 2004. 7.

高崎宗司/朴正鎭, 『歸國運動とは何だったのか』, 平凡社, 2005

田原總一郎·小林よしのり, 『戰爭論』, ぶんか社, 1999

TK生/〈世界〉編輯部編,『韓國からの通信, 1972. 11~1974. 6』, 1974

TK生/〈世界〉編輯部編,『續韓國からの通信, 1974. 7~1975. 6』, 1975

TK生/〈世界〉編輯部編,『第三·韓國からの通信, 1975. 7~1977. 8』, 1977

TK生/〈世界〉編輯部編,『軍政と受難-第四·韓國からの通信』, 1980

テッサ·モリススズキ,『北朝鮮へのエクソダス』, 朝日新聞社, 2007

池明觀,『池明觀自傳 境界線を超える旅』, 岩波書店, 2005

池明觀,『韓國民主化への道』, 岩波書店, 1995

鄭箕海,『歸國船-北朝鮮 凍土への旅立ち』, 文藝春秋, 1997

佐藤勝巳,『北朝鮮'恨'の核戰略』, 光文社, 1993

重村智計,『朝鮮病と韓國病』, 光文社, 1997

隅谷三喜男,『時の流れお見すえて』, 岩波書店, 1991

旗田巍,『日本人の朝鮮觀』, 勁草書房, 1969

旗田巍,『朝鮮と日本人』, 勁草書房, 1983

朴正鎭,『日朝冷戰構造の誕生, 1945-1965: 封印された外交史』, 平凡社, 2012

宮崎俊輔,『北朝鮮大脫出: 地獄からの生還』, 新潮社, 2000

宮塚利雄,『北朝鮮觀光』, 麦島社, 1992

武者小路公秀,『國際政治を見る眼』, 岩波書店, 1977

安江良介,『孤立する日本』, 影書房, 1988

安江良介,『世界總目次, 1946~1985』, 岩波書店, 1985

安江良介,『岩波ブックレットNO. 39, 對談 大江健三郎·安江良介,〈世界〉の40年: 戰後を見直す, そして, いま』, 岩波書店, 1984

安江良介,『岩波ブックレット NO. 129, 提言·日本の朝鮮政策』, 岩波書店, 1989

安江良介追悼集刊行委員會編,『追悼集 安江良介-その人と思想』, 同刊行委員會, 1999

尹健次, 『'在日'を考える』, 平凡社, 2001

吉田清治, 『朝鮮人慰安婦と日本人』, 新人物往來社, 1977

吉野源三郎, 『職業としての編輯者』, 岩波書店, 1989

和田春樹, 『北の友へ南の友へ』, 御茶の水書房, 1987

和田春樹, 『歷史としての社會主義』, 岩波書店, 1992

和田春樹 外, 『拉致問題を考えなおす』, 靑灯社, 2010

『現代思想臨時增刊號-日朝關係』, 靑土社, 2002. 11.

『世界臨時增刊號 アジアからアジアへ』, 1991. 4.

『世界臨時增刊號 日朝關係:その歷史と現在』, 1992. 4.

『世界臨時增刊號 敗戰50年と解放50年-和解と未來のために』, 1995. 8.

3. 영어

Benda, Julien/Richard Aldington tr., *The Betrayal of the Intellectuals*. The Beacon Press. 1955

Cumings, Bruce. *Korea's Place in the Sun. A Modern History*. W. W. Norton & Company, 1997

Gleysteen, William H. *Massive Entanglement, Marginal Influence: Cater and Korea in Crsis*. Brookings Institution Press, 1999

Gluck, Carol and Stephen R. Graubard, eds. *Showa: The Japan of Hirohito*. Norton & Company, 1992

Hein, Laura. *Reasonable Men, Powerful Words: Political Culture and Expertise in Twentieth-Century Japan*. Woodrow Wilson Center Press, 2004

Henderson, Gregory. *Korea: The Politics of the Vortex*. Harvard University Press, 1968

Byung-kook Kim & Ezra F. Vogel, ed., *The Park Chung Hee Era* Harvard

University Press, 2011

Keon, Michael. *Korean Phoenix: A Nation from Ashes*. Prentice-Hall International Inc., 1977

Koschmann, J. Victor. *Revolution and Subjectivity in Postwar Japan*. University of Chicago Press, 1996

Koschmann, J. Victor. "Intellectuals and Politics". Andrew Gordon, ed. *Postwar Japan as History*. University of California Press, 1993

Morris-Suzuki, Tessa. *Exodus to North Korea: Shadow from Japan's Cold War*. Rowman & Littlefield, 2007

Morris-Suzuki, Tessa. The Forgotten Victims of the North Korean Crisis. http://japanfocus. org/products/topdf/2382

Oberdorfer, Don. *The Two Koreas: A Contemporary History*. Addison-Wesley, 1997

Orr, James J. *The Victim as Hero: A Ideologies of Peace and National Identity in Postwar Japan*. University of Hawaii Press, 2001

Orwell, George. *Nineteen Eighty-Four*. Harcourt Brace Jovanovich, Inc., 1949

Wolferen, Karel van. *The Enigma of Japanese Power*. Knopf. 1989

World Bank. *The East Asian Miracle: Economic Growth and Public Policy*. Oxford University Press, 1993

[개정증보판]
진보적 일본 지식인의
오만과 편견 〈세카이〉80년과 한반도

증보판 1쇄 발행 | 2025년 6월 20일

지은이 | 한상일
펴낸이 | 안병훈

펴낸곳 | 도서출판 기파랑
등 록 | 2004. 12. 27 제300-2004-204호
주 소 | 서울시 종로구 대학로8가길 56 동숭빌딩 301호   우편번호 03086
전 화 | 02-763-8996 편집부 02-3288-0077 영업마케팅부
팩 스 | 02-763-8936

이메일 | guiparang_b@naver.com
홈페이지 | www.guiparang.com

ⓒ 한상일, 2025

ISBN 978-89-6523-474-6   03910